徐特立奖学金30周年纪念文集

大爱育英才　师表启后昆

北京理工大学教育基金会　组编

北京理工大学出版社

图书在版编目（CIP）数据

大爱育英才　师表启后昆：徐特立奖学金30周年纪念文集/北京理工大学教育基金会组编. —北京：北京理工大学出版社，2019.8

ISBN 978-7-5682-7378-7

Ⅰ. ①大…　Ⅱ. ①北…　Ⅲ. ①北京理工大学-校友-访问记　Ⅳ. ①K820.7

中国版本图书馆CIP数据核字（2019）第170870号

出版发行／北京理工大学出版社有限责任公司
社　　址／北京市海淀区中关村南大街5号
邮　　编／100081
电　　话／（010）68914775（总编室）
（010）82562903（教材售后服务热线）
（010）68948351（其他图书服务热线）
网　　址／http://www.bitpress.com.cn
经　　销／全国各地新华书店
印　　刷／三河市华骏印务包装有限公司
开　　本／787毫米×1092毫米　1/16
印　　张／33.5
字　　数／690千字
版　　次／2019年8月第1版　2019年8月第1次印刷
定　　价／128.00元

责任编辑／张慧峰
文案编辑／张慧峰
责任校对／周瑞红
责任印制／李志强

本书编委会

序　言

七十余载栉风沐雨。北京理工大学从延安一路走来，历经战火洗礼，跨越沧桑岁月。作为中国共产党创建的第一所理工科大学，学校始终传承“延安根、军工魂”的红色基因，传承和发扬徐特立老院长的教育思想，践行“德以明理，学以精工”的校训，坚决贯彻落实党中央战略决策部署，扎根中国大地，紧紧围绕立德树人这一根本任务，全力朝着中国特色世界一流大学的建设目标迈进。

为缅怀徐特立老院长对我国教育事业发展的贡献，围绕高校人才培养的中心工作，在我校原自然科学院老校友武衡等 21 位同志倡议下，经兵器工业部下发文件批复，学校于 1986 年 9 月召开徐特立奖学金基金会成立大会，正式设立徐特立奖学金。奖学金的设立是对伟大的共产主义战士、杰出的革命教育家徐特立先生的深切纪念，更是对徐特立教育思想的弘扬和传承。历经三十余载，自 1987 年 9 月开始评选，截至 2018 年年底，徐特立奖学金共奖励了优秀学子 1 245 名，总奖励金额达到 708.08 万元。徐特立奖学金是学校的最高荣誉奖学金。每一名获奖学子都在学习实践中取得了骄人的成绩，他们不仅是斩获各项成绩和荣誉的杰出代表，更是优秀思想品质的榜样标兵，是徐特立精神的践行者、传播者。

寄怀伟人，传扬薪火。值徐特立奖学金实施 30 周年之际，学校教育基金会牵头开展了纪念徐特立奖学金 30 周年系列活动，广泛搜集徐特立奖学金相关文件、新闻等历史资料，征集历年获奖学生证书、纪念章、简历等个人资料，对历年获奖学生代表进行回访，获取访谈图文资料，并以此为基础出版纪念文集，开设专题网站，进一步彰显和宣扬徐特立奖学金荣誉。历时近一年，教育基金会面向全体获奖者展开联络，共采访了 167 位徐特立奖学金获奖者，覆盖了自设奖以来各个年份，用文字记录了获奖者获奖感受以及在校学习生活的心路历程，展现了徐特立奖学金对获奖者人生发展的重要影响，也描绘了他们对徐特立精神、对北理工学子品格的思考和感悟。

继往开来未言倦，我辈砥砺复前行。通过阅读本书，我们希望读者能够感悟徐特立奖学金背后的动人故事，回顾徐特立奖学金发展历程，领略北理工人改革创新的时代精神，从而激励一代又一代北理工青年学子成长为“胸怀壮志、明德精工、创新包容、时代担当”的领军领导人才。与此同时，我们衷心感谢为徐特立奖学金基金捐赠注资的单位和个人，正是无数的无私善举，汇聚了推动徐特立奖学金不断发展的源源动力。值此书出版之际，我们向全社会郑重发出倡议，诚邀各界爱心人士慷慨捐赠，传递大爱，出资支持徐特立奖学金，助力徐特立奖学金发展壮大。

涓涓细流，终聚江河，愿所有关心和支持徐特立奖学金发展的朋友携手努力，共同推进党的教育事业薪火相传，破浪前行。

目　录

第一部分　徐特立奖学金30周年总结回顾

第二部分　徐特立奖学金获奖学生回访

第三部分 徐特立奖学金重要历史文献

第四部分 徐特立奖学金重要新闻报道

第五部分　徐特立奖学金获奖学生名单

第一部分

徐特立奖学金 30周年总结回顾

大爱育人，承志砺行

——徐特立奖学金30周年总结回顾

薪火相传，从延安到北京，意气风发，桃李满园。

悠悠情怀，从包容到创新，胸怀未改，壮志依旧。

从1987年9月开始评选，截至2018年6月，1 245名学生获奖，颁发奖金708.08万元，徐特立奖学金在北京理工大学设立已经走过30个年头，为传承“延安根、军工魂”红色基因、继承和发扬徐特立教育思想、鼎力人才培养和建设一流大学，书写了精彩的一笔。

一、前言

徐特立奖学金以中国杰出的革命教育家、延安自然科学院（北京理工大学前身）老院长徐特立的名字命名，用于奖励北京理工大学的研究生、本科生，徐特立奖学金基金会认定的某些徐特立同志任教过的高等学校的研究生、本科生、专科生中的各类学生，以及部分重点中学的优异生。徐特立奖学金是北京理工大学设立的最高级别、最高荣誉的奖学金，凝聚了校友对徐特立老院长的无限崇敬和对母校教育事业的关心与支持，旨在鼓励学生加强学术理论、科技发明等方面研究创新，实现德、智、体、美、劳全面发展，激励青年学生成为“胸怀壮志、明德精工、创新包容、时代担当”的领军领导人才。

二、徐特立奖学金的成立与发展

（一）缘起缅怀，多方响应（1984—1987年）

1984年12月9日，为缅怀徐特立老院长对我国教育事业发展的贡献，原延安自然科学院老校友武衡等21位同志倡议在北京工业学院（北京理工大学前身）设立徐特立奖学金，得到广大校友的热烈响应。

1985年7月23日，原兵器工业部下发文件批复，同意学校设立徐特立奖学金。同年10月，筹备中的徐特立奖学金基金会发布《征集徐特立奖学金函》，在上级领导部门、企事业单位和广大校友师生的热情支持下，陆续收到赠款共计546 625元。

1986年9月19日，学校召开徐特立奖学金基金会成立大会，会议通过了《徐特立奖学金基金会章程》，明确奖学金的奖励范围和奖励条件。在设立之初，徐特立奖学金设三个种类：徐特立奖学金特等奖，奖金为1 000元至1 500元；徐特立奖学金，奖金为500元至800元；徐特立奖学金中学生奖，奖金为200元至300元。

（二）体系初建，发展完善（1987—1995年）

1987年9月12日，首届徐特立奖学金正式评选。1988年5月11日，在学校更名为"北京理工大学"大会上，颁发了首届徐特立奖学金。

1990年10月13日，徐特立奖学金基金会常务理事会通过《徐特立奖学金评选委员会人员组成》，修订并发布了《徐特立奖学金基金会章程》（1990年版）、《徐特立奖学金实施细则》（1990年版）。

1995年9月，徐特立奖学金基金会发布《关于征集徐特立奖学金基金的倡议书》，在学校建校55周年之际将基金扩充到100万元。同时，鉴于《徐特立奖学金基金会章程》制定已近10年，伴随着改革开放、国家和社会发展变化，学校的办学条件、内外部环境也有了较大转变，章程中的一些条款已不适应实际的需要。为更好地发挥章程的指导作用，徐特立奖学金基金会修订并发布《徐特立奖学金基金会章程》（1995年版，校学字95（21）号）、《徐特立奖学金实施细则》（1995年版，校学字95（21）号），调整公布《徐特立基金会成员组成》（校学字95（22）号），并通过《徐特立奖学金评选委员会人员组成》（校字95（23）号）。

（三）继往开来，不忘初心（1995—2018年）

为了坚持徐特立奖学金设奖的初衷，进一步扩大徐特立奖学金的影响，保持以徐特立老院长名字命名的奖学金的崇高地位，2011年10月，经学校批准，原则上提高徐特立奖学金奖励金额：普通奖20人，每人15 000元；特等奖2人，每人20 000元。随着社会经济的发展，社会物价水平的提升，徐特立奖学金的利息不足以支撑奖学金的发放，2012年9月，校友周方洁在了解到徐特立奖学金资金的情况后，慷慨解囊进行捐赠。学校再次大幅度提高徐特立奖学金的奖励力度，评选仍坚持"宁缺毋滥"的基本原则，奖金额度变更为：徐特立奖学金二等奖10人，每人20 000元；一等奖10人，每人 30 000 元；特等奖 4 人，每人 50 000 元。总奖励人数 24 人。

2017 年 6 月，《北京理工大学奖学金管理规定》（北理工发〔2017〕30 号文）发布，进一步明确了徐特立奖学金作为学校最高荣誉奖学金的地位，并改为每年评选 20 人，包括本科生 10 人、硕士生 5 人、博士生 5 人，奖励标准为每人 50 000 元。自 2018 年起，徐特立奖学金调整为每年 4—5 月评选。

三、徐特立奖学金的实施效果和深远影响

徐特立奖学金自设立起，始终是北京理工大学的最高荣誉奖学金，具有重要的地位和意义。徐特立奖学金既是一种激励，也是一座灯塔，为北理工的莘莘学子指明前进的方向、照亮前行的大道，鼓励青年学子刻苦学习，永争第一，注重实践，提高知识转化能力，积极参与社会活动，不断提升自身综合素质。

回顾过往的 30 届徐特立奖学金，共有 1 245 名学子荣获徐特立奖学金，包括 234 名中学生、661 名大学生和 111 名硕士生、239 名博士生。他们没有辜负设立奖学金的老校友们的期望，继承和发扬老院长徐特立的思想与精神，带着徐特立获奖者的风范，德智体美劳全面发展，明德修身，笃学成才。

多年来，荣获徐特立奖学金的同学们在学习科研中锐意进取，成绩骄人，不仅综合学习成绩位列前茅，在创新研究中更体现出过人实力。他们当中有一学年发表论文总影响因子高达 47. 3 的研究生，有以第一作者身份发表影响因子 6. 3 以上高水平论文的本科生，有在国际会议上、核心期刊上发表多篇学术论文、被授权多项专利的科研能手，也有在国内外各类学科竞赛和科技创新竞赛中取得优异成绩的科创达人。

多年来，荣获徐特立奖学金的同学们始终是社会工作和社会实践的积极参与者，在实践工作中展现优秀的综合素质和责任担当。他们当中大部分人担任过校院两级学生组织负责人，各级各类校园活动和工作中常常出现他们的身影；他们还积极参加各类社会实践，走出校园，步入社会，知行合一，心系国家发展，关注社会民生，发挥所学所长，作出属于自己的一份青春贡献。

多年来，荣获徐特立奖学金的同学们更是各项荣誉的“集合体”，他们大都是国家级、省部级荣誉的获得者，在自己青春的荣誉清单上，写满国家

全国“挑战杯”竞赛奖、北京市三好学生、北京市优秀毕业生、北京理工大学优秀学生、优秀学生干部、十佳团员、青春榜样等荣誉称号。

出色的成绩、耀眼的荣誉，并不是徐特立奖学金获得者的全部。他们成熟的思想、坚定的立场、正确的观念、优秀的品质更是对徐特立奖学金实施多年来各项工作最好的肯定。他们身体力行地传播正能量，辐射带动着周围的同学，在校园中树立起一个个鲜活的榜样，成为学生群体中的优秀代表，展示了一代代北理工学子的青春风采，与时代同向同行。徐特立奖学金已经成为北理工优秀学子的“金标签”。

回顾30届的徐特立奖学金，其获得者毕业走上工作岗位后，都体现出北理工人的优秀品格。他们认真学习、踏实工作、奋发向上，在各自的岗位上充分体现出艰苦奋斗的精神品质，传承着徐特立老院长为学校树立的“实事求是、不自以为是”的良好学风。值得一提的是，1988年获得首届徐特立奖学金的同学中有5人留校任教。他们均已成长为学校教学、科研和管理岗位上的骨干力量，为北理工建设中国特色世界一流大学作出自己的贡献。

四、徐特立奖学金的实施经验和发展方向

徐特立奖学金作为北京理工大学最高荣誉奖学金，由北京理工大学教育基金会按照国家公益项目管理要求，监督实施单位严格执行项目方案，并与实施单位共同完成徐特立奖学金的宣传、评选、资金发放，以及学生回访和项目总结等工作，确保每年高质量完成徐特立奖学金公益项目的各项工作。

在学校的领导和支持下，学生工作部、学生事务中心（2016年以后）负责徐特立奖学金公益项目的执行，按年度组织实施徐特立奖学金的评选。每年上半年，由学生事务中心发布徐特立奖学金评选通知，明确徐特立奖学金的奖励范围、奖励标准和申请评选流程等，以及本年度徐特立奖学金的评审时间表和评审方案。

徐特立奖学金采取个人申报、学院初评的方式，初评结果汇总至学生事务中心，由学生事务中心组织开展徐特立奖学金校级评审。校级评审采取答辩会方式，答辩会邀请校内外专家担任评委，并面向全校公开。答辩会上，奖学金候选人从学习、科研、科技创新、课题研究、社会实践及社会工作等方面进行自我展示。评委根据学生答辩表现，以无记名投票方式差额评选出当年的徐特立奖学金获奖者。在每年年底举办的全校优秀学生表彰大会上，学校对获得徐特立奖学金的学生进行表彰，由学校党委书记或校长亲自颁发

奖学金证书和徐特立纪念铜像。

徐特立奖学金设立以来，始终被学校确定为最高荣誉奖学金，奖励数额和奖励力度与其他奖学金相比均处于高水平。30 年来，徐特立奖学金的设立与发放极大地激励着北理工学子勤奋学习、勇于创新、坚定信仰、全面发展。伴随着国家、社会对公益事业和教育事业越来越多的关注和不断加大的投入力度，徐特立奖学金在北京理工大学不仅得到了长足发展，也迎来了更加良好的发展机遇。

展望未来，徐特立奖学金正朝着更加声名远赫的盛誉、更加完善的制度设计和更加人性化的实施方向发展。伴随着学校矢志一流的发展建设规划，徐特立奖学金将以目标为导向，精准定位；广泛争取资源，拓展来源及渠道；完善评价标准，引导学生多元发展；优化奖励额度，统筹发挥奖励功能；改进实施程序，实现专业化、精细化管理。

不忘初心，牢记使命。徐特立奖学金将一如既往地坚持设立初衷，不断扩大影响，维护徐特立老院长的崇高荣誉，大力宣传徐特立教育思想，传承北理工的红色基因，广泛倡议动员社会各界支持徐特立奖学金。

立德树人，建设卓越。在学校党委和行政的领导下，在徐特立奖学金基金会的共同努力下，徐特立奖学金将始终以继承和弘扬徐特立老院长的崇高精神品质为宗旨，紧密围绕立德树人根本任务，聚焦人才培养中心工作，面向北京理工大学“双一流”建设，培养德智体美劳全面发展的社会主义事业建设者和接班人！

一百余年前，徐特立的名字，开始镌刻入中国历史；

近八十年前，徐特立的名字，开始写入北理工校史；

三十年前，徐特立的名字，成为又一个辉煌荣誉。

光荣“徐奖”，徐特立的名字将永远在北理工的校园中、在北理工人的心中光辉永驻，照亮前行的路！

第二部分

徐特立奖学金获奖学生回访

1987 郎恒元：
扎根创业热土，追逐医药梦想

“踏实与朴素，是北理工人最大的特征。”郎恒元如是说。笔者在石家庄见面的第一刻起，1987 年徐特立奖学金获得者郎恒元就给人一种理工人的亲切感。踏实、含蓄低调、沉稳内敛，在他的一言一行中展现得淋漓尽致。

有志者事竟成

郎恒元来自山西农村，从小的梦想就是去北京读书。他在恢复高考后的第二年考入了哈尔滨理工大学。尽管毕业后分配到了太原一家不错的公司，但他一直怀揣着去北京读书的梦想。虽然当时公司的待遇、工资都不错，但是他没有安于现状，一直追逐着梦想，努力学习，一年后考上了北理工研究生。谈起为什么一定想来北京，他风趣地说道：“因为那时候北京物价低，而且物资丰富，什么都可以买到。”

他谈起人生中两段最快乐的时光：第一段就是刚到北理工的半年，因为他实现了幼时的梦想。第二段就是他刚到美国的半年。那个年代中国刚刚开始改革开放，经济发展尚处于较低的水平，而大洋彼岸的美国，从工资到生活水平都比中国高很多，因此那时候，全国流行着一股出国热潮。在北理工读研期间，去美国留学成为郎恒元的另一个志向。在博士毕业之后，郎恒元凭借优异的科研成果，顺利地申请到了美国的博士后。回忆起留学生活，他表示：“据我观察，当年想出国的同学都出去了，不想出国的都没有出去。”

多元化的发展经历

在北理工读研期间，郎恒元在六系学习火炸药相关专业；读博期间，他在 4 系——也就是现在的光电学院学习全息摄影。工作之后，他从事了医药行业；在美国工作了近 20 年后，他回国创建了河北桑迪亚医药公司，从事抗癌药物的研究。尽管涉猎广泛，但在每一个从事的领域，他都踏踏实实、尽心尽力。也正是凭着这股子对知识的热忱和对真知的渴求，在读博期间，郎恒元因在《中国科学》杂志上发表过文章，科研成绩突出，有幸成为第一届徐特立奖学金获得者。

北理工岁月，铭记于心

尽管离开北理工20多年，但是郎恒元表示，北理工8年的生活依旧历历在目。他说，这几年回北理工，感觉北理工的建筑没有太大变化。他非常怀念那时的生活——大家都有国家的奖学金，贫富差距很小，人人平等相处；没有手机，没有电脑，干扰非常少，每天都沉浸在知识的海洋中……他谈到，自己非常喜欢那时简单朴实、人情味十足的生活。那时候的北理工可说是人才辈出，各行业涌现出许多独领风骚的人物。

在北理工的8年里，郎恒元先后师从著名火炸药专家周发岐教授和全息摄影先驱者于美文教授。周发岐教授是他的硕士导师，这位当年的火炸药行业的专家尽管由于涉密不能发表论文，但是仍在业界拥有很高的威望。读博期间，郎恒元有幸师从于美文教授学习全息摄影。于教授是国内全息摄影的先驱者，是这个领域开疆拓土的领军人物，其专业水平在国际上也处于领先地位。在这两位德高望重的老先生的指导下，郎恒元的北理工生活十分充实，学到了大量专业知识。

谈到求学期间的同学，他提到他的研究生师弟袁志敏。袁志敏已经是上市公司金发科技的董事长，一位非常成功的理工学子。郎恒元认为，学弟的成功主要是因为爱思考、有志向，清晰地认识自己的追求；高远的志向在他生命历程中有着非常重要的引导作用，指引着他一步步走向现在的成功。

方法论的把握

虽然大部分时间都在努力学习，郎恒元也没有放下自己的爱好。尽管生活清贫，他依然选择用自己的奖学金买喜欢的胶片相机，磨炼自己的摄影技巧，这也是他一直以来保持下来的习惯。他谈到，他求学的年代没有太多娱乐活动，除了打打排球，偶尔会去海淀剧院看电影或者去首都体育馆看比赛，大部分时间还是花在学习上。

对于学习的方法，他谈起了自己学习英语的经历。因为家乡所在的山西农村中小学没有开设英语课，进入大学的他只能从英语字母开始学习；但大一结束时，他的英语成绩已经是班级前三名了。说起原因，他认为对框架的把握非常重要，首先需要在宏观上建立认知，然后在细节上强化记忆。学习英语，首先要掌握语法格式，然后在此基础上多记忆一些常用单词，就可以显著地提高英语水平。正是靠这样的学习方法，他迅速提高了自己的英语水平，也为日后出国深造打下了坚实的基础。他认为，学习能力是一个合格的社会人所必须具备的基本能力。

朴素踏实的理工精神

郎恒元心中的理工精神是朴素和踏实，这也是他公司选址在石家庄的原因之一。他认为石家庄这座城市比较踏实，不浮躁。他说：“十有八九的事情，是踏踏实实做出来的，朴实的作风比较有用，能做实事。”他比较反感两种人，一种是爱吹嘘的人，一种是想着抄近路的人。“大家智商都差不多，而这两种行为就是对别人智商的不尊重。”他如是说。

最后，郎恒元建议学弟学妹们多读书。他表示，尽管从小教育资源非常匮乏，但是读书帮助自己塑造了人格与世界观，对自己产生了巨大的影响。因此，他将这笔财富推荐给学弟学妹们，祝愿他们在人生的道路上也能一路披荆斩棘，收获自己的精彩。

撰稿人：周信兵

1988 林红权：

求变奋勇前进，浇灌成功之花

“自动化以后会真正渗透到各个领域。自动化是信息化、智能化发展的基石。就像做一条生产线，自动化就是一个必要条件。自动化的重要性是毋庸置疑的。”被问到自动化将在人们的生活中占据怎样的地位时，林红权这样说道。

1985 级化工与材料学院本科生，1988 年徐特立奖学金的获得者之一——林红权，如今已经是中科院自动化研究所综合自动化技术工程研究中心主任，同时还担任北京三博中自科技有限公司总裁。

本科四年期间，林红权每年的学习成绩基本都是全优，甚至拿了多个满分。同时，他在大学二年级担任校学生会学习部长、班级学习委员，大三开始担任系学生会主席，身体力行地组织过全校的百科知识竞赛和英语竞赛。大二期间，北京理工大学第一次给优秀的本科生配备导师，并且准许他们进入实验室，帮助导师做一些实验工作。当时被推为优异生的林红权也因此结识了他本科和研究生期间的老师于润。他说：“于老师把实验室的钥匙交给我，鼓励我常常来实验室观摩和学习。从大二到研究生，近五年的时间我一直跟着于老师学习，他对我的影响是非常大的，特别是在学术方面。我之所以选择在研究所工作，是因为我觉得人不能做太虚的东西，要脚踏实地去钻研。”

谈起获得徐特立奖学金，林红权说道：“这是北京理工大学最高荣誉的奖学金，能够获得当然是非常兴奋，这是对自己能力和学习成绩的一个肯定。一直到现在，我都还保存着当时的徐特立奖学金的证书。”

林红权爱好广泛，热爱运动，曾经担任系里的女排教练，并且带领队员拿到了全校排球比赛的冠军。大学时期的林红权还特别喜欢摄影。“说起来也有个有趣的故事，当时拿到 600 元的徐特立奖学金后，便花了将近 300 元买了一台北京产的相机。但是相机买了之后没用几次，在回到长沙的时候却被小偷偷走了。当时特别伤心，这可是用我的奖学金买的。”谈起往事，他依然记忆犹新。

在刚参加工作不久的时候，林红权也曾遇到过一些困难。为了运用几套国外的色谱分析仪，工作人员需要将参数采集进来，和研究所使用的控制系统联系在一起。但是编写的程序运行时，却始终无法采集数据，当时找了许多工作人员都无法解决这个问题。

最后林红权用了近十天的时间，不断找原因，反复进行试验，才终于把问题解决。“当时解决了问题之后，真的是有一种想要振臂高呼的感觉。”他说。后来，林红权成功地把模糊控制运用到工业现场，产生了非常好的效果，20 多年来，许多工厂还一直在实际生产中使用他的成果。他说：“能够真正把学到的东西运用到工作中去，不仅给企业节省上千万元的成本，还产生了非常好的效益，这让我着实感到非常自豪。”

因为理论和实际应用有比较大的鸿沟，如果要将研究所的科研成果真正投入企业，还需要以公司的形式和别人合作，才能顺畅。因此，除了在中科院自动化研究所工作之外，林红权还担任北京三博中自科技有限公司总裁，运营着公司，并将研究成果投入到实际应用中去。“研究所工程研究中心要承担国家的项目，要具备比较深入的钻研能力。而运作公司的时候，运营管控能力是非常重要的，因为公司以追求利润为目标。怎样才能调动我们招聘的人才的积极性，怎样才能做到低成本高收益，要想把科研和公司经营两件事情都做好，需要具有相应的能力。这就考验了人的变换能力。既能适应科研工作，又能适应经营管理。我们同时还需要把大学学到的各种知识和技能，变换成实际过程中需要运用的能力。这可能不仅仅是举一反三，而甚至是举一反四、举一反五，这才是比较高端的变换能力。”当被问起在公司工作和在研究所进行研究的异同之处时，林红权这样说道。

林红权认为，在大学时期，学的东西可能和工作时需要用到的东西相差很大。但是大学生需要认认真真、踏踏实实地学东西，夯实自己的基础，要有严谨的精神；碰到问题不能浅尝辄止，要追根溯源，要有深度钻研的勇气和理念、毅力，并且要在后来的工作中学会变换，将各种能力融会贯通并运用到工作和研究中去。“我在中科院评选研究员的时候，是 18 票全部通过，我也是目前为止，中科院历史上最年轻的研究员。这让我感到十分自豪。对我而言，做事情最重要的是要注重方法，不要急于动手，一定要去想怎样把事情做到事半功倍，而不是事倍功半，甚至半途而废。‘成功找方法，失败找原因’，说的人多，但是很少人能够真正运用到工作和研究上去。”林红权语重心长地说。

“务实严谨，追求钻研，实事求是，永不停歇。”这便是林红权心中的北理工精神。

撰稿人：李仪筝

1988 魏泽斌：

不走人生寻常路，终成时代弄潮儿

北京理工大学1981级光电技术专业本科生、1989级博士生、1988年徐特立奖学金获得者……当这样一些头衔全都加诸同一人，他的职业生涯该是怎样的？在大多数人的猜想里，或许，他现在应该被分配在某个研究院，在科研岗位上坚守着；或许，他现在应该成为一位大学教授，带着一批又一批的学生，研究一个又一个课题……

然而，魏泽斌，却做了截然不同的选择。而这个选择，让他成了北京创思立信科技有限公司（简称ECI）的创始人。而创思立信科技有限公司，在魏泽斌的领导下，已经成长为同类型企业中排名全国前3、亚洲前10、全球前50的优秀企业。

魏泽斌在校期间发表了多篇学术论文，更是获得了部级科技进步奖，并且中央电视台《新闻联播》栏目给予了报道。因此，经过系内评定上报、校级评审，他成了系里两位获得1988年徐特立奖学金的博士生之一。

他说："当时非常开心，感觉很荣光。领奖的时候很激动。应该说对以后的学习和工作有很大的鼓舞和鞭策作用。"回忆起大学时期受到的种种鼓励和帮助，魏泽斌说："非常感谢北理工的各位老师的栽培，也非常感谢系领导、教研室和实验室老师以及师兄弟们的帮助和支持。没有母校和各位老师的培养和鼓励，很难想象我能有今天的事业。"他尤其感谢他的硕士导师邹异松教授和博士导师李德熊教授。读硕博期间，导师赞助他参加了许多学术交流会，并且将十分重要的科研项目安排给他作为硕士生（博士生）课题。"在那个大家工资都很低的年代，给学生项目补贴的导师应该不多，我有幸遇到品德高尚、学术严谨的导师，他们对我的教导使我终身受益，我在工作和生活中践行和传承他们的优秀品德和学风。非常感谢他们的信任和支持，感谢宽容和厚待，我终生难忘。"

博士毕业之后，魏泽斌被分配在中国运载火箭研究院总体部，参与研究东风系列运载火箭。那时科研任务不重，研究院鼓励在不影响科研项目的前提下承接外部项目。也正是那时，魏泽斌接触到了轰轰烈烈蓬勃发展的市场经济，并在1993年"下海"，成为一名时代的"弄潮儿"。

当被问到是如何发现我国语言服务行业的契机时，他说道："我当时基本是被市场推着被动前行的，根本不懂行业、市场、商机这些在当今非常普遍的概念。大部分‘下海’弄潮者基本是被选择，而不是主动选择。当时几乎每个行业都有机会，而你恰好进入某个行业，只要能力不太差，就有机会发展。”魏泽斌 1993 年“下海”之时，也正是 IT 行业在我国飞速发展之时，大量软件进入中国市场，大部分是美国的英文版软件，需要汉化后才能投入市场。而魏泽斌就在这样的时代背景下，进入了我国语言服务行业。在他看来，任何产品销往国际市场都需要本地化和国际化服务。语言服务对促进和支持全球化贸易和合作有着不可或缺的重要意义；并且，在文化、外交、政治、军事等国际交流中，语言服务也是至关重要的。

如今创思立信科技有限公司成立已有 21 年，虽然公司已经成长为全国顶尖的企业，魏泽斌却说：“做企业永远没有最好，只有更好。争取更好的业绩、登顶世界之巅是大多数创业者的追求和理想。”

对于经历本硕博寒窗 10 年最终“下海”创业的魏泽斌来说，虽然大学期间学到的知识对创业有很大帮助，但从效率和专业角度来说，这样的帮助始终是有限的。因此他建议，本科期间需要更多的通识教育，应该培养学生的各种能力和职业素养，增加专业知识和技能的培训。如果本科毕业生没有对自己的职业方向有明确的目标，继续深造可能不是一个明智的选择。同样，除非拿到 VC 投资或家里有财力支持，而且确实有很好的创业项目和可行的商业计划，否则大学期间的创业很可能就是在浪费时间和资源。“大部分人成长需要遵循客观规律，除了少数奇才可以跳跃式成长，也就是跳过知识和经验积累直接创业。如果你认定自己是奇才，你还需要确定不是自我膨胀的那种‘奇才’。”魏泽斌如是说。

大学生活对魏泽斌来说是一个知识和经验积累的过程，也是自我成长和价值提升的过程。他说：“大学生活是我离开父母庇护独立体验人生的开始，教会我凡事靠自己的独立精神；大学生活是个大集体，教会我团队合作精神；大学生活艰苦，教会我吃苦耐劳精神；担任班干部的经历，教会我担当和奉献精神；熄灯后同学们天马行空的思辨，教会了我独立思考精神；失败挫折培养了我独立人格；大学生活还锤炼了我自信、自强、诚信、好学、打拼和不放弃的性格。”北理工“德以明理，学以精工”的校训，教给了魏泽斌“做人‘德’字当前，做事‘精’字当前”的精神。采访结束之时，谈起对学弟学妹们的寄语，他写下精炼的四句话，打心底希望北理工的学子都能践行徐特立精神，做一名优秀的北理工人：

批判思维独立人格，
追寻本真做回自我。
勤奋好学探索真知，
大胆逐梦无悔人生。

撰稿人：李仪筝

1988 高春清：
从徐特立奖学金获得者到徐特立奖学金获得者的导师

高春清教授是北京理工大学光电学院教授，他在北京理工大学获得学士和硕士学位，在德国柏林工业大学获得博士学位。2001 年晋升为教授，2002 年起任博士生导师。

高春清教授在教学和科研工作中取得了优异成绩。他是国家自然科学基金委员会重大仪器项目和重点项目、科技部重点研发课题、国防重点项目等重要科研项目的负责人；已发表学术论文 200 余篇，其中 SCI 检索百余篇，以第一作者身份或通信作者发表在第一、二层次上的论文几十篇；以第一发明人获得发明专利授权 20 项；出版著作 2 部，合编教材 1 本；获得部级二、三等奖各 1 项。2005 年入选教育部新世纪优秀人才支持计划。2014 年他还通过了长江学者特聘教授的函评，并参加了最后的答辩，虽然未能胜出，但也反映出同行对其工作的肯定。

除了以上成绩外，高春清教授在国内外同行中也有重要的影响。他是中国光学学会理事，中国电子学会光电子分会副主任委员，中国光学学会激光专业委员会委员、光电专业委员会常委，中国仪器仪表学会光机电集成分会常务理事，是固体激光技术国防重点实验室、中科院功能晶体与激光技术重点实验室、清华大学光子测控技术教育部重点实验室等学术委员会委员，是国防工业出版社《先进激光技术》丛书的编委，是 *Frontiers of Opto－Electronics*（FOE）等 5 种学术期刊的编委。他还是国家自然科学基金委员会多个项目的会评专家，是科技部重点项目、国防重点项目的会评专家。他多次受邀担任国内外光电领域学术会议的专题主席，多次受邀在国内外做学术报告。

认真学习，成绩优异

高春清于 1985 年进入北京理工大学工程光学系开始本科学习，1988 年本科三年级时获得徐特立奖学金。能够入选参评徐特立奖学金的学生都是由各院系推选出的业绩特别优秀的学生，并由专家评选出来的。高春清的学习成绩是当时的年级第一名。能够获得徐特立奖学金是对他的学业成绩的嘉奖，在此背后则是他认真学习、刻苦钻研的辛勤付出。

高春清本科毕业后保研继续在北理工学习，1992 年硕士毕业后留校任教。当年学校的条件还比较艰苦，待遇也很低，他当时也计划到更有吸引力的单位工作，并已与航天五院签了约。但学校的老师和领导非常希望他能留校工作，在这种情况下，他把学校的需要放在首位，学校老师到五院进行解释并解约后，他全身心投入教学和科研工作中。当年他在六号教学楼工作，六号楼灯光最晚熄灭的实验室中总有他的身影。工作几年后，为了提升学术水平，经过魏光辉教授推荐和自己申请，他获得了柏林工业大学的奖学金，准备出国攻读博士学位。但当时正值“八五”国防项目的关键攻关阶段，为了顺利完成科研任务，高春清两次向柏林工大申请延期入学。直到该项目在 1996 年 1 月顺利通过部级鉴定后，他才利用一周时间做准备，踏上留学征程。高春清在德国留学期间，把全部的时间投入到学习和科研工作中，仅用了 3 年的时间就以优异成绩获得了柏林工业大学的博士学位。在以严谨、严格著称的德国，他的博士生科研工作不仅在留学生中名列前茅，而且超过了大部分德国籍的博士生。博士毕业后，高春清没有停留，在拿到博士学位证书后的一周后，就响应母校的召唤，回到北理工工作。其实，在他博士毕业后，其他大学动员他去工作，如当时清华大学的一位系领导多次动员他去清华大学任教，但他还是选择回到了母校工作。当年北理工条件还较差，科研经费也很少，但高春清没讲待遇，没讲条件，全身心投入了教学和科研工作中。高春清这种不讲名誉、不讲待遇，始终把国家和学校的需要放在个人利益之前的精神很好地体现了徐特立奖学金的精髓。

感谢师恩，传承师德

回想自己在北理工本科、硕士和国外的求学生涯中，高春清说他的成长离不开学校和老师的培养和帮助。他说：“学校的很多老师给了我很多的帮助，我深深感谢他们。我读研期间和留校工作后，魏光辉教授对我的教育、帮助很大，他是我科研道路上的引路人。魏老师是 20 世纪 50 年代的留苏学者，是国内激光技术领域的著名专家。他学术严谨，思想活跃，对我学术方向的确立和科研工作的顺利开展起到了非常重要的作用，魏老师永远是我学习的榜样。我从国外回到母校工作后，德高望重的周立伟院士非常关心我的成长，给了我很大的帮助。我第一次担任国际光学会议的专题主席，就是周院士的鼎力推荐；在 FOC 编辑部邀请周院士当编委时，他又推荐了我。周院士还在很多场合把我引荐给国内外的专家学者。周院士‘志、勤、识、恒、法、创’的治学六字，以及‘做学问中学做人，做人中学做学问。做学问做真学问，做人做真正的人’的为师之道，也将是我今后治学和做人的努力方向。”

高春清在柏林工业大学留学期间，师从国际激光领域著名学者 H. Weber 教授。H. Weber 教授对他的指导、帮助非常大，指导他开辟了新的研究方向，并且开始在国际学术界崭露头角。他回国后，H. Weber 教授也一直关注他的研究工作。2017 年高春清 50 岁生日的时候，他意外地收到了 H. Weber 教授寄来的生日贺卡。H. Weber 教授对他回国后取得的成绩给予祝贺，并说他以高春清为他的学生而骄傲。高春清说，他看到贺卡时泪水夺眶而出，他没想到 H. Weber 教授竟然记得他的生日，这份来自国外导师的祝贺，是对他工作的高度肯定。

高春清成为研究生导师后，他把自己老师们的优良品质贯穿于他的教学和科研工作中，他指导的研究生们也是硕果累累。至今为止，高春清教授已带出了 3 名徐特立奖学金获得者，2 名王大珩奖学金（中国光学最高奖学金）获得者，1 人获得周立伟奖学金，1 人获得工信创新奖学金特等奖，10 人次获国家奖学金；1 人获得中国大学生自强之星标兵称号（全国仅 10 人），1 人的论文被评为中国电子学会优秀硕士论文，11 人的论文被评为北京理工大学优秀博士论文和优秀硕士论文，其中 3 人还经过学校评选推荐参加全国百篇优秀博士论文的评选，另外还有多名研究生获得北京市优秀毕业生荣誉称号。每到过年过节，高春清都会接到很多已在国内外工作的学生的祝福和问候电话。每年到教师节的时候，高春清带过的研究生们都会相约回到母校举办谢师宴庆祝教师节。高春清说，他看到返校学生的一张张笑脸，听到他们取得的进步和成绩，非常高兴，这是他作为教师的最大的荣耀。

铭记北理工烙印，践行徐特立精神

高春清说：“徐老是对新中国建立和发展作出巨大贡献的人。徐老对北京理工大学的建立和发展，对中国教育事业作出的贡献是非常令人敬佩的。”高春清对徐老的敬意也延伸为徐特立奖学金对自己的激励作用。在北理工学习和工作了 30 余载，他已然深深烙上北理工求真务实的印记：对于徐特立老院长的敬重，让他不仅要求自己“实事求是，不自以为是”，也要求自己的学生这样做。他说：“实事求是、刻苦钻研、认真治学、低调务实，是我的原则。”高春清是这样说的，也是这样做的，虽然他的学生获奖无数，他自己却总是很低调。他说：“与我刚工作时相比，现在我们的科研条件已经有了巨大的改善。我经常和学生讲，我们要珍惜国家发展给我们带来的优良工作条件，用我们的出色业绩报效祖国和人民的培养。”

谈到北理工精神，高春清说道：“北理工的根来自延安，延安精神深深影响着我们。北理工作为国家重点院校，一直秉承延安精神，总是做的多，说的少；北理工长期以来为国家科技发展特别是国防建设作出了巨大的贡献。”作为北理工人，高春清不仅能做到自己践行徐特立精神，更在授业解惑中向学生灌输徐老的思想：实事求是，不自以为是，踏踏实实做事，老老实实做人；学术上求真务实，不断创新。高春清已从一名徐特立奖学金获得者成长为一名培养出 3 名徐特立奖学金获得者的优秀导师。我们祝愿他在今后取得更加优异的成绩，培养出更多的徐特立奖学金获得者，培养出更多的国家栋梁之材。

撰稿人：周颖

1988 杨小龙：

明道淑人之心，上下求索之志

1985 年，杨小龙怀着激动而又忐忑的心情踏入北京理工大学的校门。他风华正茂、意气风发；他的将来是未知的，但并不是迷茫的；虽然少年孤身一人来到他乡，虽然北京理工大学聚集着五湖四海的优秀少年，虽然少年心中也会忐忑，但他并不曾怯懦，并且他知道：自己需要更加努力！少年默默用功，刻苦坚持，在期末考试中名列第一，在此后的测评中总能保持优异的成绩，最终在本科三年级时获得北理工最高荣誉奖学金——徐特立奖学金。

负雪见贞心

在刚踏入校园时，杨小龙还是一个懵懂的少年，还是一个遇人发怵的男孩。但杨小龙知道，与人交流是学习生活中极其重要的一个环节，他需要作出改变，即使踏出第一步并不容易。但若想要看到一个更加优秀的自己，他是不惧挑战的。他阅读了许多与性格修养相关的书籍，探究并汲取其中的理论和经验。他看过戴尔·卡耐基的《人性的弱点》，他读过“紧张是一种习惯，放松也是一种习惯”，他愿意跳出自己习惯的“安逸圈”，他努力提升人际交往能力。即使今天杨小龙也依然在尝试，他加入“欧美同学会”，并协助处理相关事务。在与志愿者的采访交谈中，杨小龙的沟通能力便可见一斑，他那侃侃而谈的气质让志愿者们大为折服，他的一番谈笑风生便是挑战自我的最好的见证。

杨小龙就读本科时期，由于学校英语教学资源有限，大多数同学的英语基础学习特别是听力及口语遇到了困难，杨小龙也是其中的一员。面对一门陌生的语言，面对晦涩的英文，他知道逃避退缩是毫无用处的，于是他像很多同学一样，攒钱买了一个九波段收音机，在宿舍楼和教学楼之间来往的路上举着收音机，听着收音机里的英文广播，一点一点地跟着学习。为了检验自己的英语水平，他认真准备英语四级考试，功夫不负有心人，最终顺利通过。进一步提升英语的掌握程度，这也成为他之后选择出国留学的一个重要原因。

面对困难，杨小龙从不惧挑战。他不仅从不掩饰自己的缺点，更有勇气和能力将困难变成机遇，磨砺和提升自己。

虽千万人，吾往矣

1988 年，杨小龙在北理工完成本科学习，1992 年获得北理工硕士学位。留校 6 年，严谨负责的科研工作表现曾使他获得“优秀青年教师”的荣誉，但仔细斟酌后，杨小龙选择出国留学。因为杨小龙对自动控制相关理论研究十分感兴趣，在深入学习后，他发现许多外文书籍在对读者的思路引导及个人理解中有很大的优势。为了更好地利用这样的优势，杨小龙提前两年开始准备托福、GRE 等相关语言认证考试，1998 年于美国加州大学开始攻读博士学位。加州大学浓厚的学习氛围、便捷的文献资源服务、严谨的治学态度，加上杨小龙对知识的渴望及勤奋的学习习惯，他的专业素养及前沿创新能力有了很大的提升。

2003 年 5 月，博士答辩后两个月，杨小龙回到祖国，他要用所学做点事情。回国至今已有 15 年。从开始担任设计员到 2015 年担任总设计师，从方案制定、系统协调，到风险识别和风险点化解，再到关注团队成员的思想状态，提高团队的凝聚力，他将“德以明理，学以精工”的校训努力践行到“大局、系统、严谨、争先、包容”的精神文化中……杨小龙一步一个脚印，把每一个环节都尽力做到严谨细致。他深知自己肩上责任的重大，但他从不畏惧这沉甸甸的压力，因为于他而言，这不仅仅是一份工作、一番事业，更是使命！

10 年踪迹 10 年心

回忆起恩师的教导，杨小龙的感激之情溢于言表。读硕期间，他师从万春熙导师。万先生是备受学生尊敬的导师，他不仅善于培养学生良好的科研习惯，还经常帮助学生一起解决学习、生活中遇到的困难。对祁载康导师严谨的治学态度，杨小龙也是敬佩不已。读博期间，杨小龙在做飞行器干扰辨识方面的探究，祁先生从理论和工程实践两个方面与杨小龙进行了多次讨论，先生的指点让杨小龙受益匪浅，是杨小龙深刻记忆中的宝贵财富。

还有文仲辉先生。文仲辉先生写的《导弹系统设计与分析》手稿十分细致，如发现缺失疏漏必工工整整地重新抄写一遍，杨小龙印象非常深刻，文先生的关心和帮助杨小龙一直铭记于心……

杨小龙感恩遇到的优秀前辈，也把获得徐特立奖学金一直作为激励自己前进的动力。

杨小龙想与北理工学弟学妹分享的是：首先要学做人，在学校里多锻炼自己；这是一个创新发展的时代，机会很多，从为人处世到协调能力，做好多方面准备，要抓住契机；另一方面，治学科研要严谨，“知其然而知其所以然”，要灵活地应用知识理论到实践中去。

“德以明理，学以精工”潜移默化地根植于杨小龙的内心，杨小龙也希望和学弟学妹们一起共勉共进。

撰稿人：周颖

1988 张长杰：

心之所想，行之所向

1985 年入读北京理工大学力学工程—电子精密机械系的张长杰，说起他获得徐特立奖学金，要从 1988 年暑假的一张海报开始……

一张海报的渊源

这张海报是关于参加“科技夏令营”的，张长杰觉得这样的机会既能锻炼自己，又能到秦皇岛—山海关开阔见识，于是他毫不犹豫就报名了。在夏令营中，他运用自己积累的理论知识，在魏发辰老师“你可以把自己的点子应用到发明创造中”的鼓励下，积极投入到三项实用新型的发明创造中。张长杰说：“当时石岩老师作为 82 系实验室主任，给我提供了许多实践支持。”张长杰从设计图纸，到购买元器件，之后协助工厂师傅加工产品……功夫不负有心人，他最终在本科阶段就完成了三项发明专利，并一举获得学校最高荣誉奖学金——徐特立奖学金。如张长杰所说：“每个人都有自己独特的潜质，但不同在于是否有机遇，在契机中触发灵感。”很显然，张长杰凭借自己扎实的理论功底，抓住了属于自己的机会，真正将学到的知识应用到实际产品中，在夏令营中逐渐培养起来的发散性思维也为他在之后的学习、工作提供了最有力的保障。

领略“产学研”的真正魅力

张长杰说：“徐特立老院长是伟大的共产主义战士，是杰出的革命家和教育家，他以共产党员特有的党性修养和实干精神带领全院师生在艰苦环境下，克服重重困难进行科学研究，他身体力行确立了‘产学研’相结合的办学宗旨，为延安自然科学院（北京理工大学的前身）营造了良好的学术氛围，为延安自然科学院的发展建设作出了巨大贡献。”张长杰将徐特立的教育思想深深埋在自己的心中，他在老师们的言传身教中迅速成长，用实际行动来证明了自己对“产学研”结合的深刻理解。他渴望思考带给自己的充实感，也擅长利用发散性思维想出好点子，最重要的是他坚持用理论证明这些

“点子”的可行性，并以产品形式将其实现。

敢于在新天地中发起挑战

离开熟悉的校园，张长杰曾在东北兵工厂里工作过四年，在技术上有了一定的积累，但他想要汲取更多的“营养”，那一方天地困不住他那份求知的渴望，所以他回到北京，在电子视频领域继续充电，并编写了行业标准与通用技术规范。之后他在中国兵器科学研究院研制两栖装甲车、综合电子系统等前沿装备。在兢兢业业工作的 7 年中，他作为总装备部、国防科工委多项项目的负责人，担任了研究所副主任。虽然在他人看来已是人生赢家，但他不甘于此，他有着与生俱来的冒险精神。

在积累了丰富的工作经验后，2008 年，他开始着手准备自主创业。创业的过程并非一帆风顺，而是充满着挑战。他开始组建优秀团队研制某系统。由于对市场的估算出现偏差，产品投入市场的效益不理想。总结了之前的经验教训，张长杰及他的团队对市场重新进行了调查评估，针对工业换热器始终无法解决的冷气循环水结垢的难题，他们研制了“通过改变水的凝聚状态，进而改变水中微观粒子的电化学特性，达到防垢阻垢、防腐缓蚀、抑制菌藻的功能”的量子防垢设备。团队攻克了重重技术难关，实现了理论验证，但由于为了维护自身竞争力，需要对关键技术工艺进行保密，这就在融资阶段产生了巨大困难，也就是无法在研制阶段让投资人充分看到产品可带来的效果和收益。张长杰和他的团队顶着巨大的压力，坚持进行两年多的市场推广，目前已经作出百余例成功案例，让企业实实在在看到产品的应用效果，产品取得了收益，也促进了公司的迅速发展。

通过创业创新，张长杰敢于跳出“安逸圈”，从零开始学习量子力学、宇宙理论等相关知识，接受市场重重考验；他不仅仅是敢于挑战，也用事实证明了他擅于挑战！

撰稿人：周颖

1988 杜江凌：

用激情与好奇追逐人生的目标

杜江凌，1978 年高考恢复后的第二批大学生，17 岁上大学，27 岁读完博士，博士毕业后先后在北京无线电厂、新加坡国立大学、美国英特尔公司任职，目前任通用汽车中国科学研究院院长。他是怎么做到这一步的呢？让我们来听听他的一些人生经验。

制定自己的人生目标

从国企无线电厂到外企英特尔公司，从通信电子行业到汽车行业，当我们问杜江凌为何会有这些跨度非常大的转变，杜江凌给我们的第一个建议就是要制定自己的人生目标。他说道："人生怎么走，我认为最重要的一点就是要制定自己的人生目标。"

据杜江凌回忆，他的高考分数是可以稳进清华大学的，但是他没有去。"我就是喜欢无线电，而北理工当时这方面很强，所以我的第一志愿就选择了北理工。"这一选择就是 10 年。在采访中，杜江凌深情地回忆了在北理工的 10 年，感谢导师对他的细心培养，对课题的指导，也感谢北理工给予他机会和平台，在北理工度过的 10 载科研春秋。

博士毕业后，杜江凌被分配去了北京无线电厂，但是他知道当时国内的科学技术还不是很发达，去国外才可以更好地发挥自己的所学，于是他就给自己设立了一个出国的目标。得知可以去新加坡国立大学电子系学习时，他毅然地辞去了在无线电厂的工作，远赴新加坡。之后他又制定了去英特尔公司、去通用公司的目标。杜江凌说道："主动地制定一个目标，好过被动地完成任务。"

激情和好奇心

在我们惊讶于杜江凌的传奇人生时，杜江凌笑了笑，给了我们第二个建议：要保持激情和好奇心。杜江凌回顾自己的求学生涯和职业生涯，表示制定目标只是第一步，而激情则是果断制定目标和贯彻执行目标的保证。光有目标，没有激情，好比是无源之水、无本之木，是不行的。放着清华大学不去，高考时报考北理工电子系，是因为他对于无线电的激情；深耕科研10载，不放弃，博士最后一年获得徐特立奖学金，是因为他对于科研的激情；出国求学是因为他渴望成功，渴望自己能够学以致用。杜江凌表示，是激情支撑他实现了每一个目标。同时杜江凌表示，好奇心让他不只是埋头苦干科研。科研之余，他也会时不时地抬头看世界，在恰当的时机制定出一个又一个新的目标来鞭策自己前进。好奇心和激情让他看到了新天地，为他打开了一扇又一扇成功的大门，让他有勇气去完成一个又一个看似不可能的转变。

学会学习的能力

杜江凌在采访中给出的第三点建议：要学会学习。他说道："我这几十年来的体会，主要还是学习如何学习的方法，而不单单是知识。"他联系自己的职业生涯："我大学里学的是雷达，毕业后去了无线电厂，但是后面在英特尔公司，完全是在做软件编程跟通信的相关协议在计算机上的实现，而这些东西，都不是在学校学的，跟雷达没什么关系，都是自己后来自学的，包括后面到通用公司任通用汽车中国科学研究院院长。"从计算机行业到汽车行业，跨度虽然很大，但是杜江凌用自己的行动告诉我们，这样的跨度同样是可以达到的。在谈到大学里学习能力的培养时，杜江凌深情地回顾了自己在大学里的点点滴滴，感谢导师们对他科研的指导，在课题方面给他的充分自由，让他可以充分发挥自己的潜能。

在访谈的最后，杜江凌说道，高考选择了北理工时，他感到很自豪，当时的北理工和清华大学应该是不相上下的；但是现在看到北理工的排名下滑，他有些痛心。他觉得可能是清华大学比较开放，他希望北理工迎头赶上，赢回属于北理工的荣光。最后他劝勉北理工学子要趁大学四年，好好地汲取科学文化知识，提高学习能力，保持激情，保持好奇心，敢于向这个世界提出自己的想法。

撰稿人：廖鹏君

1988 王卓民：

不安现状，不甘平凡

“我想和我的学弟学妹们说，我们学工科的人在走上工作岗位后应该静下心来，踏实地做好自己的事情，技术工作是一个需要积累的过程。”这是王卓民在接受采访以后留下的寄语。虽然时代已经发生了变化，年轻一代不像前辈人那样艰苦，但是在他看来，踏实肯干依然是一种重要的品质，而这种品质也在他身上得到了完美展现。

王卓民 1988 年毕业于北理工车辆工程专业，是 1988 年徐特立奖学金的获得者。毕业以后，他先后在机车厂和保险行业工作，之后自己开办了上海雷丁机电技术有限公司。初看到他这样的工作经历，我们觉得有些不可思议；但是在听完他的自述之后，我们才了解到这样一段不平凡的经历正应属于王卓民这样一个不安于现状、不甘于平凡的人。

回忆起大学时代，王卓民说李全起老师是他大学最难忘的老师之一。李全起老师当时教授的是以发明创造为主题的选修课。王卓民正是在这门课上和老师一起申请获得了人生第一个实用性专利——“深盖饭盒”。当时他有两个想法：一个是关于图钉——以前的图钉掉地上时尖头朝上不安全，于是他便想通过设计让图钉落地后侧躺。但在几番试验设计后由于图钉按面的面积问题没能解决，所以最终不得不放弃这一设想。而另一个创意深盖饭盒则最终成功实现。他说：“因为当时我们去食堂打饭用的饭盒盖子很浅，盛完饭以后，菜和饭就只能搁在一块儿，但是如果加深盒盖，就可以用盒盖盛菜或者盛汤了。”这些想法都源于生活，看似简单却透露出王卓民善于思考的一面。

毕业之后，王卓民来到沈阳汽车厂，从事专业相关的技术工作。然而，在那个改革开放、市场经济空前繁荣的时代。汽车厂由于没有跟上时代的变化，渐渐有落伍的趋势。看到汽车厂那些老师傅的生活状态，他便联想到了自己的将来。他自问是否在若干年以后自己也这样平凡度日，于是年轻有志、不安现状的他考虑再三作出决定，离开工作了 7 年的汽车厂，只身去了平安保险公司。

进入保险行业并不是一个草率的决定，而是王卓民综合考虑了行业的发展和自身的性格后作出的选择。那时保险行业在中国才刚刚起步，发展前景良好，而王卓民本身又热爱销售这个行业。他说他之所以觉得自己适合搞销售，是因为大学一次卖明信片的经历。他说："有一年元旦，我和同学一起去批发了一些明信片到学校里面卖，我就发现自己在卖明信片的时候特别兴奋。"在汽车厂的时候，其实他也动过去做销售的念头，但那个时候的人都有偏见，认为做销售就必须能说会道。看上去有些木讷、不太会说的他便被拒绝了。但是王卓民并没有因为别人的看法而否定自己，又在适合的时机重新去做了自己喜欢的事情。

在沈阳这个没有亲人可以依靠的城市，一切从零起步的他不得不去写字楼一家家敲门卖保险。"既然要做这件事，我就只能从这里起步。"王卓民说："我这个人是不安于现状的。从汽车厂到保险公司，进入新的领域我就必须放低自己，从头做起。"在保险行业的 5 年时间，王卓民渐渐掌握了与人打交道的秘诀。他说最重要的其实不是能说会道，而是善于倾听，获取客户的信任。在保险行业的这段时间，王卓民觉得自己的心理素质和抗压能力得到了很大的提高。他说："因为我会经常面对拒绝，慢慢我的抗压能力就提高了。"

然而，逐渐稳定下来的王卓民又渴望离开久居的沈阳，寻找更大的挑战。他说："我这个人不太喜欢长时间定居在一个城市，而喜欢到不同的城市，寻找不一样的新鲜感。"于是王卓民先是在北京的同学邀请下去做了机电销售，在有了一定经验以后便在上海开办了自己的公司。大学时的专业知识和在保险行业获得的销售经验使王卓民在新的领域如鱼得水。他说："卖保险的时候，客户的需求是潜在的，需要自己去挖掘，而且还不能重复销售。但是在做机电销售时，客户就稳定多了。"

回顾自己的人生经历，王卓民觉得不满足于现状、踏实肯干以及对于工作的热爱是让他能够走到现在最重要的几个因素。离开母校 30 年后，再谈起心中的北理工精神，他觉得印象最深刻的是就是北理工人务实的作风。而作为新一代理工学子的我们，更要传承和发扬老一代的北理工精神，脚踏实地地在自己喜欢、擅长的领域谱写属于自己的人生诗篇。

撰稿人：白松篢

1990 李云政：

实事求是，实干兴邦

李云政，博士，中国国籍，1981 年 9 月考入北京理工大学，1985 年北京理工大学化工专业本科毕业，获得学士学位；1990 年北京理工大学应用化学专业毕业，获得博士学位。1990 年至 1992 年担任北京理工大学材料科学研究中心讲师；1992 年至 1995 年担任北京理工大学材料科学研究中心副教授；1995 年开始担任北京理工大学材料科学研究中心教授，之后任南京国海生物工程有限公司董事长、第一届董事会董事。现任安徽雪郎生物科技股份有限公司董事长、安徽绿色谷创客空间股份有限公司董事长。

笔者十分有幸，在李老师空闲的时候，采访到了李云政老师。我们跟随着李老师的思绪，一同去追忆 30 多年前李老师的那段光辉岁月……

私德，公德，天德——以明理

北京理工大学的校训是德以明理，学以精工。德以明理，是指道德高尚，达到以探索客观真理作为己任之境界；学以精工，是指治学严谨，实现以掌握精深学术造福人类之理想。这是我们的学校对校训作出的解释。在采访中，李老师给我们讲了他的独特见解。

《大学》中有句话："大学之道，在明明德。"李老师将校训中的德分为三个部分：私德、公德、天德。"私德就是个人的人身价值问题，处理好人与自己内心的关系，即明理。"李老师这样说。当一个人能够处理好自己的内心，知晓自己所求，明确自己的方向，便是明理。与私德相对应的是公德。私德是人与自己内心的关系，那么公德便是人与社会之间的关系。公德指的是人在社会中必须遵循的规律法条。明"公德"，处理好人与社会的关系，就能做到像儒家所讲的修身、齐家、治国、平天下。对"德"的最后一部分"天德"，李老师给出这样的解说："天德及天理，就是自然的客观规律。德以明理，就是要知天理，遵循自然客观规律。"三个"德"为我们提供准则，为我们今后的探索之路提供一把标尺，明理后方能学。

学道，学术，学用——以精工

学道，即学习道路，学习方向。学习上的道路即是我们树立的理想抱负。只有正确地树立理想，确定方向，才能确保我们朝正确的方向前进。“我们当然不能光有理想，不能做一个空想者，所以第二个学，即是学术。”李老师说，在大学中，有着充分的学习资源，我们要勤于学习知识。在学习的过程中，要注重精，如何做到精，这就要求我们要足够的专注于所学，由专而至精。学习同样不能是片面的。身在理工科学校，我们也不能只顾学习自然科学，忘记学习社会科学。学术，不仅仅是学习科学知识，更要学习道理，学习如何成为一个大写的人。最后一个是学用。学以致用，才是我们的最终目的。校训中，学以精工是指我们要将知识真正地学会，做到精益求精。精通一门知识，将知识运用于实际，进而推广创新，这样才能真正掌握知识，从而成为一个大写的人。

尊师，重道，育人——览群书

师者，所以传道授业解惑也。提起教导过自己的老师，李老师感慨良多：“我印象最深的是专业课老师——教量子化学的王建祺老师。有一段时间，王老师每次上课之前都会在黑板上写上一句尼采的话。我记得最清楚的一句话是：‘我是世界上最聪明的人，因为我从来不想那些不该想的事。’人很多时候就是因为自己想的太多，想了很多自己不该想的东西，而变得复杂。王老师在教会我专业知识的同时，也培养了我的哲学思维，教会我们做人。”

说起李老师的业余爱好，那就是读古代经典著作，他最有研究的就是心学。李老师向我们教授心学的精髓：知行合一，即知和行是一回事。李老师说，心学最伟大的地方就在于揭示了这一真理。李老师教导我们在学习自己本专业的知识外，还要有意识培养自己的哲学素养，要做到文理贯通，协调发展。这一点也是李老师教书育人的准则：培养精通自然科学和社会科学的双重人才。李老师说，自然科学和社会科学是一个统一体，自然科学好比是解决问题的工具，而社会科学就是看待问题的角度和方向。只有将两者结合起来的人，才是真正的新世纪的人才。

修身，养性，建业——兴华夏

端正自己的思想，修养自身的品性，创立辉煌的事业，振兴祖国振兴中华民族。当我问到李老师为什么要选择创业的时候，李老师娓娓道来：“1981 年我从云南大山里走了出来，那时候正是改革开放的初期，整个国家既有冲破思想束缚的欣喜，也有摸着石头过河发展的迷茫。所以刚入校的时候，我就觉得我们这一代人担负着时代的重任，要把我们的国家建设好，要将自己个人的前途与国家和民族的命运紧密联系起来。在学有所成后，在很多机缘巧合下，在 21 世纪初我选择了在安徽蚌埠创业，将安徽蚌埠作为沟通东西部的桥梁，通过我们的努力使国家由发展的不平衡向平衡转变，用自己个人的力量推进党和国家的第一个百年目标——全面建成小康社会的快速实现。祖国给了我学习的机会，成就了我的一生，我定将用我之所学，报国之大计，振民族之复兴。”

在李老师对往事的回忆中，我们看出了李老师对那段奋斗青春的感慨和留恋，也感受到了李老师的一颗赤子心。实事求是，不求名利，实干兴邦，实现自己的人生价值。我们看到了北理工老一辈人的爱国情怀。可以说，正是由于这一代又一代人的艰苦奋斗，推动了中国经济实力以及综合国力的崛起和腾飞。

让我们向实事求是的创业奋进者们致敬！向老一辈的实干兴邦的国家建设者们致敬！

李云政寄语：在学校里汲取营养，在学习和工作中弘扬北理工精神；将自己的命运融入中华民族伟大复兴的征程中，才能真正实现自己的人生价值。

撰稿人：柳凯　陈静怡

1990 谭毓安：

严要求，在北理工实现自己

谭毓安，1987级计算机系本科生，现为北京理工大学计算机学院教授，博士生导师。谭老师15岁便来到了北理工开始他的大学生涯，虽然年龄比周围同学小，但在专业学习上却一直遥遥领先。计算机一直是他大学生活的主旋律，除了本专业的知识学习外，在对计算机安全的兴趣驱动下以及导师的指导下发表了数篇论文，并在毕业后保送本校攻读研究生，最后选择留校继续研究相关方向。他曾连续获得一等奖学金、计算机世界奖学金等诸多荣誉，并在1990年获得徐特立奖学金。

“优秀”是一种习惯

大学四年期间，“实事求是，不自以为是”的学风一直鞭策着谭毓安，也让他养成了务实的品格。

20世纪80年代，北理工还存在着一项制度——每个班级的第一名会被学院配备一名导师，可以提早踏入科研环境，这就是北理工的优异生制度。那个年代还没有互联网，获取资料也只能通过图书馆的书籍、期刊。而作为优异生，便有着进入教师图书馆的“特权”，这就极大扩充了谭毓安的知识，他不局限于课程，在各方面都在不断拓宽视野。

虽然入学年纪小，但他凭借着认真踏实的品质，严格要求自己，成为年级中的佼佼者。在当时，北理工的机房资源有限，他从来都是最早去抢机位的学生。他大部分的本科时间都是在机房度过的。他一直秉持着做事就一定做到最好的信念，严格要求自己，所以在本科期间一直保持着年级第一名的成绩，也就成了当之无愧的优秀学生，成为同学们心中的标杆和榜样。大四上学期，由于优秀的学习成绩和发表论文的科研能力，他获得徐特立奖学金。全系唯一的徐特立奖学金获得者给予了他很大的鼓励，也促使着他更加严格要求自己，也开启了兴趣驱动科研的新篇章。

从兴趣到科研

作为优异生的谭毓安，从来不局限专业课的学习，他经常通过各方面的资源去了解计算机最前沿的技术和问题。1989 年，DOS 操作系统下的小球病毒爆发的时候，他对计算机安全产生了强烈的兴趣——为什么中毒的电脑每次使用软件都会出现小球呢？他经过深入调查和研究，发现病毒是通过修改计算机底层的引导区的机理感染用户电脑的。弄明白问题之后，他就开始着手解决问题，经过不断思考和实践，最终他率先开发出一款反病毒工具，引起强烈反响，并成功发表科研成果论文。

基于对计算机安全的兴趣，他先后开发了数款与计算机安全相关的小工具和软件，到本科毕业的时候，他已经发表了三四篇论文，已经达到了硕士生毕业要求水平。谈起此事，他回忆说，当年的创新比赛很少，同学们都是凭着兴趣去学习，去做科研，去发表论文。有趣的是，由于当时通信不发达，当他知道自己的第一篇论文发表的时候，是他在学校图书馆看到的。

从兴趣到科研，这一路离不开导师的指引，而谈及师生关系的时候，他表达了对他的导师的感激之情。他觉得导师不只是教授专业知识，更在于引领一个方向。在成为教授后，他也一直践行着这一点。他觉得北理工的学生一直都很优秀，而他更希望能够引领他们走向正确的道路。

瞄准自我定位

1994 年的时候，公务员薪资月平均 100 元，而外企高达 2 000 元，显然大多数人选择去高薪的外企，鲜有人留在学校。而谭毓安，因为对学校的热爱以及对科研工作的热情最终选择留在学校。在他的工作生涯中，一直坚持着面对挑战、迎接挑战的信念。做就要做最前沿的研究，实现更大的个人价值。

当老师、做科研就是谭毓安认为值得的奋斗一生的事业。在谭毓安的教学生涯中，也一在传递着这样一份坚持。成为计算机学院教师后，他承担了教书育人的担子。他开始引导学生，引领他们进入一个个适合自身的方向，让学生在增强自己能力的基础上，主动争取机会。

尽管现在的诱惑很多，选择也很多，谭教授认为每一个北理工的学生都应该有个明确的定位和要求；面对诱惑，要保持住自己的定位和严格的要求——要做挑战的事情、要做更前沿的项目。

找准自己的定位，成就自己的事业！

最后谭教授给予了北理工学弟学妹们一些建议，他希望北理工学生可以从专业里面找兴趣，在众多的选择中专业的回馈会更大，而且不要为物质利益而妥协，在兴趣中探索才是最大的幸福。

谭毓安教授说，北京理工大学是一个很好的平台，我们应该以成为北理工优秀的学生为目标，努力奋斗，认真学习。

撰稿人：纪晴宇　董柏顺

1991 魏德骄：

踏踏实实做事，认认真真做人

我们常常能听到过各路“学神”的传说，比如仅仅花几个月时间就解决了百年来的难题；比如总是有着天才的创意，改善了别人的工作系统，大大提高工作效率；比如攻破了某个系统的难题……而今天，我们也采访了一位获得徐特立奖学金的“学神”——魏德骄。而这位“学神”的经历，也重新定义了我们对天才的认知。

在1990年那个对于我们来说略显遥远的年代，魏德骄就有了许多优异的成就。他获得了北理工很多年都没得过的北京市大学生数学竞赛一等奖、物理力学一等奖。化工系的他通过自学学会了电梯控制的程序项目，学会了编程；也曾很多次实现用算法解决具体项目的问题，作出了数学模型。本科毕业设计项目时，他利用几个月时间解决了别的大学研究生几年都没解决的项目。他是如何做到这些的呢？是因为真的很聪明吗？

当我们问起他的经历时，魏德骄这样说：“自己之前没学过软件，汇编都看不太懂，一行一行机器码慢慢看着学起来，一周天天都在看，几乎没睡觉，看到最后都想吐。压力很大，但是最后长进也特别大，到后面自己做编程时已经不需要高级语言，底层语言就能写。1991年毕业设计时去了计量研究院，每天都很辛苦，做得特别晚。”魏德骄说，自己并不是智商高，而是很勤奋，很刻苦，像当初数学竞赛，他每道题都做过，反反复复看过、总结过，什么题都见过，所以就不怕了。他说，付出多少得到多少，实事求是，只要静下心来去做自然就能做好。

那么魏德骄一直前行的动力是什么呢？不会觉得很辛苦很累吗？

魏德骄说，因为很有成就感，当作出一件很厉害的产品时，别人会尊重自己，这样的成就感其实比金钱更重要。学工程，给别人解决问题，得到别人的认可很关键，内心有很大的满足感。

然而，能获得这样的成果，也离不开学校和老师的支持和培养，魏德骄和我们说到了当时他的班主任和读研究生时的导师。班主任魏老师人特别好，像关心自己的孩子一样关心他们。魏德骄刚入学的时候，也不认识什么人，魏老师在生活学习上对他的帮助特别大。班主任管理尤其严，甚至连校门都不允许出，对学生的安全方面考虑很多。研究生时的导师——我国著名的火炸药专家，北理工化工材料学院院长黄友之老先生，人品也十分令人敬佩。有次去泸州，院长年纪大了，还是自己扛很沉的硫酸桶，做什么事都亲力亲为，先自己去做，而不是指使别人。对魏德骄影响特别大的是，老先生无论做什么事，要做就做到最好，尽全力，做到完美，从不应付，水平层次做不到没办法，但是个人主观层次上一定要好好努力。

在时隔魏德骄入学将近30年的今天，魏德骄对学弟学妹们的寄语是：数学物理很有用，如果将来要做科学研究、工程研究，数学物理无处不在，很多现实问题都可以用学的知识简化。要重视学习，作为大学生要踏踏实实学习知识，不能仅仅凭长得好看或者家里有钱就不努力学习知识。无论是为自己，还是为公司、为国家，只有学好知识才能回报社会，为学校争光，要踏踏实实做好自己的本职工作。

最后，我们谈到了魏德骄的心中的北理工精神——踏踏实实，努力刻苦，一步一个脚印。因此，我们也要踏踏实实，砥砺前行，为祖国建设添砖加瓦。

撰稿人：宁珑锦

1991 杨晓强：

从实际出发，坦然面对成败

“当时获得徐特立奖学金，非常激动也有些许不安。因为徐老是毛主席的老师，著名教育家，被誉为当今一圣人，也是我校校史上重要的一位领导人。我作为普通家庭出身的一名学生，在学习、工作实践方面，也谈不上很优异，能获得以徐老命名的奖学金，内心确实存在巨大压力。唯有认真做事，才对得起这个称号。”这个说话腼腆的老校友就是杨晓强，他于 1988 年从哈尔滨三中考入北理工应用力学系工程力学专业。1991 年获得徐特立奖学金，并在毕业之际，获得机电部优秀毕业生称号。

谈到获得徐特立奖学金的过程，杨晓强说：“刚刚进入大学，因为我的入学成绩好，获得了人民奖学金。第一学期，英语分级考试，直接跳过英语一级进入二级，获得英语一级学分。第二学期，又再次获得人民奖学金。我参加学校物理学社的一些活动，并组织同学参加勤工俭学，获得了同学的认可和拥护。大二开学时，被同学们推选为团支部书记，又当选为理科党总支部马列研究会的学生负责人。1990 年我加入了党组织。”

杨晓强说：“随后几个学期的学习和实践，我的总体成绩位于前列，同时也有机会为同学服务。系里在最终评定时，推荐我为徐特立奖学金的候选人，这是对我的肯定和鞭策，也是我人生中的一件大事。”

能获得徐特立奖学金自然离不开老师和学校的培养，谈到对自己影响深刻的老师，杨晓强激动地说到本科期间的班主任吕哲勤老师。吕哲勤是理论力学教研室老师，是《多刚体系统动力学》的作者之一，该教材至今仍是该领域国内使用的教材之一。吕老师对待学生，如同对待自己的孩子，用发自内心的深情，使学生体会到无比温暖。当学生遇到一些外界干扰时，吕老师更是时时刻刻关心他们，叮嘱他们，要以学习为主，摈弃外界干扰，以踏实的学风，报答家长的养育之恩，迎接未来事业的召唤。说到此，杨晓强的感激之情溢于言表。

谈到自己眼中的北理工精神，杨晓强说：“北理工精神，体现在延安精神的传承，体现在共产党领导下第一所理工大学的责任和担当。在抗日烽火中，环境艰苦，辗转多难，反而激励了师生不畏艰险、务实求真的精神。在建设时期，历尽沉浮，勇往直前，担负了国防事业的重任。在工作实践当中，重在务实，一切从实际出发，力戒浮夸、虚荣，不做表面文章。”正是这种北理工精神让杨晓强在本科期间逐步养成了一切从实际出发，凡事从自身找原因、找问题，不在意一时的得失，坦然面对一切的习惯。

大学时期，杨晓强的课余生活并非索然无味。在学习之外，篮球是他经常参与的体育活动，他的体育选修课就是篮球。每天下午三四点钟，杨晓强常在篮球场活动。他的球技虽然不高，但是依旧对这项运动坚持不懈，在运动之中锻炼了身体，为后来能够高速度奔波于工作实践打下了一定的基础。关于社会服务工作，杨晓强说，他主要是在物理学社进行一些活动，因为爱好力学和物理学科，经常参与学社的一些实践活动。

杨晓强毕业后在机电部49研究所（东北传感技术研究所）任助理工程师。当时，国内军工口的科研工作仍处在艰难当中。电子信息领域总体技术还在探索阶段。他作为刚毕业的大学生，虽无力立刻改变这一状况，但能在做好本职工作的前提下，坚持学习，并在两年后考入北京大学物理系，攻读凝聚态物理专业。

在硕士研究生毕业前，他曾遇到了人生中的一个重大选择：究竟继续攻读博士，还是去工作？如果去工作，又应该做什么？综合本科与研究生两个阶段的学习经历，他判断，自身确实缺少一定的科研天赋和灵感，不如做一些实际工作，再图发展。于是，杨晓强放弃了等待物理所读博士的通知，进入一家国企做研发，从头学起。随后，他在国企、民企、外企多处工作，在工作之中对信息技术领域有了一定的了解。他也曾经组织几位伙伴，研发嵌入式视频服务器，但由于资源和阅历的不足，产品化的过程太艰难，研发出的一些产品没有通过检验关，所以最终没有成功。近年来，他在与留美博士同学的沟通探讨中，了解了美国的一些先进技术，同时结合国内双创的大环境以及核心技术仍然受制于人的现状，将工程技术发展趋势与《中国制造2025》的高端需求结合，探索出基于新一代可编程器件的智能优化控制解决方案，获得了北京市科委的中小创支持，同时获得了全国创业大赛优秀企业称号。目前该项目正在苏州落地。

杨晓强说：“这期间，很多时候，都是潜移默化地实践老院长的教育科研实践理念。徐老年轻时，注重管子的主张：‘不为不可成，不处不可久，不行不可复。’对照自己的创业经验教训，前些年的研发产品其实并没有仔细考虑团队当时的背景——无创业经历，弱小、资金匮乏，这些劣势最终导致团队无法预期和控制研发产品当中的不确定性。同时，由于技术人员意志薄弱，也会导致最终项目难以贯彻始终。目前的创业过程中，我就更多地注意与可以借用的资源的融合与共享。另一方面，把控技术人员的单纯幼稚想法给创业过程带来的风险，减少干扰；规避技术人员思维的不成熟性给项目进行带来的干扰。结合当前创新创业的大环境，联想到毛主席一贯强调的‘实事求是’，陈云同志倡导的‘不唯上，不唯书，只唯实’。可以说‘实事求是’是我们党一贯的法宝。近几十年来，造，买，租，也曾有过逻辑的混乱。习近平总书记自十八大以来，多个场合提到了，要把过去的观念颠倒过来，作为一个大国，核心技术要掌握在自己手中。今年5月28号，在两院大会上，总书记又一次强调，关键核心技术要不来，买不来，讨不来。由此可见，深入领会和贯彻徐老提倡的科学化和科学教育的重要性，让正确的科学观念深入群众，群众从理解到自觉贯彻，坚定科学技术发展与实体经济紧密结合，不受干扰，少走弯路，才是正途。徐老坚持将科学化放在教育的首位，坚持群众本位的教育思想，我们要深刻领会，杜绝少数‘精英’把经念歪。”

杨晓强接着说：“贯彻徐老的教育理念，在现有条件下，首先应结合具体实际研究科学技术，但不排除纯理论，在有条件时，必须重视基础理论教育。针对延安自然科学院的办学方针，徐老指出，普遍原则（原理）问题越能多理解，就越能专门化。过早专门化，就只能守成，不能创造。穿越时间长河，两弹一星元勋中，数学力学物理方面的人才居多，他们创造性地攻克了很多科技难关，方显徐老延安时的见解弥足珍贵。徐老在延安自然科学院办学过程中形成的教育、科研和经济‘三位一体’的教育思想，不仅为当时解决边区军需民需作出了重要贡献，也为随后的新中国建设培养了大批人才，很多学员成了党和国家的领导干部和专门人才。徐老‘三位一体’教育思想和运行模式，为后来的斯坦福大学采纳和发展，形成了硅谷模式，引领了世界高科技与教育的新潮流。”

深入研究和学习实践徐老的教育思想，坚定四个自信，能够启发思路，激励斗志。杨晓强的工作过程虽坎坷，但他从未退缩。我们相信杨晓强在新时代的大背景下，一定能够摸索出一条虽然资源不足、条件有限，但是方向对头，经历不懈努力最终实现目标的道路。

撰稿人：薄穆盟

1991 王勇：

奋斗点亮青春，严谨造就成功

作为一名在联想公司和华为公司这些大企业积淀过的人，他从研发岗位走向产品生产岗位，后来成功地和合伙人创办了自己的公司。他有北理工人的气质，给团队注入了北理工思维的严谨性和逻辑性，做学问如此，工作亦如此。他，就是我们的优秀校友——徐特立奖学金获得者王勇。

奋斗青春，学无止境

对在北京理工大学读书的几年，王勇有着深刻的记忆。在校园里他踏踏实实地学习专业知识，认真地做科研工作。王勇认为术业有专攻，学习只是一方面，最后走到社会上才会有一个综合的考量。

不仅沉浸在书本中，王勇在学习之余而且坚持勤工俭学。跟生产线工人一样，王勇偶尔在联想工厂车间中做焊线路板的工作。有时王勇和学计算机的同学在中关村创业园帮别人做一些小程序和小数据库。王勇将学习的理论知识在实践中得以运用。勤工俭学也能够得到一些收入，缓解了经济上的一点压力。王勇认为接触一些社会上的活动，能丰富自己的经历，一些看起来都是很粗很浅的工作，但是确实对之后工作是有一定帮助的。

“付出是有回报的”，王勇这样描述自己获得徐特立奖学金时的感受。他认为收获的不只是奖金，还有对之后学习的激励。在正值青春之时努力学习，获得奖学金，是一个锦上添花的事情。

20 世纪 90 年代初，邓小平视察南方谈话之后，国家快速发展，正是经济腾飞的时代。多数学生在本科毕业后选择就业，投入经济浪潮，但王勇热诚于学知识、做学问，他选择了继续读研深造，他说：“读完本科那时候感觉并没有学得很懂。”王勇认为多读一些书肯定有用，研究生多学习几年，学习能力、反应能力、沟通能力可能都会比本科生要强一些，也更容易适应工作岗位。

“人的姿态，决定了以后学习的态度。”硕士研究生毕业后，王勇选择了去华为公司工作。他认为无论什么学历，进到公司必须要学习，或了解公司的工作流程，或增加工作经验和人际交往能力。他并不介意从“比较低的地方”入手，一步一步地学习进步。

理工情怀，严谨做事

北理工的理工氛围塑造了王勇的处事风格——一是严谨性，二是逻辑性，做事要一步一步来。在工作岗位上他也秉持着这样的风格。对于做产品的工作，王勇强调要按部就班，一步一步地来完成一个产品，每一步做得相对来说要比较到位。严谨的思维是他工作的灵魂。工作中王勇有时候觉得某一步是不可以跳跃的，假如因为市场或者哪方面的压力，不得不跳了之后，他心里会很过意不去，一定要找时间把这一步找回来补回来。他说，对公司、对团队来说，这些品质是不可或缺的。

王勇在华为公司和联想公司工作的时候，他是一个大的“机器”里面的一个忠于岗位“螺丝钉”。后来王勇和合伙人创办公司，在这个过程中他体会到不同的学校的毕业生有着不同的风格。北理工带给王勇的风格是理工思维的严谨性和逻辑性，这也正是他带给团队的风格。

实事求是，敢于创新

“没有所谓的重要不重要的课，都要踏踏实实学。”这是王勇给在校生的建议。实事求是也是王勇性格的一部分。王勇在校时，努力以优秀的成绩完成学业，每门课都要学好。他说真的不知道，在工作中会用到哪一块知识。王勇学习通信工程专业，数字电路不是核心专业课，但这门课又是最不容易及格的课之一。在这门课的学习过程中，王勇很感谢他的老师，正是在一次考试中，老师强化了他对严谨的认识。这在之后的工作中得以验证——华为公司成立新部门，拥有数字电路知识的王勇从硬件部门调入到这个新部门，负责这个新部门的组建工作。

对于大学生就业指导，王勇有着亲身体会。在光通信器件课上，他了解到一家纳斯达克上市的中小型公司的技术和产品很有特点，在后来实际工作中王勇发现这家公司是世界上生产相应产品的最大的一家公司，当时在世界 500 强中排 63 位。所以王勇建议大学生走出课堂，在学习之余，选择感兴趣的方面或是希望从事的工作，对社会实际工作多了解，再结合课本进行学习。这样的学习方式更有益，也能对今后创业的方向有一定的认识和选择。

“有足够的沉淀，创业会事半功倍。”王勇成功地和合伙人创业，学习的过程和在大企业的积淀是不可或缺的。王勇说，一个公司的成功一定是全维度的，仅靠一个长板，这个公司是不可能成功的。当今市场竞争已经非常充分了，市场容错率很低。一开始存在大量短板的公司，基本上是没有生存能力的。王勇建议大学生要创业有方，不要急于创业，有的大学生只对一方面感兴趣，也很有天赋，认为到社会上就可以做一个东西震惊大家，开一个公司融资赚钱，这个基本上会失败。王勇强调创新思维的重要性。当代大学生们要加强创新思维，理工科学生要多地学习一些人文知识，这个世界是多元化构成的，缺乏创新思维，最后公司是一定会垮掉的。

最后，王勇希望北理工严谨求实的学风薪火相传，希望北理工学子能奋发图强，有更好的发展，祝福北理工越来越好。

撰稿人：杨林　吴月

1991 王典民：

悠悠岁月情，漫漫人生路

“看到你们，我就仿佛看到了当年的自己，一想起北理工，我便感慨万千。”乐观自信、热情洋溢是王典民留给我们的第一印象。作为从母校毕业20多年的老校友，他亲切地同我们讲述起自己和母校的故事。

醉心科研，干劲十足

谈到自己当初入校的选择，王典民回忆道：“当初选择北理工，选择工程光学专业，一方面是高中老师的推荐，更重要的是看到了北理工的实力和价值，北理工雄厚的学术背景。”进入大学，王典民主要的兴趣爱好便是学习和钻研，为此，他还专门加入了学校的发明社。他说：“当时就想搞点发明创造，总觉得要搞出点东西来。”对于大学的知识，王典民坦言：“大学学习不能一味地填充，更要注重能力的培养。学校老师强调培养发现、解决问题的能力，对我科研学术的影响是巨大的。”

王典民回忆道：“当初学习的干劲十足，记得考研的时候，大家7点便到教学楼开始学习，一直到凌晨2点。大门锁了，我们便翻墙出去，谁也没有喊累，因为都想在学术上有所突破，有所造诣。”

在硕士研究生和博士生阶段，王典民依然对科研充满兴趣。他曾发表过几十篇论文，并取得了三项重要成果，中央电视台记者采访了他，最终在博士生阶段获得徐特立奖学金。“当时真的非常激动，也感到十分荣耀，这是母校对我的肯定！”他接着说道：“我将这笔钱花到了购买零部件上，用来搞发明创造。”

王典民还提到了自己的一个特殊的爱好：“当时我对天文学特别感兴趣，常常做一些观测和研究，甚至在毕业手册上还有所体现。”王典民笑着说道：“我的导师曾对我说，如果我转到天文学的研究领域，也将有一番成就。”开阔视野，广泛涉猎，精益求精是王典民在学习方面的心得。

谈及对自己影响最大的导师，王典民毫不犹豫地提到了于美文教授。“虽然她是女士，但大家都尊称她为先生，因为她在学术和人品方面值得每一个人尊敬。”他深切地说道："我至今仍念念不忘的，是先生那博大的胸怀和无私的精神。当年先生写了一部专著，获得3 000元的稿费，可她没有保留，全部捐给了学校的马士修奖学金基金会。先生对我言传身教的影响令我终生难忘。"

王典民的大学学习始终保持着好奇心和探索精神，孜孜不倦地进行着科研项目研究，积极开阔视野，同时又深受母校老师耳濡目染的影响，最终获得徐特立奖学金，这对他之后的人生发展中，起着至关重要的作用。

学以致用，积累经验

谈及徐特立奖学金对自己的影响，王典民感慨万千："徐特立奖学金对我的影响是潜移默化的，它让我有一种认可感和荣耀感，在之后的创业和企业管理中始终激励着我，充满着干劲。"他回忆自己的工作经历："我的第一份工作是在中国中化集团有限公司，当时想为国家做一些事情，贡献自己的一份力量，后来转到投资管理领域。但无论做什么，母校的教育始终影响着我。"

说起工作中遇到的问题，王典民坦言："最重要的就是人员关。在母校做科研项目的那几年，我的知识技能得到了很好的锻炼。但步入社会，我发现有些事情不是那么简单，主要考虑人的因素，在团队建设和领导力上，我还有所欠缺。"他强调："获取知识的过程远远超过知识本身，这需要培养发现问题和解决问题的能力。"

对于未来，王典民充满期待："我想在将来总结一种模式，可以用来指导年轻人的发展。我人生的前几十年在获取知识，后几十年想将它传播下去。"

岁月悠悠，恩情难忘

"我经常会回到母校看我的老师。"王典民真切地说道，"我的导师于美文先生现在虽然记忆力不太好，每一次都认不出我，令我心酸，但是先生特别爱干净，待人也很有礼貌，那是印在骨子里的素质，也令我敬佩。"谈到母校，王典民有感而发："母校的每一个角落都有我的身影，常常梦回母校，忘不掉中心花园，繁茂的柿林，成荫的白杨，还有图书馆和教学楼……每次回到母校，我总会到徐特立老先生的雕像前驻足仰望，鞠一个躬，缅怀这位无私而伟大的老院长。"

寄语

采访的最后，王典民对学弟学妹们和母校表达了自己的寄语和希望：

学弟学妹们不仅要加强科研学习的能力，还要培养融入社会的能力，使自己成为多元立体的人。你们不光是知识的载体，更是知识的应用体，要为社会和国家多做贡献。今天你们因母校而骄傲，未来母校会因你们而自豪！

北理工在各界领导和老师的辛勤努力下，实力雄厚，但宣传力度还需加强，希望母校能继续整合各界校友之力，让北理工的这面旗帜更加鲜明！

愿北理工广大校友，常回母校看看。

撰稿人：闫凯嘉

1992 李秀生：

突破自我，迎接挑战

李秀生 1995 年从北理工计算机科学工程专业毕业，现在是四川新网银行的首席信息官。四川新网银行是一家民营企业，2016 年 12 月 28 日正式营业，银行的两大股东是小米集团和新希望集团。有关目前的职位——首席信息官，李秀生说，首席信息官（CIO）是商业银行里信息科技的第一负责人，主要负责银行内部信息系统的整体规划、建设、运行和科技方向的管理工作。从业多年，李秀生有很多故事与经验想跟学弟学妹们分享。

驻守北京，蓄力发展

对于大部分北理工校友来说，李秀生是资历比较老的学长了。他 1992 年从北理工本科毕业，1995 年取得硕士学位。毕业以后首先在北京地区的中国工商银行担任开发中心的副总经理，主要工作是电子银行的筹建，也就是目前的网上银行和手机银行。之后，2010—2016 年他在北京农商银行担任科技部的总经理。李秀生坦言道，生长在这个时代很幸运，特别是最近几年，信息技术发展得特别快，比如移动互联网、大数据、云计算等。1995 年，金融业飞速成长，许多有名的公司总部都设在北京，大量优秀的人才也聚集在北京，个人锻炼的机会是很多的。同时，李秀生也感慨道：现在北京房价越涨越离谱了，不禁为现在要留京奋斗的年轻人捏一把汗呀！

李秀生感激地说，自己能在工作中获得那么多的荣誉，比如荣获中国人民银行科技进步一等奖、全国五一劳动奖章等，都离不开母校北理工的苦心栽培，在母校度过的本科和研究生的几年中，给自己未来在职业上的打拼打下了非常好的知识基础，帮助自己塑造了踏实、不断学习的品格。

跳出北京，迎接挑战

经过多年的奋斗，李秀生在北京已经打稳了根基，也组建了家庭，但是为什么还要选择离开北京的工作，加入四川新网银行，时常在北京四川两地奔波呢？他略微思考了一下后这样回答：在北京时，加入中国工商银行，这么庞大的一个机构，处于世界领先的地位，可以拥有比较高的全局视野看待这个行业的发展；但随着中国工商银行内的分工越来越细，个人发展的空间反而变小。为了进一步锻炼自己，他选择离开中国工商银行，加入北京农商银行，得到了更加全面的磨砺与成长。六年后，他又不甘心于现状，加入了四川新网银行。谈起目前的工作李秀生津津乐道，他喜欢这个开放式的工作，充分利用了现代科技，实践了人工智能与云计算等新潮热点。“不断迎接新的挑战”是他突破自我的人生态度。

回忆母校

李秀生一直都是北理工的优秀学生，他把学习作为自己的主要任务，课余时间也参加丰富的学生工作。例如作为团支部书记服务班级，赢得了同学们的认可，甚至逐渐克服了腼腆的弱点，变得善于表达。获得徐特立奖学金，他觉得这是学校对自己大学生活与学习最大的肯定，增强了自己的信心。在刚进入校园的时候，他对徐特立老校长的了解仅仅停留在历史和逸事的层面，后来随着与老师、同学的深入交往，也逐渐体会到了徐老的精神与教育思想，“实事求是，不自以为是”永远指导自己不断前行。

李秀生认为大学时光非常宝贵，希望学弟学妹们好好珍惜，不要虚度。社会发展很快，周围环境诱惑很多，作为学生，应该以学习为主，分清事情的轻重缓急。虽然在学校，也要关注中国与世界的走向，尤其是大四与研究生时期，这是从学校走向社会的关键时期。从学生时代，就要具备优良的品德，培养团队合作的精神，凡事从他人、集体的角度出发，才能帮助我们走得更远。学习就要有学习的态度，要用心、主动、系统地去归纳和思考自己学到的知识。一旦走出校园，要根据自己的情况和家庭，慎重考虑是否创业，毕竟创业成功概率很小，选择工作时要遵从自己的兴趣，尽量选择制高点高的行业。

撰稿人：黄雪圆

1992，1998 廖日东：

用时间丈量坚守

有这样一位校友，勤奋刻苦，表现优异，天分卓绝，曾在本科阶段和研究生阶段，两次获得北京理工大学最高荣誉奖学金——徐特立奖学金。“拿了两次徐特立奖学金，却很惭愧没有做出两倍的贡献。”北京理工大学机械与车辆学院的廖日东教授谦虚地表示。但从他的言谈举止中，我们不难窥见他那一片赤子之心。

投身学术，理工相融

初入大学校园，廖日东就读于北京理工大学应用力学系工程力学专业，不论是从思维习惯还是学科素养，这段日子给他之后的科研生活带来了很大的影响。

“记得第一次获得徐特立奖学金的时候，心情是十分激动的。在颁奖仪式上，谢光选院士为我们做了精彩的报告。”这一次获得徐特立奖学金不只为廖日东带来了荣誉和认可，也是他走向经济独立、人格独立的开始。

1994 年 9 月，廖日东成了北京理工大学车辆工程专业硕士生，并因优异的表现，于 1996 年 9 月提前读博，成了第一批尝试学科交叉融合的人才之一。

读博期间，因为条件艰苦、任务繁重，廖日东最担心的就是做数据的时候出现什么差错，常常在去吃饭的路上或是实验室锁门后还要跑回来检查一遍，核对无误后才放心离开。由于负责项目与各企业接触比较多，为了尽快得出实验数据，他后来带着任务，几乎跑遍了北京大大小小的计算中心。就是在这样艰苦的环境下，廖日东潜心学术研究，发表了多篇高水平论文，为学科发展作出了突出贡献，并再次获得了徐特立奖学金。

教书育人，共同成长

谈到留校任教，廖日东表示，更多的是源于一种情怀。“归属感”是他反复提及的一个词。从本科生的懵懂到研究生的刻苦，再到走上三尺讲台；从不熟悉到熟悉，再到能够驾驭教材的编写，廖日东的成长之路一步一个脚印。

廖日东的办公室有几张桌子，桌面上铺满了码得整整齐齐的书。而这些书，仅是他所授课程其中一门课的备课资料。爱人和孩子不在家的时候，他就睡在办公室的小沙发上，与书为伴。

功夫不负有心人，廖日东作为项目副组长承担国防基础产品创新计划重大研究项目1项，作为项目负责人承担国防支撑预研项目1项；获国防科工委科技进步二等奖1项、三等奖2项，北京理工大学科技进步一等奖3项等；发表学术论文70余篇；兼任航天《强度与环境》杂志编委、北京市高等教育自学考试《现代设计方法》课程考试委员、中国汽车工程学会可靠性学组副组长、军用车辆动力系统技术国防重点学科实验室副主任；入选教育部新世纪优秀人才计划，并获得中国内燃机学会史绍熙人才奖。然而最令他欣慰的，是学生评教时对他的认可与感激。

回首与北理工一起走过的28年成长之路，廖日东无限感慨，充满坚定。

实事求是，精忠报国

不仅是对于教书的专注，对于育人，廖日东也有一套独特的看法：“当今世界进入了互联网时代，我们身边有大量的碎片化阅读，但有效阅读其实是在减少。这不是某一个学校或者某一个群体的特点，而是全社会所面临的问题。”

谈及学生时代的校园氛围，廖日东依然十分怀念。平时泡泡图书馆，周末有一些舞会，骑车去香山、去八达岭看长城……都是他心中美好的回忆。除此之外，实验室和自习室也占据了他大部分时间。“在实验室打地铺、伏案而眠是常有的事，大家都这样，并不稀奇。”廖日东说，“比较难的知识，看一遍不会就看两遍，看两遍不行就看三遍嘛！”

廖日东在10年前校训募集中就提出了“实事求是，精忠报国”，“实事求是”源于徐特立老院长“实事求是，不自以为是”的学风，精忠报国则来自他对于国家、对于母校的满腔热情，而这也是他言行上对自己一直以来的要求。坚守住自己的底线和原则，在正确的时间做正确的事，踏踏实实走好每一步，这也是廖日东对北理工学子的期盼和嘱托。

廖日东最后说道：“我完完全全是北理工培养出来的，也将用我毕生心力，全心全意为北理工、为国家作出一点贡献。”如今，廖日东依然怀着一颗赤子之心，正踏着坚实的脚步前行。

撰稿人：蔡一凡　吴月

1992，1995 刘芳：

北理作伴　青春无悔

北京理工大学信息与电子学院 1993 级有这样一个学生，她成绩一直名列前茅，积极参加社会工作，担任班级团支部书记……因为在校期间的优异表现，1995 年荣获徐特立奖学金，并获得院级、校级各种奖励和荣誉。

她的名字叫刘芳，北理工信息与电子学院 1993 级电子工程专业学生，现在挪威从事癌症研究和生物信息学这种新兴的高度交叉、快速发展的研究工作。

回念过往，不负韶华

回想起 1995 年获得徐特立奖学金时的情景，刘芳说：能够获得如此高荣誉的奖学金肯定是非常开心的，这也意味着自己在大学期间的努力得到了肯定；同时，自己也清醒地意识到，虽然能获此殊荣，但这并不完全表明自己在所有方面都做得很好，其他同学在很多方面都有值得自己学习的地方。自己也感受到表率作用带来的压力，所以时刻提醒、督促自己，要把获得徐特立奖学金的荣誉作为激励自己再接再厉继续前行的动力。

她说，自己人生中的“第一个奖学金”，是 1992 年在石家庄一中就读期间获得的徐特立中学生奖学金。当时的奖金不多，但很珍惜这一份荣誉，因为自己喜欢读书，所以将奖学金用来买书充实自己。大学期间获得的徐特立奖学金，因为数额比较大，所以一半捐给系学生会回报学校，另一半用在其他方面，主要是买书。

刘芳在校期间不光是“学霸”，学习成绩好，也参加了许多社会活动：担任班级团支部书记，参加各种社团活动。课余生活也丰富多彩：爱好书法、乒乓球、旅游、阅读各类书籍。她说，这些都是自己喜欢做的事，丰富了阅历，增长了见识，使大学生活更有意义，通过这些活动也让自己的大学生涯更加绚烂。

学业有成，不忘恩师

刘芳说，能获得这些荣誉离不开老师和学校的培养，当时的班主任程震先老师对我的帮助很大，她的敬业、谦逊、朴实等品格都对我产生了很大的影响。她不仅在学业方面言传身教，耐心、细心地教导我们，而且在生活方面也给予了我很多关心和帮助。

六年半在北京理工大学就读的时光（四年本科，两年半硕士），是刘芳人生中最美好的回忆。她说，在学校收获了不单单是知识方面的东西，最大的收获主要是在学习方法上：学会了怎样独立学习和钻研问题，最后并成功地将这些问题攻克。刘芳说，当时学习的知识，日后如果不用，很可能就在记忆里逐渐淡忘了，但是培养出来的学习能力和思维方法会受益终生；在学校中还培养了勇于探索、不懈追求的精神，知道了应该在博与专的结合上掌握平衡。

理工精神，伴我同行

在谈到北理工精神的时候，刘芳这么说：求实，拼搏，勤奋，这六个字给她留下了很深刻的印象，还有徐特立老院长的教育思想。徐老是北京理工大学前身延安自然科学院的主要创建者，是北京理工大学特色文化形成的代表性人物，将马克思主义理论与中国革命具体实践相结合。徐老以延安自然科学院为试验田，把“教育救国”的主张转化为服务“抗战建国”需要的办学实践，使延安自然科学院成为培养“革命通人、业务专家”的摇篮，他为革命事业和后来的国家建设作出了卓越的贡献。刘芳说，在延安自然科学院的工作实践中，徐老创立了丰富的一系列具有科学性、革命性、群众性、实践性和前瞻性的教育思想，成了中国特色社会主义教育体系的理论依据与重要来源。刘芳说，北理工是徐特立教育思想的发源地、实践地和传承地，继承发扬徐特立的精神，是每一位北理工人的天然使命，徐特立的教育思想和办学理念为学校长远发展提供了不竭的精神动力，徐特立的教育思想与理念代表了北理工人共同的精神底蕴和文化品位。

2000 年毕业离开学校后，刘芳并没有从事与电子工程直接相关的领域工作，而是把在电子工程专业学到的信号处理等理论知识，结合到了生物化学分析数据、基因表达数据、测序数据等数据处理工作中，在癌症研究和生物信息学这种新兴的高度交叉、快速发展的学科领域工作。刘芳最后说，北京理工大学培养自己勇于求知、勇于探索、独立思考的能力和精神，一生受用无穷。

撰稿人：孙飞

1993 娄丽军：

星辰大海，在每个务实的人脚下

如果你渴望星辰大海，最好的方法不是远远眺望，而是一步步向它迈进，近一些，再近一些。

——题记

娄丽军，北京理工大学1990级光学工程系学生，硕士研究生就读于光电学院颜色科学与工程专业。1993年11月获得徐特立奖学金。

利用有限的时间，做最好的自己

在与娄丽军的交流中，我们不禁为她的干练和果断而惊叹：在本科期间曾担任班长、1993级新生辅导员，学生工作突出；积极参加学校的各种活动，在迎新晚会和学院各项活动中担任主持和组织工作；在本专业三年累计总学分第一名，在保证本专业学习内容熟练掌握的基础上，辅修计算机和经济第二、第三双学位。她1997年研究生毕业后，曾在中国电子科技集团公司第十五研究所工作一年半，后果断放弃体制内工作，1998年到IBM工作，目前在IBM软件部任行政级别IT架构师。

从求学到现在的工作中，她都保证科学的作息时间：晚上11点休息，次日6点半起床。有效的时间管理和高效率的工作过程，令她单位时间效率很高。她提醒我们："要注意碎片化的时间管理，长时间累加碎片时间，形成有效叠加；尽量不要熬夜，以保证第二天的高效工作。首先，在校学习期间，可以通过不同的学科学习切换，调动自己的学习积极性；其次，做好时间的规划，想好未来一周的重要事情，合理利用时间；最后是专注做一件事，完全投入，保证任务的顺利完成。"

学习徐特立精神，创新学习共提升

谈到获得徐特立奖学金的这段经历，娄丽军表示，学习和学生工作得到老师和系领导的认可，获得学校的最高奖项，是一份至高无上的荣誉。在学校学习和学生工作过程中得到的认可，有助于自信心提升，鼓励自己更加严格要求自己，设置更高的目标，从而进入一个良性循环螺旋上升的轨道，这种追求卓越、积极向上的精神在今后的学习和后来工作中有很好的激励作用。

徐特立老院长在北理工发展初期就鼓励创新，娄丽军在工作经历中也很明显体会到创新的重要性。她说，中国目前很多企业通过不断创新，实现了很大的突破，比如阿里巴巴、百度在所属领域实现了遥遥领先的产出和成果，是全球的佼佼者；微信支付早已超出国际水平，很多外国人惊叹中国便捷的移动支付。另外，老院长倡导向他人学习、三人行必有我师，活到老学到老的观念在今天仍然具有时代意义。她说：“在 IT 行业的发展中，随着技术发展速度的加快，更新换代相当快，并且随着年龄、社会责任的增加，要承担的东西越来越多，这就要求我们不断提高学习能力，才能不会被社会淘汰。”

红色传承北理工，科技强国学风正

娄丽军是北理工 1990 级光电工程系的学生，本科毕业之后获得保研和直博的资格。由于未来工作想从事计算机、网络行业，她选择了保研进入颜色与科学工程国家重点实验室，师从汤顺清老师，从事模拟色谱、印染程序编写方面的研究。娄丽军表示，汤老师对学生的学习和生活都很关心，在精神上的鼓励对我人生成长具有很大的帮助。

娄丽军回忆，当时学校的同学们大部分来自农村，吃苦耐劳精神是那个阶段明显的特点。在大三的暑假，由于条件有限，教室里时温度很高，准备考研的同学后背往往是湿透的，这一幕令她记忆深刻。

2010 年提出的“德以明理、学以精工”校训对娄丽军的启发也很大。她说道，北京理工大学具有从革命年代延续至今的红色传统。德以明理，旨在注重学生品格的培养；学以精工，提倡勤奋好学，追求卓越，学习更多的专业知识提升自己。娄丽军说：“校训对于学生的发展很重要，在科技强国的今天，要求当今大学生拥有坚定的理想信念，丰富的学识，大家共同奋斗，国家才能更加强大。”

干练的工作作风，严谨的工作态度，通过自己的努力不断实现种种突破。娄丽军学姐跟我们的简短交流让我们看到这位在 IT 行业辛勤工作的北理学子身上的坚持和努力。生活总是会垂爱一直在奋斗之路上的人，星辰大海，就在每个努力的人脚下。

撰稿人：李婷婷

1993 傅东宇：

兴趣定格人生

傅东宇 1987 年入学，就读于北京理工大学飞行器工程系导弹设计专业，1991 年本科毕业后，继续在飞行器工程系读硕士，研究生期间以优异的学习成绩获得徐特立奖学金。1994 年硕士毕业后，傅东宇留在学校做了一名教师，两年的工作生活并没有阻挡他对知识的渴求，适逢当时的出国潮流，傅东宇决定辞去工作去美国继续深造。完成博士学业后他在当地找了一份工作，现定居加拿大多伦多。

高中的时候傅东宇就坚定了学习飞行器专业的决心，当时美国发射了一架航天飞机，这引起了傅东宇对飞行器强烈的兴趣，他还自己设计过太空实验并投稿，希望可以被航天局选中并在太空进行实验。高考填报志愿的时候，尽管父母都希望他学习当时比较热门的计算机专业，但他还是根据自己的兴趣，坚定地报考了航天器专业。虽然傅东宇现在从事的工作是与燃料电池相关的，但他依然关注着航天事业，航天器与新能源都是他的爱好，因为它们之中的自主创新都会引起傅东宇强烈的探索精神。

徐特立奖学金并不是傅东宇获得的第一个奖学金，他在本科期间还获得过当时的航天部一院在北理工设立的长征奖学金。能够获得徐特立奖学金是一种很高的荣誉，说明自己的努力受到了大家的肯定，得到了学校的认可，所以傅东宇很高兴。当时奖学金是很大的一笔钱，他都把这些钱存下来，作为日常生活支出使用，这些奖学金对傅东宇日后的学习和工作都有很大的激励作用。

傅东宇认为自己能得到奖学金与学校和老师的培养有着密不可分的关系。他清楚地记得自己研究生期间的万老师和俞老师两位导师，他们都为傅东宇提供了很大的帮助，不只是在学习研究方面，还是在生活方面，不管碰到什么问题，两位导师都会尽力帮助他解决，所以他很感激两位老师对自己的帮助。

在大学期间，傅东宇的学习成绩依然和中学的时候一样优异，因为他早已经形成了属于自己的学习方法，然而生活方面对他来说却是一个考验。

那个时候傅东宇一个人在北京，一切事情都需要自己独立完成，买东西、洗衣服、看病……生活的方方面面都需要自己去料理，没有人可以提供帮助，因为当时的同学们都是第一次离开家庭，都必须学会独立生活，这是大学的一堂必修课。傅东宇独立生活的能力在大学的几年间有了明显的提高，这对他来说是一个很大的锻炼，现在回想起来，傅东宇非常庆幸当时自己没有选择离家近的大学，这为他后来一个人出国的学生生活奠定了良好的基础，对他日后的工作生活也有着非常大的帮助。

除了学习以外，傅东宇当时还有很多兴趣爱好。傅东宇非常喜欢读书，周末的时候他经常会去学校附近的北京图书馆看自己喜欢的书籍；傅东宇还喜欢旅行，周末会和同学们一起去北京周边旅游，去感受不同的风土人情，这既扩大了他的知识面，也丰富了他的人生阅历。本科的时候，他还会经常和寝室的同学打桥牌，甚至还一起去各大高校参加了桥牌比赛，同时也参加社团活动。傅东宇记得当时在本科的时候，因为获得了一个物理竞赛的一等奖，于是就被召进了学校一个杂志社的编辑部，负责出版一本介绍物理知识的杂志，他觉得这是一次非常有意思的经历。

最后，傅东宇希望同学们除了好好学习，还应多参加一些社会活动，与时代一起进步。傅东宇认为北理工虽然不是国内顶尖高校，但是综合实力依然很强，这点从他遇到的校友身上就得到了很好的印证，所以傅东宇希望现在年轻人能够做得更好，为母校争光。

撰稿人：周蓓

1994 熊永虎：

艰苦奋斗，创新求实

“航天任务没有小事，每一件事都是需要攻坚克难的大事，这就需要发扬继承延安精神，创新求实。”这是1992级力学工程系（现机电学院）徐特立奖学金获得者熊永虎在谈到北理工延安精神对自己工作的影响时的感慨。

1992年，熊永虎考入北京理工大学力学工程系，在大三上学期，以连续5个学期班级第一的好成绩荣获徐特立奖学金，并保送直读博士学位。在攻读完博士学位后，熊永虎进入了我国第一个综合型电子信息科学研究所——中国科学院电子学研究所。

在这个完成了几代合成孔径雷达系统、信息处理系统的研制和大量关键技术的攻关，并承担了我国第一部星载合成孔径雷达与处理系统、我国第一部实用化机载合成孔径雷达系统、我国第一部机载干涉SAR系统等国家重大任务的研究单位，熊永虎继续保持自己求学时的刻苦认真态度，继承和发扬延安精神，在航天微波遥感系统研制工作中默默奉献自己的青春和热血，已度过了17个春秋。

谈到徐特立老院长，熊永虎回忆，自己刚入学的那天，从东门进去，一入中心花园便可看到徐特立老院长的塑像。作为最年长的“延安五老”之一，徐特立老院长是北京理工大学前身——延安自然科学院的主要创建者，获得以徐老院长命名的北理工最高荣誉奖学金令自己感到十分荣幸。他说，这份北理工最高荣誉奖学金不仅仅是对于自己学生时代刻苦努力所获得的成果的认可，其中所包含的延安精神对自己以后的工作中也有着深远的影响，因此尽管之前也获得过很多奖学金，但徐特立奖学金对自己而言是第一个非同一般的重量级奖学金。熊永虎说，“实事求是，不自以为是”的徐特立精神潜移默化地影响着自己，让自己在工作中保持实干的作风，在科研技术上攻坚克难；北京理工大学“团结，求实，奋进，创新”的校风也造就了如今的自己，在工作中面对国外的技术封锁，和所里的同事自主奋斗，积极创新。

回忆起学校的学习生活，熊永虎感激地聊到了自己当时的班主任曲老师。熊永虎说，由于自己学习能力强，成绩突出，曲老师因材施教，在本科时就带着自己提前进入实验室熟悉科研环境。在实验室里，他接触到研究生学长学姐，拓宽了自己的视野；在“286”计算机在当时的中国还属于先进计算机的年代，他也是在这里有机会接触到计算机及编程语言。当时实验室的一位研究生师姐使用 C 语言编写了一个模拟机构运动的仿真动画，给他留下深刻的印象。在曲老师的悉心指导下，熊永虎提前接触到了研究生的生活，虽然在本科只有短短的三到四个月的实验室体验，但给自己带来的影响是深刻的，拓宽了视野，增长了见识。

熊永虎说，北京理工大学正是因为有了秉持“团结，求实，奋进，创新”校风的许多老师，才培养出一批批的技术骨干，才将徐特立老院长倡导的“实事求是，不自以为是”的学风和红色基因植入到一代又一代的学子身上，让北理工人把自己的人生同民族的命运联系在一起，扎根人民，奉献国家和社会。

熊永虎不仅是学习的佼佼者，在社会工作中也投入了极大的精力，充满热情地为同学们服务。1994 年，熊永虎成为一名光荣的共产党员，同时积极发挥党员的模范带头作用，担任系学生会主席，为老师分忧，为同学解难，负责组织了迎新培养教育等重大活动。

随后，熊永虎热情地和我们这些学弟学妹们聊到了电子学研究所和北京理工大学的紧密联系。他说，电子学研究所的众多技术骨干和核心人物都是北理工毕业生，他们在工作中都显著地表现出北理工人的特色：特别能吃苦，特别能攻坚，踏踏实实做事，求实创新。这是北理工精神最生动最写实的诠释，正如习近平总书记所说：“理想信念是共产党人的精神之‘钙’，必须加强思想政治建设，解决好世界观、人生观、价值观这个‘总开关’问题。”北理工的精神是延安精神的传承，一代又一代的北理人，无数像熊永虎一样优秀的北理工校友将红色基因根植在自己的血液中，在国家的各行各业踏实做事，为国家和人民做贡献，这值得我们新一代的北理工人学习。

撰稿人：王一婷

1994 李方慧：

大学生活的启蒙

“徐特立奖学金更像是一个鞭策，一个给自己制定的目标。”当谈到获得徐特立奖学金的心路历程时，李方慧这样解释。李方慧在 1992 年入学北理工，刚入校的时候，他就像所有大一新生那样，迷茫，期待，渴望找到新的方向。“这时候有两件事对我影响比较大，一是我知道了保研这回事；二是我有两位来自相同高中的学长，他们拿到了学校的最高荣誉——徐特立奖学金。这两件事都触动了我，给了我新的奋斗目标。”一旦有了前进的动力，入学不久的李方慧忙活了起来：一边专心学习，一边参加各类学生组织和社团充实自己。团支部书记，系学生会主席，同学们眼里的“学霸”，李方慧有条不紊地朝自己的目标靠近。

“徐特立奖学金出结果的时候，我很意外，真的很意外。”李方慧仔细回忆着 20 多年前的心境：“拿到徐特立奖学金还是蛮受鼓舞的。”在这之后，李方慧又陆陆续续拿了一些奖学金，他拿奖学金买了台电脑。在那个年代，电脑还是很稀罕的玩意儿。如果哪个孩子家里有台“386”（一种老式电脑），基本上就是“大款”了。他说：“那时候的电脑一般拿来玩编程，在 DOS 上编游戏，或者练 hacker 技术。”这台用奖学金购买的电脑让李方慧成了网络时代的第一批弄潮儿，不管从什么角度来看都是相当划算的投资。

北理工在我最重要的时期给了我很多好的影响

好的大学不仅培养高水平的研究者，更在潜移默化中塑造学生的人格和习惯。

在育人上，老师往往扮演影响力最大的角色。“我们这拨学生赶上了非常多非常好的老教师。比如我的微波老师，我现在都记得他的名字。”李方慧会心一笑地说道：“这门课很难很难，但老师上课从来不带东西，二话不说能写一黑板的板书，授课的内容他都烂熟于胸了。这些老教师待人都特别客气，和你讨论问题的时候能让人感觉如沐春风。”

谈到研究生阶段的导师，夸张地说，李方慧能聊上三天三夜。比方说毛二可教授，李方慧早在本科时，他就看见毛二可教授天天骑着自行车，早晚都带着学生做各种实验。后来李方慧去二院做硕士毕业论文答辩时，都是毛二可教授亲自开车带他去的，没有一点架子。

由于就读电子系，李方慧和周围的同学一样，兴趣爱好大都和电子有关，像电脑、无线电等。他说："那时候学到的、吸收的东西未必觉得有用，但若干年后你会发现它培养了你学习的方法，这些知识你在未来也可能用得到。"

国家需要人来"甘坐冷板凳"

李方慧说，职场上往往是这样的：一个热门行业，就会有大量的年轻人奔着去。并不是说这样不好，毕竟新时代的年轻人在面临新机遇的同时，身上也担着更大的压力。可是很多人不知道，幸福不仅是物质上富足，还有精神上的充实。什么能充实精神呢？坚定的信念横贯人生，能在大浪打过后支持你爬起来。"向钱看齐"不是信念，只是一种达成信念的手段。如果说一个有信念的人在努力赚钱的话，那他的目的不是赚钱，而是拿赚来的钱实现自己追求已久的、某种支撑他艰苦奋斗的东西，或许是像老一辈革命家那样的信念——"家国情怀"，用李方慧的话说，这个国家需要人来"甘坐冷板凳"。

李方慧说："徐特立老一辈的精神确实需要传承，他们在那么艰苦的条件下对自我的要求是很难得的，攻坚克难给后代创造一个美好的未来。他们胸怀天下，那是一种更宏大的家国情怀。"李方慧坦言，很多年轻人都转行去追热点，他的公司越来越难招到人了。他说："热点之所以热，是因为已经有一帮人在冷门的时候把技术打磨得很好了。就比如现在的人工智能，这个概念在20世纪60年代就已经提出来了，但直到今天技术才打磨成熟。大家都说Google代表了科技发展的源动力，因为他们一直在做基础性的研究。"

李方慧说，北理工在外的口碑就是"实在"。实在有时候可能会吃亏，但如果想在行业中达到先进水平，就要在行业里坐冷板凳，扎实地钻研，这点对科学研究非常重要。算上研究生时期，李方慧差不多做了十几年的信号处理工作，这些经历培养了他对军工浓厚的兴趣。后来李方慧去英特尔公司工作了10年左右，但最后还是回归老本行，和另一个同样是北理工的校友一起开了这家公司。现在李方慧也成了他口中"甘坐冷板凳"的打磨人。

李方慧非常感激学校对他人格和习惯的塑造和培养，还有研究生、博士阶段手把手教授他的老师，这些都是受益一辈子的事情。像徐特立奖学金一类的荣誉，在李方慧整个学生时期，都是非常重要的节点，他现在家里还留着那些证书和奖状。李方慧希望学弟学妹们能朝着这个目标努力。要有这种情怀：毕业的时候，我们以学校为荣；毕业之后，希望有朝一日，学校也能以我们为荣。

撰稿人：贺先祺

1994 夏军涛：

以热情成就自我，用知识回赠社会

初见夏军涛，我们便从他和蔼的笑容、亲切的谈吐中感觉到了一股儒雅和谦逊。他平凡的外表下，隐藏着一颗赤子之心。

夏军涛 1992 年考入北理工化工与材料学院工业自动化专业，1994 年获得徐特立奖学金，毕业后以优异成绩被推荐免试直接攻读应用化学博士学位。2001 年获得博士学位后，他作为博士后加入汽巴精化德国公司，专门研究织物洗涤用的氧化催化剂。2004 年他在汽巴精化（中国）研发中心任个人护理产品开发专家。在个人护理原料行业几经辗转，夏军涛目前担任巴斯夫公司亚太区个人护理产品开发和应用技术的高级经理。

学会发现问题，解决问题

获得徐特立奖学金和夏军涛出色的学习成绩是离不开的，但是在夏军涛的眼里，获得奖学金只是在学习和解决问题途中的“副产品”而已。“学会发现问题，解决问题，这才是我所追求的东西。”他的这种精神无疑在他日后的求学之路上起到了重要作用。在获得直博的机会时，夏军涛就读的自动化专业还没有设立博士学位点。他经过慎重考虑，毅然选择跨专业攻读应用化学博士学位。“我记忆中大学遇到的最大困难就是读博的第一年。”夏军涛说。从工业自动化到应用化学，这其中的学科跨度可想而知。聚合物化学、聚合物物理、量子化学和光电子能谱这些非常经典的研究生课程对于本科没有有机化学基础的学生来说非常具有挑战性，但是夏军涛迎难而上，在一年之内将这些难点一一突破，还能够乐在其中，深入钻研。

夏军涛说：“在大学的 10 年，认识自我是我在知识之外最大的收获，跨越专业选择直博使我知道求学中没有什么困难是不能克服的。”从一开始面对重重困难，到后来问题迎刃而解，夏军涛在经历了这一洗礼后对自己有了更大的信心。而深入到科学实践当中去解决问题被他作为一种乐趣，这种乐趣所带来的钻研精神也一直贯穿在夏军涛之后的工作中。

回忆起攻读博士学位的经历，他说博导王建祺教授给了他非常多的鼓励和帮助。

"我是王建祺老师的第一个跨专业直博生，王老师的循循善诱和启发把我引入到一个崭新的学科领域，老师在学术研究方法上给了我很大的启迪。"夏军涛笑着说："王老师是光电子能谱和聚合物阻燃领域的世界知名专家，他在教学上非常严格，但是在生活上又很和蔼可亲。当我第一次在《火科学》杂志上发表英文论文时他提出了很多专业意见，让我第一次自信地跨入了阻燃科学这一快速发展的交叉学科领域。"博士毕业以后，王教授推荐夏军涛继续从事博士后的研究工作，直到现在他依然很感激在求学的关键时期，导师给予他的学术指导和真诚帮助。

在学习之余，夏军涛也积极参与学生工作。他在大四之前一直担任班级团支部书记，大二开始参加化工与材料学院的共产主义学习研究会，并在大三开始担任学院学习会会长。

从北京理工大学顺利完成博士学位的攻读后，夏军涛又在博士生导师王建祺教授的推荐下，远赴德国进行博士后的研究工作。随后，他在个人护理原料领域从事研究工作14 年。

不断追求卓越，不断耕耘

夏军涛坦言："我从事过研发、市场、技术服务和管理等工作。这一工作领域与我在校期间的专业已相差很远。我从不抱怨所从事工作和在校期间专业的不一致。对于我而言，既然命运选择了我在个人护理原料这一行业工作，我就要以百倍的热情在这一工业部门学习、工作和贡献。"而当被问及一直坚持在化工领域的原因和动力时，夏军涛说道："我觉得最重要的一点是热情。我的职位和工作内容可以换，但我不会离开这一行业，我立志要成为这一行业的专家。"正是这种对所从事领域的热情与兴趣和在工作中力求卓越的拼劲，夏军涛十几年如一日地在化工行业不断耕耘并取得了出色的业绩。

另一位在巴斯夫公司工作的北理工校友陈立谊博士在谈到夏军涛时表示："夏师兄一直是我的榜样，他大我四届。我入学时正是他作为上一届北理工毕业生代表在校礼堂为我们做入学宣讲，当时我的印象就非常深刻。如今我们又有幸在同一家公司工作，真的是缘分。夏师兄是我们北理工学子的楷模，是学以致用、知行合一的榜样。"可见，夏军涛也一直影响、感染着周围人。

回忆起获得徐特立奖学金时的感受，夏军涛称自己当时受到了很大的激励，也受到徐特立教育思想的深刻影响。他说："徐老之所以被称为'人民教育家'，是因为他有自己的一套教育理念。他提出的'教育来源于群众，服务于群众'的思想，是不同于西方的'精英教育'的。我始终坚信徐老的这一思想是正确的。尤其在中国，在追求社会公平的大环境下，我们更应坚持这一教育思想，做到有教无类，让教育不单单为某一类人服务，而是为人民群众服务。"

要承担更多的社会责任

自毕业离开母校的近20年间，夏军涛一直严于律己。他认为，作为高学历者自然要承担更多的社会责任。首先，高学历者首先应当怀有感激之心，感谢家庭、老师、祖国培养了自己。而自己则更应该热爱祖国，遵守法律和社会道德——这是一切的基础。其次，高学历者应具有与知识水平相当的道德修养：要热爱家庭，善待朋友，尊重他人——这是应尽的责任和义务。最后，高学历者更应崇尚科学、宣传科学，让周围人相信科学——这是专业精神。而夏军涛也从自身做起，在闲暇时进入社区和学校，为孩子们讲解科学知识，普及科学知识。

在夏军涛身上，我们不单单看到了一个优秀的科研工作者，更看到了一个有社会责任感、有担当、有人文情怀的翩翩君子。最后他也为我们留下了寄语：

“长风破浪会有时，直挂云帆济沧海。作为北理工学子，我们一定要对自己、对未来充满信心。相信尽管前面的路可能出现重重困难，但只要努力，我们终将会有一天，乘长风破万里浪，挂上云帆，横渡沧海，达到理想的彼岸。”

撰稿人：屠乐怡

1994，1996 原宇玲：

仰望星空，脚踏实地

年少时，她手捧书卷，神色淡然，安坐于一方书桌前；工作后，她手握笔杆，胸有成竹，带领一方人马披荆斩棘。从少女时期的青涩温婉，到如今的老练成熟，在原宇玲的身上，始终不变的是对理想的执着追求和对生活的质朴热爱。若用温家宝总理的一句话来说，便是：仰望星空，脚踏实地。

水到渠成获“徐奖”

若问北理工学子在校期间最想获得的奖项是什么，大概一多半的学生的答案都是徐特立奖学金吧。作为北理工最高奖项的徐特立奖学金，北理工学子在入学之初都曾以获得该奖为大学四年的目标之一。含金量如此高的奖项，原宇玲获得过两次，一次是在读本科期间，一次是在读研究生期间。但是当谈论起获得徐特立奖学金时的心情和感受时，原宇玲却说只是淡淡地欣喜。这种获奖后的淡然心情也许与她从小到大的优秀有着偌大的关系。

从小到大，原宇玲就是同学眼中的别人家的孩子。她上初中时因为学习成绩优异被老师选去参加奥赛班的培训，每次培训都是第一名。优异的成绩让原宇玲对自己的高考满怀信心，虽然高考成绩在别人看来依然很高，但对她来说却算是发挥失常了。有些人可能会因为成长路上遭遇了挫折而从此一蹶不振，但原宇玲显然不是如此，她报考了当年最热门的计算机专业。1990 年，原宇玲考入北京理工大学，成为计算机系的一名学生。

俗语说“酒香不怕巷子深”。当一个人足够优秀的时候，环境并不会有太大的影响，他还是会发光发热的。原宇玲在进入北京理工大学后仍旧非常努力，从来没有放松对自己的要求。“当时大家都很努力，自习室每天都要抢位子，你不努力是不行的，而且那个年代能做的事情并不多，大多都是读书。”原宇玲回忆道。足够的聪明加上足够的努力，让原宇玲在大学期间拿到过许多奖项，所以当拿到徐特立奖学金的时候她才会那样的淡然处之，这个奖学金的到来是一点一滴积累的结果，是水到渠成。

脚踏实地勇追梦

现代社会无疑是浮躁的，许多的报刊都报道年轻人太浮躁，频繁地换工作，对这些人来说，原宇玲的工作经历简直是不可思议：从毕业到现在的20年时间里，她只在一家公司——中国人民财产保险股份有限公司工作。当被问及会不会觉得厌烦时，原宇玲显得非常惊讶："从来没有过，因为我一直在尝试在不同的部门工作，我觉得自己收获很多，我很喜欢现在的公司以及同事。"虽然在一家公司工作，但这些年原宇玲却换过不同的岗位：从最初的技术部门到人事部门，再到保险业务部门、客户服务等，最终她为公司组建了一支全新的团队，她成了电子商务中心的总经理。无论是否与专业相连，她始终都保持着极强的上进心与好奇心，静下心去学习，丰富自己，全方位地提高自己的能力。因为做过技术、业务、客户服务、优化等各种类型的工作，有了经验的积累，原宇玲也是"水到渠成"地被任命为总经理，组建电子商务中心，开始自己全新的职业之旅。

工作的20年时间里她也未曾换过公司。对很多人来说这都是很困难的事情，她却做到了，因为她相信做事要脚踏实地才可以，不要看说了多少，要看做了多少，凭实力说话。

持严谨之风，传递"正能量"

无论是学生时期的同学老师，抑或是工作时的同事上司，对原宇玲的印象都是严以律己，充满正能量。大学时期，原宇玲多次担任学科课代表、班级团支部书记，无私地为同学们服务。她总认为生活中就应该积极向上、乐于助人，所以同学们对她的评价都非常高。工作后她在工作上认真负责，以严谨之风对待工作，以温和之风对待同事。她说自己一路走来都非常顺利，并无大的挫折、波折，所以时常保持乐观之心，将正能量带给身边的人。

当提起徐特立老院长时，原宇玲露出无限敬佩之情："我非常敬佩徐老，老一代的革命家是有自己的理想追求的，他们是真正在教育上开疆扩土的一代人，值得我们钦佩、敬仰。徐老倡导的北理工学风是严谨朴实的，它能给很多青年人以启迪。严谨、朴实，不仅是学术上的要求和追求，也是步入社会后在工作上的要求。"

优秀是有惯性的。当一个人习惯优秀的时候，有很大的可能会继续优秀下去。单看外表，原宇玲是温柔的，但是心中却大有丘壑在，她会一直淡然处世、乐观做人，也会一直优秀下去。

撰稿人：徐澜绮

1995 施新：

俯仰无愧，师心无尽

施新，博士，副教授，现任北京理工大学机械与车辆学院能源与动力工程系副主任。1992 年 9 月进入北京理工大学车辆工程学院热力发动机专业学习，2001 年 3 月博士毕业于北京理工大学动力机械及工程专业后留校任教，2006 年 5 月至 2007 年 4 月在英国伯明翰大学做访问学者。主要研究方向包括：径流/混流涡轮设计和气动热力学、增压器匹配与设计、增压器调节技术、新型增压系统开发等。负责重点装备型号项目“某坦克动力传动装置”增压系统设计，实现两级增压技术在军用车辆动力的首次应用。合作出版专著 1 部，发表论文 30 余篇，获发明专利 3 项，获教育部科学技术进步二等奖 1 项，国防科学技术进步二等奖 2 项，国防科学技术进步三等奖 1 项。

回忆一段岁月——腾飞的起点

徐特立奖学金是施新获得的第一个有分量的奖学金。关于获奖的事情，施新老师给我们讲了一个自己逆袭的故事：“获奖时我感觉很意外，毕竟我前面还有学习更优秀的同学，我的成绩并不是数一数二的。获得‘徐奖’时，我正紧张地备战考研。拿了这个奖后，心想自己也不能落在别人后面。于是备考中我下了更大的劲，最后的结果也比较满意，我的成绩在我们专业全部考研学生中排名第一，顺利考上了研究生。这个奖不仅是对我本科求学之路的认可，而且对我后来的工作也产生了深远的影响。”在考研时获得学校最高奖励，这份突如其来的荣誉，不仅助力施新在考研中一举夺魁，而且一直鼓舞着施新后来的工作，成为施新事业腾飞的起点。

聊起一段往事——本科生活

聊起他本科时代的学习和生活，施新老师谈了很多。他说自己本科时学习并不是最优秀的，但是在老师的亲切指导和帮助下，自己依然收获颇多。谈到本科老师时，他聊起这样一段往事：“我印象中最深刻的就是那时教我们英语的李老师，她工作上一丝不苟、兢兢业业，生活中又像父母一样关心着我们。有的学生英语基础较差，李老师比学生都着急，甚至把学生叫到家里来补课。我觉得这样的老师在大学中是非常少见的，她对我的影响确实很大。”对往事的回忆中，我看出了施新老师对那段生活的感慨和留恋，也读懂了施新老师一颗感恩的心。

悬挂一块牌匾——教师精神的传承

孟子有道：“君子有三乐，父母俱存，兄弟无故，一乐也；仰不愧于天，俯不怍于人，二乐也；得天下英才而教育之，三乐也。”当问到施新老师对于其三“得天下英才而教育之”是怎么看的时候，施新老师告诉我们那是“俯仰无愧”四个字。“俯仰无愧”4 字牌匾是施新的初中班主任赠给他的。“我的班主任老师真的是把教育当作毕生事业，以‘得天下英才而教育之’为乐。这对我的影响是极大的。我自己当了老师后，也要像他那样，把自己全部的知识教给学生，然后希望我的学生都‘青出于蓝而胜于蓝’，能作出比我更大的成绩，这也是我当老师的一个愿望。”“俯仰无愧”，这就是施新老师的为人准则，为师之道，它展示了教师精神的传承。

实现一份价值——北理工老一辈人的情怀

那个年代，像施新老师这样优秀的学子，很多人都进了外企或国企，并且成了企业中的带头人，风光无限。当问及施新老师为何选择了从事科研这条路的时候，他娓娓道来一段故事：“我快毕业时，我们学校的一场专家报告会对我触动很大，在当年条件非常艰苦的情况下，我们车辆学院集中了各个方面老师的力量，自主研发出我国下一代主战坦克的综合传动装置，后来我考研、留校，其实是受了这方面影响的。我觉得能研发出对我们国家国防有贡献的装备或者是技术，可能也算是实现了自己的人生价值，所以我毕业后就没有考虑去外面工作。”施新老师不求名利，许身报国，实现与众不同的人生价值，让我看到了北理工老一辈人的爱国情怀。

了却一份遗憾——北理工红色精神的传承

施新老师还提起了他最得意的一项成就：“2012 年北理工作为总师单位承担某轻型坦克动力型号项目，那是第一次由高校作为总师负责坦克装甲车辆动力的研发，我成了其中一个分系统的负责人，负责研发增压系统。我们集中了全系各个课题组老师的力量，动力系统方面采用了很多能够匹敌世界最先进坦克的尖端技术，这使我国下一代轻型坦克的性能得到大幅度提升。”说到这里，施新老师眼睛里闪烁着光芒：“我记得我当时入学的时候，我的老师就说：‘我们这些老先生奋斗了一辈子，就是想为我国坦克装甲车辆的动力系统贡献自己的一份力量’，这次我校承担了这个项目，也算是了却了老先生们的一份遗憾。”致力国防科技的腾飞，了却北理工前辈的遗憾，这就是北理工红色精神的传承。

人们常用“人类灵魂的工程师”来赞誉老师，是因为老师培养着祖国的栋梁、塑造了人类的灵魂。采访施新老师后，我对“老师”有了一种别样的理解：像施新老师一样的北理工教授不仅培养着祖国的栋梁，他们自身更是祖国的栋梁；不仅塑造了人类灵魂，也塑造了国之灵魂。“兵者，国之大事”，以施新老师为代表的科研工作者研发的军事装备，使中国在国际舞台上有了更多的话语权，正是这千千万万的军事科研人员背后的默默付出，才推动了今日中国军事大国地位的崛起，是他们撑起中华民族的脊梁，是他们推动着中国扬帆远航！俯仰无愧，师心无尽，施新老师施于后人的不仅是新知，更是人品，是责任，是北理人的情怀！我相信，“俯仰无愧”四个字会在一代代北理工人中传承下去！

施新老师寄语：能进到我们北理工的学生都是比较优秀的学生，都是各省份排名靠前的学生。在良乡校区的第一年是十分重要的一年，希望学弟学妹们利用好自己的时间，第一年基础打好了，后面学习起来就容易多了。

撰稿人：赵煜

1995 娄文忠：

传承延安根，铸造军工魂

作为一名高校教师、一位科研工作者，娄文忠老师凭借坚定的国防抱负和不懈努力，感化着身边的每一个人。

——题记

娄文忠，1986 年考入北理工力学工程系引信专业，后于机电学院机电工程专业就读硕士、博士，1995 年获得徐特立奖学金。现任北京理工大学机电学院教授。

教书育人，注重学生创新发展

娄文忠老师阅历丰富，曾经在兵器 212 研究所工作。他说，研究所工作的出发点是应用和实践，高校教师的根本是教书育人，侧重于规律性、机理性研究，注重学生基础知识的灌输。2015 年开始，娄老师积极探索“赛课合一”“本硕跨专业合作”的教育模式，在良乡校区成立了北京理工大学“大学生 iCAN 创新创业实践教育基地”，开设了全校选修课创新创业实践课程，他利用周末时间指导学生科创工作。在娄老师的带领下，同学们积极参加各类科创比赛，斩获多项国家级奖项。科创活动注重跨专业融合，工科、文科、理科同学共同参与，头脑风暴、思维碰撞、相互启迪，有效提高了学生思考问题、解决问题、参与工程实践的能力。

娄老师说：“教书育人是教师本职，我会继续扩宽平台，吸引更多的学生参与到科技创新活动中来，正如习总书记强调的，我们要让科技工作成为富有吸引力的工作，成为孩子们尊崇向往的职业，让未来科学的浩瀚星空群星闪耀。”

理工学子，红色基因受益终身

娄老师在回忆学生生涯时说，马宝华教授、谭惠民教授既是他的学术导师，也是人生导师。老教授踏实的工作作风和严谨认真的科研态度，一直激励着自己，帮助自己养成了良好的科研习惯。他说："有着红色传承的北京理工大学，坚守'德以明理，学以精工'的校训，始终站在国防军工的最前沿，秉承徐老'教育的作用是按一定的社会形式、培养一定人格，为一定的社会服务'的思想，培养了一批批有着社会主义理想信念的高科技人才。"他说，徐特立老院长的教育思想对人才培养具有鲜明的指导意义：

一是"德育为首"，坚持社会主义方向，这植根于延安自然科学院的红色基因，融化在血液里；

二是科学、技术相结合，不仅仅是基础理论的探究，更注重技术技能的培养。

近些年来，在教学工作中，娄老师注重学生思想教育，培养学生爱国的道德情操；在科研工作中，注重学生基础知识的扎实和技能的提升，鼓励学生做有理想、有抱负的时代新人。

行业精英，精益求精务实创新

北京理工大学在我国引信技术领域始终是排头兵。娄老师注重创新发展，组建研究团队，开展微型化、智能化、高密度集成系统研究，力求在关键核心技术上实现突破。针对微系统体系总体攻关，目前已取得阶段性成果，每年都申请了多项国家专利。近5年来，娄老师以第一获奖人身份获得了国防科技发明二等奖，国防科技进步二等奖、三等奖；出版相关专著、编著5本；担任编委会执行主任出版《现代引信技术丛书》12本，获得国家出版基金。

在学院领导支持下，2003—2004年娄老师作为访问学者前往德国柏林工业大学学习。德国微系统技术体系经过长时间发展，专业分工严谨，国内发展水平与之相比差距很大。娄老师凭借不懈努力和坚韧不拔的意志，克服语言障碍，阅读了大量德文文献，学习基础理论和工艺操作，有效掌握了仿真、设计、测试的全过程。"现代化强国建设道路很漫长，需要持之以恒的情怀，耐得住寂寞，务实严谨，精益求精，才能行稳致远、勇攀高峰。"娄老师如是说。

军工发展，与时俱进任重道远

按照学校"双一流"建设发展规划，娄老师加强军民融合，向探索武器系统前沿技术方向发展。国内新技术武器总体技术专业性相对较弱，工作了近30年的科研工作者必须从头干起。虽然研发条件艰苦、硬件设备不具备、实验流程耗时漫长，但是在北理工精神和徐特立老院长教育精神的激励下，娄老师团队历经失败依然坚持了下来，也为学校新技术武器和微系统研究发展奠定了良好的基础。娄老师说道，在当前科技飞速发展的国际环境下，我们应该清楚认识到与发达国家的差距，客观面对问题，从自身找原因，改善和提高自己；以自力更生、掌握核心技术为立足点，牢牢把握发展主动权；

目前各项研究条件都有很大改善，国家物力、人力资源有很大的保证，希望更多的有志青年从事国防军工行业。

娄老师坚持北理工精神和延安红色基因传承，渗透到教学科研的方方面面，让我们看到了国防军工领域科研工作者身上坚实的责任感和使命感。传承延安根，共铸军工魂，北理工的发展历史因一线优秀科研工作者的努力而熠熠生辉。

撰稿人：李婷婷

1995 马卫国：

理工记忆，相伴同行

在北京理工大学计算机学院 1989 级有这样一个学生，他学习成绩一直名列前茅，本科、研究生阶段都是学院的学生会主席，做了不少相关的社会工作，综合表现各方面都很好……因为在校期间的优异表现，荣获 1995 年度的徐特立奖学金，也获得过学校的一等、二等奖学金等一系列荣誉。

他的名字叫马卫国，是北理工计算机学院 1989 级计算机专业学生，并以优异的成绩被保送到了北理工 1993 级计算机专业攻读研究生，现在就职于万宝矿产有限公司。

“9”系情深

回顾多年前的大学生涯，马卫国说：记忆最深刻的数字要数“9”了，因为所处的计算机系就是 9 系，在 9 系度过了六年半的青春时光，“9”这个数字也伴随着自己六年半。后面保研，并有幸在研究生阶段获得徐特立奖学金，虽然当时的奖学金金额不是很高，但是徐特立奖学金作为学校的最高荣誉，能拿到这个奖，还是很高兴、很自豪的。他说，徐特立是北京理工大学的前身延安自然科学院的院长，以他名字命名的奖学金，意义非凡，也对自己的学习及未来的工作起到了很大的激励作用，同时也是对自己努力的一种认可。

学业有成，不忘恩师

能获得这些进步与荣誉离不开老师和学校的培养，马卫国说：研究生阶段的导师，刘明业老师给我留下了很深刻的印象，当时他是计算机系唯一的一个博士生导师。刘明业老师是计算机辅助设计学科的创始人，也是最早参与我国计算机辅助设计人才培养和科研工作的重要人物之一，当时我们所在的实验室也是重点实验室，做的工作是 EDA（计算机集成电路的自动设计）。前段时间因为中兴事件，这方面的话题又多了起来，其实我们很早就在研究这方面的工作了。还有系里面管学生工作的邓建兴老师，从一开始到9系就是邓老师负责学生工作、组织学生活动，他对我的教导、帮助很大。在学校学生会工作时候，当时的团委书记李红兵老师给了自己很大的帮助。在北京理工大学六年半的时光，因为有这些认真负责的老师，给自己的青春增添了色彩。

北理工烙印

马卫国毕业后，在20多年的时光里，转换了几次工作，从刚到公司在信息部做信息方面的工作，后来到人力资源部，再后来到子公司做矿产方面的业务。对于现在所从事的矿产方面的工作，马卫国这样调侃道：给之前的同学说自己在挖矿，同学们以为是在挖比特币。万宝矿产有限公司是北方兵器集团旗下的一个子公司，和北理工之前一样都是隶属于国家兵器部，都属于军工系统。北方兵器集团也在理工大学设立了北方奖学金，据不完全统计，北方兵器集团1/3的人都是来自北京理工大学。北方兵器集团和北理工是有很深的渊源。

在谈到在北理工培养、塑造了自己怎样品质、性格的时候，马卫国这样说，从自己开始上学到现在，北理工给社会、给我们的感觉是：北理工毕业的学生总体上来讲都很踏实、好学，动手能力、实际的工作能力都是比较强的，很受用人单位欢迎。前几天看校友会上发布了一个全国大学毕业生就业排行榜，排行也很靠前，说明北理工培养的学生受到了社会和国家方面的认可。北理工是红色工程师摇篮，有延安自然科学院的血统，也有军工的这份传承。延安根，军工魂，直到现在对于自己从事的工作影响还是挺大的。徐特立老院长的精神在北理工的传承，在学生身上深有体现，同学们的担当精神很强，这在工作中的体现就是有责任意识，做什么事都敢于承担责任，敢于负责任。他说，徐特立老院长“活到老学到老”的人生态度也给自己留下了很深的烙印，我毕业后也在不断地学习。我把徐老当作楷模、榜样。学校也培养了自己的奉献精神，特别是在军工企业工作，我们常说：兵工精神就是把一切献给党的精神。这和我在北京理工大学受到的教育息息相关、密不可分。

毕业20多年了，马卫国也有好多经验想对现在在校的同学们分享：现在的同学所处的环境和我们上学时所处的环境不一样，发生了很大的变化，现在接触社会的面更广，渠道更多，接触到的信息也更加通畅。在大学里面首先还是应该好好学习，把书本上的知识学好是基础，另外研究能力、独立学习的能力，包括团队协作的能力，这些也是很重要的。在大学里面所学的专业知识不一定能完全运用到之后的工作之中去，不能完全对口，但是在校期间培养的研究问题的能力，独立工作的能力，团队合作精神、责任意识、担当精神会在日后的工作中发挥更大的作用。现在社会发展变化也很快，应该多关注时代前沿课题的东西。把握在校期间吸收各种知识的时机，多参加学校社团活动，多跟着老师做课题，多锻炼、历练自己。

撰稿人：孙飞

1995 胡宁峰：

感恩激情的岁月

作为联峰投资的董事长，胡宁峰给人的第一印象是干练且平易近人，还有一丝小幽默。他的身上还有很多“成功光环”：在北理工获得本科学位后到对外经贸大学读硕士，毕业后进入顶级的贝恩咨询；在哈佛大学商学院获得 MBA 学位后，先后在鼎晖投资任董事、总经理，任凯辉私募基金管理合伙人；2017 年与几位合伙人一起创立了联峰投资。

回首岁月，激情满怀

对于在北京理工大学读书的四年，胡宁峰有着深刻的记忆，记忆的背后是对母校深厚的感情。谈到当年获得徐特立奖学金，他说的关键词是“成人礼”和“感恩”。

获得徐特立奖学金对于胡宁峰来说是最好的成人礼，丰厚的奖金让他走向经济独立。同时，在大学期间，选修健身体育课让他养成了规律健身的好习惯，至今已经坚持了 20 多年。保持充沛的精力和强健的体魄帮助他更好地应对咨询、投资等高强度的工作。胡宁峰认为大学本科期间是非常重要、能够奠定未来的成长时期。他和一群朝气蓬勃的青年聚在学生会，这是最初让他充分思考、探索工作模式的起点；跨院校的合作，他和他的朋友结下了非常深厚的友谊，互相学习做人做事的方式。直到今日，联峰集团的合伙人文化，非常提倡在工作中找到乐趣、在工作中找到友谊、享受工作和事业的态度。

胡宁峰非常感谢母校。作为综合性大学的北理工让他一个管理与经济系的学生能够辅修机器制造，了解一些机械制作加工工艺，探索匠人精神。时至今日，思考国运，胡宁峰畅想北京理工大学的未来：北京理工大学在探索科技转化、生产模式的改变可以走在浪潮之端。中国经济发展多年，基础产品和中低端产品加工的提高空间非常小，现在较大的增长空间只能是科技创新，更快地把科研成果转为生产产品。胡宁峰提到前一阵的中兴事件给了国人非常多的思考，同时说明美国有一套从院校、企业到资本市场的良性健康转化机制。在美国的机制下科研人员不需要再一次做商业上的创业，只需要认真做好科研突破。当然，中国也有自身的国情，国家也许可以把一部分房地产资金拿出来给予科研机构，以及帮助企业、院校、科研所建立合作机制。中国目前在摸索符合自身国情的模式，而北京理工大学一定可以走在前列。

播种经验，利他于行

谈到职业的选择，他以自身为例说明了从投行、咨询工作转为股权投资工作的几点思考。胡宁峰在大学时期已经发表了论文，攻读硕士学位期间在投行中做并购的工作，而硕士毕业后，亚洲金融危机爆发，他便转做咨询工作。胡宁峰说，投行和咨询对于年轻人是一个非常好的起步，这两种工作需要比较强的自我驱动力。由于工作强度大，年轻人在短期内就能把法务、财务的基本知识学扎实，同时让年轻人去思考四五十岁的总监思考的事情。而股权投资和这两种工作还是有一些区别：投行和咨询的工作在某种程度上不能让人看到最后的结果，投行的并购是拿出一个对卖方效益最大的方案，咨询是为客户提供最棒的想法或者执行方案，这两种工作最后都没有看到最后实际的结果或者影响。而股权投资不一样，股权投资是拿公司的本金或者客户委托的资金投给企业家和行业，和产业一起沉浮，印证之前自己对于企业和行业的判断，同时也用资金的力量推动行业的发展，和企业家一起做时代的弄潮儿。

对于大学生如何去认识了解一个产业和行业的方向，胡宁峰给出了自己的建议：一边是利用工具，教科书上或者图书馆的藏书甚至是网络上的知识库，找到非常多的分析模型和工具；另一边是依靠发自内心的好奇心。信息爆炸的时代有过多的信息，很多人有可能并没有真正地想去了解这件事情，而那些真正想了解的学生可以进行逻辑思考，可以去跟行业前辈交流，也可以和实践相结合，想到六七分就可以去做，在实践中会发现有一些是之前从来没有想过的方面。说到这里，胡宁峰又提到徐特立老院长的经典话——“实事求是，不自以为是”，了解一个产业一定要秉持实事求是的态度去探索；同时胡宁峰也十分钦佩徐特立老院长一辈子都在积极开展教育办学，不断在尝试推动社会的变革。

最后，胡宁峰跟踏出学校走向社会的学生们分享“学生”和“社会人”身份的区别：学生时代有很多定义、好的框架，比如考好试、完成作业；而社会人没有一成不变的框架、对于成功的定义甚至是活法。作为一名合格的社会人，首先要坚定自己的价值观，守好底线，进入社会意味着开始理解社会规则、理解社会运行的规律，但不论做任何事情都要守好底线，要按照自己价值观做事情。其次要有开放的心态。成功是多种多样的，生活也是，主动思考我想要干什么。思考的方式可以是读书或者与前辈交流。最后是要建立短期和长期目标。建立目标本身就是对自己负责任的行为，建立目标还可以督促向更好的自我发展以及自己想要的生活的转变。

撰稿人：吴月　蔡一凡

1995 陈爱弟：

精益求精，学思结合

步伐有力，意气风发，脸上始终洋溢着自信的微笑；一见面，他便像遇到了多年老友，与志愿者一一握手，不时发出爽朗的笑声。他就是陈爱弟，北理工 1992 级校友，现任上海恒为科技股份有限公司研发负责人。谈到自己，陈爱弟腼腆地微笑着，详细地讲起了自己的故事。

陈爱弟的大学专业选择了机械工程。对于专业选择，他说当时也是自己的一种兴趣使然。对于大学生活，他笑着说道："我平时喜欢踢踢足球，有时间会去看看书，由于自己对文学写作也感兴趣，就加入了系里的宣传部门，帮忙撰写文稿。"谈到时间规划，陈爱弟仍记忆犹新："平时下课时间是上午 11 点和下午 3 点，一般下课大家都去吃饭了，但是我还是会留在教室半个小时，用来整理和总结上一节课的资料。"陈爱弟特别强调自己的复习和总结："我晚上都会用一个小时来复习当天课程内容，再留一小时来整理前几天的笔记。周末也会留出半天时间进行复习巩固。"他坦言："周末我除了复习之外，就不会刻意学习了，我会进行一些自我放松，看看电影或者浏览书刊。"善于总结，劳逸结合，陈爱弟有条不紊地进行学业学习。

因为一直都保持着学院第一名的成绩，且品学兼优，陈爱弟在大三时便获得了徐特立奖学金。"当时的心情是十分激动的，这是我们学校最高荣誉，我感到一种荣耀和认可。"说起徐特立奖学金，他感慨良多："得奖之后我在第一时间告诉了远在上海的父母，并用奖学金买了人生中第一台 CD 机和磁带播放器。"

谈及自己的老师，陈爱弟念念不忘的是当年的画法几何老师高宝惠和班主任贾玉萍。"我至今记得高老师对我的鼓励。我原来很腼腆，画法几何的第一次作业便被高老师贴在了教室门口。她说，我的作业线条虽粗，但很漂亮。这句夸奖话大大激励了我，促进了我对学习的兴趣。"陈爱弟陷入了回忆："贾老师认真负责的工作态度深深感染着我。记得有一次考完试我担心答案写错行了，贾老师知道后立刻打电话核验，我十分感动。"

善于总结，温故知新，劳逸结合，良好的学习习惯，这是陈爱弟成功的秘诀。在自己的努力和老师的影响下，陈爱弟顺利保研并攻读博士学位。徐特立奖学金，对他之后的人生发展影响深远。

谈及徐特立奖学金对自己的影响，陈爱弟感慨万千："获得徐特立奖学金之后，我时时提醒自己要做得更好，它对我起到了很好的鞭策作用。"说起自己的工作经历，陈爱弟回忆道："刚开始在中兴公司编写调试代码，做了十几年转到思源电气公司负责科研管理和系统构建，后来到恒为科技公司负责研发。可能你们会觉得我的这些工作和专业不对口。能完成这一系列的工作，主要靠我的快速学习能力，广泛地接触和掌握更多知识。我很感谢在母校获取的知识，虽然在开始的工作中没有涉及多少，但到了管理领域，我发现当初学校学到的知识很重要，因为管理需要广阔的知识面。"

回顾自己的20多年奋斗历程，陈爱弟一再强调："我一直崇尚什么时期就该干什么时期的事。大学的那几年正是人生的黄金时期，就应该专心学术。"陈爱弟接着说道："我始终都在不断地挑战自己，无论是学习还是工作。我在大学时期，我就认为考90分和95分有着很大差别，这体现着对课程体系的理解。于是在之后的工作中，我时刻要求自己要精益求精，尽善尽美。"

对于未来的规划，陈爱弟满怀期待："我想在退休之后做自己喜欢的事，当一名管理咨询人员，为企业提供帮助。我本身对文学很感兴趣，当年构思了一部小说的框架，希望在今后能逐渐完善，早日出版。"

"我在2016年和家人一起参观母校，感觉变化很大，尤其是新建了体育馆，许多建筑也换了面貌，但一些教学楼还是保留了下来，亲切感十足。"陈爱弟笑着说道。时至今日，他仍像学生时代一样，对母校满怀好奇："当年学校所有地方基本都涉足过，因为要找地方自习嘛，但是主楼去的最少。还有就是西边的地下室，听说是一个实验室，一直都想去看看。"对于母校，陈爱弟总是会怀念自己曾经的岁月，回到母校，仿佛看到了当年在这里奋斗的自己。

陈爱弟希望学弟学妹们能扎扎实实地打下良好的基础。他说你们正处于精力和记忆的黄金时期，要在大学期间学到真本领，掌握真知识。他希望北理工越办越好，提高在国际上的影响力，专注科研研究，作出更多高质量的成果。

撰稿人：闫凯嘉

1996 何定：

七年北理工记忆

何定拥有一家位于深圳七星创意工场的千岸科技有限公司，这是他在 2010 年成立的一家公司，从事跨境贸易与相关软件行业，现有员工 200 多人。这里的年轻员工不绝于耳的交流，工作区旁边的体育器材，特色的餐饮区，都彰显着这家年轻公司的朝气与活力。

听从心的呼唤

何定看上去很年轻，话少但是精辟，虽然从事贸易工作，但还是保持着一个理工人的朴实。

何定 1990 年考入北京理工大学光电工程系，后来保研本系，师从王涌田教授；1997 毕业后在摩托罗拉工作了一年，后来留学美国，拿到了伊利诺伊大学计算机学博士学位。谈到这段经历，何定特意讲了他们当年 14 个人同他一起去了美国，只有 2 人坚持读完博士学位，其他人都在互联网企业从事互联网工作。他说他读博期间有过工作经历，知道工作是什么样子的，所以不急于去找工作，而是专心读完自己喜欢的专业。不急于求成，追逐自己内心的呼唤，这是他日后有所成就的原因吧。

理工记忆

何定在 1996 年就读研究生期间获得了徐特立奖学金。回忆起这段经历，何定比较谦逊，只是提到了他的综合成绩比较高。他在本科期间获得过光电学院的各种奖学金，终于在研究生期间得到了学校的最高奖学金——徐特立奖学金。他说在研究生期间，学习成绩已经没有那么重要，但因为他在科研工作上比较突出，而且担任了班长，同时也是光电系研究生会主席，综合成绩高，因而获得了徐特立奖学金。他非常感激自己能有幸获得此殊荣，非常珍惜这份最高荣誉，这对他日后的成长与发展有了很大的激励作用。

何定在校读书时候就不仅仅是只沉溺科研的人。他回忆自己平时学习时比较放松，而到了考试周经常通宵学习，最终得到了不错的成绩。他同时兼着学生会工作，也在课余时间参加各种体育活动。他回忆道，他当时一直是学校百米比赛的前三名。空余时间，他热爱各种球类运动，以足球为主。直到现在，即使工作再忙，他依旧保持着每周踢一场球的习惯。现在的千岸公司的各个会议室，都是用著名球队的名称命名的，其中就有他最喜爱的球队——恒大和曼联。

师恩难忘

何定特别感谢他研究生期间的导师王涌天教授。王教授是当时北理工最年轻的教授，从英国留学归来，带来了欧洲新式的教育方式，这对何定以后的成长带来了很大的影响。对于授课教师，何定提起了一位退休多年的老教授——物理系的杜和戎教授。时隔多年，何定依旧可以想起当年杜教授上课时的情境。他说杜教授的课学生都是抢占前三排，而且他每节课只讲 5 分钟物理，讲 40 分钟的哲学和人生，但是学生们的物理成绩都很棒。虽然杜教授不是光电系的教授，但学生们都对他感情很深。因为杜教授的影响，何定热爱物理专业，也曾获得北京物理竞赛一等奖。“不要以为自己了不起，海淀区三条腿的蛤蟆找不着，两条腿的人多的是。”他回忆起杜教授的“语录”，他清楚地知道自己的水平不算特别突出，所以他将谦虚贯彻到了骨子里。

对于北理工七年的培养和熏陶，何定表示，他身上最突出的特质，就是踏实。这从他的言谈举止，从他坚持读博的经历，以及现在踏踏实实创业的经历都可以感受到。他心目中的北理工人虽然话少，但是踏实肯干，有一说一，不夸夸其谈。尽管现在从事外贸行业，交流和沟通是他工作中的主项，但他还是表示自己不擅长交流，没法像文科生一样张口就来，侃侃而谈。

创业经

何定讲到了自己在本科时候的创业经历。在大二时候，因为偶然机会，觉得红白游戏机（国内仿制的任天堂）好玩，但是校园里罕见，他便灵机一动，与同学合伙，买了一台，采用租赁的方式营销，还为此成立了一个游戏俱乐部，并在宿舍楼下张贴了海报宣传。因为好玩，而且学校内绝无仅有，因而异常火爆，需要提前一周预订，他们很快便赚回了成本。但由于这种模式太容易被复制，生意持续了几个月后，学校里就有了很多人模仿他们，生意便没法延续了。另外，他英文好，大四时候帮某兵器所情报机构翻译国外情报，赚一些生活费。

谈到后来为何从事跨境电商行业，何定谈到了两点。首先他是义乌人，骨子里就有一种做生意的基因。其次，他讲了一段读博期间创业的经历：因为要组装电脑，芝加哥冬天又下大雪，买原材料不方便，他便开始接触早期的网购。当时美国人玩航模很流行，但是买航模很不方便，而且价格很高。体会到网购的便利后，他和一位在美国读本科的中国学生萌生了从亚洲批发航模，在美国网站上售卖的念头。为了把控品质，他们还特意使用进口的日本产的手柄。最初的工作很辛苦，没有帮手，没有经验，从通关、运输到寄送，他们都是亲力亲为。他还研制了自动化仓库管理软件。这个模式非常成功，他们的航模卖得很好，他们也逐渐开始购买了仓库，雇用了员工。那个时候，他已经可以月收入一两万美金了。但遗憾的是他们当时没有把这个生意做强做大，没有开一家公司的欲望；由于后来的工作总是重复，两年之后，他便退出了。但这也为他日后回国打造千岸科技公司积累了不少宝贵的经验。

对于公司的策略，何定谈道："拼销售技巧的外贸终会消失，外贸的出路是去做产品，建立产品优势的壁垒；管理企业方面认知和管理是关键。"何定希望学弟学妹们继续保持北理工人踏实肯干的精神，同时也要多去交流和沟通，提高这方面的能力，以后在工作中会受益匪浅。

撰稿人：周信兵

1996，2000 王银辉：

感恩苦难，铸造栋梁

面对生活的种种苦难，她没有用一种消极的方式对抗，而是用一种对生活不屈的精神力量以及追求美好生活的内在热情包容苦难，超越苦难。

王银辉，1997 年北理工车辆工程三系本科生，2001 年保送三院攻读硕士研究生。2004 年参加工作之后继续深造，2017 年获清华大学工学博士学位。

回想起自己曾经的经历，王银辉说，只有经过一个克服巨大困难的过程，才会明白什么是苦难。苦难是对整个人生、性格、各方面格局和品德塑造的一个过程。人首先要有承受苦难的能力，然后才会有享受快乐的能力。不知道苦难，也就不知道快乐。没有哭泣过的人，也就不知道喜悦。

助力梦想，扬帆远航

王银辉说，她的家乡是长沙。徐特立老先生曾被誉为教育界的“长沙王”，他胸怀教育救国的理想，在办学生涯中殚精竭虑，为我国的教育事业作出了重要贡献。他十分重视关系民族和国家未来的小学教育。他曾说：“我一生热爱小学教育事业，因为小学教育是所有教育的基础。”并一手创办了长沙五美小学。新中国成立后，长沙五美小学发展成了五美中学，当年的王银辉在五美中学就读，并在高三的时候第一次获得了徐特立奖学金，同时也获得了北京理工大学高考优先录取的名额。在课业压力繁重的高三，徐特立奖学金对王银辉的备考心理产生了很大的帮助。一方面，奖学金从很大程度上减轻了王银辉的心理压力。因为知道自己有机会被北京理工大学录取，让她面对高考更加沉着自若，更加自信。另一方面，获得徐特立奖学金也激励她敢于去挑战更好的学校，敢于憧憬获得更加优质的教育资源、获得更大的成长平台，她的眼界和人生都有了新的起点。

大四那年，王银辉第二次获得了徐特立奖学金。大学期间，在专业学习方面，她从刚入学时的成绩名次排在三等奖的位置到大四成绩班级名列前茅，同时担任班级团支部书记、校学生会宣传部部长以及校记者团团长。她还做家教勤工俭学，并获得了保送研究生的资格。本科毕业之际获得的徐特立奖学金，是对她大学四年勤奋学习和出色能力等多方面的肯定和认可，也让她面对以后的人生路途中的挑战更加自信、更从容。

延安精神，社会责任

“清清延河水，哺育你茁壮成长。悠悠岁月长，磨炼你意志如刚。”北京理工大学从延安走来，带着老一代北理人在困难面前艰苦奋斗的精神信念，影响着、教育着北理工一代又一代的学子。

谈到心中的北理工精神时，王银辉说，北理工精神是一种延安精神，是在艰苦的环境中，可以独立坚强地撑起一片天地，适应各种逆境与挑战，努力拼搏，最终取得胜利的精神。回想起自己的大学四年，王银辉提到的关键词是“拼搏”。她说，周围的很多同学可能在上大学以后便没有高中时那样努力了。但对于自己，出身草根家庭，为了让自己创出一个更好的未来，她必须要努力学习。就是抱着这样一个单纯的心态，王银辉度过了充实而有意义的大学四年。现在苦尽甘来，回忆之前的日子，她始终感谢那段艰难的岁月，感谢那段朴实而珍惜的记忆。正是因为经历过那段艰难的岁月，王银辉即使现在生活条件好了也绝不会铺张浪费；同时理解苦难，尽自己所能去资助一些小孩子，在平时生活中鼓励别人在困难中要站起来。可以说，曾经的那些经历不光激励着王银辉，也影响着其他更多的人。

王银辉提到的第二点，北理工精神是一种社会责任感。在工作岗位中，随着视野的不断开阔，她开始从一个更广阔的角度去思考自己的工作能对社会有什么贡献，如何发挥自己的社会价值，在做好本职工作的同时，为行业共性技术进步和油品标准中国化全力以赴。

谆谆如父语，殷殷似友亲

时隔多年，回想起自己高中时代的老师，王银辉还是会潸然泪下。在那个信息匮乏的年代，没有黄冈高考辅导教材，没有高考参考书，学生们就靠着一张张泛着浓烈油墨味儿的试卷，在老师极具个人特色的钢板刻字中汲取知识。遇上了不会做的题目，直接去老师家里问，老师对学生的无私帮助和不计任何回报的关心鼓励她一直铭记心底。在那样一个资源贫乏的环境里，是老师的无私奉献和爱与鼓励，不断激励着王银辉，要不惜一切代价考出去。她说，高考是唯一一次改变人生的机会，要对得起自己的努力，也要对得起老师的付出。

上大学后，1998 年，王银辉的家乡发了洪水，系里办公室的一位女老师得知情况后，帮着王银辉申请了助学金。为了缓解家里的困难，还帮她安排了家教工作。回想起这些事，王银辉很感谢老师主动施以援手，感谢老师对自己的关照，回想起这些事，王银辉的心里涌上一阵暖流。

在研究生阶段，对王银辉影响最大的是她的导师。做电控课题研究的时候，导师在技术上精心辅导，在方向上正确指引，在困难时耐心帮助，让王银辉突破了一个又一个难关。在之后的人生中，对于王银辉的家庭和事业的规划上，导师也都给出了很好的建议，直至如今，导师仍是她的良师益友。

城市的每个夜晚，都有人在哭泣；未曾哭泣长夜的人，不足以谈人生。昨天的汗水，会换来财富；今天的泪水，会成为礼物；明天，唯有埋头苦干，才能昂首幸福。这便是王银辉的经历所换来的人生感悟。

撰稿人：张漪诺

1997 刘今秀：

生命里那些温柔灌溉

时光如剑，岁月如梭，回首光阴，距离刚刚踏入北理工，已经有 20 多年。时间带走了青春年少的稚嫩懵懂，沉淀了而立之年的成熟从容。她用一种温和的情怀回忆母校，有令人落泪的温柔。

刘今秀，1994 级本科生，1997 年获得徐特立奖学金。本科管理与经济学院会计专业，以专业第一的成绩保送到北京理工大学企业管理专业读硕士。

刘今秀说："饮水思源，我非常感恩我的母校，祝福我的母校永远年轻，未来有更大的发展。"短短寄语，蕴藏的是她深厚真挚的感情。

学以致用，砥砺前行

刘今秀说，徐特立老院长在长期的教育实践中，一贯重视学生理论与实践相结合以及创造性的培养，在他的教育理论与实践中，有着丰富的理论与实践相结合的教育思想，这种教育理念也深深影响着一代又一代的北理工人。

刘今秀回忆说，最初对于徐特立奖学金的认识只是对优秀学习成绩的鼓励与肯定，随着对徐特立教育思想的理解越深刻，就越觉得有愧于这个荣誉，觉得自己努力得不够；慢慢体会到，徐特立奖学金鼓励的不仅仅是学习成绩，更多的是提倡一种创新，理论与实践相结合，专业知识与科研的集成能力。

在获得徐特立奖学金之后，刘今秀对徐特立老院长的教育思想有了更深的领悟，她明确了自己学习的方向，在研究生阶段选择了企业管理专业，拓宽了原来的专业领域，并参加了丰富的学生工作及校园活动，更多地将知识与实践结合，努力实现从理论到实践的提升，更好地学以致用。

刘今秀谈到一个令她印象深刻的经历，体会到投身实践的重要性。在一次勤工俭学的实习中，刘今秀和几个伙伴把一项机械的工作进行分工协作，工作效率成倍提高，本身很枯燥的工作大伙干得热火朝天，后来市场总监容许她们去参加公司市场督导的活动。在参加活动讨论时，刘今秀明白了换位思考的重要性。投身社会实践给刘今秀带来了很多意想不到的收获，拓宽了她对大学生活的理解，不能仅仅停留在书本里，要不断提高社会实践能力。

刘今秀希望帮助更多的学弟学妹。她被聘任为北理工经济管理学院 MPAcc 会计硕士研究生的校外实践导师后，积极为学弟学妹们灌输管理会计理念，为他们提供更多的工作及实习机会，让他们拓宽视野，更好地适应专业发展对知识架构体系的需求。刘今秀说，这是作为一个北理工人的责任。

播撒希望，改变命运

徐特立老院长幼时家境贫寒，但他订下了“十年破产读书计划”，充分利用一切时间读书学习。由徐特立老院长的成长经历联想到自己的成长经历，刘今秀产生了共鸣：自己出身农村，家族里有很多兄弟姊妹，在家里经济条件很困难的时候，家族的人举全族之力供自己上大学。同时她也感慨到，中国的很多地区，多么需要这样的一种精神，把教育作为一种追求，这对于文明程度、生存技能都是一种好的选择，教育投资应该是很大的投资。刘今秀说，获得徐特立奖学金不光是对自己努力的认可与嘉奖，还是对自己人生方向的选择和家族教育理念的认可。

徐特立奖学金对刘今秀来说，还有更大的意义，不光激励了自己，也激励着家乡家族的弟弟妹妹。奖学金在当时是沉沉甸甸的一笔钱，刘今秀把大部分钱送给了家族的弟弟妹妹，激励他们发奋读书，靠自己的努力，改变自己的命运，改变家乡的贫困面貌；让弟弟妹妹们看到，努力是会被社会认可的，让弟弟妹妹看到希望。她用徐特立奖学金蕴含的奋发图强的正能量嘉奖家乡的弟弟妹妹。后来家族中前前后后有十多个弟弟妹妹都考上了大学，其中有三个博士和六个硕士，这让刘今秀感到很欣慰。

他乡温暖，精神引领

谈到当年的老师，刘今秀讲到蔡老师。蔡老师教育学生向来是“英雄不问出处”。蔡老师说，不管来自哪里，大家到了大学都在同一条起跑线，都要努力学习。这对刘今秀产生了很大的鼓舞和引领作用。蔡老师精湛的学术能力，极强的社会实践能力和工作能力以及做人做事的态度，对刘今秀起着很强的榜样作用，她坚定了人生奋斗拼搏的信念。

刘今秀还说到自己的班主任骆老师。骆老师是一位非常尽心尽责的老师。骆老师非常关注学生的心理健康，以一种母性的情怀关爱学生的方方面面，在陌生城市上大学的刘为秀心里感到非常温暖。考虑到部分同学的家庭经济情况，骆老师经常给学生介绍勤工俭学工作，让学生发挥自己的能力，获得一些经济上的支撑，减轻家里的负担，至今刘今秀心里很感恩。

刘今秀回忆道，在校期间，同学们平等相处，大家没有攀比的心理，大家保持着一份学习的初心，营造了一种朴实认真的学习氛围——兼容并蓄的包容与尊重，心沉书海的认真与执着，每个人在踏踏实实地走好每一步，走出过去，走向未来。

刘今秀最后说，家乡可以很近，也可以很远。经历可以遗忘，也可以珍藏。感谢北京理工大学，因为有了你，我便前程似锦；因为有了你，家乡贫困家庭的子女也迈进了大学的殿堂。

撰稿人：张漪诺

1997 汪雪林：
脚踏实地才能仰望星空

“仰望星空与脚踏实地”曾是2010年北京高考的作文题目，引得无数人思考，也产生了无数好文。巧的是，几十年前徐特立老先生就说过，在一步一步行动上，想到远大前途，脚踏实地地稳步前进，才能有所成就。汪雪林用自己的经历验证了徐特立老院长的话，也向我们诠释了仰望星空与脚踏实地的关系。

基础知识是科研工作的脊梁

汪雪林，1995级化学与材料学院工业自动化专业68951班本科生，大学期间担任过团支部书记、班长等职务，1997年荣获徐特立奖学金。

汪雪林本科期间的综合成绩位于专业的第一名，他不仅将“三好学生”“优秀团员”收入囊中，毕业时还被评为北京市优秀毕业生。万丈高楼平地起，他能够取得这样骄人的成绩与他坚实的基础是分不开的。

作为家乡在新中国成立后第一个考上本科的大学生，汪雪林已经将努力变成了一种习惯。在北京理工大学浓厚的学习风气熏陶下，他不仅高质量完成了教学计划内的课程，还辅修了一些电子工程系的课程，比如信号与系统、高频模拟信号处理等，这些课程都为他日后的工作打下了一个很好的学科基础。直到现在，他回忆起这些基础课程时，依然记忆如新：“我印象最深的就是给我上高等数学课的李金生老师，她头发全白了，对学生很耐心，课也上得很好，对待我们就像老奶奶对待孙辈一样慈祥。”

我们在学习基础课程时，往往带有疑惑——我们为什么要学这些？学这些有什么用？汪雪林认为，基础课程学得扎实，对将来的深造或者工作都有着重大的作用。汪雪林说：“我所处的行业，如信息安全、人工智能，对数学基础要求很高。基础课程学得扎实，对后面的工作很有帮助。在硕士研究生阶段，特别是博士研究生阶段，研究工作做得好的学生，数学基础都不会差。”

自律才能前进

汪雪林刚上大学之时，和绝大多数同学一样，也没有完成从高中到大学的学习方式的转变。高中的时候，他专注学习，平时的爱好就是踢足球。刚入学时，他适应不了大学相对自由的学习环境，看小说是常态，金庸、古龙、温瑞安的小说不离手。靠着聪明，汪雪林第一学期的成绩排在了班级第三四名。第二学期起，由于从小养成的学习习惯，加上听了研究生学长学姐的讲座，他开始认真规划自己的未来。从那个时候起，他的成绩一直名列班级第一。

对沉迷打游戏的学生，汪雪林给出了自己的建议。他认为，爱玩是天性，关键是自律，如何克制自己，最好是能够养成良好的学习习惯，再就是通过对未来的人生作出规划来督促自己。汪学林说："大学的学习相对自由，不像在高中阶段，经常有老师和家长的监督，需要我们提前规划好自己的学习目标，并制订详细的学习计划，去主动获取相关的辅导资料，进行自主的学习，这些都需要具有良好的自我管理能力。"除了自我管理能力，他认为人生规划也是提升自律很好的一个方法。汪学林说："当时保送研究生只能保送本校，我想要继续攻读博士学位，所以我选择考研到外校继续深造。我在大学二年级听了学长学姐考研的讲座，大体知道需要准备什么资料，这也就是之后努力的方向"。

汪雪林高度肯定了北京理工大学的学习氛围，他认为北理工的学生都比较勤奋刻苦，学习习惯很好，老师的教学也认真严谨。对于校园生活，他回忆说："学校在军工方面有明显的优势，我记得当时地下室有导弹的模型，学校的锅炉房后面停了好几辆坦克。我还在校学生会学习部当过干事，组织过辩论赛和知识竞赛。德以明理、学以精工，团结、紧张、严肃、活泼，这些至今印象深刻"。

终身学习的态度不可或缺

基础知识需要不断更新，汪雪林强调了学习的重要性。在学生阶段及之后的工作中，他认为学习习惯、做事方式都是能力的体现。他说"在北理工毕业后，我前往中科院自动化研究所深造，当时学习的是模式识别与智能系统，偏向人工智能方向。虽然我参加工作后的工作方向与本科、研究生阶段所学均有差异，但是有一些习惯很重要，特别是学习习惯、做事方式。"

在工作中，想要把工作做好，汪雪林认为态度是第一位的，首先需要有解决问题的意愿，其次才是能力。在工作中经常遇到没有接触过的问题，但工作时很少有时间学习与工作相关的知识。这就需要在工作之余每天拿出两三个小时去阅读相关的材料，参加一些培训，快速提升自己的知识水平、技能。学校提供的是一个锻炼、学习、思考问题的场所，在大学里是面对一个没有接触过的问题，怎么去梳理、怎么去寻找相关的材料、怎么去寻求解决方案。大学培养的就是自我学习、自我提升的能力。这在后续的工作中十分重要。态度和能力，态度是第一位的，能力不足可以后天去弥补，所以态度是第一位。

产业化道路的探索

作为人工智能及图像与视处理技术在工业机器视觉领域产业化的先行者，汪雪林对基础研究与产业化的思考给了我们许多启发。汪学林说："在实验室做研究，更多的是关注方法的新颖性，对于方法的效率和工程的可实现性考虑比较少。产品与研究差异很大，生产产品不会一味地追求方法的先进性，主要是力求合适的方法而不是寻求最优解，因为寻求最优解的成本很高。比如对于同一个算法，设计的流程不一样、结构不一样，对于效率而言都会有很多的差异。对于工程来说，关注的是在技术条件可实现的前提下怎么把问题解决，这就需要考虑经济性、稳定性、易用性、可生产性等因素。因此，从实验室产品到一个真正的商品还是有很大的距离。这个工作量不亚于从头开始解决一个新的问题。"

对于实验室的研究是否必须经历产业化这个过程，汪雪林也有自己的见解："我认为实验室产品的产业化不是一个必需的过程，但是做研究需要了解产业界的方向，他们的需求、他们的问题以及他们是如何解决这些问题的。做研究，关心产业界关注的问题是尤为重要的，如果产业界需要产品实现方法简单、效率高、成本低、产品质量稳定、用户使用方便，那么在做研究的时候也要考虑这些方面。现在很多大学都和企业建立了联合实验室。对于大学生来说，有机会去企业实习、参观生产线，了解一个产品的生产过程，多走出去看看，对以后的研究都很有帮助。"

正是由于他踏踏实实地从基础知识学习开始，具有终身学习的态度与能力，才有了今天的成就。汪雪林向我们诠释了仰望星空的方式：首先需要脚踏实地地做事！

撰稿人：程喆坤　杨珏莹

1997 张红光：

弦歌不辍

“有明确的目标，强烈的愿望，这是最重要的。有目标就需要有成果，才会有动力，才会有干劲，才会有想法，才会主动去找招儿。”这是北京工业大学教授张红光对自己学生的要求，也是对我们的谆谆教诲。张红光是从困难中走出的博士，是愿意成为学生垫脚石的老师，他在北理工走过的路，值得我们去重温，去学习。

薪火相传

张红光，1988 级车辆工程学院本科生，1992 级车辆工程学院内燃机专业硕士研究生，1995 级车辆工程学院动力机械及工程专业博士研究生，1997 年获得徐特立奖学金，现就职于北京工业大学环境与能源工程学院汽车工程系。

说起大学生活，就不得不提大学里的老师。直到现在，许多老师依旧在张红光的心里有着深刻的印象，这些老师对他产生了很大的影响。“孙老师对我很仁慈，从来没有用过分的语言批评过我。孙老师的人格魅力、为人处世一直在潜移默化地影响着我。”张红光一直怀念着自己的硕士导师孙业保老师，他希望自己能够作出一些成绩来表达自己对孙老师的怀念。张红光读博期间的导师范伯元教授和程昌圻教授，他们“散养”的培养方式，使张红光得到了充分的锻炼，他说：“他们没有事无巨细地教导我，他们给了我充分的自由发展空间。”

在成为大学教师之后，昔日老师们对张红光的影响在不知不觉间渗入了他的教学工作中。大学期间老师们给予的照顾、启发、指引，张红光都放到了自己学生的身上。他说：“我愿意让学生剖析我，让我的教训成为学生的经验，能让学生少吃苦就少吃，我走过的弯路，尽可能让学生避免去走”。“用良心对待学生”，是张红光对于自己老师们的评价，也是对于自己教师工作的总结和要求——一脉相承。

苦尽甘来

科研的道路是充满艰辛的，张红光读书时最困难的时候就是读博期间。换过课题，时间紧张，离毕业的时间很近，但任务还很艰巨。“那时候就哭啊，感觉很绝望。”这是张红光对于那段时光的回忆。从他的描述中，我们可以体会到他当时心理上、生活上的压力。

但当我们问张红光是如何克服这些困难时，他给了我们一个意料之外的回答：“很简单，因为结婚了，想要快点毕业，快点让爱人不要那么辛苦，想要改善生活。”没有不切实际的空想，他的目标就是这么贴近生活，反而更加显得真实，感觉就像两只脚实实在在地站在坚实的土地上。在这种看得见、摸得着的目标的驱动下，张红光努力学习，两年没有回过老家。不断付出的努力让他一步一步地克服了困难，作出了很多成就，昂头挺胸地走了出来，无愧于这段时光。

有压力才会有动力，在困难面前就是要展现出自己的干劲，自己的坚持不懈。“梅花香自苦寒来”是最应景的话，在经历困难的洗礼后，无论是张红光的事业还是爱情，都散发着阵阵幽香。

三个目标

很多人对从北理工走出的学子的印象都是踏实，不好高骛远，这就是北理工几十年积累下来的底蕴，这种底蕴一直在潜移默化地影响着我们。

当我们和张红光聊起这些时，他说到他最佩服的两位老师——刘福水老师和张付军老师：“这两位老师一直在兢兢业业地从事军用车辆动力的研究，从未懈怠。北理工的特色就是国防和军工，这个方面容不得半点虚假，来不得任何花架子。他们踏踏实实地做事，不追求名利，我非常佩服他们。”是的，北理工的品质之一就是务实、干实事，那么多北理工人为国防事业、为军工事业默默地奉献着，是为了守护国家平安，而不是为了追求头上的光环。

张红光受北理工这种踏实风格的影响是很大的。《鲁豫有约》采访中国首富王健林的时候，王健林说了一段这样的话：“很多学生一见面上来第一句话就是‘我要当首富’。但奋斗的方向，最好先定一个能达到的小目标。”同样，作为一名老师，张红光也有自己的小目标：“第一，有本科生保送或考上清华大学；第二，有硕士生到国外高水平大学攻读博士学位；第三，培养出高水平博士生。”这三个目标可以用“朴实无华”四个字来形容，张红光踏踏实实地朝着这三个目标努力。

“新竹高于旧竹枝。”克服困难，继承并发扬着北理工老教师的人格魅力以及为人方式，踏踏实实地教化育人，这就是张红光的北理工故事。

撰稿人：程喆坤　杨珏莹

1997 杨军：

淡泊明志，宁静致远

三国时期的智者诸葛孔明在《诫子书》中写道：非淡泊无以明志，非宁静无以致远。这种脚踏实地、朴实无华的精神，也是杨军对于“北理工精神”的解读。追求真理、潜心治学，杨军在北理工收获了属于他的芳华岁月。

行你所行

杨军，北京理工大学1994级应用力学系本科生，1998级硕士研究生，1997年获得徐特立奖学金，现为加拿大西安大略大学机械与材料工程系教授，加拿大工程院院士。

一分耕耘一分收获，能够获得学校最高荣誉的徐特立奖学金，杨军必是十分用功的。他说：“我记得我上大学的时候每天都上自习，风雨无阻。我们之前说智商、情商，现在说逆商，就是如何在逆境中做到坚忍不拔，这对我而言有很重要的指导意义。之所以能够拿到徐特立奖学金，应该来自这种长期的坚持。”杨军这种坚忍不拔的意志，离不开学校的熏陶。“北京理工大学的传统就是脚踏实地、朴实无华，就是做实事。”杨军说，“浓厚的学习氛围下，自己努力慢慢变成了一种习惯，变成了一种精神，变成了一种内在的修养。一旦养成这种内在的精神，就会一直践行下去，就会成为一种自然而然的选择。”

巧的是，北京理工大学的校训与杨军现在任职的西安大略大学的校训不谋而合。西安大略大学的校训为“Veritas et Utilitas”，意为“真理与使用”，与北理工“德以明理，学以精工”的校训具有异曲同工之妙。杨军说：“德以明‘理’，是让我们去追求真理。‘理’不仅仅是知识，更让我们去追求真理。‘学以精工’，要求我们术业有专攻，要在专业知识上做到真正的精、专、深入。”

电影《无问西东》中有这么一句话：“愿你在迷茫时，坚信你的珍贵，爱你所爱，行你所行，听从你心，无问西东。”杨军正是这样一个“行你所行”的学生，他的坚持、努力与钻研精神，使其出色地完成了在北理工的学习任务，也为其日后的研究打下了坚实的根基。

君子不器

杨军本科阶段的专业是应用力学，现在的研究方向主要与先进制造有关——机械加工、精密加工、微纳米加工，包括用传统的减材制造、等材制造、增材制造等制造方式来加工结构表面、结构材料和结构器件，以及相关的应用如物联网和结构功能材料。

杨军本科和研究生阶段学习的力学知识，可以说是加工领域的基础。杨军说："君子不器，你学到的知识就像水一样，其实放在什么容器中都没有什么关系。其实学问到一定阶段都是相通的，背后都是基本的几大方程，所有的工程问题都可以归结于解数学物理方程组，解那些控制方程、边界条件和初始条件等，研究方法思路有很多相通的地方。触类旁通，才能举一反三，才能直抵本质。"

君子不器，但"器"的形状，适合自己为佳。如何找到自己的研究方法，杨军有自己的见地："入门的时候，身为一个学徒，自己很难有一个方向，所以首先要跟着导师，之后才能对课题及其重要性有一定的独立判断，这都是需要时间来形成的，绝对不是在入门的时候就有。所以我也想告诉现在的研究生，入门的时候跟着导师脚踏实地地好好做，然后再培养自己的学术品位、学术判断，再确定研究方向、寻找研究兴趣。"

杨军强调，随着互联网的普及，知识的获取方式完全不一样了，现在的同学可以更早地接触很先进的技术、知识，可能会更早地作出判断，但广泛涉猎知识的过程同样必不可缺。

仰之弥高

杨军说："本科主要是学习基础知识，做研究主要在研究生阶段，所以才叫研究生。导师对研究生阶段非常重要，因为这是一个引进门的阶段。"杨军回忆，在北理工的时候，老师兢兢业业的治学态度对他影响很大，而将他引进学术大门的老师，是宇航学院的胡更开院长。

"胡更开老师是我的硕士导师，我跟着他做毕业设计，他对我的学术有很大的指导作用，长期支持和指导我的事业。当时胡老师刚从法国很出名的工程师学院回来，带来了很先进的观念。我现在还记得他的细观力学课，讲得非常生动，一下就把我们带到学术前沿。"杨军对胡更开老师的敬仰，如同颜渊对孔子"仰之弥高，钻之弥坚"的仰慕。

有幸的是，胡更开院长也一同参与了我们的访谈。谈到工业 4.0 的工作，谈到中国同西方国家的差距。杨军肯定了中国工业经过多年发展后，形成了较为完善的工业基础，同时也提出了产业升级背景下需要引进人才以迈进知识经济的时代。胡院长说，差距的关键在于核心技术，在于科学素养的形成，打好理论根基，追求科学原创，才能缩小差距。"循循善诱，博我以文，约我以礼"，无怪乎杨军赞叹前辈的指导对其有"持续的帮助"。

回首往事，杨军的成就于吾等后辈也是“仰之弥高”一样遥不可及，然而他依旧脚踏实地为科研做贡献，朴实无华做实事。杨军“宁静致远”的品质，格外值得吾等后辈学习与传承。

撰稿人：杨珏莹　程喆坤

1997，1998 李勇量：

征实则效存

“我们的测试数据绝不会因为哪个人说了一句什么话，或者因为一桩生意而修改。”这是李勇量的工作态度，也是对“实事求是，不自以为是”的北理工学风的诠释。这位曾获得“全国三好学生”荣誉的北理工人，拥有值得我们倾听的北理工故事。

全身心投入工作的幸福感

李勇量，1995 级光电工程系本科生，1999 级光学工程博士生，1997 年获得徐特立奖学金，1998 年获得徐特立奖学金特等奖，现就职于 Analog Devices Inc（ADI）公司。

能够连续两年获得徐特立奖学金，甚至获得常年空缺的特等奖，实属不易。谈起“获奖秘籍”，李勇量认为学习成绩是第一位的。“本科期间四年八个学期我们集群的第一都是我，大一大二时担任班长，大三担任系学生会主席一职。”他的话轻描淡写，仿佛学生工作是如同 1 +1 一样简单的事情，但是做过学生工作的人都知道其中的烦琐。李勇量说，其实能够平衡学生工作和学习之间的关系并没有什么诀窍，唯有付出加倍的努力。

对于学习的态度，李勇量的看法与众不同：“我认为，上学是一种在特定时间、特定范围内的工作。获得徐特立奖学金，是学校对你目前所做的工作、学习的一种肯定。”将学习当作工作一样重视，还源于老师对学生的影响。李勇量说：“读博时的导师倪国强教授，治学特别严谨。在他身上，我看到了稻盛和夫说过的一句话——如果你能全身心地投入工作，你就能拥有幸福的人生。”身为日本的“经营四圣”之一，稻盛和夫曾言：“如果你拼命做眼前的工作，但总见不到成果，见不到进展。我只能劝你们花更多的时间，做更大的努力，如果努力达到这种程度，你或者会获得灵感，就像神给你的礼物一样。”李勇量坦言，其实工作本身就是最好的修行，认真工作所收获的成就感与满足感，是与修行所达到的精神境界无差异的，而修行的决心取决于自身，“神”是需要自己召唤来的。

业精于勤，正是由于这种重视学习的态度，李勇量才能成为北理工学生中的佼佼者——获得“全国三好学生”的殊誉。他也将全身心投入的态度带到了以后的工作中，由于在本职工作外的突出贡献，他一年获得了四次公司“Spot award”奖励。

学习需要一直在路上

荀子曾言：学不可以已。学习贯穿在我们每一个人的全部生活过程中，李勇量也一直在践行。拿到徐特立奖学金之后，他并没有挥霍这一笔肯定他刻苦学习的财富，而是将两年的徐特立奖学金都攒起来，买了一台电脑。他说：“当时电脑的普及程度大概就是一个宿舍六个人能有一台电脑。有一台自己的电脑，就可以用自己的电脑学习盲打、编程，后来也慢慢在电脑上画电路板了。”

九层之台，起于累土。李勇量“无处不学习”的心态也使得他提前了解了电脑的硬件。他说：“我特别喜欢玩电脑的硬件，经常拆了又组装，还到处免费帮同学修电脑。有一次我坐了两个多小时的车到同学家修电脑。当时是升级时候出的问题，我就把芯片拔出来，去中发买了个新的芯片，在实验室的编程器上编好，又插回去，这个电脑就好了。”都说人生如棋，深谋远虑者胜，这些经历使得后来他在芯片行业中工作得更加得心应手。好奇、好学、好心，他是当之无愧的“三好学生”。

学而时习之。对于知识的迁移，李勇量认为知识是触类旁通的，要学会寻找内在规律。“我一开始在这个公司工作的时候做的是视频芯片支持之类的工作，后来由于公司战略调整转到了高速 ADC/DAC，但是发现用的知识都很类似。我到现在桌子上还摆着一本《信号与系统》。处理通信信号，就要用到信号处理，当时学的信号与系统是十分有用的。知识的融会贯通，是这个搜索即得知识的时代所无法代替的。”他如是说。

对于我们都觉得是“鸡肋”的课程，李勇量也有自己的一番见地：“当时学机械制图，可能大家都觉得没有用，但工作以后就会发现这其实是在训练一些技能。比如机械制图中有一个规则是不能做封闭标注，这却能在 Visio 做方位图或结构图中用到，规范作图才能显得图很专业。知识点是需要记在心里的，是需要温故知新的。”

身处跨国企业，语言是一道跨不过的坎。直到现在，李勇量也在不断地进行英语学习。李勇量说：“工作以后，英语的强度要求是不一样的。电话会议、视频会议、技术讨论会等，不仅要听懂，还要知道技术原理，增加了难度。电话会议要简洁地表达意思，这就要求更高。包括到现在，我也在学习，需要不断地去努力。”

将测试数据写在说明书上

“实事求是，不自以为是”，这是徐特立老院长在李勇量心中铭刻下的印迹，不论是在学习还是工作中，李勇量都传承了这种精神。李勇量坦言道：“上学的时候，踏踏实实地学习，不管取得什么成绩，都不要骄傲，这是‘不自以为是’。我现在的工作，与‘实事求是’更为相关。”

李勇量现在从事的工作，主要是测试芯片的性能。他说：“产品能不能达到设计目标或者超过设计目标多少，都是由芯片测试来决定的。我们的数据决定我们芯片的性能，这要写到我们的产品说明书中。我们测得什么数据，就会标注我们的产品性能是怎么样的。这项工作，绝对不会因为哪个人说了一句什么话，或者说因为一桩生意、因为客户提出的要求而修改测试数据或直接修改极限能力。数据说话，不因为主观而更改，这是坚守的底线。我们会想其他办法弥补芯片性能的不足，但是我们不会修改我们所测得的性能指标，这就要实事求是。测到什么样，就是什么样。包括 ADI 这个公司，产品就是以质量和性能取胜的。”在急功近利的时代，能够直接“将测试数据写在说明书上”的团队已然不多见，然而“实事求是”却是一个人、一个企业、一个民族乃至一个国家的立身之本。正如李勇量所说：“实事求是，不自以为是，徐特立老院长的这句话，将会影响我一生。”

征实则效存，徇名则功浅。李勇量期望北理工学子能够“愚直地、认真地、专业地、诚实地工作”。

撰稿人：程喆坤　杨珏莹

1998 宋振宇：

不可忘那艰苦的革命岁月

1968 年 11 月，徐特立先生在弥留之际对他的孩子们说："你们应该继承的不是我的财产，而要继承老一辈的革命精神。"2018 年，距离老院长逝世已经近 50 年了，日渐安逸的生活也使我们淡忘了那些曾经艰苦的革命岁月。与宋振宇的交流，使我们重温了徐特立老院长令人肃然起敬的光辉事迹；宋振宇对于徐特立精神的传承，也令我们钦佩。

以史为镜，可以知兴替

宋振宇的经历与其他徐特立奖学金的获得者不同，因为他还留在学校当过两年学生辅导员。宋振宇是 1990 级化工与材料学院本科生，1994 级、1995 级本科生辅导员，1997 级工业自动化专业研究生，1998 年获得徐特立奖学金，现就职于戴泺格集成电路有限公司。

也许是由于当过老师，对"徐特立老院长精神"这个话题，宋振宇的回应也与众不同："你们问我之前，我想问问你们，你们对徐特立老院长的教育思想和事迹有什么了解吗？"尽管经过三年学校老院长精神的熏陶，面对这个问题，我们还是心中一颤，"毛泽东的老师"，"参加过长征"，"延安自然科学院的第二任院长"，"抛弃优越的家境投身革命"……不能完整地描绘徐特立老院长光辉的一生。

看出我们的为难，宋振宇这才娓娓道出徐特立老院长的故事："我们学校的中心花园有一个徐特立老院长的半身像，这是我们怀念老院长的一种方式。在 1927 年 5 月，在'白色恐怖'中，徐特立毅然加入中国共产党，参加了南昌起义。在苏维埃政府中任教育部长。老院长是一个热血的人，从他参加南昌起义起便投身教育工作，这一点令人佩服。他有那么高亢的爱国热情，却能沉下心来做教育，真是很不容易。"

宋振宇还说到，老院长的学历并不高，高中毕业就当老师，但是他的自学能力很强，这也说明人的成就与学历并不直接关系，而是取决于对自我要求和工作之后的自我修养。没有后期的自我修养，是做不了大事的。没有受过特别高的教育，但是却不懈地努力，有大的志向，往往能成就伟大的事业。

北京理工大学与徐特立老院长有很浓厚的渊源。对于母校，宋振宇充满自豪与感激："我觉得北京理工大学是有底蕴的，培养出来的学生，非常踏实，不好高骛远，但是做事情很认真，这是有传承的。"对于学校和北理工学子，宋振宇也提出了自己的期望："作为学校来说，是需要继承徐特立老院长教育思想；对于学生来说，学术问题是第一位。在市场经济变化日新月异的年代，不可因为短期的利益诱惑而放弃教育的主要方向。教育不可急功近利，我们应该向徐特立老院长学习，提倡教书育人，提倡学术自由。"

以史为镜，徐特立老院长的教育思想，不知不觉地影响了一代又一代的北理工人。正如宋振宇所说："毛泽东对中国的影响是很大的，而徐特立老院长踏踏实实做教育的思想，虽然没有那么辉煌，却意义长远。我们的社会不缺能振臂高呼、奋起从军的人，但是真正能够踏踏实实地做百年事业，甚至是几百年事业的人，是缺少的。"身为北理工的学生，我们不能忘记老院长及老一辈革命家在延安自然科学院为抗战、为革命普及教育的艰苦奋斗岁月；我们要继承和发扬徐老"革命第一，工作第一，他人第一"的师表风范，做一名光荣的北理工人。

图难于其易，为大于其细

"集成电路行业有它的发展规律。在信息化时代，如果产品是面包，芯片就是麦子、是面粉，面粉质量的好坏决定了面包的好坏。"身处集成电路行业，当谈到前段时间美国商务部禁止中兴通讯采购美国芯片时，宋振宇形象地向我们说明了集成电路的重要性与紧迫性。"集成电路与市场很贴近，考验的是时间和价格。芯片投入使用是需要经过严格认证和质量认定的，不会轻易更换。另一方面，集成电路每个季度都要削减售价，早日进入市场就可以把成本分摊下去，就有降价的空间。"

宋振宇指出："集成电路产业美国做了近百年，已经是一个完整的有机体，这样的基础产业是成长出来的而不是创造出来的。"面对我国集成电路的困境，宋振宇说："基础产业需要国家扶持，集成电路产业是战略性产业。我国集成电路行业现状缺的是营造环境，比如税收优惠和人才引进，这需要耐下心来营造，需要用徐特立老院长的精神踏踏实实地一步一步走。"

"图难于其易，为大于其细"，这是宋振宇对微电子行业的从业者提出的要求。宋振宇介绍，一个芯片里面需要集成几百万上千万个晶体管，这些晶体管有一个是坏的，这个芯片就是坏的。他说："不能得过且过，不能放松任何犯错的可能性。作为研发人员，必须有非常严谨的态度，甚至严谨到偏执。严谨的同时不可好高骛远，比如要实现芯片优异的性能就需要从细节入手，从几百万个晶体管中一个一个做起，现实告诉我们必须要这样做。"

严谨的态度，可以说是北京理工大学底蕴的传承。宋振宇当年的导师魏桂香老师和薛锦诚系主任都有着十分严谨的治学态度。宋振宇说："他们当时的年纪已经很大了，当时电脑还没有那么普及，需要到图书馆查检索文献，他们查资料、改论文，都非常严谨，一丝不苟。”

宋振宇最后说：“图难于其易，为大于其细。天下难事必作于易，天下大事必作于细。这是老子在《道德经》中提出的朴素辩证方法论。集成电路行业如此，其他行业也应遵循这样的规律。徐特立老院长给了我们许多启示。从小事做起，脚踏实地，‘愚公移山’真能实现。”

撰稿人：杨珏莹　程喆坤

1998 赵巍：

立德提智，永不停息

赵巍在北理工度过了本硕博八年半的时间，并且在本科阶段凭借突出的成绩获得了徐特立奖学金。如今，她在中国民航管理干部学院工作，同时担任《民航管理》杂志社社长，在民航科研、教育行业上继续钻研与奉献。

谈到徐特立奖学金，赵巍告诉我们，其实这并非时她获得的第一个奖学金。在本科阶段，凭借优异的成绩，她也获得了许多与学业相关的奖学金。但是，徐特立奖学金是第一个奖励的数额、层次都很高的奖学金，给她留下了最为深刻的印象。这份当年的“巨额”奖学金，她用在了后期个人深造的补贴上，减轻了学业期间的经济压力。她回忆，当年获奖后，学校大力宣传各位徐特立奖学金获得者的事迹，她觉得十分激动和荣幸，但是对自己要求严格的她说，自己获得的是徐特立奖学金中的普通奖，并非特等奖，让她有一些遗憾，认为应该更加努力，取得更大的成就。不过，给她触动最深的，还是徐特立奖学金给予的那份自信和精神激励。赵巍称，获得这份奖学金无疑是对她学业的认可。她说，其实在求学生涯中，有时候也会不自信，自感能力上有所欠缺；并且，在读博和后来的工作期间，也不可避免地遇到了一些困难，但每每想起曾经获得过的这份荣誉，这是自己学习生涯的里程碑，又重新树立了信心。她曾经花了三年时间去思考自己的博士论文，并称那是极其困难的时光，但每当想起这份荣誉，她便会受到鼓舞，最后不仅顺利通过了论文答辩，还被评选为优秀论文，并且还被评为北理工、北京市的优秀博士毕业生。

赵巍对徐特立老院长思想和北理工精神也有相当深刻的理解。在北理工八年半的学习期间，对徐老的思想，她耳濡目染，并且有更为深入的了解。她认为德、智、体的教育中，要以德育为先，正如北理工的校训“德以明理、学以精工”，要以德育为先。品格是教育中最重要的要素，作为大学生，一定要保持一个良好的、上进的、正向的品格和人生态度，修身先立德，智力、身体的培养是次之的。赵巍说，一定要通过实践获得知识。实践出真知，理论有指导意义，但理论一定要落实到实践以后才有真正的价值，实践是检验理论知识的唯一标准。不管研究什么，一定要有实用性。要不断创新、突破，尤其是在社会飞速发展的背景之下，必须适应外界的变化，要不停地学习、思考。

如今，赵巍就职于中国民航管理干部学院，是一名教授，同时还担任《民航管理》杂志社社长，主要承担教学和科研工作。中国民航管理干部学院是中国民航的管理科研基地，主要研究民航业的整体发展。她谈到自己的工作时称，进入这个行业虽然有偶然性，但是10多年前她就认为中国民航未来发展前景广阔，有很多跨越性、创新性的事可做，所以很愿意从事这个行业。似乎和原专业管理科学与工程有一定的差别，但是她认为管理科学更多的是基础知识、框架知识，但是最后肯定要扎根到一个具体的领域，从头开始。她认为不能啃老本，因为自己有扎实的基础，学习、了解新行业的过程可以很短，并且找到创新点，这就是价值所在。

结合自己大学期间养成的习惯和学习成果，赵巍也谈到了她对大学学习的一些感悟和对学弟学妹的一些建议。

本科阶段并不是一个将理论应用到实践的最好阶段，同学们更应该打好基本功，牢固地掌握好基础知识，把所学专业的基础体系完善建立起来。赵巍说，关于将来从事什么行业、在行业中在哪一个专业领域工作等问题，具有不确定性，但是在确定自己的职业之后，会发现在大学学习的基本知识、知识体系和快速的学习能力对个人职业发展起到了很大的推动作用，这同时也是考验是否将理论运用到实践的最好时机，尤其是快速学习的能力，可以用较短的时间进入一个新的行业寻找突破。将基础打得牢固，再去接触实践问题，看问题的深度和广度就不同，就可以短时间去了解未来从事行业的全局，没有全局观，就很难有突破。去企业实习，不但要处理业务工作，更多的是要处理企业内部、企业与外部的关系，要对各种社会环境进行判断。每个人都不是一个独立的个体，工作是一个复杂体系，对这些要有一个清晰的认识。

回忆过往的学习时光，赵巍说，最大的感触是在大学期间养成了一个坚持的品质。确立一个目标以后，对这目标有了向往，并评估好自己的能力，坚持下去一定会成功，因为只要有目标，其他的方法、办法都会有。

最后，谈到从学校到步入社会的过程中，她认为要学会适应，适应别人、适应环境，不要太自我，只有适应，才能在工作中获得他人的帮助和合作。有了自己的事业以后，不能懈怠，尤其是刚参加工作那几年，是一个重要的分水岭，可以分出层次，对个人事业上的“站稳脚跟”非常关键。要懂得创新，创新具有真正的价值，行业不能没有创新的模式，必须要用新思想推动行业发展。

撰稿人：陈书卉

1998 刘德贤：

求实沉淀自我，创新开拓未来

“我还记得当时的校风是团结、勤奋、求实、创新。尤其是求实和创新，更是我们这一代北理工人的特质。”谈起母校，离开校园近20年的刘德贤笑着和我们分享了属于他们一代人的回忆。“求实、创新”这属于一代北理工人的印记也深深烙在了刘德新的身上，成了他精神的写照。

回忆起在校学习的青春岁月，刘德贤认为，本科阶段他的最大收获就是培养了一生受用的自学能力。刘德贤不满足于当时课本上偏应用的基础内容，也不把考试当作唯一的目标，而是深入挖掘那些知识本身的内在原理。他说：“学习重要的不是花多少时间，而是花心思。”刘德贤往往会在课后对自己感兴趣的知识深入研究。他也提到了基础知识的重要性，学校教的知识可能在科研中略有些浅，但却是把其他知识融会贯通的基础。据当时的同学评价，刘德贤虽不是同学中最刻苦的，但却是最爱钻研的。

在以优异成绩顺利保研后，刘德贤开始在磁性材料方向继续深造。当时的导师王建华教授给了他很大的影响。刘德贤说：“那时王教授已经快退休了，但对我们仍然要求非常严格。他自己在科研上无论遇到什么困难，也都坚持克服。”当时刘德贤选择的磁流体课题前景并不被看好，王建华教授的想法也没有被大多数人认可。但是王建华教授已经在这一领域研究了十几年，他坚信这一技术能够实现，并鼓励刘德贤研究相关的磁性材料。而如今这一技术已完善并投入应用，这也印证了当时王教授和学长们的坚持。回忆起那段经历，刘德贤称当时实验室教授们治学虔诚、纯粹的态度和踏实肯干的精神一直影响着他。

毕业参加工作后，刘德贤抱着继续从事科研的想法，进入了北京矿业研究院下属的一家子公司，开始了电子材料的研究。当产品准备面向市场时，公司各方面业务都需要人，刘德贤于是开始掌管起公司的管理和销售工作。也正是在这一偶然的机遇下，他发现了自己真正适合并喜爱管理工作。然而经过几年的工作实践，发现自己管理理念方面的不足，于是有了“到大公司学习其正规管理理念和方法”的念头。2004年，渴望进一步发展的他加入了世界五百强企业淡水河谷公司，开始从事钴镍等有色金属销售。进入了正规大型企业后，刘德贤带着在学校时的那股钻研劲儿和脚踏实地的精神，开始从零学习如何管理企业。

然而工作的逐步稳定并没有让刘德贤安于现状。对于自身来说，在外企很难有进一步发展的机会，所以他最终决定离开淡水河各公司。凭借着自己在材料行业十多年的工作经验和敏锐的判断，他觉得新能源电池行业正在蓬勃发展，未来有着很大的发展空间。于是在 2017 年，他毅然辞去了在新加坡的工作，离开了工作 14 年的淡水河谷公司，回国创业，进入了汽车电池材料行业。刘德贤不仅仅是看到了个人的发展前景，更是把自身的命运和社会的发展联系到了一起，他说："社会可持续发展必然需要新能源电池，而我想把我的能力和经验带到新能源这一行业。"

"没有所谓的传统行业，也没有所谓的新兴行业，有的是你能不能跟上这个时代变革的步伐，不断地进行自我革新。"刘德贤在朋友圈的这段评论也正是他本人的真实写照。从科研实验室到市场营销；从有色金属到新能源材料；从北京到上海，从新加坡再到余姚……刘德贤不断学习，不断革新自我，这正是"求实、创新"的北理工校风的写实，更是对徐特立奖学金获得者们缘何优秀的最佳诠释。

"每个人的生活态度不同，价值观念不同，个人追求也不同。而我个人，就是想把自己的事业和时代与行业的进步结合起来，推动时代的发展。"谈起自己的抱负与理性，刘德贤的眼神中仍充满着年轻人一般的激动和渴望。

对于如今正值青春黄金年华的北理工学子们，刘德贤留下了真诚的寄语："希望学弟学妹在学校里还是要好好学习，把时间放在自己的兴趣上，养成良好的独立学习的习惯，这样在大学里的时间才不会白白浪费。"

撰稿人：白松筼

1999 张俭锋：

严谨做事，踏实做人

“教研室前几届都有师兄师姐获得徐特立奖学金，我本来一直对徐特立奖学金没有奢望，只是踏踏实实按照导师要求进行学习和科研活动，得到获奖通知时很意外，也很高兴，觉得只要自己付出努力，总是会被肯定的。”回忆起自己的大学生活、回忆起获得徐特立奖学金的经历时，张俭锋如是说。张俭锋 1993 年进入北理工，本科就读于计算机系，1997 年在计算机系 903 教研室攻读硕士学位，其间品学兼优，在教研室科研工作中承担重要任务，并且主动承担了教研室科研任务外的事务，因此在 1999 年获得徐特立奖学金。20 年的时光如白驹过隙，而这位 20 年前的北理工学子张俭锋的身上却依旧散发着北理工的独特魅力——严谨和踏实。而这份严谨与踏实，也一直在生活和事业中助力他稳步前行。

严谨学习，认真工作

提到北京理工大学对他严谨态度的培养，张俭锋十分感恩他在硕士研究生期间的导师刘明业教授。他说，刘教授以治学严谨而著称，当时由于计算机资源有限，刘老师为每一位学生安排好上机时间，并为不上机的同学安排教室学习和讨论；定期进行课题进展汇报，及时发现和解决科研中遇到的问题；刘老师还非常注意学生和业界同行的交流，经常带大家参加各种学术会议，安排各种横向合作交流，为学生后来的工作培养了一个比较好的工作习惯，并极大地拓展了大家的视野。

张俭锋在毕业之后于 2000 年进入华为技术有限公司，10 余年后离开华为，自己创办北京连易科技有限公司。他谦虚地说到自己的公司还没有很大的规模，但可以看出，他对学习和工作的严谨态度预示着他的事业定会蒸蒸日上。

张俭锋说：“我一直非常推崇徐老‘实事求是、不自以为是’的理念。”徐特立老院长的教育理念深深地影响着他，他在学习和工作时一直保持着严谨认真的态度。他经常提到的是“努力会有收获”，而他大学和工作中的成长经历也验证了这句话。

踏实成长，享受生活

张俭锋说："现在回想当初一起进入华为的北理工同学，还有一些进入其他企业的同学，有很多20年过去了仍然还在原来的公司，职务慢慢上升，能力越来越强，从北京理工大学走出去的学生在成长道路上更加踏实。"他称自己在大学中养成了一个好习惯——"做好自己的事情，主动承担额外的任务"。正因为有这样的好习惯，他才能够在人生道路上走得更加稳重和通畅。

张俭锋在大学的时候也参与了不少社团活动，他是系学生会的骨干成员，同时也担任过北理工青年报社副主编。在他眼中，理工科学子不仅应该埋头于科研，还应该多发展一些人文类的兴趣爱好，他认为，音乐、美术、文学能够提高生活素质，激活研究灵感。张俭锋获得徐特立奖学金之后，用大部分奖金购买了书籍，其中买了不少人文类的经典书籍。现在的张俭锋，也会每天去健身去跑步，去追寻自己的乐趣，去享受美妙的生活。踏实成长的同时享受着生活，努力学习的同时不忘发展自己的爱好，这是张俭锋的人生智慧，也是北理工给予张剑锋的人生启蒙。

当谈到北京理工大学对学生品格、生活方面的影响时，张俭锋笑着说道："北理工踏实严谨的校风给大家的影响很大，在我待过的几个企业，对北理工毕业生的评价都是基本功扎实，积极主动，做事踏实，稳定性好。这可能是外界对北理工人的整体印象。"在北理工，张剑锋学到的不仅仅是科学知识，更是做人做事的态度和方法，如同北京理工大学校园里经常看到的北理工学风标牌——"实事求是，不自以为是"。严谨做事，踏实做人，付出终会有回报。

张俭锋离开了校园后，成了社会上的成功人士，从计算机技术岗位到如今公司经理，岗位的变化也反映着他的成长，但对于他来说，北京理工大学"实事求是，不自以为是"的学风，曾经教授他的恩师的严谨的工作态度、踏实的生活方式，即便过去了这么多年，他仍然记得，仍然感恩，仍然怀念。

撰稿人：钱瑶瑶

1999 唐富华：

最美时光是大学

唐富华1996年入学北京理工大学，本科期间，他的学习成绩一直是班级第一名，在全年级也是名列前茅，每年都获得人民奖学金。在大四的时候，因为各方面表现优异，唐富华获得了北理工徐特立奖学金，并保送攻读硕士研究生，后通过考试改为硕博连读。2005年博士毕业之后，唐富华去大唐微电子公司参与了2G和2.5G的芯片开发项目，成功实现了该芯片的国产化；5年后，去新岸线公司从事2G/3G/4G多模芯片的开发；2016年来到华为海思半导体技术有限公司，继续从事2G/3G/4G/5G多模芯片的开发。尽管工作13年且拥有如此出色的履历，当谈起母校，唐富华依然满怀着感激和热爱。

学生时代的唐富华是一名品学兼优的模范生，不仅成绩排名班级第一，思想品德方面更是积极端正。他热心班级事务，一直担任班上的学习委员、体育委员等职务，同时也积极地向党组织靠拢，并在大三时入党。当时全年级入党人数不超过10人，他们班也仅有两名同学入党。唐富华回忆说，他当年一直主动参加学校组织的马列主义学习会，因为占用了晚上的学习时间，每次学习结束后，不管多晚他还要去教室自习完成当天的学习内容，后来指导员知道此事，在一次年级会上特意对他提出表扬，这令他感到非常开心。在评选徐特立奖学金前，唐富华就把徐特立老校长倡导的“实事求是，不自以为是”的学风作为学习箴言，时刻勉励自己踏实学习。获得徐特立奖学金后，他对徐特立老校长的思想又有了更为深刻的理解。因为唐富华和徐特立老校长同是湖南人，他笑称，湖湘子弟身上都有着“吃得苦，霸得蛮，耐得烦”的劲头，而农村出身的他更能深刻领会到徐特立老校长做事能坚持，不怕吃苦和牺牲的精神。这些精神一直激励和鞭策着他，伴随着他走过学生时代，迈入工作岗位，成家立业。现如今，他还常用获评徐特立奖学金的经历和徐特立老校长的话教育自己的孩子，勉励孩子认真学习，热爱祖国。

在读博期间，除了导师给了唐富华非常多的指导和帮助外，同一个实验室的另一名老师也给他留下了非常深刻的印象。这位老师经常手把手地教学生做实验，治学态度非常严谨认真，耐心细致，一心扑在教学上，不慕名利，从未听说他参评什么评奖等活动。这位老师低调谦逊的治学态度唐富华一直记在心中。唐富华还提到同一个实验室的师兄也给自己提供了很多帮助，他心中一直十分感激。师兄做事非常严谨，写论文的水平很高，在师兄的指导和帮助下，唐富华出色地完成了博士论文。因为师兄曾有过工作经历，常常给他传授职场的处事经验，令即将入职的唐富华受益匪浅。

作为“学霸”的唐富华并不是“两耳不闻窗外事”的“书呆子”。他热爱体育活动，注重锻炼身体，每周都会抽空打一场羽毛球或踢一场足球，这一习惯从本科开始就一直保持着。他说，这要感谢学校提供了很好的锻炼环境和氛围，学校时常号召大家锻炼身体，使他在校期间形成了优良的身体素质。同时他也希望同学们积极参加体育锻炼，因为健康的身体才是学习和工作的本钱。

博士毕业后，唐富华和绝大多数初入社会的年轻人一样，也曾迷茫和彷徨，对当时的行业情况并不十分了解。但幸运的是他在一番了解后找到了心仪的行业和工作并一直奋斗至今。唐富华提醒各位学弟学妹，在学校时就应该关注各行业的发展动态，了解其发展形势，如果想做科研工作，更应该密切关注国家发展需求，掌握国家的重点发展方向。

唐富华希望学弟学妹们能够端正品行，脚踏实地，实事求是；在大学期间学好英语；要学会吃亏，吃亏是福；把自己的本职工作和任务做好，不要过于计较细节方面的得失。

撰稿人：杨晓彤

1999 钟再敏：

非淡泊无以明志，非宁静无以致远

钟再敏，1991年考入北京理工大学，2000年获得工学博士学位。现任同济大学汽车学院副院长、教授，上海汽车工程师学会理事、新能源汽车专业委员会主任。研究方向：新能源汽车驱动控制技术，曾获上海市科技进步一等奖等奖项。

干净整洁，专注睿智，沉稳干练，这是钟再敏留给我们的第一印象。面对镜头，谦和沉稳，他讲起了自己的故事。

大学生活：善于管理时间

谈到拖延症的问题，钟再敏坦言他没有这个困扰，只是觉得时间不够用。他如是说道："当时的大学校园和现在相比真的是安静很多，所以人比较专注，生活主题很清晰。"在学习上，一方面，关于时间管理，他认为如果学习和生活的主题清晰，其他事情的轻重缓急便一目了然了。中关村校区1号楼的大教室就是他最常去的自习教室。每天晚上他都会先列一个有五六项任务的清单，把比较有难度的任务放在前面，后续的任务便会迎刃而解了。另一方面，周围人的刻苦努力也时刻激励着他。钟再敏说："当时很多同学、学长十分优秀，德智体美劳全面发展。这也就让我加倍努力，见贤思齐。"

谈到徐特立奖学金，他说："前段时间回到北理工校园，看到了张贴在展览版的获得徐特立奖学金的学弟学妹的资历介绍，觉得学弟学妹们都十分优秀，很多已经在SCI一区发表高水平论文。"他谦虚地说，按照现在的标准，过去的自己就很普通，之所以能获得徐特立奖学金还是在研究生期间科研上有一些成果。当时钟再敏可以选择社会捐助奖学金和徐特立奖学金，虽然社会奖学金金额更多，但他还是毫不犹豫地选择了徐特立奖学金，他认为徐特立这三个字更有内涵，更有意义。他又笑着说道："很多年前自己获得的其他奖状都不小心遗失了，只有徐特立奖学金的奖状依然保存着。"对钟再敏来说，徐特立奖学金背后是徐特立老院长无私奉献、身正为师的大师风范，时刻激励着自己走好未来的每一步。

母校：给予了很多机会

从 18 岁考入北理工到博士毕业。这八年半的时光里，“实事求是，不自以为是”的学风在很大程度上影响了钟再敏。钟再敏深有感触地说：“这个事情说起来容易，但是一直做到这一点是不容易的。特别是当你工作后，面临的局面更加复杂，恪守这一点更难能可贵。”除此之外，钟再敏还提到了他读本科生时，北理工为高年级本科生配备导师的优异生制度。钟再敏的导师是汽车学院项昌乐教授。他说：“当时我做不了太多事，主要是做基础性的工作制图和实验的辅助工作。但是即使是基础性的工作也带给我很多收获。”1996 年，钟再敏留学德国。提起这段经历，他感慨道：“真是满把辛酸泪。出国的时候是 20 世纪 90 年代，当时的经济发展程度和信息对称与现在相差很多，面临着生活上和认识观念上的挑战巨大。我在德国的导师是欧洲多体动力学一个流派的嫡传弟子，和大师近距离接触开阔了学术视野，受益很多。”

师恩难忘：北理工的教师形象一直鲜活

“学习是抽象的，而老师是具象和生动的。我现在以教师为业，很大程度是受了当年教过我的老师的影响。”钟再敏讲述了许多教授带给他的影响。教工程制图的陈教授十分严谨，对制图质量要求严格。钟再敏认为陈教授对待学术的严谨和一丝不苟的态度对他的影响无法抹去。他说：“教授高等数学的史老师，上课把课本一放，一节课基本上不翻教材，就在黑板上写一节课的板书。当时汽车学院的郑慕侨等三大教授，对于我来说就是学术上的高山仰止。”钟再敏提到了他和项昌乐教授的小故事：“当年项教授交给了我一份辅助教学的大作业整理工作，我绞尽脑汁地花费了很长时间才完成，自认为非常满意，但是项老师拿到后，从头至尾又详细地修改了一遍。”这样的严格要求让钟再敏受益匪浅。

“所谓大学者，非所谓大楼之谓也，有大师之谓也。”钟再敏说，教师对于学生来说是灯塔，不刻意地照亮人，但每一个经过他们身边的人都会有方向感。一座座灯塔聚集在一起照亮了一所大学，形成了一所大学鲜明的特色和传承。

两个维度思考问题

从事教育工作多年的钟再敏分享了他关于学习与成长的一点感悟。他认为，虽然时代在变化，不能用自己 20 年前的经验教训去约束现在学生的思想，但是，在考虑问题时，有两个维度很重要。第一个是空间维度。比如出国求学以开阔眼界，广交朋友以丰富阅历等。不要仅仅局限于静态知识的获取，很多事情是需要亲身实践才会感悟更深。第二个是时间维度。看待人或事应该充分考虑时间因素，不能停留在一个静态时间点上。更不要忽略时间本身的积累价值。学生时代看起来时间充裕，现在做的每一件事可能附加着后来30年甚至更多年的强化。钟再敏说："我们往往会高估自己一年内能完成的任务，而低估10年日积月累的成果。"

当谈及对母校的期望和祝福时，钟再敏真诚地说道："明年是北理工80年校庆，北理工正值发展的黄金时期，祝愿母校80岁生日快乐，也希望北理工能够在不断的发展中形成鲜明的学术和人才培养特色，广育英才！"

撰稿人：刘思楠

2000 杨春兰：

以诚为基，德行传承

杨春兰，博士，副教授。2007 年 3 月毕业于北京理工大学模式识别与智能系统专业，毕业后在北京工业大学生命科学与生物工程学院任教，从事生物医学工程专业的科研和教学工作。2011 年入选北京市优秀人才，2013 年入选北京市属高校青年拔尖人才，2015 年被评北京市科技新星。主要研究方向为医学图像分析，近年来在 *Frontiers in neuroanatomy*、*Psychopharmaco logy Brain Topography* 等生物医学工程领域国际期刊发表学术论文 10 余篇；参编学术专著 4 部；授权美国发明专利 1 项，国家发明专利 5 项；主持国家自然科学基金、北京市自然科学基金等科研项目，同时参加了国家“973”和科技支撑计划等项目的研究。主讲本科生 Visual Basic 程序设计双语课程及研究生生物医学图像编程实现技术双语课程；主持全国工程硕士专业学位研究生教育在线课程项目 1 项、北京工业大学研究生课程建设项目 3 项，发表教学论文 10 余篇。获第十届北京工业大学青年教师教学基本功比赛二等奖、2015 年北京工业大学教育教学成果二等奖。

2000 年在北理工获得过徐特立奖学金的杨春兰如今也成了一名大学教师，在象牙塔里追寻真理，传授知识。在我们问起她在教学中最看重什么时，杨春兰毫不犹豫地回答——品德诚信。“德以明理”的精神不仅成了一代北理工人自我约束的基准，也成为杨春兰走上社会后一直秉持的信念。回顾杨春兰的大学生活，我们以“诚”概括她的学习精神。

诚以致学——成就是积累而来

回忆起徐特立奖学金申请阶段，杨春兰谦虚笑称“自己并没有多大把握”。初来北理工，面对国内各地选拔而来的优秀学子，压力如影随形。大一第一学期的高等数学期中考试，因生病状态不佳影响了杨春兰的考试发挥，但即使如此，杨春兰仍取得了全班第一名的成绩。成功获得徐特立奖学金带来的信心让她至今印象深刻。徐特立奖学金并非是杨春兰大学生涯中的第一笔奖学金，一次次获得人民奖学金也不断激励着杨春兰。也许优秀并非一蹴而就，不断地有所成就才能成为向前的动力。

就读于模式识别与智能系统专业，杨春兰并不是没有遇到过学业上的困难。如今回忆起工程制图课，杨春兰认为自己在空间能力上有所欠缺，沮丧过受挫过，但家人的鼓励和老师的帮助，最终她还是克服了难关。问起如何克服学业上的压力，杨春兰认为作息规律、坚持锻炼是很好的方法。在校期间除了学校规定的晨跑打卡，她还额外带领宿舍同伴晨起锻炼，精神饱满地面对学业的挑战。

诚以待人——学生工作中受益匪浅

说起印象最深刻的老师，至今仍在北理工任教的李金柱老师给杨春兰留下深刻的印象。作为当时的班主任，李老师对学生不论学习还是生活方面都尽职尽责，十分照顾。杨春兰说："无论是班里经济困难的学生还是被学业所困的学生，李老师都会尽力帮助。"如今已在北京工业大学任教的杨春兰获奖无数，但屡次被评为"优秀班主任""优秀教师"等的成绩中，大抵也有着对李金柱老师人格精神的传承，李金柱老师对她的学业甚至走上社会起到了深远的影响。

除了学业，杨春兰也在学生活动中不断锻炼。作为班级团支部书记及学习委员，学生工作不仅帮助了同学、结交了朋友，而且自己受益匪浅。令她印象深刻的是担任英语课代表。当时她的英语能力并不是班里数一数二的，但老师提名她担任英语课代表，杨春兰备感激励。她不仅服务班级同学，英语也取得了不错的成绩。这些学生工作的经历也为她未来工作带来许多经验与自信。

德以明理——对北理工学子寄语

毕业10余载的杨春兰如今谈起母校北理工，仍充满着自豪与骄傲。"认真勤奋、踏实奋进"的北理工精神在她看来一直未变。杨春兰希望学生不仅具有好的科研能力和团队精神，更重要的是德行端正。谈到学术品德，"汉芯1号"芯片门造假事件[①]让她感触颇深。她说，身为教师，不仅仅是"得天下英才而教育之"，更要以德树人，注重学生的德行发展。杨春兰最后说道："希望母校越办越好，也希望北理学子秉持北理工精神，成为国家的栋梁之材"。杨春兰这寥寥数语传载着一代代北理工学子共同的期望，北理工精神，我辈必将铭记于心，实践于行！

撰稿人：叶煜墨

① 汉芯事件是指2003年2月上海交通大学微电子学院院长陈进教授发明的"汉芯一号"造假，并借助"汉芯一号"，陈进又申请了数10个科研项目，骗取了高达上亿元的科研基金。

2000 吴晓兵：

专注内心，突破自我

“北京理工大学的精神，是朴实内敛。北理工的气质让我学会踏踏实实低调做人。”接受采访时，这位如今在澳大利亚联邦政府做中高层管理工作的吴晓兵校友如是说。20多年前，吴晓兵在北京理工大学本硕博连读，从本科阶段的车辆工程，到硕士研究生阶段的模式识别人工智能，再到博士阶段研究自动诊断相关领域。吴晓兵还去了中国科学院自动化研究所从事博士后研究工作。之后，他在北京理工大学担任了几年数学老师。担任老师期间，他并没有止步不前，而是继续不断摸索，渐渐地，他觉得自己学术基础似乎还不够扎实，便选择前往澳洲坎贝拉继续深造。在坎贝拉，吴晓兵凭借着踏实过硬的数学基础和勤奋刻苦扎实的学习精神，成功进入了数据挖掘领域。

吴晓兵就读本科的时候，高等数学教学实行分 AB 班制度，一届学生只有极少数人会被分到教学难度更高的 A 班，而吴晓兵正是其中之一。吴晓兵回忆，虽然当时学起来感觉比较痛苦，需要花大工夫苦练，但效益也是显而易见的：更高难度的学习过程让吴晓兵对高等数学的理解更为深刻。凭借着良好的数学基础，吴晓兵在自学理论、提升编程能力的效率相对一般人来比较高。尽管已过 20 多年，吴晓兵依然对微积分、线性代数的知识熟稔于心。大学深厚的高等数学基础让吴晓兵在随后的人生道路上一直受益。

在学习与工作的过程里，吴晓兵最大的感触便是：能够对自己诚实，是一个人最为重要的品质之一。唯有对自己足够诚实，坦率地面对自己，承认“会就是会，不会就是不会”，才不会因为好面子就不懂装懂；唯有敢于直视自己的不足之处，才能对症下药，真正弥补自己的短板，从而真正实现自我能力的提升。

除此之外，吴晓兵认为，明确目标也是很重要的事情。部分学生可能会觉得，既然自己已经完成高考，成功跨入北京理工大学的门槛，那就相当于已经抵达奋斗的终点，就可以松懈下来。但实际上，大学不过是人生中间的一个中转站，如果不能尽快找到新的目标而是选择就此止步的话，是会被社会甩在后面的。至于如何寻找目标，“兴趣是最好的老师。”吴晓兵说道。他举了一个例子：如果你对通过网络追踪个人现金流感兴趣，那为了达到目标，你便会自发去学习爬虫技术。数据爬取下来以后，你还需要有好的算法来处理数据，否则难以从数据中挖掘出有用的信息。而从数据中挖掘出信息后，你会继续钻研信息的分析，你会想办法回过头去优化前面的流程……就这样，一步一步由自发的兴趣推着往前走，时间长了，你的能力自然就提高了。

明确的目标需要与脚踏实地的努力结合方能发挥出最大功效。吴晓兵参加高考前，他甚至完全没有接触过英语听力。上大学以后，吴晓兵发现自己的英语是弱项，于是他便在心中暗暗发誓，一定要尽可能地提高英语水平。为了实现这个目标，吴晓兵本科四年都没有睡过午觉，将全部的午休时间用来记忆英语单词。他虚心求问，刻苦刷题，成功地在大二就通过了全国大学英语六级。

吴晓兵热爱学习，同时也非常喜欢体育锻炼。在大学阶段，他最喜欢的项目是中长跑。现如今，他每天都会游泳半小时，常常跑步，周末还偶尔会踢足球或者打羽毛球等。从大学起延续到现在的锻炼习惯给予了吴晓兵良好的身体素质。

吴晓兵的女儿现在 15 岁，他给女儿的限制是每天玩手机不超过 20 分钟。这在国内看起来或许有些不可思议，但吴晓兵表示，类似的情况在国外很常见。法国立法禁止 12 岁以下的孩子使用手机；英国大部分学校都在入学协议上规定，禁止 16 岁以下的学生使用手机；而芬兰更是从上游限制，禁止芬兰无线通信公司直接向青少年提供手机入网等移动通信服务。

吴晓兵谈到生活的感悟，微博上的明星也好，抖音上的普通人也罢，那都是别人的生活。别人的生活与你我并无太大关系。不要被眼前乱七八糟的东西吸引过多的注意力，进而浪费太多时间。少玩手机，好好学习。吴晓兵希望在校的学弟学妹，专注内心，扎实成长，收获一个不留遗憾的大学记忆！

撰稿人：李家静

2000 冯雷：

吾将上下而求索

“有一个很好的英文是‘Self Identity’，你要知道你自己是谁……人要有想法，自己要成为一个什么样的人，这就是我所谓的人要有梦想有理想。”冯雷十分强调对自我、对个性发掘的重要性，她本人也是一位相当优秀而有个性的徐特立奖学金获得者。

在本科期间，冯雷因为优异的学习成绩和各方面的突出表现获得了徐特立奖学金。谈起获得徐特立奖学金的感受，她说：“最直接的感觉就是高兴。其实很简单，没有什么太多客套的话，就是很高兴。”谈起本科期间的学习，冯雷说，她在高中时是学文科的，那时候的管理学院文理兼收，身边理科背景的同学多是在各自的城市成绩相当突出才能来到北理工学习。那时管理学院学习的数学并不是最简单的数学，同时还有物理相关的科目。虽然自己文理不偏科，成绩很平均，没有偏文或者偏理，所以说学习理科的东西，我没有过大的压力，但是会有来自身边同学的压力，感觉他们相当聪明，不用很刻苦地去学就能掌握。而对她而言，老师讲的东西有些听不太懂，但不少学理科的同学好像不用太费劲也能明白，所以大一大二的时候是很辛苦的。冯雷认为，徐特立奖学金确实和其他奖学金不太一样，确实是相对比较大的一个肯定，她觉得无论如何只要努力就一定会有结果。冯雷说，自信是在成长过程中慢慢找到的，徐特立奖学金带来的最大的动力是你自己对自己的认可。

谈到在大学期间养成的习惯，冯雷认为最重要的是在没人监督的情况下，自己能够安排好事情同时处理很多事情。因此在她上大学的时候，从不会考试前一周突击复习无数门科目，她是一个没有拖延症的学生，一定会把事情往前提。

谈到母校对她的帮助，冯雷提起了她的研究生导师——王奋老师。在上大学到工作的这 20 年中，研究生导师是她最为感谢的人。冯雷认为，最好的导师不仅仅能教会你固有的课本知识，而会告诉你——要想清楚你要做什么，让学生清楚要做什么。而王奋老师就会引导她去发现自我。“她不会告诉我这个东西有一个答案，她觉得更重要的是学会做人，是在一辈子中要想清楚自己是谁？要去哪？这对个人的发展是更为重要的。撬动自己骨子里潜藏的基因，你自己喜欢什么东西，不要太受别人的影响。”冯雷说道。她认为自主思考一件十分重要的事情，因此她在读研深造、就业等重大问题上都能有自己的主见。她也认为，这是学校给到她最大的帮助——就是不断地去发掘自我，发现自己的长处。

谈到如何具体地发掘自己的长处，冯雷结合自己的工作经历和经验给出了一些建议。目前冯雷就职于北京华通明略信息咨询有限公司，一家专注消费者研究的市场咨询公司。她接触并慢慢融入这个行业的原因也十分特别，大三大四时，虽然在那个年代不太流行“实习”这件事情，但是作为一个不喜欢守规矩、喜欢接触新鲜事物的人，机缘巧合让她尝试了访问人员的工作，对调研产生了兴趣。而在硕士毕业后，她找到的第一份工作是做市场营销，她在工作中逐渐清楚喜欢做调研的原因——一半是商业，一半是有院校气息，会使她保持一辈子在成长的感觉，觉得永远在前进，有新的东西能学习。冯雷说：“虽然我换过不同的公司，但是10几年来一直都在市场调研行业工作。”

作为管理学院的校友，冯雷认为作为学生要多实习，且每次实习最好不短于3个月，通过实习去找所喜欢的方向，在商科的大范围内去尝试不同的行业。工作几年之后，如果想继续学习，建议读一个顶尖大学的MBA。尤其是不能眼高手低，要踏实工作，多看、多想，保持一份好奇心，敢于接受挑战。

冯雷认为，人要有梦想。她认为梦想是大概知道你未来要朝哪个方向去走。她举了个例子，谈到爱奇艺的老板龚宇，虽然是清华大学的博士生，但是他很明确地表达过，他希望别人给他贴的标签是一名商人。这件事情可能在大学教育中没有提到过。要知道自己是谁，或是要很清楚自己的个性是什么，自己的优点弱点是什么，想做什么；或是说虽然暂时不是很清楚自己未来要做的职业，但是可以有一个概念，比如，在将来要做一个有专业精神的人。人要有想法，成为一个什么样的人，这就是冯雷所说的，人要有梦想、有理想。

撰稿人：陈书卉

2000，2003 陈煜：

栉风沐雨，玉汝于成

“中国革命的发展、社会的发展、经济的发展、生活条件的发展都是从苦难里走出来的，需要有钢铁般的意志去奋斗、去拼搏。”这是北京理工大学1997级化工与材料学院本科生、2001级博士研究生、2000年及2003年徐特立奖学金获得者、北京理工大学材料学院陈煜老师对延安精神的理解。清清延河水，学校一路从延安走来；悠悠岁月长，学校磨炼了包括陈煜在内一代代北理工人的钢铁意志。

道阻虽长，行则将至

孟子云，“天将降大任于斯人也，必先苦其心志，劳其筋骨”，然后才能“动心忍性，增益其所不能”。北京理工大学诞生于不平静的年代，一直都继承了“作风朴实、学风浓厚”的优良传统，这一传承，深深地影响了从陕甘宁地区走出来的陈煜。他说：“我的基础不是特别好，刚上大学是迷失方向的，在北理工浓厚学习气氛的影响下，逐渐适应了大学生活。我觉得艰苦奋斗精神应该是北理工延安精神、徐特立精神最朴实的体现。”

路虽远，行则将至；事虽难，作则必成。拿过两次徐特立奖学金，陈煜感悟颇深。在北理工延安精神的指引下，陈煜在本科期间专业成绩名列前茅，并担任班级班长，研究生期间发表了多篇高水平论文。陈煜说：“毕竟是北理工最高的荣誉，拿到徐特立奖学金我感觉很光荣，感觉自己的努力付出得到了认可。第二次再拿徐特立奖学金的时候就感觉更加光荣了。研究生阶段拿到奖学金，是科研能力的一种体现，拿两次徐特立奖学金是很不容易的。因为获得两次徐特立奖学金，在同学中就有一定的影响，那就要在同学中树立良好的榜样，这也是一种鞭策，得奖之后时刻也不能放松自己。”

习近平总书记强调：“自力更生、艰苦奋斗是我们共产党人的品质，是我们立党立国的根基，也是党员、干部立身立业的根基。”艰苦奋斗的精神是不畏艰险、昂扬向上的创造精神。陈煜也是如是教育他的学生的。他说：“现在的生活条件好了，学生的意志会弱一些，但是中国革命的发展、社会的发展、经济的发展、生活条件的发展需要钢铁般的意志。”

程门立雪，尊师重道

陈煜的导师是我国固体推进剂和高分子科学领域著名专家谭惠民老先生。谈及导师，他言语中满是崇敬：“谭老师的学术造诣非常高，有非常丰富的科研成果转化的经验，也有非常丰富的人生阅历，为人处世方面对我的影响非常深。”

以小见大，往往脑海中挥之不去的可能都不是大道理，而是蕴含大道理的小事。陈煜回忆道：“有一次我们课题组翻译一批技术资料，一方面翻译水平不太高，另一方面态度不端正，我翻译出来效果不好，老师看了以后很严厉地批评了我，说这是态度问题，要下功夫好好改。因为有时间限制，我只能连夜把事情做完。虽然老先生为人和善，但是做事很认真。从这个事情我也总结出无论做什么事情都要认真对待，特别是对待工作更需要严肃，大意疏忽都是不能原谅的。”

陈煜的描述中，一个朴素和善、精力充沛的“大先生”形象渐渐丰满：谭惠民大学毕业留校之后半年就去一个工厂，之后去了不下 10 个工厂解决技术问题；徒步走到过延安；40 岁刻苦地学习英语，60 岁买汽车，到现在 82 岁还天天开车上班；曾留下“每个人都是自己这个领域的专家，即使是老师也可能不懂具体的细节，你应该具体了解自己做的事情”这样的名言。谭惠民老先生对陈煜影响深远，他说：“很多时候真正希望培养你的人不会天天表扬你，但在边上默默地看，有时候提一些意见，关键的时候会鞭策你。虽然谭老师的学术造诣很高，但是在做人做事和处理问题的态度上，他对我的影响更大。”

春风化雨，良师益友

薪火相传，谭惠民老先生达观负责的态度也是陈煜对待学生的态度。指导大创项目，带着学生参加“世纪杯”比赛，参加社会实践，陈煜十分注重本科生科研能力的培养，注重开阔学生视野。陈煜坦言：“做一件事情就要把一件事情做好，无论是做科研还是指导学生。作为中国共产党创建的第一所大学，每个老师心里有一种光荣的红色责任感。一方面我们要培养人才，另一方面我们应该言传身教，培养学生的精神品质，要从各个方面都能够影响学生，要有科学严谨的学术态度，也要有乐观快乐的生活态度，这就是在实际中发扬老一辈的革命精神、发扬徐特立老院长教育精神的体现。”

“十年磨一剑，不敢试锋芒。再磨十年后，泰山不可挡。”今年是陈煜在北京理工大学的第 21 年。他友善谦和、认真负责的态度也使得他在北理工完成了一个又一个项目、培养了一批又一批学生。滚滚延河水，巍巍宝塔山。只有从延安精神中汲取矢志奋斗的力量，才能为中华造就栋梁，才能前进、向前进。

撰稿人：程喆坤　杨珏莹

2001 任瑛：

浸心科研，心系母校

1999 年来到北京理工大学，进入化工与材料学院学习。虽然这是任瑛的第二志愿，但是，任瑛每学期的成绩都是第一名，毫无悬念地拿到北理工最高荣誉——徐特立奖学金。任瑛大四做毕业设计时逐渐了解到中科院是用计算机来做化工设计，发现这是一个数学、物理、化工、计算机交叉的方向。之后，她如愿进入中科院继续从事化工领域的研究，并且极大地推动了我国在这一领域的发展。

在谈到现在从事的职业的方向时，任瑛指出，在工程里，首先是科学，然后才是技术。科学是比较基础的，然后发展到技术，技术就是一个应用科学，直接面向实用的。在本科期间接触到传统的化工污染严重，能耗高。大家的传统做法是一步一步做实验，直接放大。比如说一个反应中的反应器，在实验室都是小规模的，到了工厂里，实际装备都是特别大的。目前工业界的做法是一步一步放大，从 1 米到 10 米，再到 100 米，然后去找每一个设备里的最优操作参数，温度、压力、液位等。就像炒菜，炒一小份跟等比例放大炒一大份的味道肯定是不同的，后者的味道不好。因为这样的放大是非线性的，而在化工领域的工程是不能乘以几乘以几放大。结果发现，在每一个不同尺度的设备里边，其最佳操作参数是不一样的。这是很多实验最后都荒废了的原因，很多设备就是因为没有找到这种最优区间而被废弃。而在后续的学习中，我们最后做到了很多过程的一步放大，中间的过程由计算机来做。这极大地提升了工作效率与资源利用率，节约了很多不必要的时间成本和金钱成本。

任瑛建议在大三末就引导学生进入课题组。在中科院，每个想要进入中科院的学生都有几轮面试，面试除了学习成绩还有动手技能。很多学生大三大四进入实验室跟导师一起从事各方面的研究设计，一个学生是不是有探索精神，是不是有独立思维，就可以判断出来。任瑛认为，有些优秀学生与其他竞争者的区分在于你给他 3 个信号，他可以反馈给你 10 个信号。这就可以使学生在课题组内将导师的科研领域扩展开来，推着老师往前走。反而，有些学生考研分数很高，但是自己独立思考的能力很差。任瑛强调，当本科生在有一个比较扎实的基本功之后，就要有独立思考、分析问题的能力，此时加入课题组就是很好的选择。另外，任瑛提到团队合作也是非常重要的。要想在本科阶段能得到课题组老师的认可，需要自己积极主动地思考，可以结合自己的优势，了解当前的科研形势，帮助导师往前走。

任瑛谈到在拿徐特立奖学金之前，也拿过人民奖学金、希望奖学金等奖学金。“数额上来说徐特立奖学金虽然不是最高的，但当时拿奖时很高兴，它证明了我做得很好，我就很高兴。”作为一个具有感恩之心的孩子，当时任瑛把奖金拿来给家人买东西了，算是对家人的一种报答。

对于自己的恩师，任瑛印象最为深刻的有两位。在北理工就读阶段，任瑛的班主任是郝建薇老师，大一时郝老师带他们参观实验室，讲实验室的故事，沉浸在科研世界里。这是郝老师带给任瑛的第一印象。任瑛说：“郝老师不计名利，勤奋刻苦，平易近人，非常低调，是走在大街上你根本不会注意到他的那种人。”还有一个是苏岳峰老师，是任瑛的辅导员。由于任瑛在学院学生会担任职务，同时也是班干部，跟苏老师接触比较多。一直到现在，任瑛每次回到母校还会去找苏老师。任瑛说她在苏老师身上学到了许多东西，管理技巧即是其中一项。“一个学院有各种各样的人，人生观价值观不同的人。我从苏老师身上学到了处理事情的技巧：灵活，这对以后的工作学习都很有用。”任瑛自豪地说道。

在大学的课余时间，任瑛参加过志愿者活动，暑假每天参加培训。任瑛认为大学生应该合理安排时间，安排更多的工作量，而效率是看自己时间是怎么利用的。最重要的是提高听课效率，当堂消化老师讲的内容。任瑛强调，要注意体育锻炼，最好做到长期坚持锻炼。

在提及母校时，任瑛认为校友会的力量是非常重要的。主要原因有两点：第一，校友可以为母校建设带来经济上的支持；第二，新的学生毕业以后，可以到校友的公司去就业。任瑛提议，每一个北理工人毕业以后，都应当留下自己的联系方式。“不管以后怎样，你永远都是一个北理工人，学校都会有你的一页。”这是任瑛对北理工发自内心的认同与热爱的体现。

努力学好基础知识，尽量参与科研，学会团队合作，这是任瑛自己确确实实做到的，也是多次对本科生提出的建议。她虽然已经离开了母校，但也时时刻刻心系母校。任瑛是每一位北理工学生值得学习的榜样。

撰稿人：姚泽诚

2001 颜菡：

科技强军，航天报国

“科技强军，航天报国”是中国航天科工集团的企业使命，表明了企业“国家利益高于一切”的价值观，在这样一个企业里工作，颜菡始终没有忘记母校北京理工大学对自己的培养。在北理工的校歌中有这样一句：“团结勤奋，为祖国和平播撒希望；求实创新，为中华富强造就栋梁。”北理工 1998 级机械与车辆学院本科生颜菡就是这样一位奋斗在国家航天事业前沿的栋梁人才。

1998 年，颜菡进入北京理工大学就读，机械工程与自动化这样一个“听起来有些生硬”的名词正是颜菡当时所读的专业。颜菡直言这不是她读大学的第一选择，她是被调剂进入这个专业的，但她仍旧在这个对女生而言略显枯燥的专业里找到了自己的兴趣和方向，并取得了一定的成绩。本科阶段，颜菡的学习成绩一直排名班里第一，在系里也总是名列前茅，是一个实打实的“学霸”。

优异成绩

凭着自己强劲的学习劲头，颜菡为自己的大学生活交出了一份优异的成绩单，这也为她赢得了北理工的最高荣誉——徐特立奖学金。除了徐特立奖学金之外，颜菡拿遍了当时的奖学金，以至于奖学金已可以支撑她本科阶段的学费及日常花销，不再需要家庭提供生活费。“徐特立奖学金当然是最有价值的。我获得的所有奖学金，都在一定程度上减轻了我当时大学生活的负担。此外我还做过很多学生工作，包括校学生会文艺部部长、学生辅导员、军训辅导员，所以还会有一部分补贴，就不用再花家里的钱了，再加上奖学金，我每个月还能存下 500 块钱，养成了定期存款的习惯。”在谈及本科阶段获取奖学金这段“甜蜜记忆”时，颜菡这样说道。

桃李之情

当然，优异的成绩离不开老师和学校的培养，当年的桃李之情，颜菡依然记得清晰："我记得最清楚的是当时教机械工艺这门课的杨志兵老师，当时女生很难提起对学理工科的兴趣，但杨老师的教学方法很好，特有耐心，善于启发，使这门课显得不那么枯燥，他对工作积极向上的精神也时刻在感染着我。"爱提问的颜菡也给杨志兵老师留下了深刻的印象，颜菡毕业之后，他们还保持着联系。杨老师虽然不是颜菡的班主任，只是一名任课教师，但他的引导却对颜菡今后的学习与生活产生了深远的影响。

此外，颜菡还提起了当时教授专业英语的朱小燕老师："我这人记性特别差，但直到现在还记得朱老师的音容笑貌，她对工作、对生活都特有激情。她本人也是学机械出身，这一点特别激励我，也感染着我，使我对学习英语和自己的专业知识有了更大的信心和更足的动力"。

爱国报国

说起在航天科工集团的工作，颜菡说由于北理工是一所有军工院校背景的大学，因此自己的同事中就有许多北理工校友，相同的价值观、身份的认同感使得从北理工毕业的颜菡更为母校自豪："航天科工的企业文化和北理工的学校文化是一脉相承的，都教育我们不管作为学生还是已经走上工作岗位的人，要爱国报国，把国家放在心中。""爱国报国"，这就是北理工在颜菡身上刻下的最深的烙印。

踏实认真

踏踏实实，勤勤恳恳，颜菡践行着一个优秀北理工毕业生应有的品质，也回馈着母校对她的培育和滋养。对于北理工的校友，颜菡也有话要讲："母校培养我们踏实认真的作风，不管是做学问做研究，还是日常工作中，我们都要践行，这是我们日常应该遵循的原则，是学校教育我们应有的好品质，我们会因此在生活和工作中受益。"颜菡做到了，她也希望所有同她一样从北理工毕业的校友能继承和发扬北理工的精神和徐特立老院长的精神，为国家和社会作出自己的贡献。

"努力，认真，不辜负自己所花费的时间，不辜负青春"，这是颜菡对自己前进动力的总结，是她奋斗的信条。朴实无华的话语背后，是她脚踏实地的努力，岁月见证着颜菡的成长与蜕变，但始终不变的，是母校曾在她心中种下的种子。

撰稿人：姚泽诚

2001 付继伟：

永不停步，勇攀高峰

1996 年进入北京理工大学自动控制系就读，2000 年研究生阶段获得徐特立奖学金，前前后后获得过联想奖学金、长征奖学金、SMC 奖学金、中科院奖学金等奖学金，目前就职于中国运载火箭技术研究院。他，就是中国运载火箭技术研究院电气系统总体技术领域首席专家付继伟——一个普普通通的名字，却有着不平凡的人生。

由于对电路比较感兴趣，在进入大学时付继伟选择了自动控制系，即当时北理工有名的“二系”。付继伟认为，在自动控制这个专业里自己能学到更多的有用的知识，因为这个专业涉及的知识范围更广，同时也符合自己的学习兴趣。能收获如此多的奖学金，并且能将所学的专业知识真正运用到自己目前的工作中去，付继伟的学习能力与付出的努力是毋庸置疑的，因此，在回忆本科时的大学生活时，付继伟直言：“本科时学得真的挺累的，感觉读了研究生之后就好多了。”但苦中有乐，学习使他收获了自己的兴趣，并且逐渐找到了自己前进的方向，同时一笔笔奖学金也是不错的奖励。

正是勤奋与刻苦为付继伟赢得了诸多的荣誉，包括北理工的最高荣誉奖学金——徐特立奖学金。谈及这次获奖经历，付继伟表示由于已经毕业多年，当年获奖时的细节已经记不清了，但当年的惊喜之情依然在他的言语中得以体现：“这是学校对我那时的学习、工作的肯定，我特别惊讶（自己能得到这笔奖学金），对我当时的学习和生活有很大的激励作用，并且我之后的学习也更加努力了。”付继伟笑着回忆道。虽然之前已经收获过大大小小多笔奖学金，但这次获奖对付继伟而言分量依然是比较重的，当时能获得这个奖学金的人并不是很多。

在谈到这笔奖金的使用时，付继伟说，由于自己刚读研究生，因此这笔钱就基本用来购置专业书籍了。大学期间，付继伟爱好看书，也喜欢打打乒乓球，他说：“我好像没什么特殊的爱好，就喜欢看看书，打打球。”此外，付继伟担任过班级的班长，积极为同学服务。

在回忆大学生活时，他谈到了曾经无私帮助过自己的老师们。首先是学生辅导员姜燕。付继伟说：“她也是学生，对我的成长帮助挺大的，生活上、学习上，遇到什么事儿都会去找她，特别在我遇到困难，有问题没法儿解决的时候，她总是无私地帮助我。”此外，付继伟也讲到了自己敬重的导师侯朝桢教授。侯教授曾是二系的首席教授，现在已经退休了。他严谨的学风、对学生严格的要求以及一丝不苟的科研精神给付继伟留下了深刻的印象。“侯老师对学生的管理特别严格，因此他的学生成绩都挺好的，他在科研上、生活上对我的帮助很大，善于引导学生。”回忆起侯教授时，付继伟这样说道。

此外，付继伟认为北理工是一所学习氛围特别好的大学，讲求严谨的学风，同学们都十分努力，刻苦学习，他觉得正是在这样的环境中，学生才能在大学生活中取得生活上和学习上的成功——显然，付继伟就是这样的一个人，严谨治学，时刻保持自觉，是北理工优秀学习氛围的营造者和维护者之一。他说：“这对我们之后的生活和工作的帮助是很大的。我们当时意识不到，参加工作之后才意识到这一点”。目前，付继伟奋斗在科研前沿，从事着国家运载火箭的研制工作，他表示，研究院“严慎细实”的文化与北理工严谨的学风是一脉相承的，并且北理工的军工背景与他目前的工作也十分契合。

付继伟希望所有北理工人都能继承和发扬学校的学风，在工作单位、在社会上要保持一颗学习的心，多向身边人学习，并且将学风和学校文化更好地融合到自己的工作与生活中去。他衷心地希望每一名北理工学子都能找到自己人生的方向，找到属于自己的未来。

撰稿人：姚泽诚

2001 高慧颖：

将青春奉献给北理工

在北京理工大学管理与经济学院，有这样一位老师，她将自己人生的20多年时光都留在了北理工的校园里：1994年入学就读于信息管理与信息系统专业，本科毕业后又留在本校读了硕博课程，2003年8月获得管理科学与工程专业博士学位后留校任教，2010年被评为副教授。如今，她的身影仍然出现在北理工的校园里，在自己的岗位上兢兢业业，为母校做着自己的贡献。

她就是高慧颖。从曾经的北理工学子，到如今奋斗在北理工教学科研的第一线的教师，她实现了人生的转变。对于自己，她这样说道："我是北理工培养出来的，如今又当了北理工的老师，所以我要言传身教，指导我的学生发扬北理工精神，把这种精神传承下去。"

获奖经历

本科阶段，高慧颖是班上的"学霸"，学习成绩一直名列前茅。高慧颖笑着说也许因为自己是女生，所以能比男生更静得下心来学习。但她并不认为一个学生将拥有优异的成绩就可以满足了，除学习外，她还将大量的时间投入到学生工作中去，在实践中磨炼自己，培养组织能力和沟通能力，朝着综合发展的方向前进。她直言，当时班上学习成绩好的同学不止她一个，能获得学校的最高荣誉徐特立奖学金不仅仅是靠自己的学习成绩，更重要的是自己在课堂以外做的各项工作。

本科阶段，除了在班级担任班委，高慧颖还担任学院的学生会副主席，进入研究生阶段后又参与了学院研究生会的工作。虽是工科学生，但高慧颖爱好写作的特点使她能将自己的兴趣爱好与学生工作结合起来，她积极参与学院报刊的撰稿、设计和出版等工作，并乐在其中。她的组织能力也正是在这些工作过程中一步一步培养起来的。学生工作不仅没有影响到学业，还使她得到了各种锻炼。

如今高慧颖已是北理工的副教授了。回忆起学生时期的经历，她表示自己受益匪浅，当初获得徐特立奖学金在今天看来又是另一番滋味："那不光是对我曾经做的工作的肯定和激励，也让我开始思考学校为何要设立这个奖学金，我在当了老师后也在想要如何带动和激励自己的学生。我认为一个优秀的大学生不光要在专业上学得比别人好，也要在做人上、在社会工作上比别人做得好。”

恩师与母校

高慧颖认为培养是综合的结果，既离不开老师们在课堂上的点滴教育，也离不开学校整体的学风塑造。谈及自己研究生阶段的老师，高慧颖谈到了自己的导师甘仞初教授。甘仞初教授是信息系统领域的专家，组织过多次有影响的国际会议。正可谓严师出高徒，师从名师的高慧颖直言甘老师是一位十足的“严师”，一旦自己有做得不够完善的地方甘老师就会立即指出来，标准之高、要求之严都给高慧颖留下了深刻的印象。但当自己遇到困难时，导师也会给予帮助。高慧颖认为导师对自己的教育不仅仅是在专业上，在做人做事上都是全面的培养。

除了严师，学校大环境对高慧颖的影响也很重要，校风潜移默化地影响着她今后的生活与工作。北理工的校风“团结、勤奋、求实、创新”深深铭刻在了她的心中，这就是她心中的北理工精神。她认为，团结，即有团队意识，这是各项工作中都必不可少的品质；勤奋，即努力刻苦，这在学业和工作中显得特别重要；求实，即在学业上 、工作上不虚张，不夸大，实事求是；至于创新，她直言自己目前做得还不够好。

展望未来

对于目前仍在北理就读的学弟学妹们，高慧颖提出几点希望。

对专业选择，要避免“一锤定音”式的决定，在如今学校灵活的教育环境中，要有自己的主见，要对自己的选择、自己的人生负责，要了解自己的兴趣和对专业的爱好，充分发掘自己的潜力，一旦确定了方向就要专之、学之、爱之。

要充分利用大学的时光，趁着还未工作一定要多读书，通过阅读去了解历史、科技、文化等；在大学不仅仅要学习课堂上的知识，更要学习如何为人，要去接触各式各样的人，取长补短，获得全方面的发展。

一个学生应有不耻下问的精神，要主动去思考，不要被动地单方向接受，只有多去交流才能收获自己想要的知识。

撰稿人：姚泽诚

2001 雷静：

遵从本心，无所畏惧

“倾听自己内心的选择，找到自己最喜欢做的事情”，这是雷静最喜欢的一句话。雷静在不断实践这句话：本科是工商管理，而研究生师从朱东华老师转向编程要求较高的管理科学与工程专业；经过银行轮岗三年的历练，最终跳出银行选择资产管理行业。

回首往昔，青葱岁月

雷静回忆，大学承载了非常多的回忆和深厚的感情。从进入大学之后，她年年拿校级一等奖学金和其他奖学金，同时参与数学、计算机竞赛获得一些比赛奖金，总额加起来几乎足以支撑生活费用；而徐特立奖学金主要用于学习投资——购买计算机。在她学习的年代，计算机不是特别普及的商品，需要购买小时卡到计算机中心使用计算机。在雷静的印象中计算机中心的老师都不耐烦，催促她早点离开。现在回想，拿奖学金对于她的意义一是激发她自身的独立性，基本上走向经济独立；二是在班级中起带头作用，鼓励周围同学努力学习。

说到为什么读研选择编程要求和管理学要求都很高的管理科学与工程专业，雷静列举了几个因素。第一，她在本科阶段选择辅修计算机，同时她的数学比较好，被数学系的老师挖掘，和数学学院学生一起上课并参与竞赛，数学能力得到了很好的锻炼。第二，她在选择研究生导师的时候毫不犹豫地选择了朱东华导师，原因很简单，当时只有朱老师的研究方向是数据挖掘，完美地契合了她的兴趣，而且内心中有预感这可能是未来发展的方向；同时她读研究生时候朱导师是从国外回来任教的第一年，从学识、视野上可能提供一些更宽旷的想法。说到当年的选专业的趣事，老院长见到她都会调侃，很少有老师选择了学生而学生却不选择老师的，但当年雷静就是这个特例。她没有选择老院长，而是毅然选择研究方向和自己感兴趣方向相同的年轻的朱老师。

研究生的生活是痛苦并快乐的。读研近三年的时间，有两年一直在学计算机，需要做系统化的编程，这对于本科不是计算机的雷静还是有点难。在一开始的时候雷静有放弃的想法，而朱老师不断鼓励：“编程是基本功，基础打扎实对以后非常有帮助，这是有关长远生涯的，不要只看到眼前。”朱老师严格要求雷静，对雷静这个管理专业的学生并不满足她从管理学的角度完成论文，老师认真的态度鞭策雷静刻苦钻研。当年的辛苦没有白费，现在工作中的小程序都是雷静自己编写的。说到编程到底给自己带来什么样的影响，她坦言道：“能够让自己更系统化地考虑工作、生活，逻辑思维能力有很大的提升。”

本科阶段，雷静非常喜欢阅读各个学科的学术杂志，生物、医学、法律等，她非常好奇各个学科的前沿在研究什么，遇到什么困难，有什么可能的解决方法等。学术杂志有一些晦涩难懂的内容，而雷静对于看不懂的内容采取的方法是反复看，同时查阅非常多的资料。曾经有老师夸她，她写出一页纸的内容，背后实际上有 10 本书的含量。正是好奇心引领着雷静不断扩充自己的知识面。

说到自己的兴趣，雷静喜欢下围棋也非常喜欢打桥牌，但是打桥牌没有旗鼓相当的对手，而周围有围棋高手，和高手过招的过程非常有挑战性，深深地吸引着雷静。

走出校园，踌躇满志

毕业后，雷静第一份工作是在北京奥组委做管理系统，对接整理 28 个业务口的数据来做管理信息系统。这份工作她觉得非常开心，和不同背景不同行业的人打交道非常和谐，为了共同的目标努力。

之后雷静以管培生的身份加入工商银行，在个人金融部、公司金融部、投资银行部、国际业务部轮岗，前前后后三年，而到最后要选择一个部门固定下来长久工作，她突然发现选择任何一个部门都不是心之所往、心之所想的，她不想在银行继续发展，毅然跳到了资产管理行业。有关资管行业，雷静说，国内是 2009 年起步，2013—2015 年是黄金发展期，这也符合国家经济发展的规律。最近这两年因为资金金额越来越大，政府管理比较严格，越来越规范了。

雷静认为，在奋斗的过程中，要保持初心，不管有任何困难，克服的过程会很辛苦，克服之后会觉得豁然开朗，要坚定而执着做自己想做的事情。每个人有黄金工作期 30 年，希望学弟学妹的 30 年和选择的行业相重合，寻找新兴行业或者传统行业的痛点。

展望未来，雷静祝福母校：光辉历程更辉煌，人才辈出代代强，桃李满天扬四海，硕果累累振中华！

撰稿人：吴月

2002 刘姝琦：

简单，却同样精彩

从 2000 年入学到 2006 年毕业，从本科的略有所知到硕士的精益求精，刘姝琦六年的研学生涯都是在北京理工大学的机械电子工程专业度过。同一所学校，同一个专业，毕业后也是同一家公司，一工作就是 12 年。履历很简单，然而她的人生却并不简单。

一心向书

大三获得徐特立奖学金，本科期间一直保持着年级前 20 的名次，毕业前以 10 名的优异成绩保研，刘姝琦的专业成绩毋庸置疑，然而这个专业其实是报考时调剂过来的。

刘姝琦笑着说当时自己的目标就是来北京，按照历年的录取分数报北理工比较有把握，然后碰巧被调剂到了机械电子专业。入学之前她并不知道这个机械电子是从事哪方面研究的，因为在高中的时候，刘姝琦能够获取的信息量很少，不了解各种专业未来具体的就业方向。入学时刘姝琦对这个专业并不了解，也不知道学什么，将来会做些什么，但是入学后通过进一步的学习她逐渐找到了自己人生的方向。

本科的前几年刘姝琦一直都是在学习上课，等到毕业的时候，她也想过直接找工作，但是因为不想放弃珍贵的保研机会，于是就继续攻读硕士学位。对于研究方向，刘姝琦说自己没有过多思考，更多的是专注于学术研究，培养自己的专业技能，理清并明确自己的未来规划。

硕士毕业时她的想法也很简单，因为读博比较累，她不太想继续读了，当时的想法就是想去外企。之所以选择去西门子公司，是因为刘姝琦在硕士毕业之前在西门子实习。当时她在公司的一个部门，这个部门需要准备一个两年一度的会议，这个会议比较重要，涉及会议的组织、邀请客户，以及内部协调的工作，在职的人精力有限，需要实习生来帮忙。实习的时候，刘姝琦觉得这边的工作氛围比较好，这是一个比较系统，有着明确流程，并且管理也很科学的一个公司。她觉得在这样的公司工作会比较舒服，所以毕业后就来到了西门子公司工作，2006 年到现在，12 年间一直从事产品管理相关的工作。

她眼中的教育

刘姝琦认为本科和硕士的主要区别是基础教育和专业教育。从她个人的感受来说，本科是属于很宽泛的基础教育，但硕士会比较专业，专注在某一个方面，当你选导师的时候，其实你就确定了方向，或者说你至少在硕士这两年，希望研究些什么东西，在哪些方面有一些更深入的学习和研究，所以说读硕士是要根据自己的兴趣爱好，如果考虑得更远一些，就是根据将来的就业方向，去选择一个导师。

刘姝琦读硕期间是在实验室跟着老师和师兄师姐做实验。每天都做实验有时确实会觉得枯燥，她希望给予一些很具体、持续的指导。刘姝琦说："当时所有的老师都很忙，他们有自己的项目，如果是教授还要上课，经常指导你的实验是不可能的，所以硕士期间的自我要求会更高一些。肯定觉得很枯燥，尤其当你的实验没有突破的时候，你会觉得很多天的努力都没有结果，这个时候精神就会崩溃，但是一旦突破了就会上一个台阶。"刘姝琦说自己遇到问题的时候会放松一下，然后向实验室的师兄师姐请教，或向老师请教，尽量多和他们交流，还是很有收获的。

恩师与母校

得知自己获得徐特立奖学金时，刘姝琦非常开心，因为这是一个荣誉、一种认可。除了徐特立奖学金外她还获得过校级和国家级奖学金，这些奖学金对她都有激励的作用。刘姝琦觉得徐特立奖学金的分量是最重的，能获得这个奖学金的人并不是很多，对她的学习和各个方面都有着很大的鼓励作用。

谈及徐特立老院长时，刘姝琦说徐特立老院长是中国革命家和教育家，1927 年在白色恐怖中毅然加入中国共产党，1934 年以 57 岁的高龄参加长征。1940 年创办延安自然科学研究院并任院长。

徐老倡导的"实事求是，不自以为是"至今仍是北理工的学风。

刘姝琦谈到了读硕期间很敬重的导师。导师现在已经退休了。刘姝琦说导师是一名典型的 20 世纪 60、70 年代的知识分子。导师对于科研是非常执着的，理论基础比较雄厚，基本功非常扎实。他为人很好，虽然不会特别具体给你一些什么指导，但是他影响着周围的人，不仅仅是他的学生，还有实验室里其他的一些老师，也会受到他的影响，所以大家都非常尊敬他。

在刘姝琦心中的北理工精神是踏踏实实做学问。北理工的学科优势是军工和航天，如果在军工或者航天系统，研发出了一些新的产品或者有了技术上的一些突破，那么这个团队里肯定会有北理工人的身影。

刘姝琦认为北理工是一个特别务实的学校，她觉得愿意上北理工的学生都是确实想学习的。在高校里，没有比北理工的学生更刻苦的了，他们都比较扎实，踏踏实实地做事，所以这个学校的整体氛围很好，大家都会比着去学习，这样的学校非常适合想要进一步深造的同学。

感谢学校培养的同时，刘姝琦衷心地希望每一名北理工学子都能找到自己人生的方向，拥有一个光明的未来。

撰稿人：周蓓

2002 程兴旺：

与北理工一同前行

1993 年本科入学，1997 年开始读研究生，硕博连读，2003 年博士毕业后从事博士后研究工作，2005 年博士后出站后留校任教。程兴旺，20 多年来，他是北理工的学生，是北理工的老师，更是北理工前行发展的见证人。

执着求学，醉心科研

程兴旺读本科时班级中一共有 29 名同学，大部分同学本科毕业后就找了工作，选择读硕士的只有四个人，而硕士毕业后只有他一个人继续读博及从事博士后研究工作。那时候从事博士研究工作的人少之又少，一个学院可能只有三五个人。关于学历问题程兴旺说自己当时并没有多想，首先是有继续读下去的机会，更多的是想掌握科研方法及锻炼能力，再深入地提高一下，因为从事博士后研究工作更能够专心做科研，可以更好地把时间和精力投入到自己的方向上。

对科研的这种执着精神，程兴旺很大程度上是受到了自己导师的影响，从本科撰写毕业论文到后来参加工作，王富耻老师在科研方面对程兴旺的指导很多，其中令他感触最深的就是导师对自己从事的科研工作的执着。虽然当时的科研条件比较艰苦，但是以王老师为代表的老教师都有着为国家做一些事情的决心和令人钦佩的韧劲。他们所选择的科研方向即使很难，甚至五年十年都并不一定能有什么大的进展，但是只要认定了这种工作的方向，或者认定了将来国家需要这种领域，那么他们就会持之以恒、坚持不懈地去努力，这种专心于科研的精神带给了程兴旺非常深远的影响。

深入浅出，与时俱进

除了王富耻老师，另一位讲授材料力学的杨道明老师也给程兴旺留下了很深刻的印象。材料力学涉及很多的公式和模型，是一门比较艰深的专业课，但是杨道明老师上课的时候，总是能深入浅出地把这门课的内容转化成学生比较容易接受的东西。所以程兴旺现在上课的时候，也会尽量把课程的知识分解，避免照本宣科地叙述，而是从学生能够理解的角度，用年轻人喜欢接受的方式传授知识。

现在，在课程开始前和中间休息的时候，程兴旺都会和学生们充分地交流课程内容，并听取大家的意见，他希望通过这种互动的方式了解自己的学生，提高师生间的契合度。最近上课的时候，程兴旺就会和学生们聊起“创造 101”。同学们通过自己的努力，那些正常训练之外流下的汗水都会一步一步地接近理想。“你们有谁像他（她）一样刻苦努力，有谁每天除了上课之外，会再拿出八个小时去温习功课，或者去学别的知识?”程兴旺经常这样问自己的学生，因为他认为无论是哪方面的学习，都不能小看这种努力的结果。

延安根，军工魂

20 多年间，程兴旺见证了学校的许多变化。1993 年入学时，他就读于机械工程系金属材料及热处理专业。1996 年，机械工程系改名为自动化学院，专业也更名为材料科学与工程。这些年随着时代的演变、学生的变化，学校的定位、教学的方法和理念、实践的手段都在不断改变着，科研工作的范围以及为国家服务的领域也在不断变化，所以老师从思想、方法上，也一定都会随之变化，这也是程兴旺非常注重授课方法，与时俱进地讲授知识的原因。

尽管很多外在的形式改变了，但是程兴旺认为北理工人实事求是的这种认真踏实的精神一直都没有改变，这说明北理工是为国家服务的，它教育出的学生无论从事什么职业，都是热爱国家，会对社会尽责的，这是北理工的立校之本，也是程兴旺一直追求的一种精神。

程兴旺一直传承下来的还有对科研工作的责任心以及能吃苦的精神。在实验室做研究的时候，程兴旺说自己基本上每天都是最早到的，是最后一个离开的，周末大部分时间也会来实验室加班。除了爱国情怀，北理工对程兴旺影响最深的就是对工作负责，刻苦努力、兢兢业业的研学态度。

作为一名在科研方面专心工作近 20 年的教师，程兴旺希望一代又一代的北理工人在专业方面有所建树的同时，也要把这种良好的人文素养继续传承下去。

撰稿人：周蓓

2002 齐鑫：

不忘初心　砥砺前行

在北京理工大学人文学院1999级有这样一个学生，她专业成绩一直是年级第一名，是优秀学生干部，还是校报编辑……因为在校期间的优异表现，荣获2002年徐特立奖学金，也曾获得过中科院奖学金等一系列荣誉。

她的名字叫齐鑫，北理工人文学院1999级法学专业学生，现就职于国家商务部。

学业有成，不忘恩师

回想起2002年获得徐特立奖学金时的情景，齐鑫说，能获得徐特立奖学金，自己当时非常激动，同时也比较意外，因为据说是学校第一次给文科生颁发徐特立奖学金，学院也很重视。当时学校在建立综合性大学，能够将这个奖学金颁发给文科生是对自己在学校期间的努力和付出的认可和肯定，同时也对以后的学习和工作都有很大的激励作用。能获得这个荣誉离不开老师和学校的培养，她说，人文学院的郑焱和张艳丽老师给自己留下了深刻的印象，她们对自己的影响也最大。郑焱老师是主管学生工作的，刚上大学时她在政治、生活、学习等各方面给我们上了大学第一课。她无微不至的关怀和略带严厉的批评，给我的印象很深刻，她时时督促大家好好学习，教育我们成为一个优秀的人。张艳丽老师是负责教学的，她深厚的法律功底和专业精神令我们敬佩。她不仅教给我们专业知识，她的实务课程让我们能够亲身体到法律适用、法律实施、法律效力对于个案、个体的现实作用，使我们的专业知识提升很快。

博学多才

齐鑫在校期间不光是“学霸”，学习成绩好，同时也是学校的“达人”。她参加了京工新闻社记者团，担任记者和主编，参与校报的编写。她的文笔很好，获得过全校征文一等奖。健康来自运动，生命也来自运动。齐鑫是学校的体育健将，她热爱运动，尤其喜欢长跑，锻炼身体之中也培养了意志。在校期间她参加了各种体育比赛，拿了很多奖，她收获的不仅仅是荣誉，还有健康的体魄。齐鑫是学法律专业的，在课余时间里她经常参加社会法律援助，运用所学的知识，去帮助那些需要帮助的人。对此，她这样说：实践是法律的灵魂，在不断进行知识储备的同时，更要注重知识的运用，这样才能把法律学活。在处理真实案件的过程中，能够真实地体会到法律对个体的影响作用，并且对法律的适用、实施和效力有了新的认识，而这是从书本理论中无法学习到的。

延安根，军工魂

谈到北理工精神，齐鑫说：我第一反应就是坚毅和求真。初心不忘延安根，矢志不渝军工魂，学校从延安走来，革命精神和执着地追求真理的精神随时影响着我们，学校严谨的办学理念也给我留下了深刻的印象。齐鑫说，徐特立是我们的老院长，也是毛主席的老师，是革命家和教育家，他的事迹和精神影响了一代又一代北理工人。校训中的“德以明理”，恰恰是对我们法律人很好的诠释。前段时间我回学校参加校庆，看到学校那么多科研成果，由衷地感到骄傲。学校为国家输送了这么多科技军工人才，我们学法律的也不能落后。我要时刻牢记学校的培养，铭记校训，不管在什么岗位，都应该秉承北理工精神，不辜负母校的培养。

作为2003级优秀本科毕业生，回顾大学生活，齐鑫说，很庆幸来到了北京理工大学，来到了人文学院，学校为我成长发展提供了充足的资源和良好的环境。毕业十多年，回首大学时光，无论节奏快慢，人生的路上，都留下了一串北理工足迹，熠熠发光的是奋斗的青春。今天坚实的脚步，就是明天有力的肩膀，在新时代担当起新一代人的责任。

撰稿人：孙飞

2002 丁露：

露华不让清光耀

“家里的孩子可闹腾了。”正式采访之前，丁露与我们说起家中淘气的孩子，脸上满是暖暖的笑意。1999 年进入北京理工大学自动化学院就读于自动控制系本科，并在 2002 年获得了徐特立奖学金的丁露，如今已经是机械工业仪器仪表综合技术经济研究所（以下简称仪综所）标准监测中心的副主任，也是一名五岁孩子的母亲。

谈起大学时期，丁露眼中浮起欣喜之色：“我是一个闲不住的人，总要找一些自己感兴趣的事情去做。”大学时期丁露的兴趣爱好十分广泛，性格活泼外向。乒乓球、网球、游泳、滑冰、爬山……这些都是她课余生活的爱好。与同伴们一起进行各种各样的户外活动，让她在学习之余找到了更多快乐，也给她的大学生活增添了一抹色彩。除此之外，丁露上大学之后还拥有了更多与社会接触的机会。她说：“我在大一的时候就开始做家教，因为自己的英语挺不错的，就给高中生做一些英语方面的辅导。还做过代理销售电影票的工作，后来又开始接触杂志编辑一类的工作，也曾陪外宾去企业进行交流，为他们担任英语翻译。”这些对丁露而言，都是体验各种不同角色的机会，也是非常宝贵的社会经历。

丰富多彩的课余生活并没有影响丁露的学习和工作的节奏。丁露的学习成绩在系里一直名列前茅，同时也在班上担任团支书一职，常常为班级组织一些活动，与同学们相处得很融洽。丁露出色的工作能力也获得了老师们的赞赏，并且在本科期间多次获得三好学生、优秀干部等荣誉称号。在大三期间，老师推荐她申报徐特立奖学金，她便抱着试一试的心态填报了申请。丁露回忆道：“获得徐特立奖学金之后当然是非常开心的，这意味着老师和同学们对我的肯定，也是对自己信心的一个提升。自己努力学习，是有能力去获得自己想要的成果的，去尝试，就有机会获得成功。这对我未来的工作有着很大的激励作用。”

丁露说：“在学校的经历还是很重要的，跟着导师做课题、做项目，动手的机会很多。在本科时期，除了学习专业知识之外，更多的是培养学习能力。自动化专业是一个交叉性比较强的学科。自动化专业的学生，很多知识可能都会知道一些，学到一点，在实践中也要综合运用。所以在学习的过程中，要根据自己的兴趣爱好和能力，去选择一个自己深入研究的方向。”丁露认为，自动化专业的学习，是一个由“面”到“点”不断深入的过程。

谈起大学生创业创新，丁露认为，有条件去尝试是可行的。一边学，一边实践，有利于自身能力的提升。丁露说：“就像我们做标准一样，怎样把自己的一个想法转换成现实，这不像考试和做课题，而是会有很多不同因素的影响。对自己多方面的历练，在求职的时候可以从不同的角度和立场去讨论问题，这对同学们会有很大帮助的。”

本科之后，丁露又在北京理工大学硕博连读。随着硕博期间的不断学习和研究，对自动化专业的深入理解，她希望自己所学的知识能够真正地学以致用，最终决定走科研这条道路。博士毕业之后，她了解到仪综所的工作性质跟其他科研院所不一样，并不是单纯做理论研究，更多的是从事综合性工作，需要有沟通、组织能力。说起为什么最终选择了仪综所，她说：“我是一个坐不住的人，这样的工作比较适合自己，既能够让我发挥专业所长，也能接触更多的人和事，学习到更多东西。”

在工作的过程中，丁露也获得过许多奖项，但是对她而言，获得奖项却不如做成一些事情更能让自己有成就感。丁露主要负责管理国际标准，她曾经牵头制订过一项标准，刚开始提出时，德国、美国的一些专家有不同的反对意见。于是丁露召集专家，设立研究小组，设计整体的规划，探讨如何做报告、如何设立标准、如何获得专家的认可……经过前后三年，她与各国专家不断协商、沟通，向着自己规划的方向一步一步去努力。“最后标准做成了，投票获得通过的时候，真的很激动。”她说道，“那一瞬间，真的很有成就感，觉得自己还是可以做成一些事情的。”

一直到现在，丁露还是习惯每年都回母校转一转。说起北京理工大学的校训——“德以明理，学以精工”，丁露说，这正是许多北理工毕业生的特质：不张扬、踏实、为人谦和、专业性强。她希望每一位北理工人都传承和发扬北理工精神。

撰稿人：李仪筝

2002 杨倩：

踏实学习，从容成长

1999 级化工与环境学院本科生，2002 年徐特立奖学金获得者杨倩，从入校一直到大四，她的成绩一直名列前茅，甚至大多时候都是系里的第一名。本科时期她在学校广播站兼职，研究生时期，担任校研究生会副主席。除了获得徐特立奖学金之外，她还因为对信息工程比较感兴趣，经过自学考试通过了计算机三级而获得了联想集团设立的联想奖学金，并且获得了去联想集团参观的机会。“高中时期，我一直都刻苦地学习。所以对我来说，并不是习惯优秀，而是习惯学习。我不算是最拼命最刻苦的人，只是将学习做到了自己不心虚的地步，踏踏实实地去学。我也并没有刻意地要去考第一，只是学习已经成为自己的习惯。”杨倩如是说。

每年的 6 月 5 日，是一年一度的世界环境日。杨倩高考那年，恰巧看到了铺天盖地的关于环境保护的宣传，这也激发了她的社会责任感，她觉得自己应该投身其中，最终被北京理工大学化工与环境材料学院录取并保送读研究生。她本科的毕业设计和研究生课题的领域都是绿色能源的有关研究。毕业之后，她到了国家知识产权局专利复审委员会，做了一名审查电池领域专利申请的审查员。

杨倩刚参加工作时，她的工作证上面印着中华人民共和国国徽，偶然间被朋友问起，那时的她突然意识到，虽然她只是一个审查员，但是在他人眼里，她是在国家部委工作，是肩负着国家重任的人。这令她突然有了责任感。在工作过程中，最让杨倩印象深刻的一件事，就是她曾经在一个案子中审查一个公司有关电池充电方法的发明专利。虽然这个案子非常复杂，但巧合的是，在她的毕业设计中曾经涉及相应方面的研究，经过深思熟虑，她最终判定那个发明专利无效。在后来的出庭过程中，她曾经与该公司总工程师有过一次交流，那位总工程师却对她的判定表示认可，这让她感到十分高兴。杨倩说：“领导、同事说我的决定写得好，这些都不重要，当事人的认可才是最重要的，尤其是作为做电池研究的总工程师，他在专业技术能力上肯定是高过我的。这就是我职业生涯中最高的奖赏。”

在采访过程中，杨倩了解到学校设立了知识产权法这样一门课程，她认为这对学生以后不管是在学习还是工作都是十分有帮助的。杨倩说：“从发文章到做科研，对《知识产权法》的了解太重要了。比如说人们在申请专利之前，公开销售产品或者发表文章，都是不能被豁免的。就是因为不懂专利法，明明本可以被保护的东西，进入了公众领域，不光你能用，所有的中国人能用，所有的外国人也能用，这对个人甚至是国家很大的损失。而如果在申请获批之后公开，这些损失都是可以避免的。除此之外，可能自己的权利被别人侵犯，自己却不了解。更严重的是，如果不懂基本常识，在不知不觉中侵权了别人的权利，这是很可怕的事情。”因此，对于现在北京理工大学的学生有机会学习《知识产权法》，她感到十分欣慰：“懂法和不懂法是一个完全不同的概念。人们对法律的理解不是阶梯式的，是斜坡式的。没有学法的人和学法的人，逻辑和思维方式是完全不一样的。但是，不管你知道不知道，法律都在发挥作用。”

对于杨倩而言，在她刚进入大学，面对如此精彩的世界，截然不同的环境、老师的教导、同学间的相处，各种不一样的经历和氛围，看到的一切、听到的一切、接受到的一切，潜移默化地塑造了她的“三观”，也塑造了她基本的思维方式。杨倩说：“在我还是一张白纸的时候，进入了北京理工大学，可以说是写上什么就是什么了。”大学的生活，让她变得比从前更加自信了，也让她能够更加从容地去看待身边的事物。杨倩回忆道：“人都是会不断成长的。刚开始的时候，我对什么都是怯怯的，没有见识没有眼界，甚至连电梯都没有坐过。在大一下学期的时候，选拔德国的交流项目人员，虽然我当时成绩好，但是自己并没有托福、雅思英语成绩，就没有办法拿到奖学金补贴，因为当时眼界太窄，没有做好这样的准备而错失了这个机会。”但是她成长之后，再回头去看大学初期，学校里对每个学生都是很开放很包容的，当自己融进去之后，就会明白自己给自己戴的枷锁是很可笑的。大学这几年的时光，杨倩一直感到十分珍贵和怀念。

后来，杨倩的同事们的孩子考入北理工就读。“你很优秀，你的母校也很优秀。”她的同事这样对她说。每次谈到学校，一直到现在，她还是依旧很为母校感到骄傲。她说，就算退休的时候，我的履历还是会写毕业于北京理工大学，这是我一辈子的烙印和标签。杨倩对这个标签真的感到很自豪。

撰稿人：李仪筝

2002 贺冬怡：

成就更好的自己，传承教育的灵魂

曾经，她是刚刚踏入大学一脸懵懂稚嫩的小女孩，有害怕有迷茫；后来，她在老师和同学的陪伴下跌跌撞撞地成长，寻找着更好的自己，享受着每一天的时光；现在，角色开始转换，她又进入了大学的课堂，站上七尺讲台，因为对教育的热爱坚持着最初的梦想。她是贺冬怡，成长中一步一步成就着更好的自己，感恩中学会了延续教育的意义，过有价值的人生，她一直都在努力。

学习中，尽力做到最好

贺冬怡1999年考入北京理工大学就读于工商管理专业，自入大学之后，学习成绩一直名列前茅，每次的期末考试都是专业排名第一。除了学习成绩好之外，贺冬怡也曾担任班长、学习委员等职务，在学校和系部的各项活动中表现突出，获得了不少的荣誉，2002年获得了北京理工大学最高荣誉——徐特立奖学金。

当回想起获得徐特立奖学金的这一经历时，贺冬怡说道："徐特立奖学金的获得使我对自己更加充满信心，它就像一座灯塔，为我指明了继续前行和努力的方向，学习和做事情更加有动力了，也给自己设定了更高的目标。"她做到了，不仅一直保持着每学期期末考试专业排名第一的好成绩，也在学生工作方面取得了更多的成就。最后，在大四毕业的时候以总成绩专业排名第一获得了保送研究生的名额，使自己的人生向更高的阶梯迈进。

成长中，享受更多精彩

读大学的时候，虽然成绩很好，但贺冬怡绝对不是"死读书"的类型，她有点小骄傲地说道："我会合理分配和利用时间，掌握方法、高效学习、丰富阅历。我觉得好的学习方法和时间管理非常重要。"课外很多可以自由支配的时间，贺冬怡选择了走出校园去做很多不同的尝试与体验，比如当家教、礼仪员、促销员等，偶尔她也会约上三五好友去北京各大高校转转，聚餐唱 K，户外运动，正是这些经历丰富了她的大学生活，使她的大学生活更加精彩，留下了很多美好的回忆。

她说，大学生活不应简单地等同于学习，那样的大学生活太单调了，这里是一个人成长的摇篮、是学校和社会的交接点。当贺冬怡回想大学生活时说："我感觉大学四年是我人生中最美好的时光。"在大学里，她收获了知识，收获了朋友，收获了快乐，收获了成功，更收获了成长的经历。这个刚考入大学时充满稚气的小女孩，是那么的弱不禁风，在大学中，不断地成长、逐渐地成熟，变得更加坚强、更加勇敢，学会了独立思考，学会了主动学习，学会了自我管理，学会了解决问题，学会了与人沟通，学会了为人处世……这个小女孩长大了！有着一颗善解人意的心，结识了很多良师益友；有着清醒的头脑和明辨的思维，快乐地翱翔于知识的海洋；有着勤奋进取、积极向上的心态，遇到困难也不退缩，迎难而上，挑战自我；有着认真细心、坚持不懈的品质，做事情持之以恒，为实现目标而努力奋斗。这就是贺冬怡在大学里的成长，渐行渐远……

生活中，感恩身旁同伴

"我的进步与成长和我所取得的成绩与荣誉与老师和学校的培养是密不可分的。"这是贺冬怡经常说到的一句话。在大学期间，管理与经济学院的很多老师都对她产生了积极的影响，老师优秀的品质、严谨的态度、渊博的学识、开阔的思维，无一不潜移默化地影响着她，激励着她成长与前进。贺冬怡感恩这样的经历，感恩曾遇到的同学与老师，感恩母校的栽培和激励，她的这份感恩转换成了另一种力量。硕士研究生毕业后的她顺利地成为一名高校教师，就如同诗里的那句"长大后，我就成了你"，时间匆匆而逝，她已经在教师的岗位上经历了 12 个春秋，到现在依然热情不减。

贺冬怡说："在工作过程中，教育家徐特立老先生的思想一直鞭策着我，他为人民教育鞠躬尽瘁，死而后已，是'伟大的人民教育家'，他为革命事业和后来的国家建设作出了卓越的贡献，是我学习的榜样。"努力做到"为人师表"的贺冬怡，认为教师对学生的影响是任何教科书、任何道德箴言、任何奖励和惩罚制度都不能代替的一种教育力量，它对学生的成长发展、学校的教学质量和精神文明建设都起着不可替代的作用。

贺冬怡说："我是一名高校教师，作为大学生的引路人，我始终把教书育人作为自己的重要使命，勤恳敬业，履职尽责，甘为人梯。"她怀念大学的学习和成长的经历，也感恩着老师的教育和同伴的关爱，曾经小小的女孩一直在追逐着更好的自己，也传承着教育的使命。

撰稿人：钱瑶瑶

2002 刘斯铭：

永怀赤子之心，不忘正直之我

“苟利国家生死以，岂因祸福避趋之”，这是刘斯铭回忆母校时所发出的感慨。在北京理工大学的四年，在这人生的关键阶段里，他学到了许多，也成长了许多，正直、勇敢、理性、务实、认真，他细数着这许多的词汇，却还是不足以描绘出大学所带给他的人格上的塑造和生活态度的培养。这样一位 1999 年入学并且在大学期间获得北京理工大学最高荣誉徐特立奖学金，之后为充实自己赴美攻读 MBA 学位，并在业界作出了不俗成绩的优秀青年，仍然怀着最初的赤子之心。

认真学习，踏实做事

1999 年入学，就读于管理与经济学院信息管理与信息系统专业的刘斯铭，凭借着认真刻苦的精神和踏实向上的态度，取得了在大学 3 年间学分积为 1999 级管理与经济学院 4 个专业 350 多位同学中第一名的好成绩，并在 2002 年荣获了徐特立奖学金。他说：“我并不认为自己是聪明，而是那份认真刻苦的学习精神得到了院领导、老师和同学们的认可。”当他回忆起大学时期获得这份荣誉的经历时，刘斯铭笑着说道：“虽然自己之前也获得过不少奖学金，但徐特立奖学金的确是我所获得的最高规格的奖学金，很激动很开心，这份荣誉也一直激励着自己在今后的学习生活中以最高的标准严格要求自己。”刘斯铭做到了，毕业时，他的成绩依旧位列于管理与经济学院院前三名，特别是后来前往美国攻读 MBA 学位依旧坚持着对自己的高要求和高标准，认认真真地去学习，踏踏实实地去做好每一件事。在他的眼中，北京理工大学是忠诚和踏实的代表，从这里走出去的他相信踏实、相信认真，并将这样的习惯坚持在生活和工作中。

不忘初心，心怀感恩

喜欢体育、喜欢看电影的刘斯铭，在大学期间担任了北京理工大学的学生会学习部部长，为同学们组织了很多有意义的活动。他很感激这样的经历，因为这既是一种服务又是能够让自己得到很多锻炼。当提到社会服务的时候，刘斯铭遗憾地说到由于当时学习和生活方面比较忙的缘故，自己没能参与到更多的社会服务工作中。他希望学弟学妹们要引以为戒，要积极参与社会服务工作，这是接触社会的一个机会，也是回报社会的一个好的途径。

良师益友亦是刘斯铭难忘大学生活的一个关键，在北京理工大学的学习和成长也恰恰因为那些优秀的前辈们的指导而增添了更多的意义。刘斯铭提到了他的研究生导师甘仞初教授以及时任院长李金林教授，他说："两位老师在我的学习成长中都给予了很大的关怀和帮助。尤其是甘仞初教授，他正直的人品，严谨的学风，渊博的知识对我的影响很大，绝对配得上'为人师表'四个字。"那些老师教给他的丰富知识，还有他做人做事的正直严谨，让刘斯铭受益匪浅。时隔多年，他仍然清楚地记得老师的音容，仍然心怀感恩。

大学之道，在明德，在修身，在止于至善，这是古代大学的意义所在。刘斯铭的大学生活不仅仅是在理论学习方面的认真刻苦，也包含着思想精神方面的塑造和培养。在这所军工类专业领域有着独特魅力的学校里，他渐渐明白了何为赤子之心、何为正直之身。即便踏入社会多年，当他回想起在北京理工大学里度过的那段时光、回想起自己恰青春之时的学习和成长、回想起那个最初的少年模样时，赤子之心的火热、正直之身的严谨，都是那个时候慢慢培养而成并成就了他一生的态度和习惯。他感恩这样的经历，也喜欢这样的自己。

刘斯铭说："不管是学习、生活还是工作，母校石碑上的那句'实事求是，不自以为是'都是我的奉行准则。""踏踏实实工作，认认真真做人，永远怀抱一颗赤子之心，报国之心。"这就是刘斯铭对大学生活的总结，心灵的赤诚、自我的正直，是他成长的源头，也支撑着他一路前行。

撰稿人：钱瑶瑶

2002 计卫星：

低调做人，认真做事

身着深色的西装，在 2018 年的信息技术新工科产学研联盟第一届年会暨信息技术产学研领域合作论坛上侃侃而谈的他，让人觉得自信又儒雅，全场所有的目光都聚焦在他的身上。这个演讲人就是计卫星——北京理工大学计算机学院副教授、硕士生导师。

低调但优秀的学生

从青年时期的青葱懵懂，到现在的成熟稳重，计卫星一直都是优秀的。1999 年，计卫星考入北京理工大学，大学四年，他一直都是同学心中的“学霸”。大学期间，计卫星成绩非常优异，在当时的计算机 9 系也是名列前茅。学习上，计卫星认真努力，课后的学生工作也是十分积极。大二时他在同学的推举下开始担任班长，积极组织班级活动；大三时他从一名学生会的普通干事，一跃成为学生会主席，这在现在看来仍旧是不可思议的事情，但计卫星却用他对工作认真负责的态度以及办事效率打动了广大同学，当选为学生会主席。这么一份优秀的学生工作履历，大概是所有本科生所向往的吧。

2002 年，计卫星获得了徐特立奖学金，对当年的他来说是水到渠成，平时的优异成绩加上出色的学生工作，足以让他从众多竞争者中脱颖而出。如今，已经过去十几年了，他谈论起获得徐特立奖学金时仍然非常自豪：“能获得徐特立奖学金，是我一直以来的荣耀。”

勤勤恳恳做教学

计卫星与北京理工大学有着不解之缘，不仅是本科四年在这里上学，2008 年，当时获得工学博士学位的计卫星又选择回到北京理工大学做一名一线的教师。到现在，计卫星已经获得了诸多成绩：计算机学院副教授，信息技术新工科产学研联盟副秘书长，计算机学会体系结构专业委员会委员，2016 年 8 月至 2018 年 3 月曾任北京理工大学计算机学院副院长（本科教学）。

科研方面，他主持和参与国家自然科学基金项目多项，在国内外著名期刊（JSA、JSC 等）和国际会议（PLDI、RTSS 和 DATE 等）上发表论文 30 余篇。计卫星说："我现在做的都是计算机基础方面的研究，不是现在大热的人工智能、大数据等方面的研究，可能没有那么大的吸引力，还比较枯燥，但这是我热爱我的事业。"计卫星还在 2014—2016 年担任由国家自然科学基金青年基金主导的"面向 MPSoC 的确定性结构化并行程序设计与分析方法研究"项目的项目负责人。在教学方面，计卫星现在是硕士生导师，同时负责部分本科科目的教学。

踏实努力获认可

学生时代，计卫星是同学心目中的"学霸"、老师心中的好学生；工作之后，他又是学生心目中认真负责的老师，同事们值得信任的伙伴。这么多年，计卫星一直都在没有忘记自己朴素踏实的价值观。在回忆学生时代时，他说印象最深的还是班主任老师。当年计卫星的家境并不富裕，在计算机刚刚兴起的年代，他根本买不起价格昂贵的计算机。因为家里远，在大一寒假时计卫星并没有回家，班主任老师就让他在自己的办公室里上机练习。大三寒假时，老师又帮忙给他推荐实习工作。这些年来，计卫星一直记得班主任老师当年对自己的照顾，虽然老师已经退休了，但他每年都会特地去看老师。在周围人看来，计卫星一直是个低调但又优秀的人。他从来都是用自己的行动说话。不论是当年任学生会主席，还是任教学副院长，他从来都是用实力说话。

在北京理工大学的这么多年，计卫星感受最深的就是这所大学质朴、严谨的教学氛围。没有过多的宣传，这所低调的大学也培养了计卫星低调但脚踏实地、认真努力的性格。当谈到徐特立老院长以及徐特立精神时，他说："传承和发扬徐特立精神，是我们的责任。希望在我们的共同努力下，徐特立精神在广大同学中发扬光大。"

漫长的岁月，带走的是不再的青春，但它也带来了经历过风雨后的成熟和儒雅。在人生的道路上，北理工学子也应同计卫星一样发扬徐特立精神，低调做人，认真做事，对自己的岗位负责。

撰稿人：徐澜绮

2003 马培翔：

工匠精神，匠心传世

徐特立奖学金——学科交叉的起点

聊起本科期间的成长，马培翔坦言本科期间他的学习成绩不是最优异的，不过他后来参加了一些社会实践，所写的调查报告受到了社会关注，也因此拿到了社会实践的一些奖项，并最终获得了徐特立奖学金。获得徐特立奖学金一方面见证了他的学习成果，让他的自信心增强了许多；另一方面获奖也让他认识了其他学院很多优秀的同学，为他后来的学科交流和交叉提供了契机。这对他后期的学术发展起到了极大的促进作用，并为他以后的工作提供了直接的帮助。

谈到徐特立奖学金给马培翔带来的影响，马培翔并没有沾沾自喜，而是以此为契机，结识了其他专业优秀的同学，进行学科的交流和交叉。后来马培翔选修了计算机学院的编程课。“跨学科的交流可以帮助你更轻松地解决你遇到的问题。”马培翔给我讲了他学生时代的一段经历：“经过学习，我们发现不同的学科是可以融会贯通的。我记得当时在专业学习中我运用了跨专业的计算机专业知识，计算机专业中有一种‘响应面’的算法，我把这个算法放到我们专业的一些生物实验中，并成功地发表了论文。”

导师——拨开迷雾的灯塔

马培翔回忆起学生时代的生活，提起了自己印象最深刻的一位老师：“邓老师当时刚刚回国，她的教学方式与传统教法不同。她上课不是按照教科书照本宣科，而是传授给大家一些新信息、新知识，这种教法效果很好，能让学生不断地学到新知识，形成新理念。”如今马培翔在教学的时候也会用到邓老师的这种教法。

提起自己在科研上认真严谨的态度，马培翔表示这离不开当年实验课老师的培养：“冯老师他一直带我们的生物实验。和别的老师不一样的是，他带学生实验之前都会把这个实验做一遍，找到这个实验中容易出现的问题。”这种认真严谨的态度对马培翔产生了很大的影响，他觉得冯老师的这种精神值得每一位学生学习。

谈起学生时期每个人都会经历的迷茫，马培翔觉得这种现象在人生不同的阶段都会遇到。迷茫的时候，可能是你不知道现在自己学的东西有没有用，而且你可能找不到自己在社会上立足点。他说，想要解决这个问题也很简单，你可以去实验室转一转，看看在你所学的这个领域，前沿的研究是什么，和实验室的老师聊一聊，迷茫很快就会消失了。

谦卑——工匠精神的精华

聊到兴尽之处，笔者和马培翔提起来最近比较火的《大国工匠》，谈起了北理工精神。马培翔觉得北理工是一个在战火中建立、成长的学校，学校所做的工作大部分是为国防服务的，要为国家战略作出一定的牺牲，为国家大局去做一些其他人和其他学校不愿意做的工作。马培翔心中的北理工精神，就是默默无闻、无私奉献，踏实地去工作，把每一个工作都做到精益求精。马培翔说，因为北理工有军工背景，所以很多时候需要同学们去隐姓埋名地做一些事情，这种精神用这段时间比较流行的一个词来解释，就是“工匠精神”。北理工有着理工科优势，所以我们就要用尖端的知识诠释一种全新的工匠精神。在马培翔眼里，工匠精神是当代社会所缺乏的精神，具备工匠精神的人才，是实现科技飞跃强国梦的基础。

课余——个人素质的提升

回忆起本科生活，马培翔表示，除了学习，课余生活也很精彩，自己经常参加一些长跑活动、游泳活动。这些课余活动带给自己的收获，首先是身体素质更好了，再一个就是磨炼了自己的毅力。马培翔在学习和生活中遇到困难，不是首先想到放弃，而是迎难而上，克服困难。马培翔在本科学习期间还担职了学院的科协部长，组织了很多科普类活动。马培翔认为当时主要是为了让同学们通过科普活动，把自己学到的生物和化学知识传授给中小学生，这样同时也锻炼了大家的表达能力。

马培翔的谦卑，有想法、有追求在采访中给我留下了非常深刻的印象。马培翔的谦卑，符合徐老院长倡导的“实事求是，不自以为是”学风。少一点浮躁，多一些谦卑，“实事求是，不自以为是”永远是每一个北理工学子心中的座右铭！

撰稿人：赵煜

2003 刘禹：

寻求突破，超越自我

刘禹，1997 年考入北京理工大学自动控制系学习工业自动化专业，2001 年本科毕业于北京理工大学自动控制系；2004 年北京理工大学自动控制系模式识别与智能控制专业毕业，获得硕士学位；2010 年博士毕业于中国科学院自动化研究所模式识别与智能控制专业；2005 年担任中国科学院自动化研究所助理研究员，2010 年担任中国科学院自动化研究所副研究员，现担任中国自动化学会青年工作委员会委员、中国系统仿真学会智能物联系统建模与仿真专业委员会委员。主要学术成果包括专著 3 本，期刊和会议论文 30 余篇，还有 20 余项国家发明专利获得授权。是 IEEE、ACM、中国自动化学会会员，参与和组织了 Global RF Lab Alliance 及中国 RFID 基准测试联盟。主要研究领域：物联网，数据挖掘，知识管理。

一笔奖学金，一位北理人

“我记得我是 2003 年年底获得徐特立奖学金，当时根本没有想到自己会获得徐特立奖学金，心情十分激动，感觉自己作出的成果得到了学校的认可，自己的付出终于得到了回报。在研究生的最后一年获得了学校的最高荣誉，这是对自己的肯定。这个奖学金不仅仅属于我一个人，同时也属于我们当时的科研团队，没有他们的努力付出和坚持，也不会有这样的成绩。”

因为时间久远，刘禹对获得奖学金的详细过程已经记得不太清楚了，但是学校的肯定和期望让刘禹铭记于心。徐特立奖学金不仅仅是一笔简单的奖学金，它还蕴藏着深厚的北理工情怀。刘禹说：“徐特立老院长是我们延安自然科学院创建时期任职时间最长的院长，他被称为‘延安五老’之一。我清晰地记得在读本科的时候，学校 4 号楼的后面有一尊徐特立老院长的雕像。”对于徐特立老院长的教育思想，对徐特立老院长首创的教育、科研、经济“三位一体”的发展模式，刘禹感慨颇深：“我们在做好自己的科研工作的同时，首先要通过教育的方式将科研成果普及化，教育培养博士生研究生，以此为基础继续钻研。其次要将科研成果向社会进行普及，将科技产业化，带动经济发展。我觉得徐特立老院长的首创模式在当今的社会也仍然适用，应该大力宣传和推广。”

一张旧手稿，一份师生情

当问及哪位导师对刘禹影响最大的时候，刘禹毫不犹豫地回答道：“我的研究生导师王庆林导师。我印象最深的一件事，还得从一张张旧手稿说起。20 世纪末 21 世纪初，是神经网络人工智能研究的一个低谷时期，人工智能技术无法寻求新的突破，处在当时大环境下，我的研究也陷入了停滞阶段。”刘禹还和我们分享了一个小故事，当时在一次研究生论坛上，刘禹做研究性的报告。由于在当时的大环境下，研究进程和成果并不是很理想，当有同行提问的时候，刘禹一时间无言以对。会议结束后，王老师给刘禹看了他当时学习做研究的旧手稿，上面非常清晰地记录了他的思考过程和实验数据，上面也有对神经网络突破性问题的思考。这份手稿引导了刘禹思考研究问题的方向，对刘禹完成研究工作起到了决定性的作用。

一张张保存完整的旧手稿，记录了老师的思考过程，也蕴含了浓浓的师生情。授人以鱼，不如授人以渔，教会学生解决问题的方法和思路才是育人的根本。王庆林老师现任中国科协国际联络部副部长，虽然和王老师见面的机会变少了，但是刘禹在和王老师联合培养研究生，仍然和王老师经常联系，参与到培养研究生的工作中，让研究生再带动本科生，这样一层一层贯彻，一层一层辅导，帮助新一代科研人才成长。

一门辅修课，一心做科研

刘禹回忆道：“我们那时在学习本专业的同时，可以辅修另一门专业。我当时辅修的就是经济法类。花了两年的时间每周末去上辅修专业的课，拓宽自己的知识面。”刘禹说，许多本科生对本专业之外的知识了解相对较少，不如在自己专业知识学习之余，了解哪些自己感兴趣的东西。拓宽自己的知识面，完善大脑中的知识体系，对以后看待问题、处理问题也会有所帮助。正是有这样的远见，刘禹在同学之中脱颖而出。刘禹也对北理工培养复合型人才的教育方式给予了极大的赞赏。

刘禹说，研究生阶段，要一心一意做科研，容不得半点分心。在刘禹生动的描述中，我仿佛看到他正在专注地做实验，严谨地抄录着每一个实验数据。刘禹一次又一次强调做一件事情就要把一件事情做到最好，我被他这种专注、严谨、求真务实的科研精神而深深打动。或许是在母校生活久了，在母校低调踏实的学习氛围中潜移默化地形成了这些科研品质，也许这就是每一个北理工学子身上所散发的光芒吧！

撰稿人：柳凯

2003 董涛：

航天人，北理梦

董涛，研究员，博士，博士生导师。现为中国航天科技集团五院503所天地一体化信息技术国家重点实验室学术带头人。2004年毕业于北京理工大学，获电磁场与微波技术专业博士学位。

国防情，北理梦。北京理工大学以独有的历史特色和国防情结熏陶着每一个北理工人，在不同的工作岗位上，传承北理工精神，书写北理工故事。

存国防情，做航天人

董涛毕业后进入503所工作，曾担任信息传输与处理研究室副主任等职务，长期从事天线微波技术和通信技术的研究，在相控阵天线技术领取取得了丰硕的学术成果，在国内首次研发了32单元硅基激光相控阵芯片。关于相控阵天线设计、RCS减缩和激光相控阵等学术成果已在 *IEEE Transactions on Antennas and Propagation*、*IET Microwaves Antennas* 和 *Propagation*、*Electronics Letters*、*Optical Engineering*，*Sensors* 等重要国际刊物上发表。目前共发表学术论文39篇，获得授权国家发明专利15项。董涛还负责国家高新工程相控阵天线的研制，获得航天科技集团公司科技进步一等奖、国防科技进步二等奖；负责国家重点任务收发共用天线研制，解决了0.1波长间距强互耦条件下天线共生关键技术，该天线对应的发明专利双频带双圆极化背射螺旋天线获得国家知识产权局颁发的第14届中国专利优秀奖；先后主持“863计划”科工局民用航天、原总装预研、军委科技委科技创新等多个研发项目，取得了大量科研成果。

董涛在自己的工作岗位上兢兢业业工作，取得一次次突破，为国防、航天的发展作出了卓越贡献。

成为一名航天人，他在工作中严格要求自己，务实工作，不怕困难，实现一次次突破。董涛说，读博之后，人生的道路和将来就业的可选择范围也相对缩小，这需要在专业和心理上不断突破自己，找到一个突破点，坚持下去，成功往往就在我们坚持了最后一下之后，人生也会得到一个很大的提升。

忆北理梦，念北理情

作为北京理工大学 1995 级的学生，董涛一直记得本科期间班主任方子文老师对同学们无微不至的照顾。方老师一生专心于教学，淡泊名利，每个周末都会去宿舍看望学生，询问和解决同学们在学习上和生活中的问题，耐心为大家讲解将来的就业和人生规划。董涛回忆 2009 年毕业 10 周年，同学们举办联欢活动时方老师还是那样关心学生。方老师朴实无华的品质深深感染着大家，也鼓励董涛在工作中做一个关心体谅学生、为学生着想的好老师。

在硕博连读期间，博士生导师徐晓文老师对董涛的科研和职业规划有很大的引导作用。回忆自己读博期间，每周一次的组会让董涛有很大的收获，在互相学习和分享中不断提高对自己的要求，充实自己，完善自己。徐老师鼓励学生坚持科研工作，将专业知识与实际问题结合在一起；提倡学以致用的精神，注重科研的方法，将具象的工程问题抽象成为理论的问题，找到问题的根源，不断改进工作。

董涛鼓励我们在学习和工作中注意知识和经验的积累，水到渠成，到一定的程度后价值自然会体现出来。他讲到工作之后的事例：研制的天线挂在战斗机下面在海上飞行的时候，出现一段时间的信号中断，外界怀疑是天线本身的原因。为了证明天线的性能正常，他们团队花了 30 万元建造飞机模型开展测试，同时建立包含飞机在内的超电大电磁模型开展仿真计算。仿真计算出的结果测试实际数据吻合良好，证明天线正常工作，同时也开创一条利用电磁仿真模型替代大型飞机实物测试的捷径，为产品研制节省了大量的人力和物力。

作为典型的国防、军工院校，北京理工大学有着深厚的历史积淀。董涛谈到北理工精神——立足国防，服务国民经济发展，培养学生求真务实、学以致用的特质，踏踏实实工作的作风，这是学校的一种特色和传承，也是北理工赋予每一个学生的精神财富。他鼓励我们立足于国防建设，丰富自己，提高自己，服务社会。董涛向我们展示他当时获得徐特立奖学金时颁发的镀金奖章和证书。他在毕业前夕获得国防科工委委属高校优秀毕业生称号，这些荣誉作为认真科研和工作的佐证，鼓励他在今后的工作中不断努力和提高。

作为一名航天人，董涛从事关乎国防、国民经济建设的最前沿科研工作，为国家的国防和经济发展书写着自己的北理工故事。千千万万的北理工人故事编织成为一个大的故事，叫做——北理梦。我们希望这个故事更加精彩，更加辉煌。

撰稿人：李婷婷

2003 冯忠伟：

感恩培育，坚韧自律

冯忠伟，2000年北京理工大学机械与车辆学院机械工程及其自动化专业本科生。2003年获得徐特立奖学金。在学业成绩方面，系里排名前三；学生工作方面，在班级中担任班长，在学院学生会担任部长，在团委担任学生口的团委书记。现在航天部门从事科研工作。

感恩母校，助力成长

从2000年入学，到2009年博士毕业，冯忠伟人生中最美好、最重要的时光是在北京理工大学度过的。这个校园里不光承载着很多青春年华的故事，更是对世界观和人生观形成，对品质和性格的培养塑造起到了至关重要的作用。首先是自律，北京理工大学的学风非常踏实，在校园里有无数的学子迈着沉稳踏实的步伐，一步一个脚印，坚实地谱写自己人生的篇章。身处这样一个严肃严谨的大环境里，冯忠伟一直在内心绷着一根弦，在工作和学习中保持着一种自律的状态。冯忠伟对待学生组织中琐碎的工作，认真负责地完成。学习中，他踏实刻苦，脚踏实地。其次是低调务实。“德以明理，学以精工”八字校训，是学校对学子脚踏实地、少说多做、刻苦学习的殷殷希望。冯忠伟不夸夸其谈，不张扬成绩，踏踏实实做事情。另外是坚韧。冯忠伟在大学本科到博士期间，遇到了大大小小的困难，也有难以承受的时刻，但他从不曾轻言放弃，最终坚持到了最后。这些困难不断打磨着冯忠伟的心性与能力，磨炼自己处理困难和压力的平稳心态，不断把自己塑造成一个更加坚韧的人。冯忠伟经历的磨难，变成了自己脚下的基石，也变成了心中的底气，让自己有信心去挑战困难，面对更大的困难，具备更强大的韧性，不轻言放弃。

冯忠伟现在在航天部门工作，航天部门中的特别能吃苦、特别能奉献的精神，在他看来和北理工精神是一脉相承的，吃苦耐劳，心中有家国情怀，对国家有担当和奉献精神。

恩师情怀，铭记在心

在北理工求学期间，令冯忠伟印象深刻的第一个人，是当时的辅导员。冯忠伟说，刚入学的时候，新生对整个大学的生活是比较迷茫的。那些年辅导员点点滴滴的细心帮助，在记忆中仍然清晰。记得有一次我去距离学校很远的方庄做家教，天气炎热，来回一趟非常辛苦，回到宿舍就晕倒了。去校医院看病的时候，辅导员很担忧，一直在旁边照顾，帮忙挂号、取药。处于虚弱的情况下，我感受到辅导员的那份无微不至的关心和照顾，那份温暖一直让我铭记在心。

另外令冯忠伟印象深刻的老师，是本科期间的任课老师。冯忠伟回忆道：当时教工程力学的周老师，教大学物理的苟老师，每次上课工工整整地写板书，带着学生一步一步推导公式。他们兢兢业业、脚踏实地的敬业精神，尤其是现在工作之后再去回想，依然非常感动。冯忠伟说，他们用认真踏实的教学态度，言传身教，潜移默化地影响着学生，把对真理的敬仰与追求带给学生，让学生树立了踏实的学习态度，为以后的专业实践课打下了扎实的基础。

学生工作，充满活力

冯忠伟回忆自己的大学生活主要是由两方面组成，一方面是学习，一方面是学生工作。冯忠伟说，当时在学院团委，参与策划组织了各种活动，包括定期去肖家河附近的一个养老院做义工，帮助老人打扫屋子，陪他们聊聊天，这项活动坚持了两年的时间。另外，还和团委的其他同学组织了学院院徽和系徽的设计活动。在团委的时候，自己组织了各种各样的活动，做的事情没有统一的范围。一群年轻人，心气都比较高，工作热情也比较高涨，想到什么好的点子，就把想法付诸实践。冯忠伟说，在青春时代，有这样一群志同道合的好友是一件很幸福的事，大家齐心协力干好一件事，做成一件事，这样的成就感是很难用言语来形容的。在这过程中，自己也接触到更多的人和事，慢慢建立为人处世的原则，开阔了视野。

在学校那几年养成的品质或者性格，潜移默化地影响着冯忠伟做人、做事的态度与方式。在如今工作中倡导的两弹一星精神、载人航天精神，在冯忠伟看来，本质上和徐特立老院长提倡的精神是一脉相承的，自己在践行着这种精神，并受益于这种精神。

撰稿人：王玉辉　张漪诺

2003 莫凡洋：

以梦为马，不负韶华

“出国的时候我就在想我将来一定要回国的。我要在自己的国家做一份能力所及的工作。”这是莫凡洋的愿望。经过多年的努力，他终于学成回国，实现了他的初心。

盘圆则水圆

莫凡洋，北京理工大学化学与材料学院化学工程与工艺专业 2000 级本科生，2004 级硕士研究生，2003 年获得徐特立奖学金，2016 年入选中组部第十二批“青年千人”计划，现就职于北京大学工学院能源与资源工程系。

现在的莫凡洋已经成为化学领域独当一面的学者。而他科研道路的启蒙者，则是北京理工大学的周智明老师和余丛煊老师。周老师是莫凡洋的硕士生导师，实际上莫凡洋大三的时候就已经进入周老师的实验室，开始接触科研工作，接受训练。“周老师治学严谨，要求严格，给我打下了一个非常坚实的基础。”莫凡洋说，“余老师年过古稀，依旧工作在科研一线。余老师对我们的培养我至今历历在目。他亲自带我们去查资料，2003 年的时候计算机检索还没有普及，查阅科学文献要到图书馆查纸质资源。老师就站在大厅里给我们讲卡片怎么查。那时候我们什么都不懂，老师手把手教我们，非常有耐心。”

盘圆则水圆，盂方则水方。除了两位老师的引导，学校严谨的求学风气和浓厚的学习气氛使莫凡洋时刻不敢懈怠。莫凡洋回忆道：“当时学习气氛非常浓，每天晚上自习室都爆满，7 点之后就很难找到位置了，晚上 11 点左右才陆陆续续回宿舍。”勤学好问与严谨求是的品质，使得莫凡洋出色地完成了本科和硕士阶段的学习，也使得他能够进一步前往北京大学、美国 Scripps 研究所和美国德州大学奥斯汀分校等科研院所深造。莫凡洋现在也已为人师，对于自己的学生他也像当年受过的训练那样严格要求，因为“科学本就是求真的过程”。

长风破浪会有时

“学术这条路伴随着很多的艰辛。很多时候都想放弃了，但至今还是一路走了过来。”莫凡洋说。“我读博的时候，所有的文章都是临博士毕业那一年发表的，之前压力真的很大，导师都跟我提过可能要延期的问题了。不过后来博士论文还是不错的，最后还被评为北京大学‘优秀博士论文’。”塞翁失马焉知非福，生活总是眷顾不放弃的人，从后来的发展来看，这些挫折也不一定是坏事。莫凡洋说：“2015 年评选‘青年千人’计划入选人，要求近五年内的文章，我那一年发的文章刚好都用上了。一路走来，有些看似不如意的事，到后来还真不一定是坏事，有可能变成好事。”

“天将降大任于斯人也，必先苦其心志，劳其筋骨，饿其体肤，行拂乱其所为，然后动心忍性，增益其所不能。”用这句话形容莫凡洋在美国的研究生涯，再合适不过了。莫凡洋说：“国外的生活看似美好，没出过国的同学都想在国外有一段留学经历。但新奇总是短暂的，很快这种留学生活的主旋律就会变成寂寞和清苦，甚至有时候是相当艰辛的。一方面是语言和社会习俗和办事习惯等都不一样，另一方面学业压力很大，很多同学前半年都很不适应，浑浑噩噩的。”

在美国从事博士后研究，周围同事都是佼佼者，竞争压力可想而知。莫凡洋说：“在出国的人中，少数人在回国之后到大学里工作，大多数人都去了工业界，或者改行不做科研工作了。”

留美期间，最令莫凡洋难忘的经历便是从加州到德州 2 000 多公里的“大迁徙”了。莫凡洋说：“加州在美国的西海岸，德州在中部。美国的交通主要以汽车为主，从西向东开，途中需要经过内华达州、亚利桑那州、新墨西哥州。行驶途中，大部分时间遇不到一个车。车上的 CD 大概翻了八九面，这一天就算过去了。你可以想象，在美国西部一望无际的荒凉戈壁，心中怀着对未知前路的忐忑，夕阳西下，有种‘断肠人在天涯’的感觉。”不愤不启，不悱不发。正如莫凡洋所说：“多年以后回想起来，那个时候真的不知道前途会怎么样，但是还是要坚定地往前走，难道还有其他的让自己不后悔的路可以选择吗？”

心怀梦想，情系家国。怀揣学成归国的愿望，莫凡洋最终也实现了他的梦想。回望这么多年的科研生涯，他说：“母校给了我宝贵的精神动力：不浮躁，踏实肯干，永远在路上。”

长风破浪会有时，经过“沉舟侧畔千帆过”的砥砺，才有“千金散尽还复来”的豪情。愿我们都能追随前辈，眼眸有星辰，心中有山海，以梦为马，不负韶华。

撰稿人：杨珏莹　程喆坤

2003 范文辉：

一枝一叶总关情

“每一位北京理工大学徐特立奖学金的获奖者，其特点都是非常鲜明的，并不是一刀切，仅仅是学习成绩第一名第二名，如果那样的话可能就是评国奖的标准了。所以从这个角度来看，挖掘到每一位获奖者当时抑或现在最大的特点，才是这个采访活动的最大收获，如果每个人说的内容都一样，可能就没有什么意义了。”这是范文辉对于此次采访活动的理解。我们也希望从对他的采访中寻找到他与北理工之间的独特故事。

走自己的路

范文辉，北京理工大学机械与车辆学院2000级车辆工程专业本科生，2006级车辆工程硕士研究生，2012级机械工程博士研究生，2003年获得徐特立奖学金，2004年7月保资留校担任本科生辅导员，现任北京理工大学机械与车辆学院党委副书记、副院长。

但丁曾经说过：“走自己的路，让别人去说吧！”成长中，我们都有自己要走的路，可是，我们往往只顾着走路，却忘记了去思考每条路是否适合自己。我们写这篇文章的时候，正值一年一度的本科生推免，大家都在挑选自己心仪的学校，憧憬着未来的研究生生活。但是，15年前的这个季节，范文辉以专业第二名的成绩果断放弃了保研的机会而选择了保资这条路——担任本科生辅导员。这样的选择在常人看来是不可思议的，但对于范文辉来讲，这是一条适合自己的路。

本科生期间，范文辉一半时间专心于学业，另一半时间用来参加学生工作。在谈到获得徐特立奖学金的原因时，他说道：“能够获得徐特立奖学金，我认为学习成绩在专业里名列前茅仅仅是一方面，另外很重要的原因，是作为学生会的骨干，从大一到大三，我一直参与了学生会的各项工作，并且在工作中能够有所思考有所创新，这些努力和经历是很重要的加分项。”学习成绩和学生工作使范文辉获得了北理工的最高荣誉——徐特立奖学金，也让他找到了适合自己的发展方向。用他自己的话来讲就是：“选择保资，其实就是本科期间选择在学生工作中历练的一种延续，也是骨子里对北理工、对学生工作的热爱的延续。一草一木皆风景，一枝一叶总关情。”

学生工作为什么有这么大的魅力，很多人也是有不同的理解的。大学期间，任课老师以及辅导员老师带给学生们的收获，每个人都是不一样的。范文辉说：“担任学生干部时间长了，与老师们接触的机会也就多了，在这个过程中，深切感受到了学院老师们对于学生们的关心与爱护，深刻理解了老师们各种努力付出的初衷。在这种情绪的影响下，就产生了一种尝试的愿望，想要知道如果我带一届学生，陪他们走完四年大学路，我能够带给他们什么样的感觉和收获。”

走在适合自己的道路上，如鱼得水，往往可以事半功倍。

北理工风格薪火相传

大学里最重要就是人，包括老师、学生、管理服务人员等，他们就好像这个学校的灵魂。一个学校的精神，需要靠人去传承和发扬。我们所说的一个学校的品质和风格，往往指的是这一群人身上所共有和秉持的精神及特质。于北京理工大学而言，于北理工的师生而言，其中一个重要的品质和风格就是“踏实”。

在范文辉读书的那个时期，北理工的校风是“团结，勤奋，求实，创新”。八个字在校园里随处可见，学生们看到，就会联系到自身，思考自己在大学中应该获得什么样的素养，这对学生们产生了潜移默化的影响。作为一所从延安走来的军工名校，传承下来的延安精神，以及徐特立老院长留下的“实事求是，不自以为是”学风，更是北理工师生身上最闪光的特殊品质和风格。范文辉深有体会地说：“所有这些精神和内涵汇聚在一起，为每一届北理工学子带来了深深的烙印，体现在我个人身上，就是认认真真做事，踏踏实实做人”。

范文辉现在从事的工作，是与全院学生打交道，处理学生们大大小小各种事务，为学生们成长发展提供助力。在与学生们的沟通交流过程中，他自觉传承着北理工的品质和风格。在“德育答辩”“一年级工程”“成长发展论坛”等这些经典品牌活动中，他与学生们一起探讨新时代大学生的使命和责任，探讨社会主义核心价值观，探讨北理工精神，探讨校训、校风和学风等。范文辉说：“我们经常邀请不同领域不同行业的校友回来，给学生们讲课，带来一些对北理工精神不同的理解和认识。可以说，我们是大学生成长发展平台的搭建者，也是北理工精神的实践者和传承者。”范文辉在不断努力，将北理工精神传承给每一位学生。

延安根、军工魂，北理工是一所特色鲜明的学校，北理工的品质和风格离不开一代代北理工师生的传承与发扬。在最适合自己的道路上，从学生干部到辅导员再到学生工作团队负责人，范文辉接受着北理工精神的熏陶，也在向自己的学生传递着北理工精神。

撰稿人：程喆坤 杨珏莹

2003 王阳：

目标指引的进阶之路

目标是前进的灯塔，它指引我们排除人生路上的干扰。见异思迁，自己只能虚度光阴，碌碌无为。古罗马政治家、哲学家塞涅卡曾说过："有人活着却没有目标，他们在世间行走，就如同河中的一棵小草随波逐流。"王阳校友就是一个有着明确目标的北理工人。

目标引领成功

王阳，2000 年进入光电工程系，2003 年获得徐特立奖学金，本科毕业后外推进入清华大学攻读硕士学位，现任北京耐德佳显示技术有限公司 CIO。这位光电工程系的第一位女班长，向我们诠释了人生目标的力量。

目标就像鞭策我们前进的"鞭子"，我们需要时不时地为自己设置一个目标，让自己保持前进的动力。在大一军训结束之际，身穿迷彩服的王阳在校园里和徐特立老院长的塑像合了一张影。"我一定会拿到徐特立奖学金！"是她当时心里的想法。有了这个目标，便有了前进的动力。在本科四年的时间里，王阳在学习上一直严格要求自己，从没有松懈。本科期间她一直蝉联专业第一的位置，年年都将各种奖学金收入囊中。这些努力最后都得到了回报，在 2003 年的奖学金评选中，王阳获得了徐特立奖学金，完成了当初在徐特立塑像前定下的目标。

目标还像迷雾中的灯塔，它始终指引着你前进的方向。如果没有目标，盲目的努力往往只会事倍功半。在现在的大学生群体中，存在很多迷茫的人，不知道自己将来要干什么，不知道自己现在学的东西有什么用。王阳的不同点就在于她有一个很清楚的目标。当我们问到她这么优秀为什么不读博时，王阳回答道："博士还是偏重于研究和技术的，那个阶段博士在找工作时选择比较少，只能是找理论研究的工作，我本人并不想在这方面有更精深的见解，感觉自己还是适合做管理。"她很清楚自己想要干什么，看着"灯塔"，直奔着目标而去，不走弯路，事半功倍。

尽心尽力，开创先河

除了繁忙的学习之外，王阳还做了许多学生工作。“是系办的常客”“基本上把系里面所有的工作都做过”是王阳对自己的评价。她把学生工作做好的同时，还可以很好地协调学生工作与学习之间的关系。她是学生会的副主席，同时还是系里第一位女班长，开创了女生当班长的先河，这在当时，既是思想的进步，也是对王阳能力的认可。

作为班长，王阳认真负责，虽然每个人之间存在认知上的偏差，但她还是和其他班委一起积极组织班级集体活动，营造班级良好的氛围。为班级付出的这些精力，换来了“北京市优秀班集体”的荣誉，“班主任为此还做过发言”，王阳如是说。虽然她轻描淡写地说起这些往事，但这种对待学生工作尽心尽力的态度非常值得现在的学生干部们学习。功夫到了，可以做前人做不到的事情了，自然便开了先河。

独立自强，勤俭节约

“大学生一个月的生活费多少合适？”这个问题曾经在网上热烈讨论。因为大学生处在一个已经成年却经济不能独立的尴尬年纪，因此大多数大学生的生活费都只能由父母提供，那么生活费给多少、花在哪儿，都成了问题。

做到经济独立，不给家里增加负担，这也是很多大学生心中的想法，只是一直苦于没有合适的经济来源。而王阳做到了，她在求学期间收获了众多奖学金，她将这些奖学金用来贴补自己的生活花费，王阳说：“自从大二开始，有能力拿到奖学金，生活费就不再用家里掏钱，基本上都可以用奖学金的钱来支持自己的生活花费。”用奖学金实现了经济独立，虽然王阳说起自己的往事来只是轻飘飘的一句话，但即使是在奖学金众多、奖金丰厚的今天，这也是实属不易的。

王阳的勤俭同样值得大学生们学习。当我们问起王阳在学生时代有什么爱好时，她笑着说道：“和现在女生一样，我也喜欢逛街。当时是和好朋友一起去逛商场。我们是只逛不买，试衣服又不要钱，试一下心里满足了、开心了，就够了。”这样“只逛不买”的娱乐方式听起来确实非常有意思，但也值得去反思“只买不怎么穿”的消费方式。

王阳，光电工程系第一位女班长，在保证学习成绩蝉联第一的同时还可以兼顾各种学生工作，奖学金多到可以支付日常生活开支，但同时又保持着勤俭节约的美好品德。她的北理工故事值得北理工学弟、学妹们细细品味。

撰稿人：程喆坤　杨珏莹

2004 孔庆萍：

谦逊待人，务实做事

徐特立奖学金——珍贵的荣誉

谈及获得徐特立奖学金的心情时，孔庆萍用“非常激动”一词形容。作为人生中非常重要的一笔奖学金，孔庆萍在对如何使用奖学金的问题上萌发了很多想法，如拿去捐献，给父母买东西……她说：“我总是想用我的努力去为别人做些事情，但对于捐献来说金额比较小，给父母买东西父母觉得没有必要，所以最终将这笔奖金存了起来，作为精神财富。”将奖学金存起来是一种特别的方式，可以看出徐特立奖学金对孔庆萍的重要性，不随意使用它，存起来当成一种精神财富，激励自己。

老师——人生的指路人

对于老师，在话语中可以听出孔庆萍对老师的尊敬和感恩。即使毕业十几年的她仍然记得每位任课老师的名字和学生时代的一些趣事。

大学中的老师不仅在学术上提供了支持，还在生活中、为人处世方面产生了很大影响。孔庆萍举了一个例子，当时有个教中国法治史的赵和平老师，鼓励学生要敢于思考和提问，鼓励学生写文章提出自己的想法。孔庆萍说：“当时写的文章都不算是论文，只是一些不成熟的想法，而且老师是大学教授，可能也不会去看这些文章吧。”抱着不太确定的态度，她将自己的一些想法写成一篇文章，投到老师的信箱，却意外得到了赵老师的肯定。孔庆萍回忆道：“赵老师说，虽然现在你的文章算不上一篇很好的文章，但是你的思考方向是对的，你是一个有想法的人。”老师的肯定是前进最大的动力，在研究生阶段孔庆萍继续对那个话题进行研究，完善自己的想法，并写成论文发表在学校的期刊上。孔庆萍说：“每位老师对我的影响都很大，每位老师都有自己的特点，在思想和方法上都会给我们传授一些很有用的经验。”

在校生活——学习、社团两不误

谈及学习，孔庆萍十分谦虚，觉得自己不算一个“学霸”。孔庆萍说：“我觉得‘学霸’应该是非常轻松、涉猎广泛的人。我自己学习是十分努力的，但是不轻松，涉猎也不广泛，所以我觉得自己担不上‘学霸’这个虚名。”孔庆萍认真学习后能取得好成绩说明她的学习方法很奏效。大学是一个相对自由的环境，有人会有些许迷茫，似乎找不准自己的方向。作为过来人，她说：“如果在大学期间悠闲过日子，其实就是浪费了本来可以冲刺和奔跑的机会。不管意愿是什么，选好方向，踏踏实实去做，收获最大。不要觉得念书是一种负担，利用好资源武装自己，才能直面社会竞争。工作的时候才发现用到的技能在学校中其实都已经教给我了，只是当时没有意识到这些用途。”

孔庆萍不仅在学习上刻苦努力，课余也积极参加学校的一些公益类社团，如参加学校的法律援助中心，捐赠造血干细胞等。她利用自己所学的专业知识，尽自己所能去为社会奉献自己的一份力量，如暑期参加社会实践和实习工作，研究自己感兴趣的课题，将自己所学的知识用到实处。

感悟——与君共勉

对于北理工精神，孔庆萍说：“即使我们参加了工作，遇到很多事情，最后兜兜转转回来，发现还是校风的那八个字：团结，求实，奋进，创新。带着学校的气质去做事，最后会发现学校带给我很多有意义的财富。无论是在生活中还是工作中，都离不开这八个字。”

谈到对学弟学妹们的寄语，孔庆萍说：“大学是黄金期，18 岁成人以后，但还没真正需要直面社会压力，在这段时间里，要多思考多实践，找到自己的发展方向。真正走上社会以后会发现，很多事情无法像学生时代放手去做，踏入社会以后无法真正去实现理想和抱负。很多人说学校和社会是脱节的，其实学校和社会并不脱节，脱节的是学生的思维方式和思考方式。关键在于学生自己能够将自己的思维方式和社会嫁接起来，才能将自己所学的东西和社会的需要相匹配。”

“要做就做到最好。”孔庆萍认真、务实的处事态度给我们留下了很深的印象。在浮躁的今天能静下心来做事，做到认真务实的人真的很少。“带着学校的气质去做事”，以校训为行事标准，踏实做事，“德以明理，学以精工”，相信每个北理工人都能找到那个最好的自我。

撰稿人：林婷

2004 梁玲玲：

默默无闻，润物无声

埋在地下的树根使树枝产生果实，却并不要求什么报酬。

——泰戈尔

梁玲玲最遗憾的事莫过于大学期间没能丰富地体验学生组织和社团的风采。对于自己大学生活的回忆，梁玲玲坦言："说来也惭愧，我本科期间很少参加课外活动，这也是有点遗憾的。不过，将自己的时间用于学习上，我也得到了丰硕的收获——徐特立奖学金。获奖时特别高兴，徐特立奖学金的奖金的确丰厚。不过自己觉得，徐特立奖学金更多的是对自己的一种激励，对自己的一种肯定，让自己更有信心有动力去继续奋发向上。在我后来的工作中，徐特立奖学金也暗暗给我了很多力量。刚入职时，到了一个新的环境，需要的学习的东西可能会更多一些。获得徐特立奖学金的这种经历，一直激励着我，使我一直不断地努力学习，默默地积累工作经验，一点点收获自己努力的成果。"

教育思想

"实事求是，不自以为是。"徐特立老院长先生的这句话，随着岁月，镌刻在了每一个北理工人的心中。谈及徐特立老院长，梁玲玲说，对于徐特立老院长的教育思想非常感兴趣："徐特立老院长先生是北理工的前身——延安自然科学院的老院长，这是我们一直引以为豪的。我印象最深刻的是他提倡的'身教重于言教'的教育思想。我现在有两个孩子，对孩子的教育也是一直遵循着这句话的。比方说，孩子他可能不会自己主动去看书，但是你在空闲时间坐下来去阅读的话，然后他就也会跟着你一起做，小孩子的模仿能力是很强的。他现在正学习弹钢琴，可能他有时候就不想去练习。这时候，我就自己先去弹钢琴，然后他看到我在弹，就会跟着我一起学，这样就比教训他或是鼓励他或是赶他去做更有效果。印象深刻的还有徐特立老院长先生'群众本位'的思想，它体现了教育以人为本的精髓，也是我们现在实行素质教育的一个方向。"

恩师难忘

虽然与校园离别已久，梁玲玲却觉得那段日子仿佛刚刚过去。提及曾经培育过自己的恩师，梁玲玲说："现在教师节即将来临，我非常想感谢一下我的老师。印象最深刻的就是张振华老师。我和张振华老师是开学报到第一天就认识了。当时张老师是我们学院的院长，是负责学生工作的，也是山西老乡。当时是两天报到时间，我是早一天来的。报到完我就会跟着父母就去宾馆休息了。"说到这里，梁玲玲笑道："有句话叫：'山西的娃娃离不开妈。'张老师当时就告诉我，他说你既然已经报到了，你就应该自己一个人去宿舍，第二天自己去食堂吃早饭，不要老跟着爸爸妈妈了。那时候其实是我第一次出远门，平常基本上没有离开过父母。第一天晚上去就自己去住宿舍了，我都不敢去上铺睡，就睡在别人的下铺。那一晚上，我思索了许多。我觉得，可能就是在那个瞬间，我自己独立起来了。后来在学校的生活中，张老师也在做人做事方面给我了很多的指导。我现在还牢记的就是他常说的一句话：'你要做事，先做人。'另外一个印象深刻的老师，就是教工程力学课的老师——水小平。说起他来，真的简直是一神人，他上课完全不用 PPT，上课就直接在黑板上写板书。而且课讲得特别好，各种推理、逻辑都特别清楚，各种知识完全在脑子里。他脑子的知识仿佛都是条条框框一般，特别清晰。当时我立马就被他的工作作风和教学水平给震惊了。我觉得他不仅是传授给了我一些知识，他这种精神深刻感染了我，给我日后的工作带来了更深远的影响。"

校训校风

有人曾说过，大学不只是教你知识的地方，更是在你尚未与社会接触前，塑造你个人品质的地方。聊起大学对自己的影响，梁玲玲坦言："我觉得可以归纳到八个字里，就是咱们的校训——'德以明理，学以精工'。大学时光确实不只是提高了我的专业水平，也对我的个人品格有了很多磨炼，也体会了北理工老一辈人那种吃苦耐劳的精神。另外一个就是我们的学风——'实事求是，不自以为是'，在自己日常的学习生活中，我也是一直秉承着这种精神，谦虚谨慎，脚踏实地做事。"

专利保护

欢声笑语中，我们聊到我最感兴趣的问题——专利保护工作。梁玲玲给我讲述了一些自己的故事："从事专利保护工作，我更加牢记了'实事求是不自以为是'的学风。现在我是做专利审查的。作为知识产权工作者，我觉得应该做的，首先就是认真对待每一件专利申请，让申请人辛苦得到的成果能够得到坚实的保障，其次就是坚守自己的岗位，努力工作。你或许不知道，我们国家专利启动比较晚，这也对我国的科技发展造成了一定的影响。一些人，辛苦得到的成果，得不到有效的保障，也就失去了科研的动力。我觉得我现在做的工作，是非常有价值的，我也为我的工作而自豪。”

其实，在采访梁玲玲之前，我也曾思索过，科技进步的依托是什么？是偶然迸发的机遇，还是终日忙碌的科研呢？二者都有，但是科技进步的背后还有一个不可或缺的屏障——专利保护。试想一下，没有专利保护，科研工作者们的成果谁来守护？科技之树的生枝发芽，离不开专利保护这些默默无闻、隐埋于地下的树根。正如泰戈尔所说：“埋在地下的树根使树枝产生果实，却并不要求什么报酬。”像梁玲玲这样优秀但是却甘愿默默付出的人还有很多，他们并不求名利，或许，他们求的只是自己的国家能够强大，自己的小家能够平安。

夜把花悄悄地开放了，却让白日去领受谢词。向这些默默无闻的北理工人，致敬！

撰稿人：赵煜

2004 李潇：

志存高远，目标远大

北京理工大学软件学院 2002 级有这样一个学生，他成绩一直名列前茅，并在学院学生会工作。因为在校期间的优异表现，荣获 2004 年徐特立奖学金，也曾获得学校一年一度的一等、二等奖学金等一系列荣誉。

他的名字叫李潇，北理工软件学院 2002 级软件工程专业学生，本科毕业后留学英国伦敦政治经济学院，现就职于国家开发投资公司旗下的国投创新投资管理有限公司。

不畏辛劳，努力拼搏

在谈到如何获得的徐特立奖学金的时候，李潇告诉我们，他入校以来学习成绩就不错，一直是系里面的前几名，同时也承担了很多的学生工作，大二的时候是院系学生会办公室主任，大三的时候担任院系学生会主席。学校综合考虑推选自己获得这个荣誉，这是学校和老师对自己的认可。李潇回忆道："我们 2002 年入学，2003 年就赶上了非典，在大二的时候，压力比较大，因为要把大一没考完的七八门课程和大二的课程合在一起考，有专业课也有基础学科的课程，再加上学生工作也有很多的事要做，自己花费了很大的精力，付出了很大的努力，最终取得了比较不错的结果，获得了徐特立奖学金。获奖后感觉很欣慰，自己的自信心得到了很大的增强。徐特立奖学金发放的人数不多，当年软件工程专业就我一个人，显得尤为珍贵。徐特立奖学金是一个标志性的奖学金，得奖了之后很激动、很开心。"

学业有成，不忘恩师

能获得这些进步与荣誉离不开老师和学校的培养。李潇说："在大学期间，很多老师都给我留下了深刻的印象，如班主任祝翠琴老师，负责学生工作的院团委书记严薇老师、院团委副书记高璞老师，分管学生工作的院党委副书记肖文英老师，都给予了我很大帮助。从进入学生会承担一些工作，到当学生会办公室主任协调整个学生会的工作，到当学生会主席领导整个学生工作，一步步都是在这些老师的指导下做的。通过方方面面的学生工作，和校团委、其他院系交流、组织活动，在学院内主持学生会工作，对外作为学院的学生代表，这些经历对自己的成长起到了很大的促进作用，让我比较早经历了相对正规的工作状态，所以比一般的大学生更成熟一些。王树武老师、牛振东老师、丁刚毅老师负责教学工作，他们治学严谨，讲课内容专业、风趣，常带着我们做实习项目，这些老师都给我留下了很深刻的印象。”

全面发展

李潇在校期间不仅在学生会工作，而且还参加了比较多的社会活动，在校武术协会干了两年，当过武术协会秘书长和会长，办过武术散打培训班，面对全校招收学员。李潇说；“当时自己是协会的秘书长，武术协会会长是一个研究生大哥。我是第一批会员。协会在校外找了水平比较高的教练教武术、散打，但是学校里没有大的场地，于是我们就到处找场地，后来知道北京舞蹈学院有大的舞蹈训练教室，于是我们和北舞相关的领导去谈，谈成了之后，他们每周固定去北舞训练。”

李潇说；“从大二大三开始，自己的工作重心就转到学生会工作，大四担任校学生会副主席，分管实践部，组织了很多活动，包括帮毕业生找工作，请新东方的老师来帮忙做一些培训；组织延安实践团，组织各个院系的同学暑期去延安，参观老一辈革命家的故居，同时参观了我党当时创办的一些学校。”通过在大学期间参加社团和学校组织的活动，李潇锻炼培养了自己多方面的能力，收获颇丰。

理工烙印

李潇在北理工全面发展，不只是专业课程和文化知识，同时包括社会技能和工作技能、团队领导技能和团队协同技能等，使他有了全方位的提高。后来李潇申请英国伦敦政治经济学院管理系，入校后导师对他说：“你学习成绩虽然也不错，但不是最顶尖的，当时管理系在中国只录取两名学生，我们是看中你全方位的发展，参加了很多的社团活动，担任了很多学生工作、社会工作，认为你是一个具有进取心、非常希望在社会中发挥作用和有更高追求的人，所以当时录取了你。”伦敦政治经济学院在世界社科类学校中排名前三位，也是整个欧洲最强的社科类学校。

李潇说，北理工是一所工科类学校，学校严谨的治学态度，科技工业立国的理念，给自己打了比较好的工科基础。军工科技是北理工的优势学科，包括自己学的软件工程专业。在北理工我学到了很多专业知识。我毕业差不多 10 年了，从开始做金融，后来做投资也已经 8 年了。投资的主方向和北理工的工科背景特别契合，包括工业、先进制造业、信息技术、通信、军工材料、武器制造、船舶制造、车辆制造以及互联网应用、新的传感器应用、新技术应用。我的投资生涯，基本上都集中在这些领域，这和当年在北理工的学习生涯是密不可分的，也对以后的工作方向产生了很大的影响。

展望未来

毕业了快 10 年了，李潇也有很多经验。李潇说，大学生应该注重交流，不要只读书看书，把自己封闭在学校里面。如果大学四年光学这些书本上的内容，考考试，拿个优秀，这对自己的能力要求太低了。当然学习是第一要务，一方面好好学习基础知识，以学习为本，在这个基础上还是要多参加社团活动，抓住能和外界沟通交流的机会。暑期寒假多出去实习，和外界多交流，开阔自己的视野，尽量多找资源，找学长、老师，反过来是对自己的学习也是一种促进。在学校学习可能不知道自己的目标，在外面见到了很多东西之后，就知道了将来奋进的目标。

撰稿人：孙飞

2004 赵雪：

求实创新　勇于开拓

赵雪，北京理工大学化学学院2001级化工自动化专业学生，学习成绩一直名列前茅，并在学院学生会工作，2004年荣获徐特立奖学金，也曾获得学校一等、二等奖学金和人民奖学金等奖学金。

2004年，赵雪以优异成绩保送到化工自动化专业攻读研究生，现就职于deloitte事务所。

直爽豁达，活泼开朗

回想起2004年获得徐特立奖学金时的情景，赵雪说，当时还没有觉得徐特立奖学金的分量有多重，后来毕业后在一次和校友的交谈中，校友得知她在校期间获得过徐特立奖，她才意识到这个奖学金的分量很重，能得这个奖学金很不容易。赵雪说，当时获得这个奖没有特别兴奋，更多的是一种水到渠成的感觉，感觉很欣慰。当时自己的想法很简单，就这样吧，继续好好学习吧，好好学习会有实际的收获。

赵雪性格活泼开朗，在校期间参加了学院的学生会，负责文艺方面的工作。在校期间还参加了太阳剧社话剧社，结识了一帮志同道合的同学、朋友，收获颇丰。

学业有成，不忘师恩

能获得这些进步与荣誉离不开老师和学校的培养，赵雪说，在校期间印象最深的要数辅导员张春城老师。张老师当时刚毕业留校，一片赤诚地带学生，对我们在大学生涯的启蒙起了很大的作用，之后他对自己的学生工作帮助也比较大。谈到大学期间的其他老师时，赵雪说，每一位老师都给自己很大的帮助，印象比较深刻的还有陈祥光教授和当时二系的伍清河教授。陈祥光教授是检测技术与自动化装置学科博士生导师，也是我们当时的系主任，教过程控制和化工过程数学模型与控制课程。伍清河教授是控制理论与控制工程学科博士生导师，教授控制理论和工程。他们讲课很有特点，所以这两位老师给我留下了深刻的印象。

团结勤奋，求实创新

在谈到北理工精神的时候，赵雪说，北理工的校风是团结、勤奋、求实、创新。大学校风是校园文化的历史积淀，是学校精神力量的体现。北理工的校风是近 80 年在坎坷、曲折道路上，拼搏前进中形成的。这八个字时刻教导、督促着自己，鼓舞着我前进。来到北理工后，开阔了眼界，知道了自己的渺小，知道天外有天、山外有山，懂得了收敛自己，谦逊地为人处事；懂得了应该像海绵一样汲取知识与技能，学到的知识才会越来越多。

毕业快 10 年了，赵雪有不少的感悟。她说，大家都是一颗螺丝钉，要有团队协作的精神。大学期间要确定发展方向，有目标才有前进的动力。人生一直在奋斗，逆水行舟，不进则退，无论何时，无论自己身处何方，都要向着目标前行。

撰稿人：孙飞

2005 马雷：

不甘落后，方可披荆斩棘一路向前

“现在回想起来，大概是因为那一年的学习成绩比较优异吧。”在谈话的开始，问到获得徐特立奖学金，我们从马雷的话语感受到IT精英的精炼和谦逊。

马雷是北京理工大学软件学院2002级本科生，2005年获得北京理工大学徐特立奖学金，现在是阿里巴巴公司的一名研发专家。

荣获“徐奖”，难忘恩师栽培

因为成绩优异，马雷抱着试一试的心态申请了徐特立奖学金。“当时我对徐特立奖学金了解也不太深，并没有意识到徐特立奖学金的意义。”他这样说道。当最终获得徐特立奖学金，马雷的内心难免有些激动，获得徐特立奖学金对他后来的学习和工作起到了很大的激励作用。马雷说，获得徐特立奖学金也离不开班主任和辅导员对他学习以及生活上各方面的帮助和关心；同时他也十分感激授课的老师，老师对他专业知识的提升给予了很大的帮助。

求学期间，马雷还是学院足球队的一员。他依稀记得，大家在一起的时候非常开心，一起训练、一起比赛，虽然并没有获得非常突出的成绩，但是和球队成员相处的日子对他来说是非常有意义的，这个爱好对他的影响非常大。一直到现在，他还保持着周末踢足球的习惯。

实习阶段，设计开发软件

说起大学期间让自己感到非常有成就感的瞬间，马雷首先想起的便是本科时期的实习经历。那时，虽然已经过了三年的学习，但他认为自己对专业还是不够了解，即便学了专业课，也只限于理论层面，并不清楚应该怎样把这些专业知识真正运用到工作中去。大四的时候马雷有了实习的机会，在一家公司做软件设计开发的相关工作，虽然只是一个小公司，但在工作过程中，他才渐渐发现，如何才能把在课堂上学到的知识运用到实践中去。他用自己学到的专业知识，又获得了属于自己的第一份收入，这对他来说是非常有成就感的。

后来因为成绩优异被保送成为北京理工大学研究生的马雷，在毕业之前并没有对自己的职业生涯有非常明确的规划。当时他把主要精力都放在学习上，和外界的接触不多，也不太了解外面的世界。硕士刚毕业的时候，互联网还没有兴起，“阿里巴巴”这个名字也没有现在这样如雷贯耳。当时占据主流的还是很多传统的企业。他也经历了许多家公司，前两年才来到了阿里巴巴工作。

研发专家，专攻人工智能

现在马雷在阿里巴巴新创建的独立研发部门——达摩院的人工智能实验室担任研发专家。当话题进入到自己熟悉的领域，马雷的话语也渐渐变得详尽起来。他到了阿里巴巴工作之后，见证了达蒙院的诞生，也参与了达蒙院各种人工智能产品从无到有的开发。“互联网是一个日新月异的行业，在这个行业里工作，我们必须要一刻不停地学习新的知识，否则就会被这个行业淘汰。尤其是阿里巴巴，组织结构的变化是非常迅速的。一个项目从开始研发到研发完成，中间会经过很多次组织结构的调整，这都是科研人员需要去适应的，绝不能因为组织结构或者负责人的变更影响了自己在整个研发过程中的专注力。”马雷如是说。

在阿里巴巴这个聚集了全中国最顶尖的 IT 人才的地方，马雷认为，其中最宝贵的是，他在 IT 领域中遇到的任何问题都能够找到相应的专家去询问和解决。同时，公司内部也有很多的渠道、资源库供给员工们学习。通过在阿里巴巴的工作，他在专业技术上得到很大提高。

当谈起在公司中能学到哪些学校里不能获得的能力，马雷认为，学校里学的知识大多局限于理论方面，在学校里做出来的成果，现在看来会觉得就像是一个花瓶，或者说是一个实验室产品。但是在公司做研发工作，直接面向的是客户。因此，研发人员不能想当然地通过自己的主观判断去研发一个产品，而要通过客户的实际需求去衡量产品的优劣。这就是把理论运用到实际的一个过程。

从大学到步入社会，马雷可以说是同龄人当中的佼佼者。当我们问起优秀是否是一种习惯，马雷说，他一直是一个不甘落后的人。他觉得不甘落后是一把双刃剑，它可以鞭策着自己一直努力向前，然而它也可能会让自尊心太强的人在某些挫折和困难当中受到伤害。因此，只有用好了这把双刃剑，靠着这股劲儿支撑着自己去奋斗，才能成为一个真正优秀的人。

三点建议，寄语学弟学妹

在谈话的末尾，马雷也结合了自己的人生经历，为北理工学弟学妹们提了三点宝贵的建议。

第一，首先要有主见，要找准自己的研究方向。他曾经经历过一段迷茫期，在考研还是工作、找什么工作之间举棋不定。后来一位学长告诉他，应该选定一个方向去努力钻研，并且认定这个方向去寻找合适自己的工作。而不是仅仅为了一个公司的某一次招聘需要什么人才，再去恶补什么，这是效率最低的。当时他最终选择了 JAVA 的研发方向，并且不断深入研究，最后依靠这个研发方向找到了第一份工作，也是很不错的一份工作。

第二，多参加一些团体活动和社会活动。马雷参加工作之后，才发现身边的人大学期间都有着丰富多彩的课余生活，而这一方面他是欠缺的，对他来说也是很大的遗憾。因此马雷希望学弟学妹们多多参与各种团体和社会活动，使自己的能力获得提升。

第三，多和同专业的学长学姐们交谈，了解他们的专业方向和工作状态，已经走向职业道路的学长学姐们很可能会成为你人生道路上的向导。

撰稿人：李仪筝

2005 廖冰萍：
用认真的态度刻画出类拔萃的轨迹

廖冰萍，2002 级考入北京理工大学，就读于人文社会科学学院，2005 年获得徐特立奖学金，2006 年获得保送资格在北理工攻读硕士学位。

廖冰萍在采访过程中表现出对母校浓浓的感激之情。作为北京理工大学粤港澳校友会副秘书长，她说，要尽自己的能力开发校友资源，为北理工校友的终身发展提供有力的支持和帮助。

回顾大学生活

回顾大学生活，廖冰萍如数家珍。廖冰萍说，她每学期都能拿到不同金额的奖学金，基本都用于购买书籍和支付生活费用，不用从家里拿钱。特别是徐特立奖学金，是对自己学习能力、综合能力、全面发展的肯定。她为自己而自豪。

在本科阶段，廖冰萍作为班长开展了许多学生工作，既能做好学生的管理组织工作，也能和同学们打成一片。廖冰萍和她的硕士生导师孟凡臣及许多老师建立了非常好的关系。孟凡臣老师现在是管理与经济学院副院长。孟老师曾说廖冰萍结婚的时候一定会到现场，她一直记着老师的话，但是考虑到结婚的时候老师不一定都有空，所以廖冰萍 2012 年专门休婚假到北京，看望了所有的恩师，同时给外国语学院的新生做学业与择业讲座。

在硕士阶段，北理工支持廖冰萍去德国交流学习。她非常怀念在德国交流学习的岁月。在德国这个文明高度发达的国家，廖冰萍拓宽了眼界和见识，看到了非常先进的设备和技术，感触颇深。廖冰萍说，为了缩小我国与西方国家的差距，提高生产力水平，发展国民经济，我们必须吸收西方文明成果，学习和借鉴西方管理生产方式，学习和利用西方先进的科学技术。

分享择业经历

廖冰萍在 2012 年给北理工外国语学院学生做了有关学业和择业的讲座。她坦言，在选择职业前，有两个问题需要深入思考：第一，设立切实可行的职业目标，职业目标一定要和自己的人生目标相匹配；第二，思考择业的标准。

为什么把目标作为第一个需要思考的问题，从采访中可以看出，廖冰萍是一个目标感非常强的人，同时不论在完成这个目标的时候，她都会用非常认真、踏实的态度去做，其原因就是遵循北理工徐特立老院长的一句话——“实事求是，不自以为是”。

在回答第二个问题之前，廖冰萍与同学们分享了她的工作经历。她毕业之后进入德国汽车零部件制作公司中国采购零售办公室，在两年工作过程中发现自己不适合做翻译工作，挑战性不强，不能达到自己的五年目标，她下决心改变。她毕业的五年目标很简单——深圳创业，买房定居。所以为了达成五年目标，就要去选择有挑战性的工作，承受更大的压力。

之后她转行做国际贸易业务，这是具有挑战性的工作。从一个人的市场部干起，整个团队从 5 个人增长到 50 个人，营业额从 60 万元增长到千万元，她挖掘到了人生“第一桶金”。回顾这个经历，她想起来了孟凡臣老师跟她说的话：“大公司进去就是做螺丝钉，小公司也许可以得到全方位的锻炼。选择工作需要确定工作的本身能给自己带来多大的价值。”

她讲述了择业四个原则：以喜好为原则，从事一个发自内心喜欢的职业；以擅长为原则，如擅长德语可以选择德国公司；以价值为原则，看重公司福利、工资水平；以发展为原则，看公司的发展潜力和个人在公司发展的潜力。如果不符合四个原则中的任何一项，就不应该去选择。

最后，廖冰萍鼓励北理工的学子要学会给自己定制五年规划，制定有时间期限的目标，并坚定不移地完成。廖冰萍说，人生每一步都要按照计划推进，把五年规划每一个阶段分解成不一样的小目标，大方向是对的就好，这样才可以把控人生。

撰稿人：吴月

2006 侯文龙：

改变中进步，坚守中成长

侯文龙，机械与车辆工程学院 2003 级本科生，曾担任学生分团委考核部部长、书记及班长等职务。他工作务实，乐于助人，用自己的行动实践着“为同学服务”的诺言。在同时兼任多项学生干部职务的情况下，他充分协调工作和学习的关系，学习刻苦，取得了优异的学习成绩，毕业后保送攻读硕士研究生。他曾连续五次获得甲等奖学金，获得过北方奖学金、漫步者奖学金、丰田奖学金等诸多荣誉，并在 2006 年 12 月获得徐特立奖学金。

品学兼优——“学海无涯苦作舟”

进入北理工，侯文龙选择的是设立三年的工业工程专业，同级同专业只有 34 个学生。虽然这个专业是新设立的，但他却是真心热爱这个专业。从班主任到每一个专业课老师，都无微不至地关心着他，每一门专业课都能让他学习到很多的知识。

在北理工浓厚的学习的氛围中，努力学习一直是侯文龙大学生活的主旋律，他从来没有放松过对自己的要求，学习刻苦认真，他获得了一个又一个奖学金。从大一开始，他便获得甲等奖学金，一直持续到大四。大三之后，侯文龙凭借奖学金已经完全可以自给自足，并且用漫步者奖学金买了一台电脑。

努力是一种常态，优秀是一种习惯。大四上学期，他获得了北理工最高荣誉——徐特立奖学金。侯文龙至今仍然能回忆起当时获得奖学金的激动心情，对于他来说，这更多的是一种荣誉。这个荣誉不仅是对他学习和学生工作的一个认可，更是鞭策他不断前行的动力。侯文龙说，徐特立奖学金一直激励着他，尽管现在已经毕业工作，但是北理工的烙印是永远不会消失的。

学生领袖——“坚守比改变更为重要”

面对丰富多彩的大学生活，每位同学面临的选择有很多，最难能可贵的是对自己的选择能够做到坚守。然而，侯文龙做到了。他曾在一次主题分享报告中说："走过四年，我越来越强烈地感觉到'坚守'有的时候甚至比'改变'更为重要。"

对于他热爱的学生工作，亦是如此。他做到了从一而终，做到了坚守。他坚守在机械与车辆学院分团委干事到学生分团委书记的岗位上。作为学生组织骨干，1 000 多个日日夜夜，责任心强的他用自己的躬行实践为分团组织无私奉献，带领分团组织取得了突出成绩。

2007 年，北京理工大学举办第二届"大学青春人生"优秀学生事迹报告会，侯文龙入选报告团成员，他做了《大学，我的事业》主题分享报告，并获得了北京理工大学领航奖学金。"坚守"使侯文龙成了同学们的心中的信赖伙伴，老师心目中的学生领袖。

奉献社会——"低调做人，高调做事"

毕业数年，学校留在侯文龙身上的烙印不仅是专业知识，更多的是骨子里的品质和精神。"团结、勤奋、求实、创新"的精神体现在每一位北理工人的身上，侯文龙也不例外，不浮夸、踏踏实实地做科研的品质在他工作中延续。

如今他在所从事的工业互联网行业，踏实做科研，认真做项目，平时为人处世中不去计较、不去炫耀，做事实事求是、不自以为是，而这也正是他要分享给北理工学弟学妹的行事准则。

在主题分享报告会上，他曾以自己对爱因斯坦的一句名言理解作为报告的结尾："对一个人来说，所期望的不是别的，而仅仅是他能全力以赴和献身于一种美好事业。"这美好的事业是什么？对现在的我们来说，就是大学。如何经营这份事业呢？找准目标，在改变中进步，在坚守中成长。

撰稿人：纪晴宇　董柏顺

2006 薛庆蕾：

求真务实，不变的信条

“无论遇到什么困难，努力就一定能解决”一直是薛庆蕾在工作以及生活中所践行的信条，而这也正是北理工在她本科以及研究生生涯中所给予她的宝贵的精神财富。从2003年到北理工读本科到保研本校继续攻读硕士研究生，薛庆蕾完成了蜕变，从懒散到自律刻苦，从感性到理性，从经验空白到经历丰富。同时，她的视野也在不断扩大，从文学社到奥运会、残奥会，她接触了越来越广阔的世界，这也为她之后的工作奠定了良好的基础。她脚踏实地、努力向前，北理工“团结、勤奋、求真、务实”的校风、学校老师的教导、徐特立奖学金的激励都对她成功道路的探索发挥了重大的作用。

扎实学习，实现蜕变

在进入大学之前，薛庆蕾还是一个感性又有一些任性的小女孩。因为喜爱，她选择了北理工的数学专业，自此开启了她的蜕变之旅。初入北理工，她所看到的是背着书包、拿着书本在去自习室的路上的同学，是清晨便已经没有空座位的自习室，是深夜还会传来的背书声。在这样的氛围下，她慢慢地作出了改变，她加入了早起抢占自习室的阵营，深夜的背书声中也掺杂着她的声音。她从来不说自己是一个“学霸”，因为她认为在北理工有太多比她还要努力的同学，但是刻苦努力是她在学习期间不容动摇的信念。

本科以及研究生数学专业的学习带给她的不仅是扎实的基础知识，还有严谨的逻辑思维。在学院教师的教导下，她一步步扎实地学习数学知识，构建严谨的数学逻辑思维。虽然她现在没有直接从事和数学直接相关的职业，但是逻辑思维确实是她可以受益终身的财富。从一个感性的小女孩慢慢成长为一个逻辑严谨、条理清晰的北理工学生，这为她后来在工作以及生活上带来了很大的便利。

她很感激北理工所带给她的这些改变，感激北理工成就了现在的自己。

丰富经历，全面发展

学习之余，薛庆蕾也积极参与学生工作以及志愿活动。她曾担任学院马列主义学习会会长。那时，学生学习党的知识的氛围非常浓厚，所有学生扎扎实实上党课，学生讲党课，紧跟党的步伐。作为会长的她，积极参与到党的知识学习活动的组织工作中，她号召更多的人参与其中，在学院中营造了很好的学习氛围。即使到现在，在工作中，她仍密切关注国家政策，并与同事分享探讨。

2008 年，薛庆蕾成为奥运会及残运会志愿者，这是她至今仍觉得十分自豪的一次经历。当时，从场馆引导到座席引导到后台保障，都是由北理工的志愿者完成的，她作为其中一员，全程参与了这次宏大的活动。北理工的志愿者获得了北京市高度评价。她很感激北理工能够给予她这样的机会，有这样一次难忘的经历。她至今还收藏着奥运会志愿者服装，时常拿出来回忆当时的情境。

北理精神，终身实践

薛庆蕾说："徐特立奖学金是对我所有努力的一种肯定，也激励着我继续努力前行。徐老倡导的求真务实的精神在我工作和生活中发挥了极大的作用，尽管我已经离开学校 10 年了，但是我仍带着北理工的精神在做事、在生活。"徐特立奖学金对薛庆蕾意义重大，也促使着她更坚定地朝着目标前进。对于徐特立老院长的精神，薛庆蕾一直是坚定的实践者，也在努力做一个传播者。求真务实精神在她的身上得到了很好的体现。她也积极影响身边人，感染更多的人践行这样的精神。

在谈及对学弟学妹们的寄语时，她再一次强调了求真务实精神。她希望不管这个世界如何变化，北理工人一定能够一直本着求真务实的精神，找到自己生活的最佳状态以及事业的一个起点和平台。她祝愿学弟学妹们能够拥有一个美好的未来。

撰稿人：纪晴宇

2006 孙媛：

勤奋刻苦，求实创新

孙媛，2003级考入北京理工大学机车学院机械工程及自动化专业，2006年获得徐特立奖学金，2007年直博本校本专业。读博期间公派美国交流一年。目前在航天九院从事单机产品研发工作。

当时孙媛正怀着小宝宝，但是听说母校学弟学妹对她进行采访，她便毫不犹豫答应了。为了不麻烦学弟学妹，还特意在怀孕期间来到学校接受采访。采访过程中，孙媛表示出对母校浓浓的爱恋与感恩之情。

吃苦耐劳尽职尽责，母校爱恋情深如水

谈起获得徐特立奖学金，孙媛满脸笑容中洋溢着满满的自豪："虽然当时评奖程序不像现在这么复杂，但是徐特立奖学金依然是个特别高的荣誉。"孙媛入学时的辅导员就获得过徐特立奖学金，同学们都觉得他特别厉害，很崇拜他，于是孙媛从大一的时候就立下目标要拿到徐特立奖学金。另外，徐特立的务实精神对孙媛影响特别大。北理工学生以务实态度面对学习和工作，受延安根、军工魂的影响极大，绝大部分同学毕业后去兵工单位找工作。

孙媛自大学起就培养了吃苦耐劳的品质，工作上她更是有着一股狠劲。孙媛工作在工艺部门，偏重制造过程，在倡导"制造强国"的黄金时期，为了能够为国家国防建设贡献力量，怀孕期间的孙媛依然在岗位上尽职尽责。

"我在航天科技集团工作，感觉北理工学生口碑很好，很务实。"孙媛如是说，北理工的学生比较稳重务实，这来自北理工潜移默化的熏陶，学校整个氛围对学生"三观"的塑造起到了很大的作用。孙媛说她当年德育答辩的主题是"烙印"，北理工"德以明理、学以精工"的校训融到血液中，如同烙印一般一直影响着自己。

孙媛对未来充满乐观。她说自己是一个理想主义者，这和大学的学习经历很有关系，她觉得我们国家和社会会越来越好，对未来充满憧憬，这一切都得益于在北理工的生活学习。现在走出校门工作，有很多正面负面的信息，但是当她做选择时，大学时期

形成的“三观”直接影响她作出选择。

恩师之情铭记于心，谆谆教诲希冀传承

回想求学生涯，孙媛不由得想起了诸位恩师，感激之情溢于言表。孙媛因为刘兆龙教授的课而爱上物理，也因为张之敬教授的儒雅之风而爱上文学。

孙媛忘不了张忠廉老师的贴心帮助与谆谆教诲，孙媛说：“虽然没有直接上过张老师的课，但是张老师对我的帮助我至今难以忘怀。”张老师对待同学一视同仁，本科时期的孙媛参加机械创新设计比赛，有问题或者需要资源时就会去张老师寻求帮助。孙媛说她读博时遇到张老师，张老师总会询问她最近做得怎么样，每一次她就感觉像是打了强心针一样，一下子又有了干劲。

孙媛庆幸自己遇到这么多优秀的老师，她也想把自己所受的恩惠传递给北理工更多的学子，将自己的人生感悟分享给各位学弟学妹：一方面，学校的资源越来越好，学弟学妹要珍惜机会，现在有机会把眼界打得更开，想一下五年十年后会是什么样子，眼光看远一些，在自己迷茫的时候有所帮助；另一方面，北理工是理工科综合大学，理工学院的学生应该在保证专业学习的前提下多接触人文方面的知识，如历史、社科、管理等，人文知识不会像自然科学那样作出直观的成果，但是在实际中如何推进工作，就可以从人文思想中找到答案。

北理工“团结、勤奋、求实、创新”的校风在孙媛身上延续，北理工也将因有这个校风而不断壮大。

撰稿人：郝炜

2006 吕焱：

求真务实，做一个持续学习者

吕焱，2004 年考入北京理工大学电子与信息工程学院，2008 年保研本校本专业，硕士毕业后前往北京工业大学任教，现在北京工业大学研究生院工作。

波澜不惊，丰富多彩

谈到在北理工的时光的时候，吕焱说，本科及硕士期间的学习及生活可以用波澜不惊和丰富多彩来形容。所谓波澜不惊并不是平淡无奇，她说，从本科到研究生，自己一直保持着不错的成绩，同时还参加了很多学生工作，在学院、学校做了许许多多的事情，别人看来是很重要的关键节点，她都“顺风顺水”地度过了，无论是评奖评优，还是保研，都顺理成章地实现了。

吕焱于 2006 年获得徐特立奖学金，当时是大三，吕焱表示当时获得徐特立奖学金是自己“意料之中”的事情。说到这里，吕焱便不由地谈到了自己的成绩，从高考大省河北刚刚来到北理工的时候，像很多人一样，学习有所松懈，导致大一第一学期成绩不太理想。或许优秀已经成为一种习惯，当初考到北理工的河北考生都是数一数二的尖子生。她意识到，这种松懈对自身的成长是有极大负面影响的，于是再次努力，很快地便追上了前面人的脚步，甚至超过了他们。吕焱说，她不是那种特别刻苦学习的人，有些像突击学习的类型。她认为学好知识最主要的是提高学习的效率，课堂及有限的课下时间高效的学习是提高学习成绩的有效方法。

除了学习之外，吕焱也参加了从诸多学生工作。她是班级的班长，是党支部书记，也是社联的老成员。如此多的学生工作，占据了吕焱的大部分课余时间，于是她摸索出了一套高效学习的方式，让自己成绩能够一直名列前茅。学生工作对吕焱的人生产生了重要影响。吕焱说自己在大学期间印象最深的就是她的辅导员潘浩。她说潘老师工作能力特别强，思维也很活跃，能够带动大家跟着一起干，给人一种激情澎湃的感觉，给人力量和信心，这也成为她大一到大四一直当班长的一个重要因素，她还谈到在北理工社联的工作经历，虽然那时候社联刚刚起步，但是社联“专业、激情、沟通、利他”的价值观成为她之后工作和做事的一个准则，对个人职业发展、选择和进步有着很大的影响。

趁年轻，多学习

吕燚毕业后先是在北京工业大学任教，后转入行政岗位。在谈到如今大学生的情况时，她说现在的学生和以前的学生有很大的差别，现在学生的思想越来越活跃了，一方面自身有了更多的想法，另一方面综合能力有了一定的提升，但是却缺少一个踏实稳定地学习的劲头。她鼓励我们应当抓住机会深造，读研读博是当下最有价值的选择，无论是个人职业生涯发展还是个人水平的提高，都需要一定的知识积累，而专注学习这件事会随着年龄的增长变得越来越困难，随着家庭、子女、工作等方面的影响，学习成本越来越高，趁年轻多学习是最明智的选择。

吕燚说，学习不是单纯地学习知识，素质教育、综合教育才是最有价值的，作为两个孩子的母亲，吕燚说自己教育孩子就是以素质教育为主，知识虽然重要，但是各方面的能力以及见识也很重要，现在社会更看重综合能力。大学生也是一样，大学期间的学习主要要培养自身的能力，比起学知识本身，更重要的是掌握学习知识的能力，有了这个能力到了哪里都能取得良好的发展。

吕燚说北理工学生的一个典型特质就是特别踏实能干。北理工的学生可能在学校里自我感觉不是特别优秀，最后出去之后却常常取得不错的发展。北理工的平台很高，优秀的人才很多，即便在这个平台上感觉一般的人，进入社会大平台也显得十分优秀，北理工求真务实、实事求是的传统带给北理工学子的一个宝贵品质就是踏实、务实，这将在个人的发展中起到巨大的作用。

最后吕燚表示有机会还想回到母校读博深造。已经步入社会的她表示读研读博是人生道路上的一个重要机会，工作之后可能没那么容易了。她希望学弟学妹一定要趁年轻多学习。

撰稿人：刘朝强　郝炜

2007 刘皓：

用奋斗点亮青春

作为国家交通运输部的公职人员，他秉持为人民服务的精神，力求在自己的岗位上做到最好。“今日我以学校为荣，明日学校以我为荣”是他不变的初衷。他是北京理工大学优秀校友，2007 年徐特立奖获得者——刘皓，毕业于北理工机械与车辆学院交通运输工程专业。

集体为先，拼搏青春

谈起大学的学习生活，刘皓十分怀念与同学一起的日子。刘皓的大学信条之一是团队精神。刘皓和班级的同学获得了很多集体荣誉，互相促进、互相帮助是班级的主题。在浓厚的团队气氛中，他们拧成一股绳，投入其中，为集体争先。

刘皓曾经参加一个发动机研究项目。刘皓和同学们在车辆实验室中经常忙到很晚，或是加班到第二天凌晨，索性就在实验室过夜。刘皓很怀念那种乐在其中的集体拼搏精神。

刘皓在大学本科和研究生期间，秉着机械专业的工匠精神，踏踏实实地学习，专心致志搞科研。刘皓认为自己算不上学业上最好的，但是不偏科，而且学习态度非常认真。

刘皓在学习之余中也参与了丰富的课余活动。刘皓是京工演讲团的成员，主持过学院的新生辩论决赛。刘皓也乐于总结经验并尽自己所能帮助他人，在大三的时候，他为师弟师妹们做选专业的报告，主讲交通运输工程专业，讲述自己的学习历程。

“徐特立奖学金是以老校长的名字设立的，能够获得徐特立奖学金确实是一种荣耀。”谈起获得徐特立奖学金的感受，刘皓认为获得徐特立奖学金是对自己努力的肯定，对学习会有正反馈的作用。

牢记师恩，精工于勤

工作多年，刘皓难忘当年老师的教导。他认为，专业老师讲的知识，不一定在以后工作中能发挥多大作用，但是老师教你做事的原则、做事的方法，严谨的治学态度，在工作中的作用是巨大的。刘皓对老师充满感激之情。他回忆三院的老师总是尽己所能把自己的知识、思想传授给学生；老师们希望自己的学生不是枯燥地学习，而是感受到学习机械的乐趣，真正感受到机械之美。

回忆起求学生活，刘皓对张幽彤老师非常感激。张老师总是诙谐幽默地传授知识，总是一直在鼓舞学生，无论碰到多么大的问题，张老师都会鼓励学生去解决；学生有什么困惑，不管是专业方面还是生活中的，去找张老师，跟张老师聊一下，就会觉得自信满满，就觉得人生充满了力量。

“生活上的关爱，生活中的督促，像启明星一样引领我们的大学生活，像一个老大哥一样亲切。”刘皓同样很感激辅导员范文辉老师。

“北理工培育的就是踏实的精神。”刘皓对“学以精工”有深刻体会：“比如画减速箱，要从底层一层一层地往上画，要是底层的基础没有打好，你往上画的尺寸到最后会出问题。我们工作中也这样，基础就是北京理工大学学习的积淀，就是知识体系。如果这个基础就不踏实，存在很多问题，那么在工作中也会不踏实，带着问题在在工作中做，总有一天这个问题会暴露出来，可能对不起这个行业，对不起‘为人民服务’几个字的大问题了。”

理工精神，服务国家

刘皓认为北理工有很强的理工实力，有独属的理工特色，对国家、对民族有很大的贡献，北理工学子在大学阶段要努力学习理工知识。

刘皓希望“德以明理，学以精工”的精神能发扬光大，他认为，理工类的学生要经历理工精神的熏陶，懂得工业化的底蕴。刘皓希望北理工学子奋发图强，抓住这四年的美好大学时光。

刘皓给新一代学子一些建议：踏实做学问。大学有各种精彩的活动，有的学生或许会稍微浮躁一些，还是要有一定的定力，心中要有信念，要有一股向上的劲来促进学习。谈到就业，刘皓建议同学们首先要认清自己，自己到底适合做什么，自己感兴趣的是什么；其次就是自己能不能变得对自己学的专业感兴趣，能不能为这个行业作出贡献。踏实地学知识，认真地工作，热衷于学业，在自己的岗位上做到最好。

最后，刘皓祝福北理工学子有更好的发展，希望母校越来越好。

撰稿人：杨林　杨晓彤

2007 辛乐：

实事求是，做求真务实的北理人

辛乐，2005 年考入北京理工大学自动化系就读自动化专业，2007 年获得徐特立奖学金，2009 年被保送到清华大学自动化系直接攻读博士学位，博士毕业后进入中国电科十四所从事新体制雷达研究工作。

印象北理，充实丰富，记忆犹新

虽然已经离开母校很多年，但是辛乐对北理工的求学生活记忆犹新。她感慨地说，北理工的四年从中心花园开始，也在中心花园结束。

大一刚来北京，班级的中秋晚会在中心花园举办。深秋的巨大温差，让这个在安徽长大的孩子亲身体会了北方的寒冷，再加上身处陌生环境深感迷茫，她突然间领悟到，将要开始孤身求学的时光，却没料到的是如此精彩、让人留恋的四年。

大四毕业的时候，同学们在中心花园相聚、交谈、合影留念，深深感到时间匆匆而过，大家说笑着大学的趣事，交流着人生与理想，怀揣着对未来的憧憬，四年的大学生活也画上了一个圆满的句号。

2007 年获徐特立奖学金，辛乐当时课业成绩全系排名第一，综合素质评测也是全系第一。辛乐认为，大学的生活绝不是应该仅是学习，她还积极参与了一些学生工作和社会工作，曾担任京工演讲团副团长、自动化分团委常务副书记等，同时她还辅修了工商管理的双学士学位，本科四年可谓丰富多彩。两个专业的课业不可谓不繁重，还要兼顾兴趣爱好和锻炼提升，她学会了规划时间的方法，也践行了效率优先的原则，通过努力达到知识和能力双丰收。

辛乐认为奖学金代表着学校老师们对自己的认可和激励，特别是获得以老院长名字命名的徐特立奖学金，对自己的鼓舞作用巨大，荣誉催人奋进。她开玩笑地说当年奖金远没有现在丰厚，羡慕现在的学弟学妹有着这么好的机会。

大三期间，辛乐经学校选拔前往美国参加为期六周的暑期项目。这一经历极大地开拓了她的眼界，增长了见识，走出了固有的生活圈子，收获很多。那年暑假回国之后，她作为 2008 年北京奥运会志愿者，负责北理工排球场馆新闻发布厅的志愿服务工作。

谈起志愿者的付出和收获，她依旧历历在目。

辛乐的大学四年过得丰富、充实、快乐。她对我们说，本科的课程对于北理工的同学来说都不算困难，要用最大的效率学习，掌握方法，一定可以取得优秀的成绩；同时也要积极去尝试更多的领域，挖掘自己在其他方面的潜力。

师恩难忘，传承师德

虽然在北理工的时间只有短短四年，但辛乐对母校教师的印象十分深刻。伍清河教授是自动化系控制理论方向首屈一指的知名学者，教授本科生自动控制理论课程，兢兢业业，一丝不苟，上课几乎全程手写板书，定理、公式烂熟于心，而且选用英文教材，上课、考试也全部用英文表述和回答，这让全系的同学大呼困难。但辛乐逼着自己静下心认真学习英文教材，争取跟上授课节奏之后，却有种一通百通的领悟感。伍老师严谨的治学态度、朴实的科研情怀深深影响了她，在之后的工作中，她对这种求真务实精神领会得更加深刻。

另外一位女教授廖晓钟老师也让辛乐记忆犹新。辛乐本科时上过廖老师的课，在美国参加暑期项目时恰好由廖老师带队，因此接触得更多。她眼中的廖老师，严谨、踏实、务实，又不失风趣和热情，是典型的北理工老师的作风，特别是廖老师作为一名事业型女性，也给辛乐带来了职业上的启蒙。廖老师在学术、教学、家庭等多方面都能承担应有的责任，优秀地发挥作用。廖老师是辛乐多年来不断学习的榜样。

在申请保送直博清华大学的时候，伍老师和廖老师为辛乐写了推荐信，两位老师非常重视，字斟句酌修改，辛乐十分感激，铭记于心。

北理工精神代代相传

谈到北理工精神时，辛乐认为，踏实勤奋、朴素务实是北理工人的特征，可能是军工传统的习惯性思维，北理工人在学术及工作中更愿意用行动和工作成果而非言语去表达，有着朴素的军工情怀，不虚伪、不浮夸。辛乐身上也烙下了深深的理工痕迹，在学习和工作中秉持务实、踏实的态度。在步入工作岗位后，辛乐也发现很多北理工的校友都具备类似的特质，这些共同的特质也让大家彼此之间非常有认同感。

谈到徐特立老先生的语录“实事求是，不自以为是”，辛乐认为这句话语言朴实，不花哨，很有实际意义，对她很有启迪。首先，意味着做人要谦虚，要站在不同角度看问题，对待问题实事求是，做工作要怀有利他精神，避免自以为是。其次，要善于汲取他人的建议，走出舒适圈，扩大认知面。

最后，辛乐给北理工师弟师妹们送上寄语：祝同学们在充实快乐中度过求学之路，坚持运动，热爱阅读，专注思考，时常旅行。不负青春，珍惜时光，但行好事，莫问前程。

撰稿人：周信兵　刘朝强

2007 赵良玉：

20 载北理工岁月，做时代先锋新人

赵良玉，1999 年以高分考入北理工飞行器设计系，2003 年以专业第四名保送北理工直博攻读本专业，2007 年获得徐特立奖学金，博士毕业留校工作，现在北京理工大学宇航学院担任教职。

实事求是，求真务实的北理工生涯

1999 年是第一年高校扩招，北理工的分数线和扩招前区别不大，那时从河南这样的高考大省进入北理工比现在还要困难许多。来到北理工后，赵良玉保持了以往的学习态度，在学习之余还参与了精彩纷呈的学生工作，曾在学校学生会工作过两年，“深秋歌会”、权益工作都给赵良玉留下了深刻的印象。赵良玉说，要做到学习与学生工作两不误，就要有良好的时间规划和自我管理意识，综合发展是十分有益的。

本科毕业后赵良玉顺利保送本校直博，在本科及读博期间，赵良玉除了获得徐特立奖学金外，还获得了诸多奖项，说到印象最深刻的奖项荣誉还是徐特立奖学金。获得徐特立奖学金时赵良玉博士已经临近毕业阶段，科研学术上的突出成绩是赵良玉当初获得徐特立奖学金的主要因素。赵良玉说，以徐特立老院长为名的奖学金对个人的激励和鼓舞作用是巨大的，这也给了他继续在科研工作上源源不断的动力。

赵良玉对自己的专业可谓是热爱至极。谈到专业方面内容时，赵良玉一下子便打开了话匣子，从飞行器设计专业的发展史到上课的教学再到未来的发展，赵良玉老师详细地介绍了这个专业，也讲述了在这个专业学习过程中，北理工给他带来的一些影响。赵良玉说，北理工学生受军工精神影响特别大，也正是因为这个原因，北理工的学生养成了稳重、务实的做事风格，学生切实地贯彻了“实事求是，不自以为是”的学风，是时代的担当者。北理工军工专业的毕业生就业于军工系统各个行业，为强国强军建设贡献力量。

师恩难忘，传承师德

回忆起恩师的教导，赵良玉的感激之情溢于言表。研究生导师的谆谆教导依然萦绕耳畔，导师在学习及生活中的帮助让赵良玉感激不尽，也正是导师的影响，促使了赵良玉坚定了做像自己导师一样的传道授业解惑的老师的想法。此外，本科时期的张训文老师也对赵良玉影响深远、谈起张老师，赵良玉表示深深的敬佩。他说，张老师是一个有扎实工程实践基础的教师，而赵良玉也正是从他的身上领悟和理解了“做学术也要有批判性思维，理论结合实践才是最有效的方式”的真理。赵良玉说，张老师是一个对教学极度负责的人，有时候下午最后一节课和晚上的课连着上的时候，张老师往往只是跑到食堂随便对付两口便跑回教室继续为学生上课。除上课之外，张老师更是为不少学生指点迷津，从考研到就业，从学习到生活，张老师成了所有宇航学院学生都熟悉的教师。赵良玉深受张老师影响，在教学过程中时刻提醒自己以张老师为标杆，力求带给学生最好最全面的教学指导。

说到现在的教学体验，赵良玉老师说他那时候的博士标准没有现在这么高，“现在北理工的博士毕业水准在全国都算得上是很高的了”，赵良玉老师对北理工的学生水平表示了深度的肯定。但是也提到了一些当下学生存在的一些问题，比如随着互联网及移动通信设备的发展，一些学生都将很多时间花费在了网络娱乐化上，一方面占用了较多学习时间，一方面减少了线下交流的频率，对学生在沟通处事及科研学术上都产生了负面影响。赵良玉老师希望我们能够利用互联网上的众多资源进行有效学习，不要将过多的精力耗费在无营养的内容上。此外赵良玉还对我们说，学习和科研都不是一个人的单打独斗，“我为人人，人人为我”的团队利他精神在学习与科研中弥足珍贵，团队协作、共同前进才是最有效的进步方式。

最后，赵良玉老师希望学弟学妹在徐特立思想的指导下，坚持德智体美劳全面发展，逐步成长为担当民族复兴大任的时代新人。

撰稿人：刘朝强　郝炜

2008 侯仕杰：

以坚韧之心怀抱生活

“我从小对车辆比较感兴趣，这也在一定程度上影响了我的选择。机缘巧合下，我在填报高考志愿时看到了北理工的官网，当时首页上最显眼的新闻，便是北理工电动车技术团队主持承办了奥运中心区的零排放公交工程，当时我就觉得，北理工的车辆工程专业一定是十分顶尖的。”——北京奥运会 10 周年之际，在谈起为何要选择北京理工大学车辆工程专业时，2005 级本科生、2008 年徐特立奖学金获得者侯仕杰如是说。

品学兼优

在高考前已经入党的侯仕杰，上大学的时候便以预备党员的身份，担任了车辆工程专业一班的团支部书记，大三时是学院的党支部副书记。在大学期间积极参与团支部、党支部的各种工作和活动的他，学习成绩也是名列前茅。大三期间，他的成绩稳定在专业排名前五名。正是因为这样优异的学习成绩和工作表现，他的辅导员建议他申请徐特立奖学金。

“淡定当然谈不上。我当时的心情也是十分激动的。”对于最后成功获得徐特立奖学金，侯仕杰这样说道，“我感觉自己还是比较幸运的，在人生中许多重要的节点上，总能获得来自外界的各种激励。获得徐特立奖学金，是对我最大的激励。在学习、生活中，包括走上工作岗位之后，在遇到困难、处理问题的时候，给了我自信心，也给了我一个迎难而上的动力。现在想起来，依旧非常感谢北理工能把这个奖学金授予我。”

恩施难忘

“经师易遇，人师难遇。”对于侯仕杰来说，在他的学术生涯里，他最想感谢的一位恩师，就是本科时期的班主任邹渊老师，后来攻读硕士学位时，他毫不犹豫地选择了邹渊导师。那时博士刚刚毕业不久的邹渊老师，虽然年长侯仕杰 10 岁，思维却十分年轻，对待学生通情达理，和同学们十分熟稔。侯仕杰说起令他记忆犹新的一次经历：

“硕士期间的一年暑假，我们跟着邹老师做了关于履带车辆的一个虚拟现实仿真项目。在炎炎夏日，我们几乎每天都要在中关村和西山实验室之间奔波。四五人的团队，经过一整个暑假的协同合作，终于把项目完成了。邹老师不仅带领我们做研究，还关心我们的日常生活。他做学问始终秉持着认真严谨的精神，我从他身上学到了很多东西。”

爱好广泛

学习研究之余，侯仕杰通过羽毛球、篮球等各种球类运动来放松自我，强身健体。同时，他闲暇时候也常常和女友一起进行户外登山等运动，去贴近自然，感受京都城郊的别样风光。在运动之外，社会服务活动也为他的课余生活增添了一分色彩。2008 年残奥会，在北理工举办的盲人门球比赛的一次志愿者经历令他难忘。不似其他活动，从参赛者进入校园的那一刻起，一直到比赛结束，志愿者都必须时刻陪伴和引导着参赛者。“他们的谋生途径是非常有限的。一直到现在，我和当年引导的那位参赛者依旧保留着联系。”这次近距离地体会盲人的生活状态，让侯仕杰感受颇深。

开阔视野

侯仕杰说：“来到北理工之前，对于车辆的理解就只是汽车有四个轮子会跑而已。经过系统化学习，我对车辆工程有了一个更深入的、结构化的了解。北理工，不仅仅教给了我车辆工程专业的先进知识，也让我有了一个多维度的、全新的思维方式。”毕业后的侯仕杰，选择了一份与自己兴趣相投的工作——来到北京奔驰公司，成为一名负责产品工艺研发的工程师。对他而言，奔驰公司是一个能够学习到先进产品的研发、制作和运营，开拓国际化视野的绝佳平台。在奔驰公司，他能够接触车辆工程领域最前沿的技术。在一个项目的研发过程中，他和他的团队遇上了一个难题——旧机型产能需求量和新机型的生产需求之间的矛盾。也就是说，团队必须使现有的生产线在生产原有型号发动机的同时，改造并兼容新的型号。在改造的过程中，稍有不慎就会造成现有生产线的停产，将对公司造成不可估量的损失。为了减少产能损失，在整整两年的时间里，侯仕杰和他的团队对生产线进行改造。他们经历了漫长的研发，也克服了重重困难，终于将新机型研发成功——这款新产品终于在今年推向市场。

宝贵品质

在近八年的学习生活中，侯仕杰从北理工学到的除了专业知识外，更有严谨认真、一丝不苟、诚实守信这些宝贵的品质，这样的品质一直延伸到他的工作中。谈起北理工“德以明理，学以精工”的校训。侯仕杰认为，比严谨认真、一丝不苟更加重要的是“德”字。北理工最重要的是培养学生的“德”，培养学生们正确的人生观和价值观，这也是徐特立老院长始终坚持的教育思想。“徐特立老院长一直尊重科学和教育，一直主张的‘理论与实际结合’思想，就算是放到现在，也是与当今的教育环境十分接轨的。”侯仕杰补充道。

侯仕杰希望学弟学妹能够珍惜大学时光，享受大学的生活，培养健全的心智，拓展正能量的朋友圈。最重要的是，一定要作出自己的选择，并一直坚持不懈！

撰稿人：李仪筝

2008 张晓雯：

付出换收获，严谨得成果

2001年入学北京理工大学就读材料学院本科生，在本科毕业后保送直博，继续就读高分子材料专业的张晓雯，2008年获得了北京理工大学最高荣誉——徐特立奖学金。

本科时期的张晓雯，除了认真完成学业之外，还通过参加学生组织和社团的各种活动，培养自己的个人能力和兴趣爱好。她不仅仅是学院学习部的副部长，也是当时学校书画社的一员。同时，她还积极参加学校里的各种体育项目、运动会和歌咏比赛。直到如今，张晓雯在工作之余，也依旧喜欢通过画素描和练字等方式不断地学习，充实自己的生活。

当被问起获得徐特立奖学金的原因，张晓雯说，虽然攻读博士学位的期间有些辛苦，但是那时她的研究方向做得比较好，发表了几篇文章，影响因子也达到了3～4，所以被学院推荐申报了徐特立奖学金。除了徐特立奖学金之外，她也因为学业优异而获得了中国航天科工集团设立的CASC奖学金。谈起最终获得徐特立奖学金的感受，她率直地笑道："当然开心了，因为还是学生的时候，经济状况不好啊！"说起获得徐特立奖学金对她后期参加工作的影响，张晓雯语气变得郑重起来："我觉得从读书到现在，自己最深的体会就是做任何事情都要认真负责，不能有任何敷衍。就像是我们做实验，不管是什么结果，都要去追求真实，不能捏造数据，要能解释清楚每一个数据。"

在攻读博士学位时期，张晓雯也曾感到压力很大。进入实验室之初，她并不太了解科研应该怎样去做。她说："我们研究的项目基本上是全世界都没有做过的，因为别人做过自己再研究就没有意义了。有很多时候做错了还不知道怎样去优化，当时内心是很恐惧的。"有撰写博士论文的压力，也有学业的压力，但是张晓雯并没有就因此退却，反而不断地适应环境，在不断探索中找到了思路，一步步完善自己的科研项目。"人每一步都有每一步的困难，但是一定要看得开，付出总是会有收获的。"回想起那时遇到的困难，张晓雯这样说道。

在张晓雯就读大学的时期，信息并不如现在这般畅通，她身边的人多数报考的都是比较传统的专业，但经过大学的深入学习，她也越发地偏爱材料专业。博士毕业之后，张晓雯来到了中国航发航材院。因为航材院不单单只是理论研究，还有诸如飞机制件方面的产品研究，既有科研，也有生产，是一所综合性较强的研究所。在工作过程中，张晓雯曾经承担过各种课题，并做过许多比较富有创新性的产品。她常常需要对产品进行优化，使产品到达预期的性能指标。对她来说，最有成就感的事，就是在每一个项目中，找到思路和方法，确定自己的方向，把产品做得更好。和在学校里跟着导师埋头做科研不一样，航材院的工作不是集中精力研究世界前沿的东西，而是以应用为导向的。“学校里的科研，可能是为了科研成果，去做一些非常前沿的理论研究，但是航材院不一样，我们做的每一项工作，不一定要非常前沿，我们的唯一目的，就是要实用，要非常扎实可靠。尤其是在航空方面，我们不是要用最先进的东西，而是要用最可靠的东西。先把产品的可靠性解决，才去向高端推进。”

作为一名被保送直博的女博士，站在象牙塔顶端的女性，张晓雯却认为“女博士”不是一个褒义词，但也不能说是贬义词。除了年龄之外，女博士跟其他女性没有太大区别，都一样要面临家庭和工作，都要花费许多的代价和精力去兼顾工作和家庭。在她看来，每个人有每个人的生活方式和处世态度，所有人都需要去将自己每一个阶段应该做的事情做好。

张晓雯在北京理工大学待了这么多年，最大的收获就是严谨。北理工培养的学生都比较正直，一丝不苟，对待工作都是认真严谨的，这也是张晓雯身上具有的北理工特质。

撰稿人：李仪筝

2008 王博：

言行合一，实事求是

王博，北京理工大学副教授，博士生导师，2004 年和 2009 年在北京理工大学分别获得本科和博士学位，随后在北京航空航天大学攻读博士后，毕业后回校工作至今，主要学科方向为控制科学与工程、导航制导与控制、控制理论与控制工程。

实事求是的求学生涯

“2000 年 9 月，我第一次踏进了北京理工大学校园，懵懵懂懂地打量着这个的地方，陌生，却又感觉与其他校园无异，偶然间看到徐特立老先生雕像前题写的‘实事求是，不自以为是’的校风，却不曾想到这会影响我的一生。”在采访过程中，王博这样回忆到。

在北理工，王博经历了本科、博士和教书育人将近 20 年的岁月，徐特立老先生“实事求是，不自以为是”的教育理念一直影响着王博的科研和教育工作。2004 年，他凭借优异的成绩以及优秀的院学生会副主席学生工作去，在大四期间获得了北京理工大学最高荣誉——徐特立奖学金，获得直博资格。之后，他申请去西班牙马德里理工大学访学，成了全校第一批去西班牙马德里理工大学的五位博士生之一，为两校之间以及与西班牙其他大学建立稳定的访学合作关系奠定了良好的基础。

谈到学习方法，王博说，可能我比别人做得好一点的就是效率吧。在北理工这样优秀的学校，大家都很努力，但是每个人的专心程度却是不一样的，我在学习工作之前都会定好目标，定好时间，在规定时间内高效完成，我觉得这一点对当今新媒体时代下的大学生也是非常重要的。

谈到北理工精神和徐特立老先生的教育理念，王博说：“实事求是，不自以为是，从我进入北理工开始便深深印在心里。这么多年的北理工学习和教书生涯，让我充分地感受到了北理工人的那种脚踏实地和一丝不苟的精神，没有夸夸其谈，也没有唯唯诺诺，而是一种最客观、最理性、最言行合一的行事风格。我们为军工而生，为国防而生，我们的肩上承担着保障国家安全的重担，在我眼中，每一位优秀的北理工人都是英雄。”正是凭借着这种精神，王博教授作为学科方向的主要负责人，近年来获得多项科研奖项：2016 年获中国科协求是杰出青年成果转化奖和中国卫星导航协会科技进步一等奖，2015 年获中国卫星导航定位协会优秀产品与工程二等奖等。同时任中国卫星导航定位协会副秘书长，中国卫星导航定位协会智能物联专业委员会秘书长，《兵器装备工程学报》《卫星导航定位与北斗系统应用》《中国卫星导航与位置服务产业年鉴》等著名刊物和学术著作的编委，为我国的卫星导航事业作出了很大的贡献。

十年树木，百年树人的教育生涯

除了科研工作，在教书育人方面，王博也提出了自己的见解。他告诉我们，本科是基础阶段，直接上手科研项目有一定的困难。他倡导发挥学生的主观能动性，鼓励本科生主动走进实验室，联系老师，与硕士博士师哥师姐多交流，增强自己的动手能力，同时寻找自己的兴趣点，为日后的学业与工作打下良好的基础。在采访中，他这样说：“我也担任本科生的教学工作，因为精力有限，我无法顾及每一个学生，但是我从来不会拒绝任何一个想来我的实验室学习工作的学生。学生只有积极主动，才能掌握自己的人生。大学是人的一生中的黄金阶段，希望大家能够准确定位，找准方向，刻苦钻研，践行徐特立老先生的教诲，实事求是，不自以为是，在北理工优越的教学条件和学习氛围下实现自己的人生价值。”

在采访中，他特地提到了学院里的整套教育制度，他说，这是他能够获得现在成就的重要原因，老师的和蔼可亲，循序渐进的教学进度，教师亲自传授科研实践经验，都使他获得了宝贵的经验。王博表示，随着时代的发展和学生们的变化，我们也在积极进行教学改革，将优秀传统继承下去，培养实事求是、言行合一、做事一丝不苟的优秀北理工学子，为国家不断地输送优秀人才，回报母校，回报国家。

撰稿人：杨舒文

2008 吴舟婷：

脚踏实地，仰望星空

“大学是一个人生命中最重要的黄金阶段，今天就想简单讲讲自己的经历。但我觉得我更多的是对学弟学妹的一种告诫，因为在大学，‘放大镜效应’是最明显不过的，你的堕落，你的懒惰，你的努力，都会被无限放大，从而影响你今后的学业和生活。”在采访的开始，吴舟婷便向学弟学妹们提出了自己的建议。

认清自己，默默坚持

吴舟婷在大学本科生活中一开始便找准了自己的位置，没有对未来迷茫，也没有一个新生的那种好奇，而是全身心地投入学习，对自己的精准定位和准确认识很快便获得了回报：大一学年绩点全系第一，其中高数、工程制图、近代史、计算机原理全部拿到全系最高分；大二经历了层层筛选便获得了北京理工大学的最高荣誉——徐特立奖学金。谈到学生工作，她说：“我不是一个善于交际的人，喜欢静静地做自己的事情，所以我没有参加太多的学生工作，我觉得每一个个体都是不同的，按照自己的性格找到自己的定位，不用去参照他人的成功经验，因为成功是不可复制的。由性格导向兴趣，有兴趣导向自己的学业和工作才是每个人最正确的选择。”关于大学最深刻的记忆，是在大三参加的电子设计竞赛。她说：“那是我第一次接触科研创新项目，第一次全身心地去做一件实用性的东西，第一次学会自己去解决问题，第一次学以致用。那一年的暑假，我们所有人哪都没去，就待在实验室里，有不懂的地方就去请教老师，老师给了我们大体思路后，我们就一点点查资料去解决问题，一切都要靠自己。正是这次经历，让我了解了科研的基本过程，适应了科研的基本节奏，同时也为我的博士研究生学习生活以及我现在的工作奠定了基础。”

情系母校，继续奉献

四年后，吴舟婷被成功保送至中国科学院电子学研究所直接攻读博士学位。也许是因为徐特立奖学金把她和母校的关系拉得更进一层，2015 年 9 月毕业后，经过再三思考，吴舟婷决定应聘北京理工大学信息对抗实验室。她说："我一直都很喜欢和享受自己的工作，我喜欢搞科研，在实验中发现问题，解决问题。踏入教育领域，我更加努力地在实验课上发掘同学们的动手能力，让同学们将课堂上所学的理论知识应用到实践领域，这就是我最大的教学任务。我喜欢和同学们交流实验中的问题，只有付诸实践，才能体会到知识的真正价值。"

接着，吴老师谈了关于兴趣、专业和工作之间关系的一些个人见解："由于个体的差异性，很大程度上，一个人的性格都会导向自己的兴趣，兴趣很大程度上导向工作，但是我们却不能把专业当作限制你自己工作方向的牢笼。具体来说，是你付出的精力与时间导向了你的未来，首先应该卸下思想包袱，不要被专业所限，大胆尝试，逐渐找准自己的定位，为之后的工作奠定良好的基础。"

谈到北理工精神，吴舟婷这样说："从开始工作至今，已经经历了三年实验教学工作，我最深刻的体会就是北理工的学生都是一丝不苟、脚踏实地的。再加上这么多年北理工的学习生活，我能感受到，北理工人不夸夸其谈，也不唯唯诺诺，拥有一种最客观、最理性、最言行合一的行事风格。"

吴舟婷真诚地希望学弟学妹们能够在北理工浓厚的学术氛围中逐渐找到自己的定位。她说，就像我前面所说，大学的"放大镜效应"太严重了，你的一时偷懒就很可能会把你拉向无限堕落的深渊，同样，你的努力和你的付出也会随着时间的推移被无限放大，从而抵达成功的彼岸。吴舟婷最后向所有的北理工学子送上了最真诚的祝福："希望每个人都能'德以明理，学以精工'，脚踏实地，最终能够仰望到属于你自己的那片绚丽星空！"

撰稿人：杨舒文

2009 舒歆：

往事依依，来日可期

母校是一个很神奇的地方，可以把一个陌生城市的陌生角落变成心里的故乡。有时觉得时间像是令人不可忍耐一般缓缓地流逝，有时却又一跃跳过了长长的过程。那些在北理工的时光，仿佛历历在目，但又似乎相当遥远。就这样带着对母校的感恩，踏上了下一段的征程。

舒歆，2006 级法学院本科生，获得两次国家奖学金，四次一等奖学金，徐特立奖学金，北京理工大学十佳团员，北京市优秀毕业生。

当谈到获得徐特立奖学金的心情时，舒歆说："因为这是学校的最高荣誉，当时觉得非常激动，像一份临别大礼；希望通过自己的努力，让更多的人认可北理工，认可北理工法学院。"

往事依依，珍藏心底

徐特立老院长的教育理念，从延安自然科学院到现在的北京理工大学，一代一代薪火相传。舒歆回忆说，认真踏实的学习、做事风格是让自己受益最多的品质；有这样浓郁的学习氛围，身边踏实努力学习的同学，严谨负责的老师，不管是在学习上还是做研究做学问，都积极地影响着自己。尽管毕业多年，舒歆依旧清晰地记着那些对自己帮助指导的恩师，记得恩师们上课的风格，还有带给自己的收获。舒歆说，北理工的四年不负韶光，是充实的四年，是正向的四年，是积极学习、生活充实的四年。

做人做事，明理精工

舒歆说，北理工的精神，体现在方方面面，在学校低调踏实的氛围中，在每一位刻苦努力的学子身上，更体现在校训里——"德以明理，学以精工"。在舒歆看来，学校的教育理念，不仅仅是对学术能力的影响，更重要的是对品德修养的培养。舒歆说，以德修身是做人的根基，明理是做人的基本素养，对形成自己的"三观"非常重要。对于各项技能、知识刻苦钻研、深入探索，“学以精工”则是追求极致的方向。舒歆感叹道：“世间很多事物很美好，比如品德的修养，比如知识的积累，好好做人，认真做事，可以在心中起着类似精神支柱的作用。一点一滴地执着追求，又会在不断追求的过程中发现更多的美好，并发现自己也会变得越来越美好。”

来日可期，发扬精神

很多时候获得成绩或者成就，不仅仅是为了自己，不仅仅是为了一份满足，在一种责任感与感恩之心的影响下，还有一种发扬与传承。舒歆说，获得徐特立奖学金，是学校对自己的肯定，自己深感在一个普通个体的身上也能体现北理工精神。

每个北理工人都是星星之火，可以形成燎原之势。不忘来时路，舒歆把对母校深厚的感激与感动都转化为扬帆远航的动力。在舒歆的眼里我们看到了她对母校的温情与感动，从她的谈笑间看到了她作为北理工人的骄傲和自豪，我们在她的脚步里寻觅着未来的希望……

撰稿人：张漪诺　薄穆盟

2009 杨毅：

非典型理工男的理工故事

能力之上，更需要有担当。无论是本科、研究生阶段还是工作以后，杨毅在他每一段人生经历上都挑战自我、追求极致。

8 月的北京骄阳似火，与杨毅的见面是在北京金融街的一处五层办公楼会议室里，窗外是车水马龙的长安街——这是招商银行北京分行的所在地。作为股份制银行的头把交椅，公司的一切显得紧张而忙碌，以亿元为单位的数字随处可见。银行经营的是风险，风险控制是任何一家商业银行的核心。作为招商银行北京分行最年轻的高级审贷官，刚过而立之年的他，显得谦和、干练，充满自信。2018 年 8 月，他荣获了招商银行总行年度“金牌讲师”（全国每年仅 10 人）称号，这是杨毅在招商银行工作的第 5 个年头。

其实我是咱北理工的理工男

如此成功的转型，很难相信我们手中有限的资料对于杨毅的记录。

杨毅说：“其实我是咱北理工的理工男。”

杨毅于 2010 年本科毕业于北理工自动化学院自动化专业，并辅修经济管理学院工商管理专业，获得工学、管理学双学位，并以优异的成绩和在校表现获得免试保送研究生资格，进入自动化学院陈杰、窦丽华教授牵头的模式识别与智能系统国家重点实验室。国家奖学金、北京市三好学生、北京市优秀学生干部、北京市优秀毕业生……杨毅无论是专业成绩和在校表现都非常抢眼。2013 年获得控制科学与工程的硕士学位，他为自己交上了一份底气十足的成绩单。

除了专业前 5% 的 gpa 排名，杨毅还在学院一直担任学生会干部。杨毅坦言道：“大二大三那两年真的挺累的。一是像咱们学校大多数专业一样，自动化专业的课业难度和强度在那两年一下就上来了；二是平时的晚上和周末还要上双学位的课，时间就比较紧张了；三是学生工作非常繁杂，除了一些大型活动的组办，更多的是大量的日常协助学院和辅导员的辅助性工作，要做好这些工作其实也挺费心思花时间的。但现在回想起来，那个阶段的确非常充实，对于我办事效率的提升、工作方法能力的提升和经验积累起到了巨大的作用，无可替代。”

唯其艰难，唯显勇毅；唯其磨砺，始得玉成。用杨毅的话说，成功没有偶然。即便是现在金融行业每天紧张的工作节奏，北理工的学习经历对他的影响都是巨大的，很多习惯是那会儿养成的。

巨蟹座的他在生活中是一个充满乐趣的人。“一个有趣的人，多半也是一个热爱生活的人。”杨毅热衷于体验生活，在体验过程之中丰富着对世界的感知，也为工作和学习注入了更多的动力和活力。他曾在中央电视台高尔夫网球频道兼职担任网球赛事的直播解说工作，曾直播解说温网、美网大满贯等多项赛事，解说赛事的最高级别是某年美国网球公开赛的女单决赛。他说：“大家都说我是一个比较阳光的人，我认为爱好广泛让我更容易交到志同道合的朋友。”他曾每年代表学校参加北京市高校网球联赛，2011年获得男单第5名，并带领校网球队获得团体第2名，这也是迄今为止北理工网球队取得的最好成绩。“文体活动对一个人的影响可能是一辈子的，分量很重，所以我非常感谢北理工为我提供了一个全方位的环境。”杨毅如是说，自己工作中的敢于挑战、狼性精神，都与自己在球场养成的敢打敢拼的作风密不可分。在他看来，大学对于学生的教育绝不应该仅仅停留在书本上，更应该合上书走出去，多参与一些对于个人性格的长期养成、身体健康有所助益的活动。

恩校良师的帮助

时间的指针拨回10年前，2010年，大三的杨毅获得了徐特立奖学金。

“是啊，这么一数，都10年了”。弹指一挥，10年间，或许物是人非，但传承，是不可磨灭的力量。

作为北京理工大学的最高荣誉，徐特立奖学金的含金量毋庸置疑。

“我觉得作为理工大学的一名普通学生，能拿到这个奖，首先感到的是无上光荣。荣誉背后，是无形的力量，除了肯定和鼓励，会对自己产生强烈的鞭策和约束作用，会更加提高对自己的要求。”杨毅如是说。在获得徐特立奖学金后，杨毅心中便增添了一份力量，这份力量来自学校，同时也是徐特立精神的传承和发扬。

在聊到哪位老师让他记忆犹新的时候，杨毅说令他印象最为深刻的两位老师，一位是当时的辅导员宫伟光老师，一位是人文学院的贾晓明老师。

“本科阶段，辅导员是我接触最多的人，宫伟光老师与其说是老师，但更像是老大哥。他在我面临不知如何选择的时候、遇到迷茫的时候，提出了很多建议，是给予我最大帮助、指导的人。”杨毅坦言，从高中进入大学，从最初了解大学的规章制度、生活面貌，到后来对自己未来的规划设想，再到最终一步一步去落地实施，这些都离不开辅导员以他的经验和视角为自己带来的信息。所以从这个角度看，宫伟光老师对自己的帮助最大。

“还有一个老师，不是我们自动化学院的，是我在大一上通识选修课心理学的贾晓明老师。”对于贾老师，杨毅不吝赞词。杨毅说：“我觉得通识教育方面国内教育和国外先进西方教育存在较大差距的部分。国内高中的教育，虽然近年已经逐渐加大了对于学生综合素质的培养，但整体看，还是以应试为主的，这使得绝大部分的高中毕业生接触到与数理化文史政以外事物的机会非常有限。”大学中开设的电影赏析、心理学等人文通识课程是杨毅非常喜欢的课程，他说：“这些会让一个人学会思考。像拿着手术刀剖开自己，认识世界。”“如果现在让我再来一遍大一大二的话，这些课程，我可能会尽可能地去参加，即使旁听。”或许也正因如此，杨毅逐渐成了一个兼具科学精神和人文精神的人，专注而全面。

进取心与荣誉感

进取心和荣誉感是杨毅在北京理工大学学习期间获得的宝贵财富，以至于工作后，不管在哪个岗位，力争上游都成了他的自身习惯。

“进取心是一个人能够不断学习的一个很大的动力。”杨毅说，“在自动化专业，或者说在整个北理工，优秀的学生非常多，因此竞争也是非常激烈的。所以我觉得在这种激烈的竞争当中，如何严格要求自己，靠的就是进取心吧。”

杨毅坦言道：“荣誉感方面，我想说的是，一个人在一个集体、一个团队里，那这个人就会被贴上这个集体、这个团队的‘标签’。比如说，走入社会，由于我们都毕业于北京理工大学，那么别人就会为我们贴上北京理工大学的‘标签’。那么之后我们的所有表现、所有别人对我们的评价，都不会仅停留在我们个人身上，都一定会或多或少地上升到北京理工大学的高度。”因此，在杨毅看来，徐特立奖学金的获得、北京理工大学毕业生的身份，对他来说，是他内心深处的一份重量，一份为不让集体因自己而蒙羞的责任心、使命感。

传承——德字当先的北理工精神

德以明理，学以精工。杨毅认为，一个人最重要的是德行，这是应该始终提倡的价值导向。采访中，杨毅谈到在社会上引起轩然大波的疫苗事件，他对此深恶痛绝。杨毅说，当今中国社会，道德沦丧是经济下滑的根本原因。科学技术如果脱离明德精神，将失去正确的方向，今天的环境污染、生态失衡、网络犯罪，莫不如此。

说到个人对于北理工精神、徐特立精神的传承与发扬，杨毅十分谦逊：“我觉得传承两个字的分量可能太重。我只是众多北理工普普通通毕业生的其中一员，将传承两个字用在自己身上实在愧不敢当。但是我觉得，尽力做好每一件事、每份工作，善待身边的每个人，是我唯一能做到并且能够保证尽力做好的。”“达则兼济天下”，又不忘独善其身。非典型理工男杨毅为母校增光添彩，用自己的方式，在未来的人生路上，以北理工精神为一面旗帜不断前行！

撰稿人：薄穆盟

2009 赵小川：

欲穷千里目，更上一层楼

一分耕耘，一分收获，要收获得好，必须耕耘得好。于己，是不断积累，刻苦努力；于人，是以诚相待，真诚付出。

赵小川，机械电子工程专业 2001 级本科生，2005 级博士生。在读期间，课程优秀率达 100%，2002—2005 年连年获专业一等奖学金，2007 年获研究生创新基金，2008 年获 CASC 博士生奖学金，2009 年荣获徐特立奖学金。曾荣获 2009 年北京市“挑战杯”学术竞赛博士生组北京市一等奖，2009 年北京市发明创新奖，2008 年度北京理工大学优秀研究生标兵，2008 年荣获北京理工大学博士生论坛优秀论文一等奖，2009 年荣获北京理工大学五四学生科技奉献奖，2006—2007 年度北京理工大学优秀研究生、优秀党员，2009 年北京理工大学优秀毕业生。

点滴积累，循序渐进

徐特立老院长在谈到读书的时候说过一句话：“不动笔墨不读书。”这句话与赵小川认同的“好记性，不如烂笔头”很好切合。点滴积累，循序渐进，积累很重要的一点就体现在动笔记录方面。谈到在校做科研的那几年的时候，赵小川说自己会及时将在科研以及生活中突发的想法记录下来，这些想法在科研上会对你有所启发，有时候你的文章的创新点就来源于此。他在读博的那几年中，有关科研问题的一些心得总结和想法记录得很多。

赵小川说，每个人都是从一点一滴成长起来的，没有不付出就不能得到幸福。刚刚进入实验室的时候，自己基本上是一个“门外汉”，不仅对研究领域的很多知识不了解，而且对做科研的方式方法以及学术论文的撰写都知之甚少，一开始便遇到了很多困难。

面对压力，赵小川没有慌张，他多方位分析自身的不足，找出自身差距，及时总结，关注科技前沿发展趋势，了解同行动态。从一开始不懂的状态，慢慢地对所研究领域有了深入的了解，最后逐渐站在科技的前沿。从一开始参加国际学术会议听报告，到后面自己在大会上做报告；从一开始羡慕别人拿到很多奖项荣誉，到后面成为自己最初羡慕的那类人；从一开始不喜欢开口说英语，到后面强迫自己站在英语演讲比赛的舞台上。这些一点一滴的积累，在获得徐特立奖学金的时候都得到了很好的认可；也正是这一点一滴的积累，让赵小川从一个科研的“门外汉”变成了有所成就的学者。

赵小川说，台阶是一层一层筑起来的，目前的现实是未来理想的基础。在当前现实的狭隘基础上，有高尚的理想，全面的计划；在一步一步行动上，想到远大前途，脚踏实地地稳步前进，才能有所成就。

待人以诚，融洽相处

在谈到徐特立精神的时候，赵小川认为不论做人还是做事，都要脚踏实地，要用心，要踏踏实实去做，要真诚，要奉献。在读博期间，博士班里的同学在一起度过了很多开心的时刻，过生日，办活动，外出旅游，班级聚餐，还有做科研等。大家用最真诚的心去经营这个大家庭，去对待大家庭里的每一位成员。在大家共同的努力下，这个大家庭获得了北京理工大学优秀研究生班集体称号。

真诚付出，收获无限

2008 年 8 月 28 日，作为 02310801 班班主任的赵小川，迎来了全国 25 个省市自治区的自己的 29 名学生。“良好的开端是成功的一半。”作为 08 级新生的班主任，赵小川深感自身责任重大。在这个从高中向大学转型的关键期，如何使学生更好地适应大学生活，如何加强沟通与交流，如何激发他们对学习的兴趣和对专业的热爱，便成为赵小川开学后一段时期内需要集中力量解决的问题。

作为博士生的赵小川，还存在毕业与工作的双重压力。在决定是否同意学院安排担任班主任的时候，他又收到了 MIT 做访问学者的邀请。一面是教书育人的重担，一面是自己前途发展中不可多得的机会。何去何从，很难抉择。面临科研中重大困难的时候都没有失眠过的赵小川，在这个时候，失眠了。教师工作不仅是一个光荣重要的岗位，而且是一种崇高而愉快的事业。它对国家人才的培养，文化科学教育事业的发展，以及后一代的成长起着重大的作用。本着自己心中的初衷，他最终放弃了出国访问的机会。

在担任班主任期间，赵小川十分注重与学生交流的多样性。针对不同的情况及不同同学的性格特点，赵小川采用班会、个别谈话、书面交流相结合的方式。开学不到两个月的时间，通过交流，赵小川和班里的学生已经达成了一种默契，享受着学生对他的这份信任，同时努力履行着自己的责任。从跨入校门的那一天，到学生们毕业，赵小川一直陪伴着他们成长。从入学时的引导到毕业之后的发展选择的建议，赵小川都在尽自己最大的努力做着这份本职工作。四年的陪伴，带来的是终身的陪伴，在校时他们是师生，毕业后他们是挚友。

点滴积累，带来的是一个人循序渐进的成长；真诚待人，赵小川收获的是人生的快乐与幸福。和大家相识、相知、共同进步，是赵小川人生又一笔宝贵的经历和财富。

撰稿人：张漪诺　王玉辉

2009 吴心筱：

乘风破浪，柳暗花明

村上春树在《我的职业是个小说家》中提道：“我对那些长年累月，孜孜不倦坚持写小说的作家一律满怀敬意，他们具备优秀而坚实的内核，那是非写小说不可的内在驱动力，以及支撑长期孤独写作的强韧忍耐力。”从这个角度上来说，写作与研究有或多或少的相同之处。回顾自己读博的经历，吴心筱说，那是一段凭耐心与毅力坚持钻研的日子，伴有焦虑，但最终获得的不仅仅是知识与学问，还有解决问题、表达沟通能力以及如何面对挫折、克服困难的能力。

吴心筱，2005 年考入北京理工大学计算机学院的计算机应用技术专业，进入机器学习与计算机视觉领域，2009 年读博期间获得徐特立奖学金。

实事求是，不自以为是

1949 年徐特立老院长给《河北教育》创刊号的题词是：“实事求是，不自以为是。”徐老在附录的说明中指出：“学校的学风和办教育刊物的宗旨应该是实事求是的，实事求是说起来简单，做起来却难于登天。”徐特立老院长提倡的这种极平实的做学问的态度，深深影响了北理工的一代又一代学子。谈到北理工精神时，吴心筱说，北理工精神应该是一种求真务实、坚守、创新的精神。具体来说，北理工整个学风都比较稳重踏实。学生都是能够吃苦耐劳的，老师也是严谨求实的。北理工是一个军工色彩浓厚的学校，很多专业都很艰苦，很多是冷门专业，但北理工人一直在坚持自己的专业研究，踏踏实实地做学问。北理工人的精神比较低调，几十年如一日，总是为国家的建设默默地作出贡献。正是契合自己的北理工精神，吴心筱才选择到北理工来读研究生。在求学期间，学校的这种品格也在吴心筱身上刻上了烙印，深深地影响着自己的一生，一直到毕业，一直到现在的工作。

现在吴心筱的主要工作是培养学生，包括给本科生上课，指导硕士生和博士生。她要求学生们要实事求是，要讲真话，要踏实。对本科生来讲，要让他们养成这种踏实的学风，打下扎实的基础。对于硕士生和博士生来讲，她要求他们要能够严谨求实、精益求精地开展科研工作，因为科学研究来不得半点虚假。从自身的学习生活到培养学生，吴心筱是践行者，也同样是传承者，传承徐特立老院长实事求是、不自以为是的思想，让更多的学子从中受益。

难忘师恩，春风化雨

弟子事师，敬同于父，习其道也，学其言语。获得徐特立奖学金，离不开导师的培养。吴心筱回忆说，读博五年，对自己影响最大的就是自己的导师贾云得教授。是贾老师引领吴心筱走进计算机视觉科学研究的大门，在学习上取得的每一点进步、在科研上获得的每一个成果都倾注了贾老师大量的心血。后来，吴心筱归国回校校任教，也离不开贾老师的帮助，应该说没有贾老师，就没有自己今天的一切。贾老师的很多学生都获得过徐特立奖学金。师兄师姐获得了徐特立奖学金，对吴心筱也起到了激励作用，激励自己以他们为榜样。通过不断努力，吴心筱也获得了徐特立奖学金。这同样也是一种传承，在现在的教学工作中，吴心筱对学生的要求也是这样的，把获得最高荣誉奖学金当成自己的目标，把高质量的研究成果作为标准，严格按照自己制定的时间规划做研究，每一天都要有收获和进步。

潜心治学，收获成果

在博士四年级的时候，吴心筱获得了徐特立奖学金。回忆起博士前两年的学习阶段，吴心筱说，还是比较痛苦的，遇到了困难和挫折。很早的时候，吴心筱就准备论文要发表，但是一直没有发表出来，当时心情也很沮丧，对自己有一些质疑，担心自己的研究方向不对。每次论文被拒的时候，吴心筱都会不断改变自己的研究思路和方法，完善论文。有时候投出去的论文还会和编辑反复讨论怎么修改，直到 2008 年 10 月终于发表了第一篇论文。回顾读博期间的研究之路，吴心筱说，找到一个很好的点深入做研究是非常重要的，这就是选题的重要性。博士生培养的是独立做研究的能力，独立探索的能力。经过博士期间多年的修炼，自己就会成长为某个领域的专家，将来也会带领一些人去开拓这个领域，这是一个必然的过程。吴心筱说，不是每个人都会去读博士，也不是每个人都会舍得用五六年去专注一件事情，何况这期间还会承受各种失败与压力。但是克服困难会最终成长为一个能够自己去开拓某个领域的人才，这段经历是非常触动人心的。在吴心筱看来，读博期间最大的收获不是发表了多少篇论文，最重要的是整个人各方面都有一个飞跃，包括心智的成熟，分析问题、解决问题能力的提高，各方面综合素质的养成。

对于吴心筱来说，站在今天的位置往回看，总算心无旁骛地度过了那段艰苦岁月，来到了更加平坦开阔的地方。环顾四周，眼前出现了一片从未见过的全新风景，风景中站着一个坚强的、全新的自己。

撰稿人：薄穆盟　张漪诺

2009 朱勇：

脚踏实地，仰望星空

踏实地，望星空，不张扬，在科研中刻苦专研，实事求是，发挥自身价值，致力于为航天事业贡献出自己的一份力量。不问得失，砥砺前行，在工作中不断挑战自己，勇于创新，多思考，多实践，不断探索，突破极限。

他，就是朱勇，北京理工大学宇航学院飞行器设计专业博士，2009 年荣获徐特立奖学金。

大道至简，脚踏实地

“实事求是，不自以为是”，徐特立老院长的这句朴素真理，如一阵清风，在北理工的校园里吹了几十年，吹进了一代代学子的心底，仿佛温柔叮咛着求学奋进的学子，要踏踏实实地做学问。在校风和导师的影响下，虽然毕业多年，不管是学习还是工作，朱勇都在秉承着这种精神，做人不张扬，做事团结求实，踏实努力。朱勇现在负责的一个团队，组训就是“脚踏实地，仰望星空”，实质上也是实事求是精神，为国家航天事业作出自己一份实实在在的贡献。

离开校园，步入社会，有了不同的人生经历与感悟，回想起校训“德以明理，学以精工”，朱勇认为这句话看似简单，却蕴含着为人处世的大智慧。德以明理，道德高尚，达到以探索客观真理作为己任之境界。学以精工，治学严谨，实现以掌握精深学术造福人类之理想。作为一名科研人，这是使命，也是责任，做人做事，都是一样的。

自由探索，逻辑至上

谈到北理工精神和导师对自己的培养时，朱勇感触比较深的一点是学校和导师给自己一个相对自由的空间进行自我探索和发展。朱勇的导师是宇航学院的刘莉教授。在大三的结构力学课上，刘老师的博识感染了朱勇。硕博期间整整六年的时间，朱勇就一直在刘老师的课题组做研究。导师并不是特别地去关注学生要求上的哪个方面，学术上的哪个点，也不会把自己的想法强加给学生，而是给学生一种比较宽泛的自己选择的空间，包括最后的选题方向和研究方法，相对自由地进行研究探索，这种自由的培养方式，使朱勇形成了自己的一种处理问题、解决问题的思路。走到工作岗位上，更是觉得这种相对自由、独立思考问题的方式受益匪浅。套用朱勇领导的一句话："判断一个人有没有能力往上走得更高，非常关键的一点，是看思路。在自己遇到问题时，有判断和把困难处理完的思路。"朱勇说，在学校里虽然学到很多知识，但是工作的内容也许和当年上学期间学的内容没有百分之百对口，但是上学期间培养的逻辑与方法是不局限的，适用于多个领域。

朱勇说，在进行研究和探索的时候，走重复路的经历是在所难免的，付出很多时间和精力，最终发现自己走的是错路的情况也很正常，大不了就从头再来。谈到如何尽量少走重复路时，朱勇说，一方面要带着思考看别人怎么做，自己要先思考，然后有了想法后跟别人进行交流，不断积累自己的经验。另一方面，有些路没办法避免，是真的要去走，不要怕自己走得有问题，结果看似没有收获，但也可能学到一些其他的东西。

回校交流，往事依依

毕业多年，当年的师兄弟大多都留校了，朱勇也常常回来和大家交流。朱勇说，在北理工学习生活了9年，自己最美好的时光都在北理工，所以第一种感情是感恩。看到学弟学妹年轻有朝气，校园富有活力，自己又觉得十分欣慰。朱勇说，如果有机会可以回炉深造的话，会更加充分地利用空闲的时间，多方面地涉猎不同领域的知识，做一些更有趣的事，多学一些东西充实自己，多接触一些东西。因为走到工作岗位上发现，做的东西可能会越来越聚焦，可能会错过一些让自己成长的东西，这也是朱勇学长对学弟学妹的希冀与祝愿。

在母校中度过的美好时光，如今在记忆中依旧犹新，朱勇感恩母校对自己的培养，祝福母校越来越好。朱勇表示，要牢记母校校训，牢记徐特立老院长的精神，在今后的工作中努力发挥自身特长，实现自身价值，为祖国的发展贡献更大的力量。

撰稿人：张漪诺

2009 曹宇：

乘风破浪，求索不止

作为良乡第一批入住的学生，曹宇在这个“一穷二白”的校园里“开疆拓土”，开始了自己的大学生活。曹宇勤奋学习，勇于尝试，敢于创新，积极做好本职工作，主动开展学院以及学校在良乡校区相关学生组织的组建，踏踏实实地通过自己的努力去证明自己。

曹宇，北京理工大学软件学院 2007 级本科生，2009 年徐特立奖学金获得者。曾经获得 2008 年国家奖学金，2009“中科杯”全国软件创新大赛特等奖，2019 全国大学生软件设计大赛三等奖，2010 年 CASIC 航天科工奖学金。

辩证创新，工匠精神

曹宇对老院长徐特立的生平经历和教育思想有很深入的了解和体悟。他介绍道，徐特立老院长生于 1877 年，当时中国正处于半殖民地半封建社会，因为家境贫寒，他一边教习蒙馆，一边兼习科举，但他反对秀才学死八股，他立志求真知而不再把精力放在八股文上，他制订了“十年破产读书计划”，一心“读书求学问，进不进学不去管他”。在博览经史子集的同时，他积极阅读传播西方文明的书刊，特别喜爱针砭时弊、议论时政的文章，进而为国家的前途和命运担忧，到更广阔的天地学习新的知识，探索救国救民的道路，后来考上师范学校，接受资产阶级民主思想。1927 年，在白色恐怖的年代里，徐特立参加中国共产党，走向了革命的道路，成为无产阶级革命家和教育家。

徐老这种积极求新、不断审视自身的创新精神对曹宇产生了很大的影响，让他在生活和学习时有一种创新的意识，去想更多，去尝试更多，用更好的方法给世界带来不同的东西，对事物进行更多的辩证思考。

曹宇说，八字校训“德以明理，学以精工”，在做人做事方面培育了北理工学子优良的品德。一方面，学风非常踏实，从不同方面培养学生要吃苦耐劳，对待学习和工作要兢兢业业，能耐得住寂寞。另一方面，理工科大学塑造了学生一种相对比较单纯的品性。从做事的角度说，是在培养一种新时代所必需的工匠精神。曹宇说，我们面对着计算机认认真真地做工作，单纯地跟各种软硬件打交道，要静下心来踏踏实实做学问，做研究。曹宇说，从处世的角度说，在工作岗位上，有的时候生活会带来一些挫折，静下心来其实是挺不容易的。当看到其他人做的一些事，自己可以理解，但是自己做不出来。这一方面是由于自己本性，一方面是由于学校灌输的一种教育思想，要求学生踏踏实实。学以精工，要靠自己的学问知识与努力，去证明自己，愿意把更多的精力花在自己的本职工作上，而不是更多地通过其他捷径。

启蒙之恩，指引之深

教授 C 语言程序设计的陈硕鹰老师，在计算机软件领域可以说是曹宇的引路人。

刚上大学，大家都想去学面向对象的语言，或者说是更新更高级的语言，但是陈老师坚持要开这样的一门非常基础的 C 语言课程，教授学生在程序方面的基本功，让学生今后在学习其他程序语言时，觉得轻松很多。从这一点上讲，陈老师培养了曹宇在计算机方面的悟性，拓展了他在计算机领域的学习范围。

陈老师的 Fortran 语言课很经典，扎实的计算机程序设计思想，深深吸引了曹宇和同学们。陈老师上课风趣幽默，用和大家聊得来的语言来给大家上课，激发了同学对于程序语言学习的兴趣。同时，陈老师在科技创新方面给了曹宇一些非常好的建议和帮助，鼓励曹宇多去做一些科技创新方面的东西。陈老师要求学生不要闷头学习，多参加一些比赛，锻炼学以致用、融会贯通的能力。

另一位对曹宇影响比较大的老师是研究生阶段的导师王崇文老师。曹宇说，研究生阶段课程相对本科来说比较轻松，跟本科课程有一些重复，但在本科的基础上有一个更深的研究，所以在课程上学到的新知识有限，我主要从导师那里学。王老师提供的一些项目以及科研机会，包括和企业合作的课题，额外的资源，还有实验室的资金方面，为我研究学习提供了一个宽松良好的科研环境，在学习上给了我相当大的帮助。

并肩拼搏，不惧挑战

大一大二在良乡的时候，还没有开通地铁，去中关村校区一趟很麻烦，也很辛苦，但曹宇还是坚持去中关村校区听学长们的学习经验和体会。回想起那段日子，曹宇非常感谢学长们的帮助。大三大四的时候，曹宇集中参加一些比赛，一年大概同时参加两到三个比赛。曹宇说，不同于别的学科，软件设计是看不见实物的，形式就是一串代码。每个人负责一部分，从整体设计到流程运行，大家压力都非常大。当几个月后第一次看见大家共同编写的程序在电脑上运行起来的时候，巨大的成就感与激动的心情难以用语言来形容。

在科研比赛的过程中，曹宇也曾因为压力太大而不想坚持下去。队友间的温暖和鼓励与理解，让他慢慢调整好心态，逐步走出了低谷，选择继续坚持下去，最终团队也在比赛中获得了非常好的成绩。经历过那段日子之后，曹宇明白了比赛带来的不仅仅是成绩，更是对心态的磨炼，磨炼一种抗压能力，吃苦耐劳的能力。战胜了巨大的困难之后还有一种自信的沉淀，相信自己在今后也可以笑对挫折，不惧挑战。

感恩母校，牢记师恩，曹宇带着学校赋予的学识与精神，砥砺前行，踏实做事，不断创新，为国家和社会努力作出了自己的贡献，为自己的人生不断增添新的风采。

撰稿人：张漪诺　王玉辉

2009 于满：

敦本务实，任重道远

从极不平凡的昨天走来，向着更加辉煌的明天奔去。从学生到学生辅导员，本着全身心负责的态度，务实做事，明德树人，不断前行。

于满，2006 级经济学专业本科生。学业成绩方面，专业综合排名第二；科研方面，本科期间发表两篇学术论文；学生工作方面，担任学校共产主义学习实践总会会长，学院共产主义学习实践会会长，年级党支部书记，团支部书记。2009 年荣获徐特立奖学金。

务实做事，明德树人

于满研究生毕业后选择留校工作，她在学生工作中一直贯彻着徐特立老院长“实事求是，不自以为是”的学风。首先，自己在做每件事情之前会思考做这件事情的目的和意义是什么，目标是要解决什么问题，以问题为导向。其次，考虑学校下达的工作任务和学生之间的关系，如果直接交给学生做，他们能做到什么程度；如果自己先进行加工合并，结合原有工作，工作效益会不会更大。于满做每份工作之前都会进行这样的详细思考，用务实的态度对待学生工作，让工作活动对学生有帮助，对自己有意义。

校训八个字“德以明理，学以精工”，是学校对学生的殷殷期盼，精工治学，明德树人。教育是润物无声、潜移默化的，作为学生辅导员，一个人面对 200 多名学生，于满深知自己的责任之大。她时刻践行着务实做事的理念，严格要求自己，给学生带来正能量和正向引导，潜移默化地影响学生。

踏实地，军工魂

谈到北理工对自己的影响，于满说首先是严谨踏实的学风。她说，北理工的学生无论是在校期间或走上工作岗位，都给人一种很务实的感觉。于满说，进入北理工之后，优良的学风时时都在无形中影响着自己，做事一定要务实踏实。

于满对北理工精神理解更多是校训——“德以明理，学以精工”，体会更深的是延安根、军工魂。于满说，在上学和工作期间，自己经常到北理工校史馆参观学习，寻觅延安精神，探讨军工魂的内涵。在北理工这座军工特色浓郁的学校，延安精神、军工魂深深地镌刻在每一个领导、老师、学生的心中。大家一说军工魂就能想到自己是军工人，要为国家的军工发展贡献自己的力量。延安精神、军工魂对于满产生了很大的影响。

那年奥运，任重道远

2008 年北京奥运会和 2009 年国庆阅兵，于满参与了志愿者活动。2008 年奥运会北理工派出了大量的志愿者，那时于满作为志愿者，为奥运会贡献了自己的一份力量。

2009 年国庆阅兵的排练，学校选派了于满等 16 个人去国际阅兵广场，前期主要负责广场上万名中小学生的餐饮配送，每天工作 24 小时，任务相当艰巨。后期主要是在国旗旁边维护现场秩序。参加志愿者活动，于满从很大程度上提高了自己的综合素质，锻炼了协调管理能力，同时也收获了珍贵的友谊。

2006 年 9 月，作为一名大一新生第一次迈进北理工的校门，2013 年正式入职北理工工作，如今已工作满五个年头。学生时代的学习生活，担任教工之后的诸多工作，于满没有半点懈怠。她带着对母校的感恩，带着对工作的热情，努力为北理工的发展贡献自己的一份力量。

撰稿人：张漪诺　王玉辉

2009 卞达：

用兴趣铺就数学之路

徐特立老先生说过，教书不仅是传授知识，更重要的是教人。徐特立老院长教书育人的精神，潜移默化地影响了每一个北理工人，卞达亦深受鼓舞。春播种，秋收获，经过大学本科和研究生阶段刻苦努力的学习，他圆了自己当初的梦想，成为一名将自己对数学的痴情传承下去的人民教师。

坚持对数学的热爱不动摇

卞达，2006 级北理工理学院数学与应用数学专业本科生，2009 年获得徐特立奖学金，本科期间综合成绩位于专业第一名，现任北京市八一学校高中部数学教师。看似平常的经历，凝聚了他勤勤恳恳的努力以及对数学的挚爱之情。

人们常言，兴趣是最好的老师，这句话体现在卞达身上再适合不过了。卞达从小对数学就十分热爱，在各类数学竞赛中拔头筹更是家常便饭。然而，他在北京理工大学最初的专业，却不是数学。

刚入学时，卞达被分到了管理与经济学院会计学专业。与经济、金融有关的会计专业，多少人梦寐以求啊！他则不然，他说："管理学院只学习微积分（B），这不是我想要的。"于是，卞达便旁听方丽萍老师、王杰老师的数学分析课，大二便转至数学与应用数学专业。直到现在，他回忆起奠定了他大学期间研究基石的数学分析课，依然记忆犹新："大一我听了方丽萍老师和王杰老师的数学分析课。方老师的教学规范、标准、规矩、亲和，王杰老师上课有激情，要求也更严格，我受他们的影响比较大。"

微积分与工科数学分析，是大学基础课中的"拦路虎"。怎么才能学好数学，卞达首先肯定了天赋和兴趣的重要性，卞达说："学好数学，首先要有天赋、有兴趣、有热情，要肯吃苦、肯钻研，遇到困难要有解决困难的毅力。"也正是由于他"打破砂锅问到底"的勤奋好学精神，支撑着他在数学海洋中遨游。

学风优良宿舍

环境对人的影响不可磨灭。谈及大学对人格的塑造，卞达认为在进入大学前就要将基础打扎实。大学期间，他勤奋刻苦的品格也影响周围的人。

“蓬生麻中，不扶而直”。优秀的人总能互相影响。谈起大学期间的宿舍，他十分自豪。他说：“我所在的宿舍，总是早早熄灯，作息特别有规律，舍友也都互相督促着学习。因为成绩优异，在大学二年级我们宿舍拿到了‘学风优良宿舍’这一荣誉。大学毕业之后，我的舍友四个保研，一个出国深造，一个也顺利考上了研究生，都有一个很好的归宿。”

“不积小流，无以成江海”。卞达的优秀，还来源于他对生活、对新事物的好奇。他不以学分为导向，大学这几年他学了超过学分一倍的选修课，广泛涉猎知识，受益匪浅。大一学两个专业的课，大二学两个年级的课，大三包揽感兴趣的选修课，在马不停蹄地奔跑中，卞达达到了自己的目标——获得了徐特立奖学金，成为一名人民教师。

饮水思源，回报母校

对于卞达的职业选择，也许有人不理解，然而他有自己的理解和想法：“高中老师，虽然对科研的贡献不大，但是我喜欢我的学生、喜欢我的工作，我希望能够将对数学的一点感悟传递给学生。”

对于应试教育，卞达有自己的看法，他说：“高中阶段是一个打基础的阶段，工作重心应该是学生的发展，不能总是盯着成绩，需要教给学生做人的道理。”这是卞达的坚持。对于调皮的学生，他也是以讲道理为主，循循善诱，教师的苦心跃然纸上。

饮水思源，卞达成为老师后，常穿着带有北理工标志的衣服上课，同学们耳濡目染，也纷纷爱上了北理工，以考上北理工为荣。但是卞达最看重的还是同学们自己的兴趣，他说：“每个人都有自己合适的学校，同学们想考什么学校，主要是根据他们的志向、能力进行预判。我尊重他们自己的想法。受我的影响，他们愿意冲一冲北理工也是可以的。”

卞达执教的八一学校，是习近平总书记的母校。总书记曾在那儿度过小学和初中的时光。2016 年教师节，习近平总书记前往八一学校看望师生时，对教师提出了“做四个引路人”的要求，即做学生锤炼品格的引路人、学习知识的引路人、创新思维的引路人、奉献祖国的引路人，卞达亦如此践行。从当年讲台下的小伙子，变成讲台上的解惑人，卞达严谨、低调、热情的教学魅力，必将引领越来越多的学生爱上数学、钻研数学。

撰稿人：杨珏莹　程喆坤

2009 王洪凯：

良乡校区的开拓者

“对于2007级学生，‘917’是一个神奇的记忆”。2007年9月17日，北京理工大学良乡校区迎来了第一批前来报到的新生，王洪凯就是良乡校区开拓者中的一员。王洪凯对于良乡校区的回忆、对于徐特立奖学金的情怀，引领着我们走入那段悠悠岁月。

大学第一年

王洪凯，2007级信息与电子学院本科生，2011级电子科学与技术专业微电子方向研究生，2009年获得徐特立奖学金，现就职于中国运载火箭技术研究院某研究所。

王洪凯刚入校时，正是良乡校区正式投入使用的第一年。王洪凯回忆道：“当时良乡校区特别荒凉，树是新栽的，草是新铺的，图书馆也还没有建成，只有综合教学楼可以上课。那个时候还没有通地铁，出行完全靠唯一连通市区和良乡校区的917路公交车，所以说‘917’是一个神奇的记忆。记得刚入学的时候，从西站坐大巴到良乡校区，是通过一个刚刚砌好的临时墙洞，没有什么校门的概念，周围全是玉米地。”王洪凯坦言，在良乡校区，由于远离市区，抛开了城市中心的喧扰，似乎更能心平气和地学习基础知识。由于基础设施尚不完善，当时唯一的活动就是学习，也正因为如此，同学们的基础都很扎实。

良乡校区投入使用的第一年很艰难，学生适应大学生活的第一年亦艰难。对于王洪凯而言，在开启大学生活的第一年，辅导员和班主任给了他莫大的鼓励和启发。他说：“大学一年级的时候，辅导员和班主任对我影响很大。他们带领我从高中生活中走出来，见识大学的面貌，言传身教地指导我做各种事情，从细节到研究方向，让我明白了坚持学习的重要性，让我能一直不懈怠地学习基础知识和专业知识。高考之前，我的思维是有局限的，在他们的引导下，我开始关注社会，通过开办活动、通过学术交流，我才逐渐了解了大学如何做学问，了解了一些哲学思想蕴含的道理。”

以服务之心做好学生工作

在良乡校区期间，王洪凯加入了良乡校区社团联合会。王洪凯认为在社联做事，一方面能够提高自身能力，另一方面能够给同学们带来欢乐，比如当时的“大学道”，就是一个贴近学生生活的活动场地。王洪凯说：“社联的文化氛围契合学生，社联的活动不脱离学生。”

社联是良乡校区学生组织中的“元老”，相比其他组织，社联在当时就有了较为完善的组织体系结构，这也教会了王洪凯做事的规范性。

对于大学校园举办活动，王洪凯说：“大学举办活动的难点在于如何办一些大家感兴趣而且能够实施的活动。比如大家都爱玩游戏，那么如何将电子竞技做得有特色，富有吸引力，是考验举办者能力的。举办活动如何同时满足主流、有趣、可行，这是策划活动的时候需要反复思考的事情。”

带有情怀的徐特立奖学金

“获得徐特立奖学金的意义不在钱，更多的是象征意义。”对于学校的最高荣誉，王洪凯如是说。

谈到当时获得徐特立奖学金的感受，王洪凯记忆犹新：“由于学校的前身延安自然科学院是在徐特立老院长的带领下创建的，北理工很多办学理念都延续了徐特立老院长的思想。所以当获得徐特立奖学金的时候，我感觉是很神圣的。”

王洪凯的成长轨迹也深受徐特立思想和理念的影响和启发。在徐特立老院长“实事求是，不自以为是”的务实学风影响下，北理工学子凡事都尽力而为，王洪凯也是如此。“徐特立精神之所以能够延续，主要是通过学校的大力倡导和教师的言传身教。我们每天都能看到校园里‘团结、勤奋、求实、创新’的校训标识，潜移默化地影响了自己的做事风格。”王洪凯如是说。

为人民服务，需要踏踏实实从小事做起，正如王洪凯所言：“现在国家都在做实事。踏踏实实地做事，也许短期内没有什么回报，但是长期肯定有突出于其他人的地方或者亮眼的地方。”

撰稿人：程喆坤　杨珏莹

2009 闫莹：

一心一意，必有回响

杨时在《二程粹言》中写道："君子之学贵一，一则明，明则有功。"北京理工大学光电学院固体光电子学专业 2001 级本科生、2005 级博士研究生闫莹，以她八年有余的北理工探索之路向我们展示了她的坚持与执着。

锲而不舍，有志事成

博士期间在光学领域顶级期刊《Optics Letters》发表论文，获得北京理工大学五四科技贡献奖、徐特立奖学金，毕业后就职于中国科学院光电研究院，闫莹的博士生涯硕果累累。

网上有博士生形容自己的博士生涯是"体验着困惑挣扎的苦楚"。对于闫莹来说，似乎并没有那么难熬。闫莹说："读博的时候有毕业压力、论文压力，会比较辛苦，这是正常的。有的时候做实验，熬夜免不了，这也是读博期间常经历的一个过程。或许是心中喜爱，大概就不觉得辛苦吧。"

都说大学是寒窗苦读 10 年的归宿，闫莹在北京理工大学的探索之路也走了近 10 年。闫莹的引路人，是光电学院的王茜倩老师、辛建国老师和张和丽老师。闫莹回忆道："王茜倩老师是我本科的班主任，比较重视本科生教学，评选'教学能手'她总能上榜。辛建国老师和张和丽老师是我的研究生导师，在学术方向、科研态度和做学问的方式方法上都对我影响很大。辛老师是不会直接告诉你答案的，他会启发你，给你指一个方向，然后放手让你自己去研究。"

师傅领进门，修行靠个人。闫莹参加工作之后继续从事固体激光器的研究。她说，固体激光器可以用在部队对抗、天文台、材料加工方面，主要侧重激光远位测距。谈到现在的工作，她觉得"挺有成就感"。她的团队正在参与一个测月工程的项目，与中山大学共同合作测量引力波。这是中山大学"天琴计划"项目的一部分，天琴实验将由三颗卫星组成，卫星之间以激光精确测量由引力波造成的距离变化，"天琴计划"的第一步就是研发月球激光测距反射器、星间激光测距技术等。她十分自豪地说道："咱们国家要测引力波，首先就是测月，测月光源是关键。测月工程的激光器是我们正在研制的项目。”

坚持和执着的品质，贯穿着闫莹科研的始末。“在科研方面肯定会碰到各种各样的难题，不管是技术上的还是其他方面的，但是还是要朝着最初的目标奋斗。我参加工作之后遇到的难题更多了，比如项目的进程。做一个复杂的大型激光器，各方面的规划、实施周期、技术风险都是需要在实际工作过程考虑的，这些都是当时在学校不需要考虑的问题。”闫莹如是说。

不难发现，在工作中，闫莹仍旧坚守着当初的执着信念。她说，践行北理工精神，首先要有一个目标、一个信念，朝着这个目标努力的时候一定要坚持，不能放弃，坚持是需要勇气的。

心无旁骛，任重道远

尼采曾言：“始终全神专一的人可免于一切的困窘。”闫莹的专心致志，是集中精力地完成课题，是全神贯注地开展实验，她说：“做实验的时候你会觉得时间过得很快，得到一个好结果很兴奋，一看时间，呀，12 点半了。”专注于自己的事业，不受其他诱惑，实非易事，但天道酬勤，只有如此才能成就最初的目标，正如闫莹所说：“实验平时功夫到的话，发论文也不是很难，就是水到渠成的事情了。”

除了科研工作者这一头衔，闫莹还是妻子，是孩子的母亲。她要求自己“心在焉”，对于孩子也是同样。闫莹说：“对小孩子来说，培养专注力比较重要，我会尽量不让孩子做事情做到一半就半途而废。但是小孩子的注意力时间是有限的，有可能做到一半他就做其他的事情了。对于小孩子，需要一直监督着他，要陪着他一起去做，他自己很难有很强的自制力。”意大利教育学家蒙台梭利告诫我们：“最好的学习方法就是让学生聚精会神学习的方法。”闫莹说：把分散的注意力集中起来，让专注成为习惯，这确实是需要时间养成。

闫莹认为，专心致志，是全神贯注做一件事，是长时间全力以赴，是一种一心一意的精神。《孟子》中有这么一句话：“今夫弈之为数，小树也，不专心致志，则不得。”都说人生如棋，不专心致志，尚且学不会下棋，更谈不上经营得当人生的这一盘大棋了。一心一意，必有回响，在哪个时候都奏效。

撰稿人：杨珏莹　程喆坤

2009 许亮鑫：

成长于尝试的路上

“大学时期，你有很多时间，你有很多选择的机会，不断尝试，不断试错，找到你愿意在接下来的人生中做 10 年、20 年的事情。”许亮鑫就是这样在求学之路上找到自己的方向，在尝试过程中不断挖掘潜力，初试锋芒于现在的职业生涯中。

转益多师是汝师

许亮鑫，2007 级材料学院材料物理与化学专业本科生，2009 年获得徐特立奖学金，2016 年博士毕业于清华大学。曾任职于孚惠资本，从事文娱行业的股权投资工作，现就职于碧桂园集团，从事房地产投资工作。

古人云，圣人无常师。许亮鑫也有过很多老师，北京理工大学的郭燕文老师、董宇平老师，清华大学的危岩老师、冯琳老师……这些在学术界赫赫有名的老师，在许亮鑫求学期间起着举足轻重的作用。

带着许亮鑫走进实验室的，是大学二年级教授有机化学实验的郭燕文老师。许亮鑫说：“大二的时候郭老师带我们做有机实验，她觉得我和另一个同学成绩不错，做实验的态度也很认真，就向董宇平老师推荐了我们。”就这样，许亮鑫结识了本科阶段对他影响最大的老师——他的导师董宇平老师。董宇平老师的聚集诱导发光项目在 2017 年获得国家自然科学奖一等奖，许亮鑫在北京理工大学的课题，也与聚集诱导发光有关。许亮鑫说：“老师给我的课题是一个聚集诱导发光方面的尝试，恰好我的运气不错，做出了成果，发表了文章，最后保研进了清华大学。”台上一分钟，台下十年功。运气的背后，承载着许亮鑫许多次的尝试，正如许亮鑫所说：“做出成果很多时候是需要付出很多努力的，另一方面也和做的方向、碰到的好运气有关，但是没有勤奋作为基础，肯定是不会有好运气的。”

离开了北理工，许亮鑫选择了清华大学作为深造的平台。在清华大学，同样也给了他很多选择的机会，给了他更加广阔的社交圈和眼界高度。“我在清华大学的导师危岩老师是一个很活跃的材料学家，活跃于学术圈的最前沿。另一个给我较多指导的老师是无机所的冯琳老师。冯老师是江雷院士的学生，她在油水分离方面颇有建树，我在清华大学的研究项目也和这个相关。”

荀子在《劝学》中写道：“不登高山，不知天之高也；不临深溪，不知地之厚也；不闻先王之遗言，不知学问之大也。”这些严谨又可敬的老师，带着许亮鑫领略了科学领域的无限美景，也更加坚定了许亮鑫寻找自身兴趣的决心。

学至于行止

恰同学少年，风华正茂，书生意气，挥斥方遒，许亮鑫的大学生活也是如此。作为良乡校区的第一届学生，许亮鑫这样描述：“我们是良乡的拓荒者，我相信每一个07级的本科生对于良乡都有一种归属感和自豪感。”

本科期间，许亮鑫大多数时间都在自习室和实验室；读博期间，他尝试了许多领域，最终决定从事投资行业。做实验和做投资，看似两件毫不相关的事情，许亮鑫却能在其中找到相通之处：“这两件事情都需要思考，明白背后的逻辑是什么。”许亮鑫介绍，做投资需要收集资料，特别是收集数据和企业资料，找出内部的逻辑关系，这是一个研究的过程；而做实验的过程需要不断寻找前沿的研究领域，加以总结、深化，寻找一个新的研究方向。从宏观上说，投资行业需要了解这个领域的政策影响、市场规模、产业链、行业发展趋势与行业竞争情况。从微观上说，需要了解企业的商业模型、竞争关系、盈利能力和财务状况，抽象出企业的商业本质。维度很多，需要从多个方面综合考虑。

从化学系博士生到股权投资人，再到地产投资人，各个领域的尝试、坚持与成就离不开许亮鑫的努力。许亮鑫说：“我在读博期间有意识地获取相关方面的知识，参加了一些创业比赛，比如昌平政府举办的‘辰光杯’创业比赛，现在转行做地产，也是一个不断学习的过程”。学校对许亮鑫也有很大的影响。许亮鑫坦言：“北京理工大学对于我价值观的形成是有很大裨益的，学校的校风、学风潜移默化地影响我，很多时候我都是处于一个不太顺利的环境中，坚持下去是很重要的。”

“不闻不若闻之，闻之不若见之，见之不若知之，知之不若行之。学至于行止矣。”不论什么领域，不论什么职业，不断学习、不断尝试，在试错中成长，在探索中明晰，正如许亮鑫所说：“只有做下去才会有结果。”

撰稿人：杨珏莹　程喆坤

2009 赵俊芳：

言传身教，薪火相承

身为北理人，每当提到“北理工精神”，常有“近乡情更怯”之感。然而在赵俊芳的身上，我们却实实在在地感觉到了“北理工精神”的脉络与传承。

一脉相承

赵俊芳，2005 级北京理工大学数学学院应用数学专业博士生，2009 年获得徐特立奖学金，现就职于中国地质大学（北京），成了一名光荣的人民教师。

古之学者必有师，老师之于人的影响，由此可见一斑。匠人拜师，谓之“师父”，夫子百家，各成一派。赵俊芳师承葛渭高教授，葛老师的学术理论和德育思想，对她影响颇深。赵俊芳说：“葛老师是北京理工大学的著名教授，是微分方程界的泰斗。在学术上，他治学严谨。我们写的每一篇论文，葛老师都要仔细检查后才能投稿，即使是一个很小的细节，老师也要求我们必须严格推导后才能提交，这让我们学会了严谨。”对于数学学习，严谨精神必不可缺，养成了这种精神，赵俊芳在读博期间发表了数篇 SCI 论文，获得“优秀论文奖”和“研究生学习标兵”荣誉称号，进而斩获学校最高荣誉——徐特立奖学金。为人处世，葛老师淡泊名利、勤俭节约的态度更是难能可贵。赵俊芳回忆道：“每次葛老师带领我们去参加学术会议，他都和我们一起坐火车硬座，这让我们也都学会了勤俭。葛老师曾经给我们说，‘选择了科研，你就选择了以清贫为伴，要想在学术研究上有所成就，你就必须耐得住枯燥，耐得住寂寞。’十几年过去了，此句话我至今记忆犹新。”

随着时间推移，如今的赵俊芳成为一名大学教师。除了葛前辈的影响，徐特立老院长的教育思想也是她教学路上的指明灯。她说：“在徐特立老院长的教育思想体系中，德育为首是主线和灵魂。他特别强调教育首先就是要塑造人。他倡导的德育包含教育思想教育、政治教育、道德教育和个性心理品质教育四个方面。”受徐特立老院长思想的影响，赵俊芳在教学中非常注重学生的德育。赵俊芳告诉我们，由于她教授的是数学课程，相对来说比较偏理论，在教学中，总有学生会问：“这个内容有什么用?”每逢此时，她都会用徐特立老院长的“学术互动”教育思想给同学们解释——“学科和术科伴随着发展，互相转化，互相帮助”，“实利主义的偏向，对于学术是有害的”等，学生听后，很受启发。

百年教育，德育为先。教师不仅仅只扮演“传道授业解惑”的角色，更应是德育路上的引路人。赵俊芳将德育贯彻到教学当中，学生必将终身受益。

任重道远

士不可以不弘毅，任重而道远。获得徐特立奖学金，是对赵俊芳科研成绩更是对学习精神的肯定，激励她刻苦钻研、科研创新。

赠人玫瑰，手有余香。她告诉我们，当时读书时，她所在的党支部，每周都会派学生党员去帮助盲人。赵俊芳说：“我记得我曾经陪一位盲人去买衣服。买衣服时，那位盲人给我讲了他自己的故事，包括患病、求医、生存、创业等各种经历。作为一名盲人，他克服了重重困难，独自一人离开家乡，勇闯北京，这种精神深深地震撼了我。虽然我在生活上帮助了他，但在精神上，他给予了我强大的力量，使得我多了一份战胜困难的决心和勇气。所以，我就很喜欢帮助那些需要帮助的人，因为我发现帮助别人，就是在帮助自己。”

北理工人的心中都有自己对北理工精神的诠释，赵俊芳对北理工精神有更深入的解读：“我理解的北理工精神有四句话——振兴科技巩固国防的军工精神，德才兼备以德为首的育人精神，团结协作艰苦奋斗的科研精神，实事求是创新有为的发展精神。”求学期间，北京理工大学也潜移默化地培养了她的四种品格：一是敬业精神，认认真真干好每一件事；二是求实精神，科研来不得半点漂浮虚假，必须老老实实做研究；三是荣誉精神，无论何时何地，牢记自己是北理工人，要为母校增光添彩；四是创新精神，不囿于旧理，不怕失败挫折，用前瞻思维和开拓理念对待学业事业。

薪火相承，作为一名科研工作者和高校教师，赵俊芳始终践行的“在工作上精益求精不懈探索、在社会上心怀责任强化素养、在教学上兢兢业业甘于奉献”的北理工精神，不仅影响着她的每一个学生，也感动着每一个从北理工走出去的北理人。

撰稿人：程喆坤　杨珏莹

2009 朱慧时：

向阳而生

有人说，太阳代表希望，有阳光的日子，希望离我们也不会远。做不到像向日葵一样追逐太阳成长，但我们可以捕捉些许阳光，北京理工大学光电学院的朱慧时曾经就是观测太阳的一分子，向阳而生，温暖明媚。

朱慧时，北京理工大学 2006 级光电学院本科生，2010 级测控技术与仪器专业硕士研究生，2009 年获得徐特立奖学金，现就职于中国科学院半导体研究所。

难忘恩师张忠廉

在北京理工大学，有一个教室，编号为 4002，；有一位教授，叫张忠廉。与十点就关门的自习室不同，4002 的灯光，一直亮到 11 点半。张忠廉教授给予了学生许多感动，朱慧时就是其中的一员。

最初的 4002 教室，是张老师带实验课和竞赛项目的光电创新基地，朱慧时“挑战杯”的项目也是在这个教室完成的。朱慧时说：“我在本科的时候就跟着张忠廉老师做‘挑战杯’项目，主要做光电部分，做的是一个观测太阳的望远镜模拟系统。当时张老师已经 70 多岁，每天晚上十一二点还陪我们做项目，特别辛苦。我们都觉得他太辛苦了，但是他一直那样，他想更多地指导我们，也愿意和学生们在一起。”在张老师的指导下，这个“挑战杯”竞赛项目最终获得全国二等奖的好成绩。

除了带着学生做竞赛项目，张老师的奉献精神也十分令朱慧时感动。她说：“我对 4002 教室的印象就是满屋子全是焊接电路的人。张老师在 4002 教室开设实验选修课，原本计划是一个星期上一次课，我记得我本科快要毕业那年选课的人达到了顶峰，足足有 600 多号人。张老师为了让更多的人能够上这个选修课，就排了五天课，天天都上课。”

对张老师而言，他的学生更像是他的亲人。朱慧时说：“张老师给我们的感觉不像是老师，而更像爷爷。去北航参加‘挑战杯’比赛的时候，我们把所有的实验器材装箱，已是晚上 11 点多了，张老师把我们叫过去说：‘给你们点钱，你们买点吃的，放到展台后边，去那儿比赛可累了，你们一定要抽空垫一点东西。’他对学生特别关心，特别细致。”

除了生活上的关心，张老师对朱慧时的学术指导更是有着举足轻重的影响。年轻人总会犯错，张老师总是特别包容年轻人，言传身教告诉她为人处世的道理。朱慧时回忆道：“当时做竞赛项目时，我冲劲比较大，也没那么有耐心，遇到一点比较小的问题就会很烦躁。张老师却总是很耐心，手把手地教给我很多细活。当时有一个镜头坏了，稳相出现困难，我们当时束手无策，特别烦躁。张老师很细致地把镜头拆开，用特别小的小螺丝刀把镜头拆下来，告诉我们就是这个地方出现问题，然后又重新装回去。张老师还会教我们如何找问题，更不是盲目地去尝试。所以，受张老师的影响，工作之后我也就不会那么毛躁了，遇到问题就会仔细想想问题出在哪儿，一点点追根溯源。张老师对我的教诲是终身受益的。”师者，人之模范也。在张老师潜移默化地影响下，如今，朱慧时对同一课题组的年轻人，她也会把当初从自己老师那儿学到的知识和修养传递给他们，将张老师的优良作风传承下去。

展现生活之美

朱慧时现在的工作主要是光学设计、机械设计等，她的项目跟部队、航天院等对接。“在学校做军口的项目比较多，要求严谨，要踏实。因此，我一直保持了严谨、踏实的科研工作作风。”朱慧时如是说。

科研之外，朱慧时也是一个热爱运动、热爱音乐的人。朱慧时自小练习钢琴，大学时在艺术团服务中心做过一段时间的服务工作。来到半导体所，她的琴艺、歌艺常展现在不同的舞台上。她还常常陪伴中科院研究所的离休老同志打太极拳。

受过阳光的滋润，才能呈现绚烂善美的生命，在生命辗转的光阴中绽放阵阵幽香。向阳而生，朱慧时不断地传递正能量，从此，多了一处春暖花开的花园。

撰稿人：程喆坤　杨珏莹

2009 叶龙浩：

心有猛虎，蔷薇芬芳

每个人的内心深处都穴居了一只猛虎，虎穴之外，蔷薇丛生。猛虎的魄力与蔷薇的温柔和谐一体，既有雄心壮志，又有侠骨柔情。生活充满着矛盾、充满着无限可能。叶龙浩的生活也是这样，体验了许多的可能，在心中兼容猛虎与蔷薇。

兼容并蓄

叶龙浩，北京理工大学 2006 级化工与环境学院本科生，2009 年获得徐特立奖学金，现在就职于腾讯公司。

叶龙浩本科是化学工程，研究生从事规划学研究，参加工作之后做过咨询工作，现在主要从事互联网行业相关的工作。虽然不同的领域之间存在或多或少的差别，但是在兴趣的引领下，叶龙浩体验了比别人更多的可能。

爱折腾的特质，在叶龙浩的大学阶段即显现出来。叶龙浩在本科阶段即加入课题组，曾经申请过国家级大学生创新创业项目，跟随老师做锂离子电池的研究。学术研究的启蒙者，是他研究生阶段导师的学生郁亚娟老师。叶龙浩说："郁亚娟老师可以算是我的师姐，从学习到学术这条路，是她带我走的。"大四时，叶龙浩跟着导师参加了许多与环境相关的会议，发表了一些与之相关的会议论文，为研究生阶段的科研生涯打下了良好的基础。

愿意尝试不一样的生活，使得叶龙浩从本科阶段就拥有比别人更加丰富的经历。叶龙浩说："我很庆幸本科阶段是在北理工，能在保持正常学业的同时做一些自己喜欢的事情，有一个相对宽松的环境。大学本来就是探索的过程，通过大学四年探索一条自己喜欢的路。感谢北理工给了我这样一个环境，让我探索自己感兴趣的事。除了参加社团活动，我还参加了外联工作，到全国各地拉赞助，还经常打网球、玩滑轮。"

探索可能

保送到北京大学学习规划学，叶龙浩将本科的环境理论与规划结合，做了许多有意思、有意义的事情。叶龙浩说："当时我和几个同学一起创建了环境公共政策研究社。我们研究社去一些偏远的地方，帮当地做一些规划，希望能够帮助他们脱贫致富。我们与环保部宣教司合作，将一些地区有机茶叶、农作物等在大型会议上宣传，更好地让公众认知，取得了不俗的成绩。做这些事情不能够靠一己之力完成，要依靠团体，还需要一届一届地传承下去。"

叶龙浩说，"与本科阶段不同的是，研究生阶段不能仅仅是兴趣导向，更多的是探索未来想要做什么。知识只是一方面的储备，不能当成一个枷锁。你的专业，包括你的知识，只是你这个阶段的所学。你收获的可能只是很小的一部分，如果你不从事这个领域，就会很容易淡忘，但是积累的经验、你的人脉是可以受用并延续到其他地方。"举一反三，融会贯通，也是叶龙浩能够胜任多领域工作的原因之一吧。

汝果欲学诗，功夫在诗外。叶龙浩在咨询公司从事的是战略咨询工作，在腾讯是做具体的战略规划。从一个专业到另一个专业的转型过程并非那么简单。叶龙浩坦言："相对比较挣扎的就是转型的过程，毕竟是从一个领域到另一个领域，跨度很大。每个阶段都不太一样，有些时候有目标，有目标指引你做一些改变。到后期，综合了各方面的情况，便可以和其他人一起探讨各个领域的发展方向，在合适的时机下就能够顺利实现转型。"

余光中说："完美的人生应该兼有猛虎和蔷薇两种境界，能动也能静，能屈也能伸，能微笑也能痛哭，能复杂也能纯真。"叶龙浩的身上，拥有着不同的特质。追求但不苛求，猛虎呼啸，蔷薇依旧芬芳。

撰稿人：杨珏莹　程喆坤

2010 唐瑾：

陌上花开，不负韶华

初见唐瑾，她有着干练的谈吐、爽朗的笑声，让人一下子拉近了跟她的距离。“我先做个自我介绍吧”，怕前来采访的师妹拘谨，她善解人意地自动打开了话匣子……

2007 年，唐瑾以优异的成绩考取了北理工机械与车辆学院交通运输系；2011 年，被保送到清华大学土木工程系学习智能交通专业；2014 年研究生毕业后，就职于国家发展和改革委员会城市和小城镇改革发展中心。该中心成立于 1998 年，是专门从事城镇化和城镇发展政策研究和决策咨询的专业机构，同时，也承担了国家发展和改革委员会和国家相关单位部门有关农村发展改革和政策研究咨询的职能，并负责全国小城镇发展改革试点的指导工作。在这样一个为智慧城市建设和国家整体发展规划提供宏观政策研究的国家级智库工作，令唐瑾很是骄傲和自豪。

青春飞扬，充实而有意义

回忆起在北理工的四年时光，唐瑾有说不完的话题。她说，大学一定要有整体规划，要有目标、不盲从，才能充实而有意义。大一、大二是基础储备阶段，除了正常的学习任务，她做了大量的社会工作，积累了丰富的资源和经验。“在最美的青春年华里以梦为马，陌上花开，不负韶华”，唐瑾是这么想的，也是这么做的。为了让自己的大学生活丰富多彩、全面开花，大三开始，她又加大了专业知识的学习力度，为自己充足电、打牢根：修双学士学位，进实验室，撰写论文，带着《基于 GPS－GIS 的雨感传感器智能速度调适系统》参加全国大学生交通科技大赛等。每天在教室、实验室、自习室、操场忙得像个陀螺，但在成长的道路上也收获了丰厚回报——不仅实现了自己确定的每一个目标，2010 年还获得了徐特立奖学金。虽然，当时代表着北理工最高荣誉的奖学金的额度还不太大，但心底的那份喜悦和激动让她永远珍藏于心。

说起在北理工最深的记忆，唐瑾记忆犹新地讲起了志愿者服务：在打工子弟小学，志愿者们募集了奖学金，陪伴孩子们过“六一”，与孩子在一起做游戏、跳“兔子舞”……孩子们的欢声笑语和童真让志愿者们从内心深处迸发出一种责任和担当，时时锤击、涤荡着心灵。

“扬帆计划”是由民建中央委员汪延（新浪网创建人、董事长）发起和管理的公益助学项目，也是中华思源工程扶贫基金会的重要项目之一。它通过捐助课外图书、举行夏令营、开办扬帆班、援助优秀教师等活动，帮助偏远贫困地区的孩子增长见识、开阔视野，增强他们建设家乡的使命感，最终培养一批改变中国未来农村命运的关键人才。即将毕业离校之际，北理工机械与车辆学院组织了“青春飞扬的季节”系列毕业主题活动，志愿者们把“扬帆计划”列为此次活动内容之一。唐瑾和志愿者在服务活动中，对数千册书籍进行分拣，书本数量之多和时间之久是志愿者们没有预料到的，但是每个人都以最饱满的状态去工作，没有任何怨言。在工作过程中，志愿者们不辞辛苦，先后进行了挑选书籍、分配书籍、贴标签、打包、封装等诸多环节。工作虽然辛苦，但是为了能够让山区的孩子们看上图书，大家觉得再苦再累也值得。唐瑾说，作为一名大学生应该有这样的社会责任感，用自己的实际行动展现一个大学生应有的风采。志愿者回报社会、奉献社会的精神受到了有关部门高度赞扬，也充分体现了北理工“德以明理、学以精工”的校训精神。

乐此不疲，夫妇聚少离多

现在，唐瑾依然忙碌。爱人同是北理工的学子，现在非洲从事国际贸易工作。而她现在的工作性质，也经常要出国调研、考察，学习外国的先进经验。夫妻俩聚少离多，各自都在自己的岗位上奔波着、奉献着，很是辛苦，她却乐此不疲。我们问她：“不累吗?”她笑着说：“我和爱人都选择了这样的职业，必须服从组织安排。”她还打趣说：“这也弥补了当时在大学时没有选择出国留学的些许遗憾。”随后，她还兴致勃勃地给我们介绍了在非洲的所见所闻、当地的风土人情。她鼓励学弟学妹们多出去走走、看看、学学，拓宽视野，增长阅历。

一个人只有一次青春。现在，青春是用来奋斗的；将来，青春是用来回忆的。每一个你我都将和唐瑾一样，从一个懵懂的青涩少年，成长为各领域各行业的优秀人才，用孜孜以求的热情与执着在前进的征程上奏响独属于自己的青春华章。愿北理工的学子们“以梦为马，不负韶华”!

撰稿人：蔡一凡　王一婷

2010 王成彦：

用梦想和坚持铸就传奇

王成彦，北理工2008级生命学院本科生。1989年生于浙江省湖州市安吉县梅溪镇，一位土生土长的安吉小伙，曾是家乡人眼里的“聪明孩子”。2012年，成为北京大学博士生，不仅荣获了北大校长奖学金和国家奖学金，而且，他的创新创业项目也频受好评，即将开始造福患者。2016年，王成彦到美国哈佛大学从事博士后研究，在心血管影像领域开始了更广阔、更深入的科研探索，成为同伴眼里的传奇人物。

从最初大学志愿的选择到就业方向的确定，从对大学生活的追忆到一路走来的艰辛和坚持……王成彦对母校有深厚情怀，对母校无比眷恋。

王成彦小学三年级第一次参加数学竞赛，获安吉县一等奖，随后在大大小小的比赛中每年都有所斩获，并一直延续到初中毕业。王成彦一直保持着坚忍、上进的精神和信念。高考结束后，他被北京理工大学录取，专业是当时并不热门的生物医学工程。他说自己对这个专业感兴趣，可以做自己喜欢的事，他迈出了最关键的一步。

大学期间，王成彦延续了对于数学和物理的喜爱。在大二半年时间内就接连获得了全国大学生物理竞赛一等奖和全国大学生数学竞赛三等奖，也因此连年获得北理工校长奖学金和一等奖学金。本科二年级，王成彦渐渐接触了一些科研项目。他与几名同学组队参加了由深圳迈瑞医疗公司主办的“迈瑞杯医疗仪器创新设计大赛”，设计的生命体征监护仪操作系统获得了一等奖，并代表学校在全国比赛中获得了三等奖，而他本人也是唯一一个以本科生身份参加比赛的队员。

本科三年级后，王成彦进入了实验室工作和学习，并成功申请到国家大学生创新项目。他每天乐此不疲地投身到了研究当中，也正式走上了科研这条道路。

2012年，王成彦以优异的成绩进入北京大学直接攻读博士学位，并在多学科交叉的平台上取得了诸多成果。在与北京大学第一医院多个临床科室的长期合作过程中，王成彦充分体会到了基础学科与临床医学相结合的重要性。他提出的一种运用于下肢缺血患者的氧代谢测量方法，受到了北大医院介入科和糖尿病中心的一致好评，这种新方法有可能替代传统的有创检测方法，成为更加高效和准确的评价手段，并有望在今后的临床诊断、运动医学以及康复医学等领域发挥更大的作用。

在肾脏磁共振成像领域，王成彦在目前传统的结构成像基础上提出了一系列的改进，为慢性肾病、急性肾损伤、糖尿病肾病等常见肾病提供了新的评价方式，目前相关研究已提交申请3项国家发明专利。

在学校的鼓励下，王成彦还积极参与了创业活动，辗转于全国各地开展路演。他的人工智能诊断创业项目得到了共青团中央的大力赞赏。

在大多数人眼里，他是一个传奇人物，然而，只有他自己知道，“传奇”是梦想和坚持铸造的。在北理工实验室通宵达旦做实验，睡在实验室是经常性的事。一次，熬夜太晚，从实验室出来已是凌晨，一不留神，从楼梯摔下来造成骨折，住了两个多月的医院。他说，那段时间，是老师、同学的悉心照料，陪伴他走过了灰暗的时光，也正是北理工人这种团结友爱、互帮互助让他有了坚持的勇气和动力。在每一步前行的路途上都会有风雨，他说，博士的开题就是一个锤炼、磨合的痛苦过程，但凡事只要坚持下来了，走过最艰难的时期，一切就都会好的。

谈到北理工给他的影响，他说，踏实做事的风格、开放研究的精神是母校给他最宝贵的财富。在校学习期间，校院领导在实验室方面的大力支持，辅导员的引导、团队的合作共进，让他受益匪浅。2010年拿到徐特立奖学金后，他用于大学生创新项目虚拟手术设备的添置，买书等，对他帮助非常大，他笑着说：“我真的挺感谢北理工。”

2019年，王成彦就要回国，到上海交通大学任教。他说，受父亲是老师的影响，导师的引导，当一名老师，把自己的知识分享给需要的人，帮助他们进步，是他非常喜欢的一件事。他还寄语学弟学妹：“能来北理工，已经证明你们是很优秀的了。北理工有着非常好的校园文化氛围，你们一定能找到自己喜欢的事情，发挥自己所长。北理工是一个很开放的平台，在这里，大家一定会实现梦想。”

王成彦的座右铭是“生活就像一面镜子，你对它微笑，它就会对你微笑。”

理想和坚持是一艘孤舟上的舵盘，让漂泊的人在大海上找到航向和归属。在追梦的旅途上，祝愿王成彦再铸传奇！

撰稿人：蔡一凡 李婷婷

2010 聂思聪：

做好自己，做最好的自己

“有人也和我说过一些关于法律从业者或好或坏的言论，但是这些都动摇不了我，因为无论什么行业，都会有特别出色的人，而我们就应该成为这样的人。”聂思聪的言语中，透露着一种自信与担当。

准确定位，坚持行动

外表如江南女子一般的聂思聪，开口就令人感到很是干练，是一位头脑清醒又十分自信的女孩。

“如果说我在本科时期有什么比较好的习惯，那就是有规划地审视生活、制定阶段性目标，最重要的是，定期回头梳理自己。”大一入学之初，聂思聪就制订了计划，在随后的学习生活中，她不断审视过去的自己、评价当前的自己、规划未来的自己。谈到如何制定目标，她毫无保留：一个好的目标，应该是适合自己的、能够实现的，既不要伸手就可以抓到，也不能生出翅膀也难以企及，最好是能踮一踮脚、摸一摸高才能实现。

除此之外，对于制定的目标，严格执行、持之以恒则是聂思聪的另一秘诀，即使是在小小的实践中，这种习惯也使她受益良多。

在暑期实践期间，聂思聪每天清晨五点半起床，早晚各乘坐将近两个小时的公车前往目的地天桥。常人看来是一种痛苦，她却享受着朝阳和微风。她说，既然选择了一件事情，就要勇敢面对，不惧怕各种困难，而是心存感激，心存主动，一丝不苟。她时刻保持着清醒的头脑，做事条理分明，把工作当成生活来对待。“骐骥一跃，不能十步；驽马十驾，功在不舍。”她严律己、有追求、讲落实、勇拼搏、不服输、敢担当。

正是凭着对自我清醒的认知，再加上自律带来的强大执行力，聂思聪将大学生活分成了许许多多的目标，又一个一个攻克。无论是知识储备或是专业技能，还是自我管理能力，她都做到了令人敬佩的程度。

脚踏实地，厚积薄发

除了学习生活，聂思聪的课余时光也充实多彩，不论各种赛事还是学术论坛、社会实践，校内外大大小小的活动中总能见到她的身影。

在研究生二年级的时候，聂思聪参与了北理工法学院承办的国际空间法模拟法庭大赛世界总决赛的组织工作。回想起当时的情形，从台前到幕后的角色转换对她触动很大。“模拟法庭是法学院人才培养工作中一个具有代表性的亮点，那次赛事圆满完成离不开导师的信任和团队的支持，也让我体会到了自己的价值。如今，我已经参加工作，在工作中最重要的就是运用法律解决问题，我当年模拟法庭大赛的锻炼使我受益匪浅。”聂思聪不无感慨地表示。

虽然从事法律工作是聂思聪从小的梦想，但是在职业小方向的选择上，她也曾陷入过短暂的迷茫，在这个过程中，她一直提醒着自己：迷茫的时候先把手边的事情做好，一步一步才能走向远方。回过头来，聂思聪将它总结为：多尝试，多经历，多实践。

在社会问题的处理中有太多的不确定性，这对于一位法律人来说是很大的考验。在工作中，聂思聪有时也会遇到棘手的事情，但她从没有想过退缩。

在谈到工作团队的时候，聂思聪说：“团队中有一位北理工校友，在跟进项目的几个月中，我深切感受到北理工走出来的学子有一种特性，就是踏踏实实做事，敢攻关，不服输。”

不断学习，充实自我

聂思聪的人生在一个又一个小目标的积累下有条不紊地推进着，与此同时，也因为保持着不断学习、充实自我的习惯而更有活力。

身为文科生，因为专业涉及空间法，她就学习了很多航空航天相关知识；因为工作在企业，接触到一些经济问题，就用注册会计师的考核标准来提升自己……时至今日，聂思聪还保持着阅读习惯，将工作和生活安排地井井有条。

良乡校区10周年庆典，聂思聪等人作为良乡校区的第一批学生回到良乡，对母校的一草一木都充满了感情和眷恋：徐特立老院长的雕塑矗立在图书馆大厅，北湖操场的塑胶跑道被学弟学妹们踩得发旧……每一处变化都是一批学子的青春印痕，也是北理工发展进步的见证。

“不为不清不楚的未来担忧，只为清清楚楚的现在努力。”聂思聪的座右铭值得我们每一个人去品味、去学习。

撰稿人：蔡一凡　吴月

2010 于飞：

过程无愧于心，结果水到渠成

身为年轻的硕士研究生导师，于飞与笔者的交谈氛围显得更加宽松舒适。“无愧于心”是他谈及生活谈及学业都离不开的词语。“拿奖只是结果，尽量做好自己的事，努力的过程更重要吧。”通过知识面广度与深度的拓展，工程实践与理论的并行，最终在博士毕业前，于飞获得了徐特立奖学金。

踏实务实，无愧于心

2001年本科入学时，通过全校的选拔性考试，于飞进入了实验班。环绕来自不同专业的优秀同学，于飞也多了许多机会了解不同的交叉学科与专业。之后，跟随光电学院的赵跃进教授，于飞参与了一次“973”大型项目。于飞回忆道：“这个项目不小，前前后后大概有60余人参加，来自不同专业不同领域，所以接触到的知识，不仅面广，各个领域的知识相对来说也深一些。”跟随自己的兴趣，于飞在攻读硕博时选择了测控与精密仪器专业。

老一辈科研人士的身体力行使于飞感触很深：“凡事亲力亲为，不达目的不罢休，我们那时就觉得，这是我想要成为的人，这就是我的榜样。”在做项目的时候，时年60余岁的俞信老师，面对崭新的课题，坚持不懈地查找文献，无论中文英文，都分享给课题小组的成员们。当课题展开遇到困难时，曹根瑞老师带领课题小组成员，一个公式一个公式推导。北理工老一辈师长们的实事求是精神给于飞留下了深刻的印象：“北理工大多是做工程项目的，导师们带领学生都很实在，要进行哪些工作，能做到什么程度，在项目开始之前都说得明明白白。北理工的踏实务实精神很宝贵。”

踏实务实，无愧于心。于飞指引自己之后学术研究的宗旨，就是徐特立老院长的那一句话——“实事求是，不自以为是”。

尽心竭力，无愧于心

谈到获得徐特立奖学金时，于飞坦言，其实从没想过自己能够拿到这个奖。处在

“大牛”云集的实验班，于飞认为自己不是最优秀最突出的。导师通知他准备答辩时，他也始终抱着“试试看”的态度。“我只能说是尽量做好自己的事吧，要对工作和学习都有个交代。”正是这样的心态，不以获奖为目的，但获奖却也成了最自然的结果。

于飞参与的项目与精密光学测量相关，这一项目的实验对外界环境有极高的要求。为了避免杂光的干扰，项目组成员往往在晚上10点过后仍在实验室忙碌。这种尽心竭力的钻研只为求得实验结果的做法，深深印刻在于飞的记忆中：“从概率上来讲，静下心来做事情，比不静下心来，成功的可能性更大。”读博期间，于飞参与了一个较为新颖的电子稳像项目的研究，由于整个项目较为前沿，项目的进展速度缓慢。于飞说：“那时候我研究一行代码能折腾一个月，仅仅是个高速数字处理器件，我前前后后用了将近一年时间。”但是，自己静下心来有始有终地研究完一个项目后，于飞发现自己的能力有了综合性的提高。于飞说：“多思考是好事，很多道理和原理是共通的。静下心来做一件事，无愧于心就好。”

尽心竭力，无愧于心。静下心来，免除外界的干扰，做到对自己满意，于飞也凭借自己的成绩赢得了学校最高荣誉。

朴实求真，无愧于心

兴趣使然，加之涉猎广泛，于飞最终选择了测控技术与精密仪器专业。谈到专业选择，于飞为北理工学子提出了两点建议。一是兴趣。当了解了足够丰富的学科知识后，再根据自己最感兴趣的方面对专业进行选择。二是就业难度。现代社会的经济压力与昔时不可同日而语，应该考虑就业、工作实际情况，不可构架空中楼阁。

北京理工大学的校训是“德以明理，学以精工”。于飞从自己的角度为北理工学子解读了这句校训。“德”，既是“德行”，也是“德义”。讲求德行，则要求做人行事要妥当，不存害人之心；追求德义，便是对待工作要尽心，对得起自己的良心。“学以精工”，在学习中要始终保持求学精进的态度，始终尊敬感恩为自己带来帮助的人。

“德以明理，学以精工”，于飞始终践行、坚守，真正在学业和工作中做到了无愧于心。过程无愧于心，结果水到渠成。恰是过程无愧于心，自然到来的结果必是馈赠。

撰稿人：张璇

2011 谢云鹏：君子不“器”，必成大“器”

谢云鹏，中共党员，北京理工大学人文与社会科学学院2008级学生，主专业社会学，第二学位经济学。北京市优秀本科毕业生，获6次人民奖学金，2011年获得徐特立奖学金。现任中国移动在线服务有限公司项目经理。

带着质朴无华的精神特质，追求极简的生活方式，温和地交流，果断地行动。借助午休时间，笔者有幸采访到忙碌工作之余的谢云鹏。

一笔重要的奖学金——精神意义远大于奖金价值

当问及获得徐特立奖学金时的心情时，谢云鹏说，在北理工以理工科专业为主的学校里，作为文科学生得到这份奖学金意义比较特殊。这个奖是对我本科求学之路的认可和肯定，对将来的学习工作有很大的激励作用，也为进入社会面对竞争增加了一份自信。谢云鹏把奖学金存起来，一直保留到现在都没有花，他说道，有些东西的精神意义远大于奖金的价值。

一件特殊的纪念品——书桌上的徐特立铜像

2012年毕业典礼上，学校为毕业生颁发徐特立铜像作为纪念品。这尊铜像谢云鹏一直摆放在书桌上。他说：“学习徐特立老院长的生平、教育理念和思想，对人生有很大启发。徐特立老院长质朴无华的精神，深入到广大的人民当中的信念，把教育事业当做一生的追求，是很伟大的事。”这份纪念品，是一份荣誉的象征，更是对于北理工教育思想、优秀品质的精神传承，作为信念寄托的载体，鼓励谢云鹏在工作和生活中坚守这份质朴，踏实做好每一件事。

一份深厚的师生情——老师是人生道路上的指路灯

在问及谢云鹏对哪位老师印象最深刻时，他提到，当时的系主任贾晓明老师对他的大学生活有很大的帮助。尤其对贾老师的“成长小组”课程印象深刻，其主要内容是心理建设和鼓励大家分享学习工作的心路历程，有助于同学们更好认识自己，合理看待问题，尽早做好人生规划。当谢云鹏面对临时转向出国申请时，贾老师在学校工作繁忙的情况下，仍然为他及时解答疑惑。老师细致入微的关心和指导，犹如一盏指路明灯，在黑暗中照亮前行的路，鼓励谢云鹏在求学之路上勇敢面对一切。

一种久远的北理情结——简单高效的工作生活方式

谢云鹏说：“北理工这个学校很有特点，但最大的特点就是“没有特点”，1 号、2 号、3 号教学楼和餐厅这样‘非常没有特点’的命名恰恰反映了北理工的质朴无华，不注重名称，更多的是对精神内核的关注，这也是北理工人的一种特质。”谢云鹏在分享大学对自己的影响时说，目前在中国移动就职的北理工学子，大都具备这种简单踏实的学校特质。北理工作为一个注重科研的院校，其踏实高效的作风和严谨务实的风气，促进自己在生活工作中信奉极简主义，不过多在乎形式上的东西，“简单但是注重实效”；不管遇到什么事情，认真评估自己能不能做到之后再表达自己，能做到二，只说到一，把侧重点放在高效完成任务和时间利用上，不要只针对表面的东西而忽视最重要的本质和内核。

一些丰富的经历——学生生活不只是学习和上课

谢云鹏本科期间曾参与学校学生会的工作，负责组织了深秋歌会、“我爱我师”、义务献血等公益活动；同时积极参加社会公益活动，曾在大二暑假前往云南支教近三个月，大三暑假到香港社会服务机构实习。他表示：“那时候有用不完的劲，到处进行社会实践、公益服务，这些都是很难得的经历。我最喜欢的一个词是‘君子不器’，你不能掌握一个技能，靠这个吃一辈子。应该多接触一些东西，让自己多元化，很多事情都要去尝试，不要因为专业限制了自己的发展。”谢云鹏鼓励我们充分利用大学时间，不要被目前的环境所禁锢，走出校园，开阔自己的视野，了解社会需要，不断提高自己，争取有所作为。

君子不“器”，必成大“器”，满怀热忱，勇敢前行。生活总是充满挑战，但终究会成为成功路上的基石。愿谢云鹏的奋斗之路繁花似锦！

撰稿人：李婷婷

2011 王兴涛：

桃李不言，下自成蹊

2011年年底，北理工宇航学院机械电子工程专业的王兴涛凭借在攻读博士期间取得的一系列优秀成果荣获北京理工大学最高荣誉——徐特立奖学金。

科研成果累累

王兴涛先后发表了17篇学术论文，其中SCI论文5篇、EI论文12篇；除此之外，他所参加的科研项目申请的10项国家专利，有7项获得授权。“惊讶”是王兴涛对自己当时得知有能力申请徐特立奖学金的心情描述，这大概就是“桃李不言，下自成蹊”最生动的写实，是北理工校训“德以明理、学以精工”最好的实践，也是习近平总书记对青年寄语——“要勤学，下得苦功夫，求得真学问”的生动践行。回忆获奖前后时，他表示，如果说当时刚得知自己有资格成为徐特立奖学金申请人的心情是“惊讶”，那么获得这份高含金量的奖学金则是对自己之前科研工作的肯定，也激励自己在读博的最后一年始终保持积极乐观的心态，顺利取得博士学位。

作为一名“学霸”，王兴涛提及自己硕博连读期间负责的课题项目时满是兴奋和热爱，表示在课题项目中跟随老师们学到很多。王兴涛主要参与的课题有两个，一个是国家“863”计划重点项目——颅颌面外科精确治疗机器人系统研究课题，另一个是国家“863”计划项目——光动力治疗鲜红癍痣辅助机器人系统。其中颅颌面外科精确治疗机器人系统研究课题是由北大口腔医院牵头，北京理工大学与清华大学、上海交通大学共同参与的合作项目。这个项目主要负责机器人运动学分析与轨迹规划、运动控制以及多臂机器人辅助手术导航。项目组需要完成机器人样机的研制，并进行相关的模型与动物实验。因为该项目涉及交叉学科，因而需要四家单位通力合作，此时就切实需要发挥北京理工大学“团结，求实，奋进，创新”的精神，多方沟通，踏实做事，不断碰撞出创新的火花。王兴涛开心地说到，正是这种多方沟通使得自己学到了很多其他专业的知识，而自己博士论文中的一个创新点正是来源于自己与团队的沟通以及对其他专业的不断学习。在与其他团队的沟通中，王兴涛深切感受到，在北理工人身上，认真、肯吃苦、踏踏实实做事的品质尤为明显。北京理工大学作为一个有着红色血液的国防军工高校，“德以精工，学以明理”的校训贯穿于自己的整个博士生涯，在走上工作岗位后依然对自己产生了深远影响。习近平总书记在2014年“五四青年节”中对青年寄语“要勤学，下得苦功夫，求得真学问；要修德，加强道德修养，注重道德实践；要笃实，扎扎实实干事，踏踏实实做人”，而北理工“德以精工，学以明理”的校训完全符合习总书记的寄语。

严师出高徒

谈到自己攻读博士学位期间的两位导师，王兴涛的眼里满是感激。黄强导师和段星光两位导师各有各的指导学生的方法，王兴涛正是在他们各具特色的悉心指导下在博士期间取得了诸多的成果。黄强导师是一位有着严谨的学术态度的严师，正是他对待学术严肃认真的态度影响着王兴涛，使王兴涛也养成自嘲为“强迫症”式的一丝不苟的做事态度。王兴涛提到，严谨和一丝不苟是工程师和科学家最宝贵的品质，在工作中，恰恰是严谨和一丝不苟让他以及自己的工作团队避开了一个又一个风险，降低了风险成本。如果说黄强老师是自己的指路人，那么段星光老师则是“陪伴式”的良师益友。段老师用他灵活的思维给予了王兴涛大量突破性的启示。正是在与段老师的沟通和碰撞中，他解决了一个又一个难题。两位导师不仅仅在学术上给予了王兴涛很大帮助，让他“学以精工”，在生活中对他也非常照顾。北京理工大学正是因为有了这样的老师，才将徐特立老院长倡导“实事求是，不自以为是”的学风和红色基因植入到一代又一代的学子身上，让北理工人把自己的人生同民族的命运联系在一起，扎根人民，奉献国家和社会。

撰稿人：王一婷

2011 孙飞：

风中有云，云下有你

孙飞，2005年本科入学就读于北理工计算机专业，后保研至本校。曾获IBM中国优秀学生奖学金，2011年获得徐特立奖学金，现就职于阿里巴巴集团。

“飞沉皆适性，酣咏自怡情。”生命原本简单，生活最应随性。孙飞，内心简单，生活亦简单；内心平和，生活亦平和。

随性的生活，简单的人生

初见孙飞，简单的着装，直爽的话语，给我们一种很容易融入的感觉。在我们的采访中，孙飞的回答总是直接洒脱的，他简单、不骄不躁的性格深深感染着我们。这位在以工作压力大著称的阿里巴巴就职的优秀校友，在拥有自身内敛随性的性格的同时，坚持遇到困难坚持不懈努力，在求学之路和工作岗位上不断拼搏、突破。在采访中，孙飞并不善于表现自己，他用低调简捷的回答向我们传递了他内心的随性和知足。在这样快节奏的社会中，他可以仍然保持自己简单的初心，宛如一杯澄澈的水，简单、透明，不追求过多的东西，尽自己所能，做好眼前的事，在点点滴滴中提升自己。

越努力，越幸运

研究生期间，孙飞在其导师指导下独立完成的研究论文DOM Based Content Extraction via Text Density被第34届国际信息检索年会（ACM SIGIR 2011 Conference，SIGIR - Special INTE）录用为大会报告并全文发表。该论文提出了一种基于DOM树结构计算文本密度的网页核心内容块抽取算法。SIGIR是计算机信息检索领域的顶级期刊，他的这篇论文是北理工在该年会上发表的首篇文章。在谈到论文写作的过程中，孙飞表示很感谢廖乐健、宋丹丹两位指导老师给他独立思考和学习的机会，使他能够在科研过程中有更多自主发挥的空间，培养了总结思考能力，也在一定程度上提高了创新水平。孙飞表示，学习能力的提高对完成上述会议报告和期刊的发表以及在今后的博士研究期间和工作中有一定的促进作用。孙飞说，我们在求学的过程中，更多的是要重视养成独立思考的能力，这对于将来的工作和生活都是相当重要的。他讲述自己的成功时总是轻描淡写，但我们深知背后他付出的诸多努力。一次次获取奖学金和荣誉的前提总是很多别人看不到的付出，成功是给有准备并且不懈努力的人准备的，越努力，越幸运。

读万卷书，行万里路

孙飞将徐特立奖学金用于购买自己研究方向常用到的电脑和外出旅游的相机上，这从侧面体现了孙飞在学习之余对生活的热爱。在本科期间，他充分利用课余时间，读了很多诗词、小说等所谓“闲书”。他说：“我们不能肯定眼前看到的闲书会对工作或者生活起到什么具体的作用，但是这些无意识的学习，会在将来的生活中某一件事上发挥作用。”孙飞说，这种非功利读书的行为，对人生的帮助总是意料之外。我们不能保证自己的付出一定会在将来回报给你，但是当无数的读闲书这样的简单行为积累到一定数量的时候，总会在未来得到回报，可能是精神上的提高，也许是某一瞬间里给你的启发，抑或是内心的满足，这就是知识和精神的力量，在安静下来享受生活的同时，沉淀积累生活的经验，提高自己，完善自己。

除了看书，孙飞还喜欢旅游，暂时远离世俗，忘记烦恼和压抑，享受大自然的鬼斧神工，体验至纯的真善美。读万卷闲书，用简单且充实的行动升华自己；行万里长路，寻找自己内心的平静和安逸。

在计算机编程行业的单调生活中，孙飞用简单的代码传递出单纯的随性，在喧嚣浮躁的环境中保持内心的平和，找到生活原本的模样，看到生活的可爱之处，每天都愉快地度过，享受每一天的喜怒哀乐。人生很短，世界很大，风景很美，愿每个人都远离阴霾，每时每刻生活在阳光下。

撰稿人：李婷婷

2011 倪俊：

科研报国青春梦

在北京理工大学，有这样一位车辆工程专业的博士生，他年仅25岁，就已经发表SCI/EI论文近30篇。他曾担任北理工方程式赛车队队长，创办了北理工无人赛车队，研发了世界首辆无人驾驶大学生方程式赛车；他从事新一代军用车辆研究，带队研制了"地面航母"——多智能体协同军用无人车；他的成果被中央电视台等数十家媒体报道，获得"中国青少年科技创新奖"等荣誉；他以学生身份获得中国科协"青年人才托举工程"支持，并5次受到党和国家领导人接见。

2017年5月4日，他获得北京市青年五四奖章，他就是北理工机械与车辆学院博士生——倪俊。

"那时，20岁的我，第一次感受到什么是祖国。"

2011年，正在读大二的倪俊加入了学校方程式赛车队，艰苦的磨炼在他20岁的青春岁月就打下了北理工精神的烙印。

倪俊说，让他印象最深刻的，是赴德国参加2012年世界大学生方程式赛车比赛。在上半年的备赛中，他带领10余名队员连续数月几乎不眠不休地调试赛车，白天在炎热的郊区测试，晚上熬夜处理技术问题。困了，就在运输赛车的货车车厢里睡上一觉。终于要开进赛场，赛车发动机却因为海运受潮而损坏。直面挑战，永不言败，倪俊带领队员们在赛场旁阴冷的树林里露营了整整8天，白天修理赛车备赛，晚上在简陋的帐篷里休息。

终于，修理好的赛车亮相在最后一天的耐久赛上，五星红旗第一次飘扬在世界大学生方程式赛车比赛的主席台上。"那时，20岁的我，第一次感受到什么是祖国。"忆起当时，倪俊仍然双眼泛红。

他20岁驰骋德国赛道，精心打造的赛车在高速运输路上自燃烧毁，决赛之日发动机炸裂，一次次浴火又一次次重生……这一切，都是一名北理工学生的成长经历，传奇而精彩，也让倪俊默默坚定了科研报国的决心。

“这不单是北理工的事，这是中国汽车行业的事。”

2013 年，倪俊被保送到北理工机械与车辆学院坦克传动国防重点实验室攻读博士学位，师从胡纪滨教授，并将无人驾驶特种车辆作为博士期间的研究方向。读博期间，倪俊直接参与到军工项目研发之中，为我国新一代陆军装备发展作出重要贡献，用自己的实际行动展现出当代青年科技工作者的责任和历史使命。

2015 年，在导师的指导下，倪俊结合自己的研究方向，组织力量，带领 70 名青年学子，组建了一只全新的北理工无人赛车队，并成功研发了世界首辆无人驾驶大学生方程式赛车，引起了社会的广泛关注。就是这样一群青年学子，将北理工朝气蓬勃的创新能力发挥得淋漓尽致。

恰逢当时，在亚欧大陆的另一端，德国大学生方程式赛车组委会决定将无人驾驶赛车引入到大学生方程式赛事之中，并宣布在 2016 年举办无人赛车赛事讨论会。他说：“我们国家，从来没在这种级别的赛事中掌握过国际话语权和规则制定权。”当时的倪俊满心欢喜，和中国汽车工程学会一起积极联系了德国组委会，表示希望参与此次讨论会，能够参与国际赛事的规则制定。

然而事与愿违，德国组委会拒绝了来自中国的申请。“拒绝不可怕，放弃才可怕。”面对拒绝，倪俊展现出一份北理工人的责任与担当：“既然不让我们参加他们的讨论会，那索性，我们就让世界第一个无人驾驶大学生方程式赛车的赛事诞生在中国！”这是一名中国青年科技工作者的使命召唤。

和德国人赛跑，成为随后一年中倪俊的重要任务。倪俊说：“要组织比赛，意味着不光北理工，其他高校也要具备无人驾驶赛车的研发能力，整个行业都要向前迈一步才行。”于是，倪俊积极配合中国汽车工程学会，将团队研发技术全面公开分享，直接推动了中国无人方程式赛车领域的整体水平。倪俊说：“这不单是北理工的事，这还是全中国汽车行业的事情。年轻人嘛，应该有这种情怀和魄力。”在倪俊的积极推动下，中国首届无人驾驶大学生方程式汽车大赛终于敲定，于 2017 年正式举行，倪俊担任规则委员会秘书兼委员，负责赛事组织以及规则制定等工作。

“最艰难的时候，和以往一样，我从不放弃，再绝望也不放弃。”

2016 年，倪俊的无人赛车团队，还实现了另一件“破天荒”的大事——成功研发了“地面航母”无人车。这一无人车跨越险阻，表现出色。然而谁能想到，这一集成轮毂电机驱动、全轮独立转向、遥控/自主行驶，“背负”无人机，“胸怀”无人车，充满未来科技的无人驾驶特种车辆，竟然完全是由几十名北理工青年学生，在 100 天内完成设计制造的。

2016 年 5 月，中国人民解放军陆军装备部发布消息，将于 9 月初在黑龙江塔河举办“跨越险阻”无人车辆挑战赛。这是中国最高水平的无人车辆“大比拼”，由军方组织实施，严苛的竞赛条件，充满了实战味道，成为国内相关高校、院所和企业精心筹备、争相参与的重要赛事。能够在这次比赛中亮相，对北理工无人赛车队的未来发展以及北理工巩固军车领域的领先地位都有重要意义，纯正的学生作品参赛，没有先例！

倪俊和他的小伙伴们敢于面对挑战，从不轻言放弃。他们结合团队方程式赛车多年来的实践经验和技术积累，决定研发一辆极具技术前瞻性的军用无人车来参加比赛。北理工在大学生赛车类科技创新中形成的工作组织模式和团队管理经验，便成为项目实施的重要基础保障。

时间紧、任务重，经历了100个日日夜夜的艰苦奋斗，蕴含高科技的“地面航母”成功诞生，为了保障300千瓦高密度电池箱的安全运输，倪俊亲自驾车运输电池，往返6 000公里，历时6天6夜。倪俊说：“那段时间，是我这五年来最最艰难的时候。和以往一样，我从不放弃，再绝望我也不放弃，更不会让我的任何一个队员放弃。”最终，这辆“学生车”表现出色，得到了多方肯定。

除了研制出高水平的赛车作品，在导师胡纪滨教授的指导下，倪俊在学术领域也是收获颇丰，提出了无人驾驶特种车辆的“随控布局”总体理论雏形，发表SCI/EI论文近30篇，申请发明专利近10项。他的研究成果发表在《Vehicle System Dynamics》等多个顶级SCI学术期刊上，受邀在IEEE世界智能车大会等10个国际学术会议上作报告。2016年，凭借读博期间所取得的突出成绩，他被中国科协纳入“青年人才托举工程”，成为该人才计划有史以来的第一名学生。

大格局，学生科技创新走向新高度

作为一名优秀的博士生，倪俊所取得的成绩，既由于自己不懈的努力，也得益于导师的悉心培养，更体现了北理工在人才培养上的大手笔、面向大格局开展教育工作的理念和精神。

“在这种新模式的团队里，博士生进行学术研究、硕士生攻克高端技术、本科生解决工程问题，实现了优势互补。无人赛车队在更大格局下，不仅实现了人才培养，还支撑了高水平研究成果的培育、支撑了实际科研项目开展。这种模式潜力巨大。”倪俊谈及无人赛车队的模式，总是难掩兴奋。当然，新生事物总要经过探索。“大时代需要大格局，世界一流需要一流模式，我们坚信，实践是检验真理的唯一标准，我愿意成为这样的实践者，为北理工探索前行”。倪俊是这样想的，也是这样做的，除了带领无人赛车队，他还积极地参与学生工作，担任兼职辅导员、系团总支书记、研究所党支部书记等，积极为人才培养工作贡献力量。

习近平总书记在中国政法大学考察时指出：“当代青年要树立与这个时代主题同心同向的理想信念，勇于担当这个时代赋予的历史责任，励志勤学、刻苦磨炼，在激情奋斗中绽放青春光芒、健康成长进步。”

倪俊表示：“感谢母校和各位老师多年来对我的培养，这个荣誉不是我个人的，而是我们整个团队的，是所有为学校科技创新事业作出贡献的北理工人的。我有幸成为北理工的学生，有幸在这样一个鱼跃鸟飞、波澜壮阔的时代成长。未来的日子里，我会继续努力，将北理工赋予我们的科学之光植入‘科技报国’的理想，在激情奋斗中绽放青春光芒，健康成长进步。回馈母校，报效祖国。”

撰稿人：王朝阳

2011 童晓晓：

品学兼优的童晓晓

北理工管理与经济学院大四学生童晓晓，头顶着各种荣誉的光环，身上却毫无骄躁之气。谈起大学四年所取得的成绩，她说："天道酬勤，或许不是每个梦想都能实现，但是要想实现梦想，必须脚踏实地前行。正因为我朝着我的梦想一点点突破，才能有今天这些许进步。"

确定目标，不懈努力

童晓晓来自浙江宁海，虽然那只是一个小县城，却是明代大儒方孝孺的故乡，一个以"大气、正气、硬气"闻名的地方。她虽走出宁海，却始终不忘这六个字，时时提醒自己努力地使自己成为具有"大气、正气、硬气"的人。她坚信只要向着一个地方行进，哪怕是不能到达，那至少也能离目标更近些。2010 年 8 月下旬，她来到北京理工大学，在这片崭新的土地上继续耕耘她的梦想。

大学期间，是童晓晓确定目标、不懈奋斗的过程。和其他刚刚进入大学还有些迷茫的同学不同，童晓晓对于自己的大学生活有着清晰的认识和规划。从大一开始，她便认真仔细地学习每一门课程，无论白天多忙，晚上总能在自习室或图书馆看到她伏案读书的身影。军训结束后，大家欢呼雀跃，开始睡懒觉，而童晓晓照旧 6 点准时起床，然后到宿舍后面的北湖开始晨读，晨读半个小时后才去食堂吃早饭。从大二开始，开始逐渐接触专业课，童晓晓总会在老师上课前把课程内容预习一遍，大致了解内容，上课时则勤做笔记，记下自己先前不曾注意的难点与要点。而在结课之时，童晓晓则学着梳理整个理论框架，利用这个框架来复习。也就是常说的先把书读厚，然后在把书读薄。也正因为这些良好习惯，童晓晓同学的学习成绩始终名列前茅。大一学年的优良率达 95.8%，大二学年的优良率达 100%，并在大二期间就获得了北京理工大学的最高奖项——徐特立奖学金。

大三上学期，童晓晓争取了去香港城市大学商学院交流学习的机会。总的来说，香港的课程是少而精，一学期最多只能修 6 门课，但每门课的涵盖量极其丰富。由于时间限制，老师上课或许只能点到为止，而考试内容却远在上课所授基础之外，这就要求学生花大量课外的时间去自己钻研总结。童晓晓在香港交流期间并没有花大量的时间游历香港的大小景点，而是一下课就往图书馆跑，啃教材，啃习题。童晓晓笑言，碰到了难题就想尽办法克服解决，这只是自己多年的习惯罢了。

阳光服务，温暖他人

有了扎实的专业基础，童晓晓觉得还远远不够，她还要努力锻炼自己的组织协调能力。她担任过学习委员以及课代表，而最让她钟爱并为之付出大量时间和精力的则是阳光服务队的志愿者工作。

始于中学时代的志愿者经历，童晓晓深深体会到了在给予别人帮助的同时自己获得的快乐。所以，从大一开始她便加入学校的阳光服务队，以一名志愿者的身份努力为学校的同学服务，实践对志愿者精神的理解。虽然阳光服务队的志愿者工作局限于校内，并不像其他志愿者团队远走山区或进入博览会和养老院，但是助人不分事情的大小。帮助同学找到不小心遗落在校园的一些物品，看到他们喜悦的神情，童晓晓十分欣慰：“有些时候哪怕是一本小小的笔记本，对于失主来说也是有重要意义的，他们的笑容，他们的一声谢谢，就是他们对我工作的肯定。”在一次次志愿服务活动中，童晓晓获得了心灵的沉淀和历练，秉承志愿者少说多做的精神以及阳光服务、温暖人心的宗旨，她始终坚持做好每一次志愿服务活动，执着地履行着一名志愿者的责任。

童晓晓自小热爱祖国，拥护党中央的各项方针政策，在初二时就加入了共青团。2010 年 10 月，刚进北理工，就向党支部递交了入党申请书。之后又积极参加学部和学院组织的入党积极分子培训，并顺利通过了培训考核，成为一名中共党员。她自觉地按党员标准严格要求自己，遵纪守法，严守校纪校规，关心和热爱集体，尊敬师长，团结同学，乐于助人。

如今的童晓晓，因优异的成绩而成功保送本校继续攻读硕士学位，开始跟着导师做课题研究，参加各类大小学术会议，但她并没有太多的兴奋和骄傲，她依旧脚踏实地，一步一个脚印地向着自己的梦想不断迈进……

供稿：北京理工大学管理与经济学院网站

2011，2012 张文超：
怀念过往，不畏将来

实现理想

张文超，2009 年入校，本硕博期间，两次获得徐特立奖学金，还曾获得国家奖学金和其他多项奖项。

张文超是北京人，高考时的理想学校就是北京理工大学，填报完志愿后，如愿以偿地进入自己理想的学校。进大学前，张文超也曾给自己立了很多长远的 flag，期待在大学努力学习，大展宏图。然而，张文超在接受采访时说道，自己在本科前三年是特别迷茫的，不清楚自己奋斗的方向，面对保研危险的边缘，曾经非常恐惧和迷茫。然而，张文超通过不懈的努力，加上老师的鼓励和引导，成功保研攻读研究生。除此之外，张文超更大的收获是找到了自己喜欢的科研道路。张文超在接受采访时说道，北理工留下了自己最美好的青春时光，实现了自己的理想。

遇见世界

读研后的张文超，和本科阶段就完全不同了。这时的他有了明确的科研目标，一心一意做科研，查阅文献，做实验分析数据，参加研讨会等。他说，感觉做科研的时间是非常充裕的，每天做很多事情都不觉得累，不觉得辛苦，因为是发自内心的，喜欢进行科研工作。

张文超两次获得徐特立奖学金都是在读博期间，整个博士期间发了 14 篇 SCI 论文，张文超说，北理工提供了一个公平的平台，只要努力就会有回报。为此，他十分感谢北理工的培养。张文超参加徐特立奖学金评选的时候，看到其他同学做的 PPT 展示，第一次感受到高手如云，激励与喜悦并存，也再次告诉自己，不能因为一次获奖就停止前进的步伐，要一直努力地往前走。

感恩北理工，感恩自己

谈到自己在上学期间的实践活动，张文超坦然自己没有去学校外面做过兼职工作，主要还是自己的时间有限。张文超觉得，去学校外面做一些兼职，自己并不反对，可以锻炼自己的能力，但更多的是希望学弟学妹，把时间多放在学习上面，多学习一些基础知识，扩大自己的知识面。张文超希望学弟学妹在科研这条路上开好头，开好头了之后可能就不会再想其他的事情了，在今后从事的科研工作上会少一些焦虑。当然，学习要有效率，不能看上去努力，实际却没有多少收获。

张文超在博士二年级的时候，去意大利做访问学者，进一步夯实自己的实验功底。从博士四年级到从事博士后研究期间，张文超的愿望就是想留在北理工从事阻燃专业的工作，然后，留校并不是那么容易的事。

真正要决定想要留在北理工工作的时候，再一次面临着和许多“大牛”一起竞聘。看着自己应聘工作的对手，有的是在本科就获得这样那样的奖项，有的是在本科硕士阶段就去世界五百强企业参加了多次的实践活动，有的拥有多项科研成果等，面对这样残酷的竞争，张文超充满了危机感，张文超说，也许是“无知无畏”吧，感谢那个时候自己的勇敢和努力，披荆斩棘，努力做科研，发表了高质量的论文，用实力证明了自己。

怀念过往，不惧未来

现在的张文超开始走上了带学生搞科研的道路。回想自己的学生时光，许多往事依然历历在目：和寝室里的兄弟一起上课吃饭，同球场上的队友一起挥汗如雨，自己晚上一个人在操场上放空……没有了刚入大学时的稚气和迷茫，多了对未来生活的信心和向往。张文超在采访时说，希望学弟学妹们，不要担心自己在大学时的迷茫，做自己认为对的事情，自己开心地过好大学生活最重要。除了学习专业知识外，还要多看一些人文社科类的书籍，扩大自己的知识面，如哲学、历史、宗教等书籍，对将来的发展会有很大的帮助，可以影响一个人的思想高度，一个人行走的长度。张文超最后祝愿学弟学妹，在学习和生活的道路上，仰望星空，脚踏实地，越来越好。

撰稿人：王亚静

2012 程思源：

在科研路上不断迈进

程思源，2009 年入校，2012 年荣获徐特立奖学金，本科到博士都就读于自动化学院，他究竟是因为什么原因一直坚持在北理工科研这条道路呢？

获得“徐奖”，踏上科研之路

谈起过去的经历，程思源说：“当时最幸福的时光是大一大二，因为很自由，想做实验，学校都会支持。做很辛苦，但是很快乐。没有步入社会的时候，对未来人生并没有明确的规划，由于徐特立奖学金的激励，我决定进行科研工作。”

科研这条路是比较枯燥和辛苦的，那么程思源一直往前走的动力是什么呢？

“并没有什么特殊的动力。”程思源说：“因为自己想去做自己喜欢事，所以不觉得辛苦，不觉得累。”

除了优异的学习成绩，程思源在本科时也做了一些有科研价值并且十分有趣的项目，比如大二时的智能家居项目，大三时用手机控制飞机模型飞行的项目、娱乐健身卡通车项目，大四时获得机器人大赛一等奖。说到这些项目，程思源说从设计，到电路到程序都是自己搞，自己还开发了一套系统，对自己有很大的锻炼。

除了学习和科研，程思源爱好广泛，爱打乒乓球和游泳，并在大一大二担任班级学习委员，大三大四在学院科协担任副主席，承担了学院一些科技活动的组织工作。

当谈起获得徐特立奖学金时的心情，程思源说内心最多的是自豪以及对自己的肯定，并因此踏上了科研之路。

10 年北理，逐梦理想

在本科期间，程思源受到了两位老师很大的帮助支持，首先是大一大二时的辅导员，鼓励他参加各种活动，也给予了他许多机会去接触有经验的校友，并参与了实验室的科研工作，这为后来程思源作出许多成功的项目做了铺垫。其次是大三大四时的班主任，程思源进入班主任的创新实验室，这位班主任对程思源科研项目的研发起了非常大的作用。程思源读博时班主任也提出了许多好的建议。

谈到经验，程思源说，有两点很重要，首先是了解自己的兴趣，明确自己的方向，只有自己真正喜欢才能坚持下来。其次是寻求老师和校友的帮助。在谈到对自动化专业的认识时，他说这是一个比较特殊的专业，包括编程、机械设计、电路、通信系统等，涉猎的范围宽泛，需要常常去关注。

关于如何传承发扬徐特立老院长的精神，程思源说："实事求是、不自以为是的学风在理工科的学习中尤为重要，科研要以事实为主，做事的过程中先明确存在的问题，明确重要的影响因素，然后再去解决，有很多是书上没有的，要靠实际的经验。"

10 年北理，逐梦理想，我们祝愿程思源在科研的道路上不断前行，成为自动化领域的一颗闪亮繁星。

撰稿人：宁珑锦

2011 舒悦：

但行好事

2008年9月，结束了高考的舒悦踏进了北京理工大学良乡校区的大门，成了一名软件学院新生，就读软件工程专业，在这个四周被玉米地环绕的新校区开始了期盼已久的大学生活。三年后，他以年级第一的综合成绩排名和在学生工作中的优秀表现，被保送至中国科学研究院计算机所攻读硕士学位，并荣获北京理工大学含金量最高的奖学金——徐特立奖学金。

谈到获得徐特立奖学金时的心情，舒悦用了一个“爽”字表达了自己当时的内心快乐。这个“爽”字中包含着一种酣畅，是三年中日日夜夜用汗水和心血浇灌的生活花朵结出让人肯定和信服的果实的酣畅。这份荣誉不仅仅是对他长期耕耘成果的肯定，也是对他踏踏实实做事、长期积累的工作方法的肯定。

下苦功夫，求真学问

“但行好事”是舒悦的微信签名，此语出自明代《增广贤文》，后一句为“莫问前程”，这正是舒悦在校时为专业知识和技能长期投入大量时间精力以及工作后的奋发努力最贴切的注释。谈及当前的薪资待遇时，他说到，在任何一个行业，只要做到行业前10%，就无须担心收入和发展前景问题，因此，这句签名大概也可以是这样一个版本——“但行好事，前程自来”。

习近平总书记在2014年“五四青年节”时对青年寄语“要勤学，下得苦功夫，求得真学问；要修德，加强道德修养，注重道德实践；要笃实，扎扎实实干事，踏踏实实做人”，北理工的校训“德以明理，学以精工”契合了总书记的要求。正是在学校这样的教育理念的培养和塑造下，舒悦在学习中下苦功夫，求真学问，保送至中科院计算机所读硕。舒悦以优异的成绩拿到中科院计算机所硕士学位后，随即加入腾讯，成为研发岗位的骨干力量。这样多的荣誉成果与平日里的苦下功夫紧密相连。例如：在大部分学生都回家享受闲暇的暑假，舒悦选择了在大学生软件科技创新创业基地度过；寒假同样也仅仅在春节期间回家团聚，在此期间依然勤奋地学习和工作，从未有过懈怠。功夫不负有心人，徐特立奖学金便是对他往日努力付出的回报。

让优秀成为一种习惯

在北理工的校训中，“德以明理”位于“学以精工”之前，这是北理工对塑造学生高尚的品德的重视。在自身的严格要求和学校的培养下，舒悦不仅练就了一身过硬的专业技能本领，还十分注重自己的道德修养和实践。在工作中，他勇于承担重任，积极发挥在团队中的作用，有所担当，推进团队向前进步。

舒悦现从事自然语言处理相关工作，对于当下爆火的机器学习和大数据产业他有自己的看法——任何一个产业都是螺旋上升式的成长，有爆发期有沉寂期，IT 产业也不例外，作为一个研究员，需要能在沉寂期沉下心踏踏实实干事，而不是追逐功利，这正是北理工踏实肯干、低调务实的作风和品质。

谈到“汉芯”造假问题，舒悦表示，对于一个行业而言，道德和诚信是无数从业者辛辛苦苦积累塑造起来的，是无形而又宝贵的财富。而口碑和信誉会因为仅仅一次的造假和欺骗被毁于一旦，之前的努力和付出都会付之东流，信誉一旦被破坏，它的恢复时间十分漫长，因此，欺骗和造假行为都是一种代价极高的行为，对与整个行业和个人来讲都是灾难性的损失。舒悦说，在工作中遇到困难，遇到压力时，需要顶住压力，实事求是，承认自己工作中遇到的问题，积极寻求正面的应对措施，着眼于解决问题，而非是弄虚作假，掩盖问题。“实事求是、不自以为是”是徐特立老院长对万千学子的孜孜教诲。正是在徐老院长“实事求是”的精神的感染和激励下，舒悦在走上工作岗位后一直严格要求自己，求真学问，练真本事，立鸿鹄志，做奋斗者，“让优秀成为一种习惯”。

在提及大学中对自己影响和帮助最大的老师时，舒悦感激地提到班主任赵小林老师。他说，赵老师用自己的丰富知识和经验带领着自己参加程序设计大赛等活动，教会了自己如何克服困难、解决问题，真正做到了传道授业解惑。北京理工大学正是因为有了这样秉持“团结，求实，奋进，创新”校风的许多老师，才将徐特立老院长“实事求是，不自以为是”的品质和红色基因植入到一代又一代的学子身上，让北理工人把自己的人生同民族的命运联系在一起，扎根人民，奉献国家和社会。

撰稿人：王一婷

2012 牟进超：

厚积薄发，明理精工

在 10 多年前，太赫兹技术作为一个前沿技术，国内外都处于初级发展阶段，无论从技术的成熟度或者是基础设施来说，都是 21 世纪重大的新兴科学技术领域之一。

有这样一个人，他为了开发一个基础的芯片，开发一个最原始最核心的器件，被派到石家庄西边一个还在开发的产业园区，和其他单位合作，深入到芯片生产的第一线，一个人出差，一待就是三四个月，条件很艰苦。

2010—2012 年，这个项目不仅和微波相关还和光学有关，属于交叉学科，要调光路。当时北理工的实验室设备也不完备，没有一个专门的实验室，需要自己一点一点去搭建，就把实验平台搭建到一个机械加工的车间。夏天实验室里没有空调，只能做一段实验出去待一会儿，条件非常艰苦。

那么他是谁呢？他就是北理工电子商业与微波技术专业本硕博连读的牟进超。

牟进超 2003 年进入本科学习，2007 年读硕士，2008 年起硕博连读。本科专业为信息工程，硕博专业是电子商业与微波技术。

2012 年，牟进超获得徐特立奖学金。对于奖学金的用处，他说奖学金主要用于买书和购买研究太赫兹频段的照相机，研究照片的风格和镜头之间的感性关系。

自然，牟进超拿奖是有一定硬实力的。他在读博期间，写了多篇论文，并且研发了两个国家级项目，一个是国防科学局的民用航天项目，另一个是国家自然基金的项目。他说，获奖不仅激励自己更好地发展，督促自己做得更好、更完美，同时也为其他的同学起了一个示范作用。

谈及对自己专业的认识和看法时，牟进超说："电子是在物理的基础上发展起来的，电信又分为电子科学与技术和信息工程，电子和信息本来就是一个密不可分的整体。从'专'的角度来说，要有一个专门深入的点。学习的范围可以很广，但是研究的范围不可以太广。就像研究做天线一样，能量守恒，宽度越宽，增益越小，应该取一个适中的区间，才能推动一个特定的方向发展。"说到创新，牟进超说："发表论文是一个必要的方式，相当于把科研成果逻辑化地呈现出来。但是，我们要客观地看待学术指标和具体科研项目要求之间的联系，写论文的时候会对研究进行再认识，温故而知新，表达不出来说明没有真正理解。”

牟进超认为，自己取得的科研成果和获得徐特立奖学金，离不开老师的帮助。首先影响最大的是北理工的导师，包括研究方向，怎样去做一些事情。牟进超在香港从事博士后研究的导师，是一个传奇人物，他的实验室被誉为“微波界的黄埔军校”，很多微波比较厉害的教授，都有在那学习的经历。令牟进超对北理工导师印象深刻的原因有四点：第一是当时牟进超要写一个级别比较高的论文，导师一个字一个字地教着改，牟进超着实感动；第二是导师是“国家千人计划”引进人才，自身水平高，但在经费不多的情况下还是决定帮别人的忙；第三是导师仿佛会化腐朽为神奇，不仅能将一个项目做到创新，还能由此发一篇高水平的文章；第四，导师桃李满天下，学生中有教授，有杰青，有院长，大家可以相互互动，互相帮助。

牟进超认为北理工是一个偏工科的学校，尤其是军工项目，所以很多项目是瞄准国家的一些需求来做的，兼具学术性和工程性，和其他纯学术理论项目不同。项目不仅要具有前沿性，更重要的是要应用。

除了从事科研项目，牟进超在生活中也有着很多兴趣爱好——带着相机和同学一起出去骑行，去游泳馆游泳，等等。当然，社会服务工作也是不可少的——本科时做过翻译服务，当志愿者时翻译了一个电子电工实验教学的课件等。

牟进超在海外留学的时候，发现国外科研人员首先重视技术研发，其次是实际应用，而我们则更看重应用。牟进超说，这样聚焦点会散，没有深度，没有特征值，就没有合作的价值。一旦瞄准一个点做深了之后，合作单位自然会找上门。还有，把专业分得太细不好，因为创新就是很多学科一起摩擦、一起碰撞，比如将生物的知识和天线结合到一起，就是一个很大的创新。要多读，多去了解其他专业，没有厚积就没有薄发。同时，本科的课程是基础，像微积分、线性代数在科研中会经常用到，所以要打好基础。大二大三大四的同学要注重小学期的课程，因为会培养动手能力，小学期的课程是珍贵的教育资源，相当于把知识投入到应用里面。最后，他说读研读博很重要，因为层面不一样，所以需要深造。

牟进超心中的北理工精神是什么呢？是德以明理、学以精工，是沉稳踏实，是不计较名利。他说，踏踏实实、态度端正，才能走得更远。

撰稿人：宁珑锦

2012 吕乃静：
只要努力，梦想就会变为现实

北理工精神，永生不忘

“‘延安根、军工魂’，是北理工的红色基因；‘德以明理、学以精工’是我们的校训；‘团结、勤奋、求实、创新’是我们的校风；‘实事求是、不自以为是’是我们的学风，这些共同组成了北理工的精神和文化。”这是北理工机械工程专业学生吕乃静在接受采访时留给我们印象最深的话。

吕乃静，2011 年入学，2012 年读大二时获得了北理工最高荣誉——徐特立奖学金。大二时，吕乃静还在良乡校区，属于基础教育学院。当问及获得徐特立奖学金的原因时，吕乃静坦言，主要还是因为学习成绩好，当时她的学习成绩是专业第一名，63% 的课程都考了 90 分以上。

学习着，实践着

大学期间，除了学习，吕乃静比较热衷参加科技竞赛。大一暑假期间她参加了第五届“高教杯”全国大学生先进成图技术与产品信息建模创新大赛，培训了很长时间，最终获得了全国一等奖。后来觉得不尽兴，大二暑假她又参加了一次比赛。比赛完她还和同学们成立了一个社团——BIT 三维成图空间，教学弟学妹们绘图并组织他们参加比赛。现在这个社团在良乡发展得很好，作为创始人，她感到无比喜悦和自豪。进入大三，吕乃静依然热衷于参加各种大赛，大三时组队参加了全国大学生机械创新设计大赛，利用课余时间和假期，最后也获得了全国一等奖。

除了参加各种比赛，吕乃静在大学期间一直担任班级团支书，组织班级同学参加各种活动，班级获得过一些荣誉，如优秀班集体，她被评为优秀团干部。吕乃静还积极参加志愿者活动，她说：“大学的时候我参加了各种志愿者活动，包括北京房山国际长走节、北京房山冬季长跑、国际园林博览会等，整天给自己找事情做，闲不下来，觉得有趣又充实。”吕乃静回忆道，当时她们班的学习氛围非常好，同学们相处得也很融洽。吕乃静觉得大学阶段是最开心、最无忧无虑的时光。

人外有人，天外有天

徐特立奖学金不是吕乃静获得的第一个奖学金，之前也获得过其他奖学金。当问到获得徐特立奖学金的感受时，吕乃静说道，她很感谢北京理工大学和为徐特立奖学金基金会捐赠的北理工校友及企业和单位，同时也为自己感到骄傲，因为从大二开始，她基本上没再跟家里要过钱，一方面是自己平时花销比较少，另一方面，是因为有奖学金贴补。吕乃静认为自己家庭经济条件不太好，徐特立奖学金作为北理工奖励金额最多的奖学金，不仅能减轻父母的负担，同时能让他们感到骄傲，同时也是对自己努力学习、工作的肯定，自己特别有成就感。

吕乃静，一位怀着感恩之心，积极、上进的青年学子，无论走到哪里，无论做什么事，都涤荡着一缕请风，纯粹而美好。

仰望星空，脚踏实地

吕乃静说，获得徐特立奖学金离不开老师和学校的培养，对她影响最大的是光电学院的张忠廉老师，他是吕乃静参加全国大学机械创新大赛的指导老师。张忠廉老师当时已经 80 多岁了，早就退休了，但仍然割舍不下对教育和人才培养工作的热爱，创建了光电创新教育实验基地，培养学生的实践能力和创新能力，指导学生参加各种科技比赛。她说，张忠廉老师的敬业精神她十分感动。张老师虽然年纪大了，但仍然坚持每天晚上 11 点多才回家，给予了他们很大的帮助。吕乃静说，从张老师身上看到北理工人求实、创新和忘我的献身精神，她要像张老师一样，做一个有责任感、有目标、有理想，不怕吃苦有献身精神的人。

吕乃静现在读博，以后将会从事科研工作。她一直以“实事求是、不自以为是”的态度严格要求自己，积极创新，努力奋斗，立志为祖国的发展贡献自己的一份力量，传承徐特立老院长的精神。

撰稿人：周蓓　王亚静

2012 武玉伟：

在消费主义时代寻找真正的理想主义者

对于老师或教育者，我们每个人都不可避免地与他们产生交集，却总觉得对他们缺乏了解，甚至在很长一段时间内认为他们是师生双方关系中的强势者。然而初次见面，武玉伟老师谈吐间显露出的天然亲和力就打破了我们对教师僵硬的认知。

初次接触武玉伟老师，便发觉他是一个平和、质朴、低调的人。为人处世的低调让他总是平和待人，从不对自己有过高的评价。“找一份工作养家糊口顺便为社会做一些贡献”便是他对自己的总结，但说到“顺便为社会做贡献”时，我们仿佛看到他眼中闪烁着理想主义者的动人光芒。

作为2009级计算机应用技术专业优秀毕业生，2012年徐特立奖学金的获得者，武玉伟在面临未来职业规划时毫无犹疑地将教师定为自己的不二之选。据他所言，由于父亲是教师的原因，从小受到的熏陶让他更愿意站在三尺讲台从事教书育人的工作。四年的本科生活积淀了专业的知识与技能，而在北理工的日子，却让他切实体悟到了“诲人不倦学而不厌”的道理。

感恩与师承

回忆起在北理工学习生活的日子，恩师贾云得的形象是永远无法淡忘的。武玉伟说：“导师从学术和生活上来讲，对我的影响都非常深，尤其是对待科研的态度可以说是影响了我一生。”

2009年读博后，由于中关村空间有限，贾老师的实验室设立在良乡。武玉伟读博期间，贾老师基本上每天都要工作到夜里11点，这种钻研的劲头、对学术认真的态度，成了实验室的“默认设置”。无论是学习还是生活，贾老师对学生都是非常照顾。当看到学生面临住宿问题，为了科研工作甚至打地铺住在实验室，贾老师跑上跑下求人把事情一步步解决。贾老师对科研的认真、对学生的关照，点点滴滴的艰辛，作为学生的武玉伟都看在眼里。身教胜于言传，在相处的期间，师生由此到彼，而一种品质一种力量的连续性实在惊人——这也许就是师承的本质。所以每每谈及恩师，武玉伟总会发自肺腑的感叹，感恩师长的身体力行带给自己的影响。在博士毕业论文中他这样写道："他（贾云得导师）言传身教，使我学到的不仅仅是具体的科研知识，更有做人做事的道理。唯有今后努力进取，方不辜负导师的教诲和期望。"

在正确的时间跟对了正确的人，做对了正确的事情

武玉伟回忆起自己的博士生活，跟人们印象中的难熬与枯燥完全不同。整个实验室的氛围都特别好，团队都特别注意科研方面，大家心里都有条不成文的规定：该做事时就是要认真干，一定要完成得完美漂亮。一件事应有的标准是什么和为此应该付出的努力是什么，大家心里都有杆秤，绝对不能含糊。高标准、高要求、高效率让实验室成员业余时间拥有了各种活动，加之武玉伟比较喜欢组织旅游，每年的小长假，他都会和实验室里的同学一起七八个人自驾游北京周边的郊区，平日里也常在避风塘和同学一起玩桌游。在读硕士博士期间，他还参加了中国计算机协会（CCF）举办的 YOCSEF 青年精英大会。更难能可贵的是，他不仅在学术上有所建树，还抱有一颗热衷公益的心。当年赴山西吕梁支教后，武玉伟就将获得的徐特立奖学金和另一位师弟的奖学金一起捐给了家乡山东一个小县城的小学，鼓励那些学习比较好但家境困难的学生继续接受教育。

路漫漫其修远兮 吾将上下而求索

以身作则，一脉相承。作为老师，这是武玉伟对自己的要求。努力将自己变成一个榜样，不断地去影响师弟师妹和学生们。延安精神，薪火相传，他希望学生能够传承北理工精神，传承一种家国情怀，用自己的知识为社会做贡献。看得出武玉伟并不是一个常将"理想""家国"时刻挂在嘴边的人，但当他郑重其事地说出对学生的期望与要求时，我们能够感受到他平和冷静的外表下跳动着的热烈的心。

职业总能磨灭很多个人的东西，但可喜的是当发自内心的热爱，加之对一种信念的追求，使武玉伟坚守着教书育人的初心。

"15 年前我进入大一，现在你们年轻人的思想和当时的我们真的不一样，有好多东西，我自认为是正确的在你们看来也不一定正确。"武玉伟对刚入大学的这样说。为了与学生达成"共识"，更加理解现在的学生，武玉伟在良乡校区每隔一段时间就去寝室看望学生，只要发现有同学在近期的学习生活中有了困惑，就随时沟通交流。他说："可能就需要 10 分钟 20 分钟，但这是我们做老师的一种职责。"

武玉伟说："我比较爱唠叨，毕竟自己走过弯路，就想让学生们少走点弯路，该提醒的时候还是要提醒他们。"

作为师长，武玉伟对我们寄语："路漫漫其修远兮，吾将上下而求索。"我们在求索的过程中必然要有所付出，没有人会随随便便成功，直到最后回首一路以来的过程才知道每一步都不会白走。

曾有人说，大学的目的，首先是有助青年人的成长，然后才是知识的传承与创造。

我们深以为然。深深地希望我们每一位同学，在北理工的这几年能够向武玉伟老师一样，坚定自己的理想信念，怀有家国情怀，奉献自己，绽放青春。

撰稿人：陈澳男　王亚静

2012 智耕：

脚踏实地，明德精工

“得奖的时候，觉得能有这样一个奖项来肯定我，是一份鼓励，这是‘往后看’；此外，当时自己决定去清华大学读研，那次获奖是对我的鞭策与激励，这是‘往前看’。”这是智耕在回忆六年前获得徐特立奖学金后的感受。从2009年进入北京理工大学机电学院就读，到毕业后被保送至清华大学机械工程系直接攻读博士学位，再到如今就职于航天科工集团，这名优秀的北理工学子一直在用自己的行动践行着“德以明理，学以精工”的校训。

本科求学期间，智耕曾连续7次获得一等优秀学生奖学金，并荣获徐特立奖学金、航天科工奖学金、国家奖学金、江麓奖学金等；同时，在科研和竞赛上也取得瞩目的成绩：发表论文6篇，申请发明专利1项，获全国数学竞赛二等奖、北京市机械创新设计大赛一等奖……

在积极实践中突破挑战

在得奖之前，智耕觉得能被推荐成为徐特立奖学金候选人就已经是一份莫大的肯定，而在真正得奖之后，他对自己选择的科研道路更有信心了，因为他有了更清晰的自我认知——“越早知道自己是一个怎样的人越好，尽早明白自己到底想要干什么，因为目标不清晰的话就容易不自信，不自信做事就容易缩手缩脚。”

本科阶段，智耕在大学生科创领域积极实践，得到了许多锻炼机会，先后获得过北京市机械创新设计大赛一等奖，并发表多篇论文，申请过发明专利。智耕坚信，只有积极参与实践，才是对自己所学知识的真正考验。知识从课本到实践的迁移过程是一个充满了挑战的过程，对此他说道：“课本上学的知识比较浅，理论性较强，只有真正付诸实践才是对理论知识的考验，实践能将知识与动手能力融合在一起。理论知识能否与实践相结合，知识能否转化为实际的产品，这是一个巨大的挑战。”

对于如何突破从理论到实际这个过程中的挑战，智耕总结了三点经验：第一，要保持多思考的习惯，在打好扎实的理论基础的前提下，通过思考将知识内化；第二，要有信心，敢想敢试，不惧怕出错，如果自己觉得行就一定要去尝试；第三，学知识要灵活，不能死板地闷头学习。经验朴素，但优秀正是靠着这样一点一滴、日积月累的坚持才得以养成。

在勇敢尝试中均衡发展

除了优异的学习成绩和科创成果，大学四年中，智耕在学生工作方面也付出了大量的精力，并且培养了多样化的兴趣爱好，真正实现了均衡发展、履历丰富，令人羡慕。

本科时智耕担任过班长、学校第一届团委办公室主任。因为缺乏工作经验，智耕直言自己当时的工作完成得不尽如人意，还被团委的负责老师批评过；大三到中关村校区后担任过机电学院学生会副主席，在学院科协中也工作过，但由于课业繁忙，时间不充裕，并且处事方式不太成熟，导致与共事的学生干部沟通不畅，产生过矛盾。智耕坦言道："虽然有的工作确实做得不够好，但也为我积累了很多经验，我慢慢懂得了在学生工作中用何种方式与同届的同学交流。"在这些或许不是十分完美但却弥足珍贵的经历中，智耕积淀了宝贵的经验，并为他日后研究生阶段的学习与工作打下了坚实的基础。

此外，智耕还是一个兴趣广泛的学生，足球、篮球、游泳、跑步等方面都有涉猎，他每年都坚持参加清华大学的马拉松赛，在锻炼身体这件事上他从未停止。用他的话来说："对一个大学生而言，专业知识学得好只能说做到了百分之六七十，只有各方面均衡发展才能称得上一个优秀的大学生。"

从良师益友处汲取经验

谈及自己的大学生活时，智耕还讲到了曾无私帮助和指导过他的老师们，他从他们身上汲取着成长的经验，也因此收获了令人骄傲的转变，从一名优秀的大学生转变为一个逐渐步入社会的人。

智耕本科阶段的班主任与他年龄相差不到 10 岁，他说当时班主任就像他们的大哥哥，既是"良师"，亦是"益友"。班主任常告诉智耕要多出去看看，开阔自己的眼界与心胸，只有见得多了，才能在将来应对不同的人和事时保持从容的心态。此外，智耕在团委工作时，团委负责人肖老师对他的指导也在他心中留下了深刻的印象。肖老师的包容让他能不惧错误，尝试自己的想法并找到真正适合自己的东西。在步入社会后，智耕更是深刻感受到了校园内外的差异——"学校里的氛围还是相对宽松的，老师会最大限度地包容你的问题和错误，向你提供具体的帮助和指导，这也是北理工的老师负责任的体现。"

正是在老师们的教育和培养下，智耕汲取了丰富的人生经验，从而实现了许多大的转变。在他看来，自己的学生阶段还是比较顺利的，唯一的遗憾是在于本科阶段都在闷头学习，虽然参与了许多学生工作，但与身边同学的交流不够多。而在读研阶段，智耕做了三年的辅导员，与同学、老师的交流也慢慢增多，学会了如何以不卑不亢的姿态与人交流。这种转变令他骄傲，也是他成长的见证。

作为北理工的优秀毕业生，回顾四年北理工求学生活，智耕这样描述他心中的北理工精神："德以明理，学以精工。明德，即品行端正，这是做人的根本；精工，即在专业上要有所长。北理工培养了我脚踏实地，吃苦耐劳的品质，这就是我心中的北理工精神。"

撰稿人：姚泽诚

2012 吴谦：

总有人要赢，那为什么不是我？

有这样一个北理工人，微积分满分，常年专业第一名，参加过很多比赛活动，如机械设计大赛、智能车大赛、创新大赛，还拿过全国数学建模大赛一等奖……

他在宣传部、团委、科协工作过，研究生阶段担任机械系学生会主席，当过体育部副部长。

他还喜欢摄影，曾经在半夜爬到北京的山顶，拍下了北京壮观的日出。

并且，同许多“学霸”一样，他也十分喜欢体育锻炼，爱打篮球和健身。

那么他是谁？他就是2012年徐特立奖学金获得者——2009级机械工程和自动化专业学生吴谦。目前在清华大学读博的他，谈到过去的经历，觉得自己利用好了本科的时光，没有浪费，过得很有意义。那么其中又有什么好玩有趣且印象深刻的事呢？

他想了想，讲到了参加全国数学建模大赛时的趣事：当时他和自动化系及车辆工程系的好朋友一起参加这次数学建模大赛，但是三个人之前都没接触过数学建模，一头雾水，要搜索一些方法，搞清楚怎么回事儿，并且有三天的时间限制，所以时间特别紧，特别辛苦。一个人负责建模，一个人负责编程，一个人负责英文写作，每天只睡两三个小时。虽然确实很累，但是吴谦却认为那段时光很开心：“晚上买很多东西，随便吃。大家会相互鼓励，一起做好一件事，合作过程很快乐。最后做出来的模型完整地体现了一个问题，有一定逻辑和思想。虽然以现在的角度看略显粗糙，但很有意义。”在仅仅三天的时间里，把一个之前毫未接触过的东西做得有模有样，甚至还拿了奖，足见吴谦的优秀和过人之处。

同样印象深刻的，还有去北京中轴线的山上摄影的事。当时他和伙伴为了拍日出，半夜从山脚的酒店出发，头顶戴着类似于矿灯的装备。吴谦说：“当时晚上很黑，山也很高，有一点危险，但是山上空气很清爽，一边爬一边能看见星星。我们爬到山顶后，正对着长安街，等着太阳慢慢升起来，那一刻，才发现，北京原来这么美。”

吴谦上本科时，辅导员一直特别关心他。这是一个很负责任的辅导员。准备去清华大学读博前，班主任李欣老师推荐他，并给他指了很多路，他就抱着试一试的心态，最终进入清华大学读博。在参加机械比赛时也有一位老师给予了他很多指导和建议。

对于获得徐特立奖学金，吴谦当时感到很意外。他说，北理工那么多人，就偏偏落到了自己头上。同时，自己勇于尝试，去拼了一下。获得徐特立奖学金之后，对自己最大的激励，就是凡事都要试一试，只要努力去做，总有可能成功。

吴谦说，机械不完全是机床、轴承，也有微纳制造，也有很多小型的机械设备。从本科生到后面攻读博士生学位的阶段，是一个从大漏斗到小路径的过程。所以吴谦建议学弟学妹们在本科时打好基础，并找到自己的兴趣点。本科阶段是相对轻松的，可以多开展课外活动，和别人打打交道，勇敢尝试一些东西，万一一不小心就“赢了”呢？回想起这个阶段，会有很多可以怀念的美好的事。

撰稿人：宁珑锦

2012 鲁盼：

开始捱一些苦，栽种绝处的花

随着时光的流逝，旧事重提往往能看清过去，曾经毫无知觉的一个个岔路口都逐个清晰起来，汇成了一条流向此刻的河流。这就是“真·斜杠青年”鲁盼学长，他拥有四年充实、值得回味的大学生活。

开始

曾有语：“所有的伟大，源自一个勇敢的开始。”但鲁盼的经历却与此相反。8月末，艳阳高照，阳光洒在每一位初入良乡的新生的脸上，未来仿佛触手可及。然而对于高考失利的鲁盼，此刻低落的心情却无法被明媚的氛围感染。

在失落了一段日子后，他惊觉这种情绪大于事实的状况是可怕的——“我要感谢我们当时的班主任，她请来些优秀的学长分享他们大学的经验，传递了很多的正能量”——的确，在不同环境、不同时期，总有杰出之士在创造属于自己的时代。受到优秀学长的鼓舞，鲁盼默默立下了一个目标：“本科四年重新来，做北理工第一，保送清华大学。”或许当时，在忙碌着、奋斗着的过程中可能还有着“非如此不可?”的小犹疑，本科四年后梦想一一实现的鲁盼却可以自信且坚定地说出“非如此不可!”为四年的学习与生活一锤定音。

选择与坚持

生活从来都不应该处于统一框架下，大学生活也绝对不能只有学习，必须要在一种“复杂性”中生活，才能认识一个超越大学的世界。

都说大学是步入社会的第一步，而社团、组织就是一个锻炼人的地方。在四年中，鲁盼参加了很多社团、学生组织，像共产主义学习实践会、信息学部，还有学院的学生会、科技协会等。鲁盼说：“参加学生组织和社团活动，不仅能为身边的同学做些事情，而且能够结识许多志同道合的朋友。当然参加学生组织的确很占用时间，但很多时候会变成人生重要的机遇和体验。”初入大一，社团一位学长的一句话让鲁盼深深思考了大学四年应该怎样度过——“学业、科创、娱乐，这三个没法做到尽善尽美，只能选取两个。”鲁盼放弃了后者，他在那一刻确立了今后做事的原则，在未来面临选择时就利用这个原则来判断。大学四年，他不知道当季什么新品最走红，什么游戏最好玩，什么电视剧最受欢迎，甚至连电影也是偶尔才去看一部，聚会聚餐也不怎么参加。他说，只有放弃很多东西才有时间做一些更重要的事情。他挑战已有的知识界限，与自己的惰性抗争，脚踏实地地学习、工作，不断提高能力与素质。

鲁盼没有选择被放松休闲的大学生活所裹挟，而是利用良好的时间管理能力把各项工作安排好，脚踏实地地静下心来向着理想与目标前行。正是有了前期知识与能力的积累，他在面对机遇时才能牢牢抓住。

作为本科生，第一次站在徐特立奖学金答辩会隆重的场合进行答辩，鲁盼内心既兴奋又自豪。鲁盼说：“我是代表自动化学院来答辩的。”当时鲁盼填写了许多奖学金的申请表，而到了面交材料的时候，徐特立奖学金高额的奖金吓退了这位年轻人。他说：“别的奖学金都是几千元，而徐特立奖学金最低两万元最高五万元，感觉是想都不敢想的。”于是他把其他奖学金申请表都交给了辅导员，仅留了一份徐特立奖学金申请表在手里。“没有别的了吧?”辅导员随口的一句提醒，刹那间点燃了这位年轻人的勇气与斗志，最终递上了徐特立奖学金的申请表。而这句话也像蝴蝶翅膀一样，轻轻拨动着命运的齿轮，之后他总告诫自己不要错过任何的机会，要勇敢地争取勇敢地尝试：“真的去做（尝试）机会会大大提高。”

回想起大学生活，人们总是感慨时光匆匆。的确，有人在时光的列车上飞速前进，有人却被时光的列车抛弃，还有人似乎坐错了方向。我们常常不知道自己的才华在哪里，缺陷是什么，心里真正想要的是什么，我们不知道过去与今天的关联，今天与未来的关联。有人意识不到这些问题，有人意识到了却从不深思，但也有人深思熟虑，迈着坚实的步伐前进。鲁盼，正式迈着坚实步伐前行的人。

本科四年是一个真实存在的分水岭，也许在这四年中我们应常常自省，我们有没有目标?有没有脚踏实地地坚守着这个目标?正如鲁盼所言“开始捱一些苦，栽种绝处的花”。希望每一位学子在大四毕业之际，回望过去的四年都能体会到一个充实、值得、收获的青春回忆。

撰稿人：陈澳男　李家静

2012 赵扬：

勇往直前，永不言弃

坚定目标　踏实进取

赵扬本科毕业于师范大学，所以家里希望她毕业后从事教师行业。但是赵扬并不想急于参加工作，因为毕业后她那个实现科研之梦的目标更加明确了。每每问道她的科研之梦，赵扬都会谦逊地莞尔一笑：“我觉得科研像一座山，我不知道山峰在多远的地方，我只是想竭尽全力能爬多高就爬多高。”

赵扬看起来是那样的文静，我不知道她小小的身体里到底隐藏着多大的能量。但我还是被她这句看似平静的话震撼了。因为科研永无止境，而她说的“能爬多高就爬多高”是她给自己定的一个目标：用有限的生命做无限的科研事业！这背后需要付出多少辛酸不言而喻，她还是毅然决然地朝着既定目标一路前行。

2009 年 9 月，赵扬在北理工开始了她的科研之路，她一次次用成功肯定自己。2010 年 11 月，经过一年的研究，她的论文在研究生学术论坛发表，并获得一等奖。她用一年的时间就取得了硕士学位，并被学校评为优秀研究生。2011 年她获得了优秀博士学位论文育苗基金奖，之后获得了徐特立特等奖。2012 年，她参与了研究生科技创新活动和学生科技创新等重点科研项目并取得了成功。

“也许我的能力、智力并不是最好的，但我一直相信只要我坚定目标，踏踏实实地对待每一件事，用勤奋来弥补缺憾，就一定会成功。因为我相信天才是 99% 的汗水加上 1% 天赋。”赵扬，她正是在一点一滴的成功后，才取得了如今瞩目的成就。

如今赵扬希望出国去体验一下国外的科研氛围，同时也了解一下国外学术界动态，促使她对科研的认识上有更成熟的思考和见解，以便日后更好地进行更深入、更具挑战性的科研工作。

勇于创新

“在曲良体老师组做科研，收获最大的就是老师教会了我如何进行创新。你可以充分发挥你想象力。‘没有你做不到的，只有你想不到的’，这是曲老师常说的一句话。他非常鼓励我们创新，他认为只有建立起对科学研究的兴趣，大胆创新，才能够在各种困难中勇往直前，永不言弃。”

正式在曲老师的鼓励和帮助下，赵扬开始在科研中大胆创新。在制备可压缩的三维石墨烯时，赵扬通过控制原料的种类、比例及电学性质等因素进行合成的，但是这些前期的各种摸索都没有成功。因为这个项目从来没有科研人员做过，没有一点资料可以借鉴。在进行不知道多少次的尝试后，赵扬开始怀疑可压缩的三维石墨烯材料的可行性。后来赵扬通过查阅大量文献发现聚合物通过聚合后会使本身材料的力学性质增加（样品硬度增加），于是，她放弃之前的想法，大胆创新，尝试加入各聚合物。之后制备的石墨烯/聚合物，在一定条件下终于出现出了赵扬所预期的效果。

取得突破的那个瞬间，也是赵扬最开心的时刻。

感恩铭心

在北理工的成长的这四年里，赵扬特别感谢他的导师曲良体教授。如果没有曲老师对她的鼓励，没有曲老师在科研方面创新精神的影响，她不会有今天的成绩。她说：“科研一时找不到方向很正常，但是长期的摸索还依然没有进展的时候，也会让人有沮丧的情绪，但是一想到曲老师对我们的教诲，我就会充满信心。”

赵扬感谢北理工给她提供了一个理想的科研平台。她说：“在中学时代就梦想来北理工读书，也一直想做科学研究，现在这两件事都实现了，我觉得很开心。”

还有一群人是赵扬要感谢的，那就是课题小组的成员。她说：“我们课题小组人员虽然不多，但是配合默契，遇到困难时，大家会积极出谋划策，克服困难，我今天所获得的成果离不开他们的帮助。”

赵扬很谦逊，把自己所有的成果都归功于别人的帮助。她说：“在科研的道路上，我一定会勇往直前，永不放弃，要用丰硕的科研成果来报答所有帮助过我的人”。

撰稿人：李建南

2012 崔倚菁：

穿越迷雾，将学术坚持到底

80/20 法则

一见面，崔倚菁就给了我们一个非常深刻的印象：大气，有气质。聊了几句，就能够感觉到崔倚菁的这种气质是与她大学 4 年来参加数量众多的活动分不开的。

崔倚菁在参加社会实践活动、学生活动中，仅获奖就多达 28 项，2011—2012 年一年间就获得了 14 项国际比赛、国家级荣誉或校级荣誉奖项。她的经历造就了她处事有条不紊的风格。崔倚菁的学习成绩在班中也是名列前茅，大学专业成绩第二名，综合测评第一。崔倚菁是如何平衡学习与参加大量的社会活动的关系呢？

崔倚菁从大学入学开始，就一直要求自己贯彻经济学的“80/20 法则”，这个法则的核心内容是：一些关键的小的投入和努力，通常可以产生大的结果、产出或酬劳——20% 的精力投入可以换来 80% 乃至以上的成效；而如果一定要追求 100% 的成效，则可能耗费 80% 的精力。于是崔倚菁为每一个学习科目定下一个标准：达到 90 分，这样，她在学习中会非常认真努力地去实现这 90 分的成绩。达到目标后，她又很果断地把剩余的时间与精力分配给能够提升自己综合能力、团队合作等能力的社会实践、学生工作等事务中去。她在高效率地学习、掌握专业知识的同时，又能够更广泛地利用大学的资源扩充自己的各项技能，让自己更具有社会竞争力。

广泛探索，精确定位

对于每一个大学生来说，刚刚踏入大学校门，未来前途都是一个未知数。许多同学简单地选择了读研，有些决定找工作，而崔倚菁则不然，她一直希望探索出真正适合自己的道路，这也是她坚持参加如此数量众多领域不同活动的原因。

她曾经参加过时政论坛演讲比赛，并获得优秀奖，这让她接触到许多国家大事，并用科学辩证的眼光去分析当前社会的各种问题。她通过在安永会计师事务所的审计实习，对自己的专业有了更深入的理解，推动了探索自己前行道路的进程。在担任基础教育学院团委干部的过程中，打下了较强的文字功底，同时对学校以及政府机构的业务有了较深的了解，这不仅有利于她未来的发展，也使她在将来的工作中游刃有余。

作为北理工模拟联合国社团的重要一员，她多次参加模拟联合国大会，并赴美参加模拟联合国大会。在美国，她参观了哈佛大学、斯坦福大学以及麻省理工学院等多所世界顶尖高校，她说："我最大的感觉就是哈佛大学的同学们每天都很忙碌，就连走路都要看书。"参观这些高校让她看到教育的力量以及美国商学科研蓬勃发展现状，思考自己前进的方向，并最终选择了经济学为自己的科研方向。

未来，坚持学术研究

经历如此丰富多彩的历程，虽然有些疲倦，但是崔倚菁最后确认了自己未来的方向。

2012 年 9 月，崔倚菁凭借深厚的学术功底以及丰富的社会经历，被保送到人民大学商学院会计学专业读研，这也为她未来的学术道路打开了通畅的大门。她说："很多同学觉得会计学没法做学术，但其实不然，我认为仅仅用自己学的知识去做一些烦琐的工作，而不用脑子去工作，真的是太浪费了。"

祝愿崔倚菁在未来能有更好的发展，在学术界能有所成就。

撰稿人：石宇

2013 路坤锋：

我为自己代言

曾经有这样一位学生，他从本科期间开始，就将许多奖学金收入囊中，在北京理工大学读博期间获得了三次国家特等奖学金和一次育苗奖学金，以及其他的一些奖学金，总计金额达20多万元。发表了七八篇学术论文，他都是第一作者，并且都是影响因子相对较高的SCI论文，科研成果丰硕。

他就是2010年考入北理工自动化学院侧重于导航制导与控制研究的路坤锋。

五分钟的喜悦

谈及徐特立奖学金时，路坤锋的印象非常深刻。2013年他申请徐特立奖学金，先后经过了入围、选拔、投票、现场答辩等多个环节。进入答辩环节时，礼堂中坐满了专家、教授。这个过程由各个领域中的专家参与评定，淘汰率很高，但是路坤锋凭借自己扎实的专业知识及卓越的科研成果，成功地获得了北理工的最高荣誉——徐特立奖学金。

路坤锋得知自己获得了徐特立奖学金时，非常高兴和激动，这是对他博士研究的一种认可，也是对几年辛勤付出的肯定。但路坤锋坦言，这种高兴的心情只持续了五分钟，短暂的喜悦之后他更加清楚地意识到自己要继续努力，要作出更多的成果。他将奖学金一部分用于学业，购买学习和科研的书籍，一部分做调研费用，另一部分作为平时的生活费用。

路坤锋很感谢他博士期间的导师。导师非常敬业，每天起床很早，会工作到很晚。导师拼搏奋斗的历程对路坤锋产生了很大的激励作用。路坤锋说自己刚入学的时候学术并不是很好，但是导师因材施教，对他管得比较严，投入了很多时间，每天都和他在学术方面沟通。正是因为导师严谨执着的科研精神，路坤锋积累了很多专业知识，这些知识是他的财富，使他更加充实。

31 圈的奇迹

在北理工求学期间，路坤锋的身体素质也有了明显的提升。上大学之前路坤锋从来都不跑步，本科时测 2 000 米时跑完全程就会呕吐。路坤锋开始尝试着跑步，从最开始的三五圈到十几圈，他还特意上网查找了一些跑步的技巧，包括调整呼吸的方式，一个月后路坤锋可以轻松跑完 20 多圈，甚至最多的一次在操场上连续跑完了 31 圈，这对之前 2 000 米都很难坚持下来的他来说堪称奇迹。

跑步带给路坤锋的好处有很多，不仅促进了血液的循环，而且产生了一种神经元素——多巴胺——使人产生快感及兴奋。跑步也让路坤锋静下心来想了很多事情，这对他自信心的提升、意志的磨炼、性格的塑造都有很大的帮助。

做时间的主人

路坤锋很喜欢赫胥黎的一句话：“时间是公平的，给每个人都是 24 小时。时间是不公平的，给每个人都不是 24 小时。”

路坤锋说，人生是用时间积累起来的，一天对大家来说是 24 个小时，这是很公平的。但它其实又不是 24 个小时，这取决于你怎么样去利用它。

这句话对路坤锋的影响很大，他知道如果自己想做更多的事情，首先就要投入更多的时间，别人可能用 8 个小时的时间去工作，那他至少要投入 10 个小时或者 12 个小时。路坤锋说，要决定做一件事就要集中精力，一心一意地去做。每个人都不知道自己的潜力有多大，只要合理地利用时间，就会取得很多意想不到的成果。

明确人生规划

路坤锋第一次认真地对自己人生进行规划是在他 12 岁的时候，他笑着说当时的规划确实是很不成熟的。第二次规划就是大学本科期间。他也有过从政的想法，认为这样能帮助更多的人，更能实现自己的人生价值。本科期间路坤锋担任学校学生会主席，他希望给大家带来更多的东西，创造更多的价值。与此同时路坤锋的学习成绩也很优异，本科期间就多次获得一等奖学金。尽管如此，他在大三的时候依然觉得自己的人生经历很浅薄，想再多学一些东西，于是他选择了科研的道路，继续攻读硕士博士学位。本科期间的求学经历为他后来的科研之路打下了良好的基础。

路坤锋说：“不论你走到哪里，都不要让父母牵挂担心，如果你能让他们引以为荣，这就是孝顺。”路坤锋很早就对自己的人生进行了规划，他很自豪地说自己从来都没有浪费过时间，每分每秒都在为自己的未来做着点滴的努力，哪怕遇到挫折、走过弯路，这些都是人生中一笔宝贵的财富。

路坤锋非常感谢北理工，因为母校给了他信心和毅力，让他变得乐观。路坤锋说，北理工为他提供了奋斗的平台和土壤，并公平公正地支持着所有的优秀学子从事有价值的科研项目和创新活动，给予他们各种提升的机会。母校的大力支持使路坤锋意识到自己的责任越来越重大，更应该去努力去奋斗，为国家和社会作出更多的贡献。学校和家庭的支持使路坤锋的生活充满了正能量，成为他继续奋斗的动力。

撰稿人：周蓓

2013 杨高岭：

明理于心，通专结合

杨高岭，2010 年开始攻读硕士学位，专业为材料科学与工程，2011 年转硕博连读。6 年的研学生涯他收获了工学博士学位，也在北理工留下了 6 年宝贵的回忆。从材料科学与工程学院博士毕业后，杨高岭并没有止步，而是前往德国奥登堡大学访问学习，如今他在以色列魏兹曼科学研究院从事博士后研究工作。

革命通人，业务专家

回想起 2013 年获得徐特立奖学金时的情景，杨高岭说当时自己非常激动，因为这代表着他多年来在科研上的默默努力得到了认可和肯定，同时他也特别感谢博士生导师邹炳锁教授和钟海政教授两位老师的辛勤培养，他对继续从事科学研究事业有了更多的信心和底气。杨高岭说，徐特立奖学金的获得对他继续从事科学研究事业有着非常深远的影响。

获奖之前杨高岭对徐特立老院长有一定的了解，知道他是毛主席的老师，也是北京理工大学的前身延安自然科学研究院的第二任院长，但是获奖后杨高岭对徐特立的教育思想有了更深刻的理解，他更加认同徐特立老院长著名的教育、科技和经济“三位一体”科学发展的思想。他希望能够通过读博期间接受的研究生教育，在本领域科学技术的发展上有所突破，并能够产生一定的社会经济效应。杨高岭的两位博士生导师对他的教育完全符合徐特立老院长主张的通专结合、培养“革命通人，业务专家”的教育思想。邹炳所和钟海政教授都主张学生能对多个领域有所了解，因为科学是相通的，其他领域取得的突破性进展也许会对自己想要解决的问题有所启发。两位导师鼓励杨高岭在自己本领域要做到最好，这种精神对杨高岭产生了非常深远的影响。

读万卷书，行万里路

在北理工求学期间，杨高岭在科研上取得了很多突破性的成果，其中在半导体量子点材料的光学机理研究中取得的成果最为显著，相关结果研究相继发表《在材料学》等一流期刊上。当时杨高岭的主要工作是探索发光亮度高、偏振比大、发光可调的偏振发光半导体材料，并探索其在偏振器件中的应用。通过博士期间的研究，他在所研究的领域中实现了多方面的重大突破，科研成果十分显著。此外，他还多次参加学术会议及学术交流活动，并作为项目主要参与人员参与了自然科学基金主任基金 1 项、自然基金青年基金 1 项，科技部重大研究计划两项以及北京理工大学基础研究基金 1 项。

杨高岭不仅取得了丰硕的科研成果，还有着广泛的兴趣爱好，比如旅游、唱歌、网球等。每年寒暑假杨高岭都会去不同城市走走看看，品尝当地美食，领略自然风景，感受人文气息；他的歌唱得也很好，经常和三五好友一起去 K 歌，杨高岭特别喜欢唱张学友的歌；他还喜爱网球运动，还曾联合创办郑州大学网球协会，培养新手的网球技术。

杨高岭一直都想去不同的国家旅行。在获得了徐特立奖学金后，他把奖金分为好几部分，一部分补贴了自己和同学的日常生活，一部分作为结婚基金储存起来，一部分作为出国费用，在校研究生院联合培养基金的支持下去了德国研学半年，一部分作为旅游经费游览了祖国大好山河。徐特立奖学金是杨高岭人生中获得的第一个奖学金，所以他很认真地对奖金做了规划，希望能把奖学金用在有意义的地方。

他山之石，可以攻玉

杨高岭的博士生导师邹炳所教授和钟海政教授对他产生了非常深刻的影响。邹炳所教授是国家长江学者特聘教授，是杨高岭科研道路的启蒙者和传道人。邹炳所教授在物理化学光学材料等多个领域都有非常独到的见解，因此对杨高岭科学思想意识的培养有着举足轻重的影响，培养了他对科学问题的敏感意识和对问题理解的广度和深度，以及对多个研究领域的涉猎。当时课题组有学理论物理的、材料的、光学的、化学的和生物的多个学院的学生，邹老师非常重视每两周一次的组会，每位学生都要介绍自己最新的研究进展，以及发表在高水平期刊上的最新论文，这些对学生的培养非常宝贵，也大大拓展了杨高岭的科研视野，使他的研究不再局限于本领域。他山之石可以攻玉。杨高岭认为科学是相通的。邹老师于杨高岭而言，是导师，更是长辈。

钟海政教授是杨高岭所在课题组的一名优秀的青年教授，是国家优秀青年基金获得者，也是杨高岭科研道路最强的领路者和授业人。钟老师主要给杨高岭传授解决科研问题的方法和技巧，手把手教他做实验，师生一同解决了一个又一个科研难题。比起邹老师，钟老师在杨高岭心中更像是朋友，有任何问题都可以找钟老师解决。当杨高岭花光了当月生活费向钟老师诉苦时，钟老师就会掏腰包借钱给他；杨高岭和女朋友闹别扭导致思想有了起伏，钟老师也会耐心开导；遇到实验方面的学术问题，钟老师也会立刻和他一起想办法解决。钟老师于杨高岭而言，是导师，更是朋友。

明理精工，和而不同

杨高岭认为，北理工精神最好的阐述就是校训——德以明理，学以精工。杨高岭非常喜欢这八个字，常思常新，每次他在心里默读时都会有更深的理解。杨高岭说，北理工教育学生做人的道理，做事先做人，做人需明理，有德之人干什么事都能干好，这是立身之本；同时也给学生传授知识作为立身之基，掌握精深的技术才能立身并服务社会。杨高岭一直都把这八个字当作自己做人做事的准则。

“和而不同”的思想对杨高岭性格的塑造也产生了重大影响。杨高岭认为不同的人的观点思路肯定不同，不同的人做任何事或决定肯定有他自己的原因，千万不能因为这与自身的观点不同就轻易否定，人与人之间应该去找共同点。这让他在坚守着自己的科研道德和科研理念的同时，诚恳地和他人交往，也因此获得了多个科研合作机会。

杨高岭最后说：“我将继续秉承徐特立老院长的教育思想，多多了解各个科研领域的最新进展，开展不同领域内的合作，同时也争取做自己领域内的 No1！”

撰稿人：周蓓

2013 黄利利：

勤奋自会有回报

2012 年获得博士特等奖学金，2013 年获得徐特立奖学金，2014 年获得国家奖学金……“我是个很普通的人。”她这样形容自己。

她是黄利利，2009 年入校就读于神经生物学专业，在北理工硕博连读，现在在北理工从事博士后学科研究。

误打误撞，踏上科研路

高中填报志愿的时候，黄利利听从了家长的建议，选择了前途一片光明的生物化工专业。

黄利利在读本科时，因为本科院校不是很出色，直接就业工作压力会很大，周围人都选择了考研，所以黄利利也静下心来准备考研。

至于为什么会来到北理工这所院校，除了希望来北京发展，相比较之下北理工的考研科目跟黄利利的本科院校所学内容比较相近，因此她选择了北理工。

“我来到北理工以后，发现北理工的学生们大多在本科阶段就已经明确了自己未来的方向，并为之努力。而我在读本科的时候却一直处于一个比较茫然的状态。是工作还是读研？我压根儿没仔细去想过。”谈起选择这个专业的初衷，黄利利笑着聊起了自己从高考起误打误撞到现在的心路历程。

踏实刻苦，一步一脚印

黄利利刚进实验室开始学着做实验、写论文时，没有什么经验。她说，自己对实验步骤熟稔于心，而在下笔时常常忽略很多细节，这样的文章，拿给不是专门做过实验的人看时，免不了会觉得一头雾水。导师谢海燕教授对论文提出了一些指导意见，可能只有简单几点，我却要根据导师提的建议重新梳理，修改整篇文章的结构。

黄利利坦言，刚读研究生并不是十分适应。她说：“我刚开始进实验室做实验、写论文时，很多地方都跟导师的思路冲突了。我最初还以为只是两个人想法不一样，可慢慢地做多了才知道，实际上并不是我的想法与导师不一样，而是我没有达到导师的高度，所以在做实验、写论文的时候会有很多问题存在。”

在意见不一致的情况下，黄利利并不是每一次都对导师的指导意见完全认可，她有时候也会觉得自己的做法不是错误，而只是另一种方法。可随着经验的积累和实验项目的进展。她才慢慢领悟到导师的高度。因此，黄利利十分感激自己的导师——谢海燕教授。她说：“在科研上，谢老师是一位特别严谨、博学的好老师。在我科研工作遇到瓶颈时，她总能给我提供一些独到的见解，让我沿着这个思路往下走，可以进一步实践。”谢老师作为黄利利的引路人，让她少走了很多弯路。

久而久之，黄利利在向谢老师提交论文前，会养成自己先检查多遍的习惯。在跟谢老师讨论论文的修改时，不仅梳理行文脉络，而且会对论文的语法、句型、句子结构和标点符号等反复斟酌。

黄利利把自己绝大部分的时间与精力都花在了科研上。她说：“我的研究生生活十分单一，基本是三点一线：实验室，宿舍和食堂。”正是由于如此勤奋刻苦、踏实努力的精神，她能够在一年多的时间里就发表出五六篇 SCI 论文，其中有三篇都是影响因子大于 6 的 top 期刊论文。

荣获徐特立奖学金，坚定走科研路

黄利利说，刚开始到北理工读研究生时，每天的任务就是对着一些瓶瓶罐罐或者一些看不见的东西，做一些看起来枯燥无聊的实验。由于实验过于专业化，是寻常生活不能接触到的东西，黄利利无法跟家人或朋友们交流在实验室的点点滴滴。黄利利说，做完实验收获的成就感自然是巨大的，可实验卡壳止步不前的时候，难免会觉得沮丧。徐特立奖学金的获得，让黄利利知道了自己的自己的努力没有白费，自己的付出得到了认可和肯定，自己做的事情是有价值的。徐特立奖学金所带来的认同感，让黄利利坚定了在科研道路上不断前行的信心。

薪火相传，弟子亦为师

黄利利现在除了做自己的课题，还带了两个研究生，主要负责指导他们的实验。相对来说，因为他们做的实验黄利利之前都做过，所以带起来还比较得心应手。在带师弟师妹做实验的时候，黄利利会写好详细的实验流程让他们照着步骤来做，等他们做完以后把结果告诉黄利利，然后她会去分析。如果做出来了，就可以接着往下做；如果没做出来，黄利利会根据他们做的结果对事先制定的实验流程进行改善。

相对而言，当初黄利利的导师谢海燕带她的时候，虽然导师有很多独到的见解，但毕竟导师需要指导的学生太多，共计 10 多个学生，很难做到每一个人每一个课题都面面俱到，很多地方都需要黄利利自己独立探索。现在的研究生跟当初的黄利利的情况相比，少走了很多弯路，可以比较轻松地实现较快的实验进展。

“骐骥一跃，不能十步；驽马十驾，功在不舍。”愿每一个北理工学子，都能像黄利利一样，扎实做事，永不言弃！

撰稿人：李家静

2013 宋爱娴：

安静地成长

本科四年期间，学习成绩保持第一名，连续七次获得优秀学生奖学金，两次获得国家奖学金，获得徐特立奖学金一等奖，还有各类学术竞赛获奖，以及北京市优秀毕业生、北京理工大学优秀学生、优秀共产党员等称号，在学术期刊发表多篇学术论文……宋爱娴在北京理工大学的这四年，收获颇丰。

宋爱娴虽然选择了经济学这个专业，但在刚进大学时，其实她并不是很了解这个专业的具体情况。在教政治经济学赵瑾璐老师的带领下，宋爱娴观看了很多华尔街的纪录片。在这个过程里，宋爱娴渐渐了解到作为一个经济学人该有的风貌，她开始明白经济学这个专业对生活节奏和知识储备等的要求。赵瑾璐老师曾说过一句话，对宋爱娴造成了巨大震撼："这是一个弱肉强食的世界。如果自己不努力拼搏，你就会被其他的狼吃掉。"刚进大学的宋爱娴本来持有高考之后进入大学就能放松的想法，可正是在这句话之后，宋爱娴改变了对大学生活的认知。

利用碎片化的时间

之前，她也曾一度认为好些课程是浪费时间的"水课"，可在她静下心来认真听讲之后才发现，这些课也有独特的闪光点。为了提高学术论文的写作水平，宋爱娴认真对待每一次课堂作业，精心雕琢每一篇结课论文。她曾为了写好一篇学术论文，发现国家图书馆典藏馆里有一些珍贵的书籍但不能外借时，便利用周末的时间，搭乘单程就要一个半小时的地铁往返于良乡与国家图书馆无数次，直到收集全论文所需的资料。

宋爱娴重视学业，但她并不是只知道读书学习的"书呆子"。她加入了校辩论队，多次在辩论赛中大放光彩；此外，她还在团委负责党建相关工作。面对如此忙碌充实的活动和工作，宋爱娴学会了充分利用每一个碎片化的时间。在等待开会的时候，在往返两个校区的地铁上，宋爱娴都会背单词或者记忆事先打印出来的材料。为了错开食堂就餐的高峰，11 点半下课的时候，她会先找个教室自习半小时再去吃饭。宋爱娴获得徐特立奖学金以后，她把这笔钱用来投资学习，一口气报了 CPA 考试、金融从业资格证考试、银行从业资格证考试以及英语学习班等。

充分利用时间的诀窍并非自身天赋卓群，恰恰相反，宋爱娴认为自己不是一个自控力很强的人。为了克服这一弱点，她不把自己放到一个很安逸的环境里。当她想要利用假期提高自己的英语水平时，她不会把一摞书带回家，而是选择留在学校，报一个班跟班学习，每天去教室或者图书馆自习。因为她深知，如果假期回家，就会浪费掉宝贵的时间。而平常的周末时间，她基本是在图书馆学习，或者去市里忙与学业相关、跟科研相关或者是学生工作相关的事情。

确定未来的方向

关于科研，宋爱娴指出，科研是需要前人指路的。她说："在本科阶段，老师是非常关键的。想要作出成果，自己盲目寻找方向的成功率相对于老师给你一个方向而言，前者的成功率要低很多。毕竟老师有着多年的经验积累，更清楚什么方向容易出结果，也更清楚什么研究方向的价值会更大。"宋爱娴很早就接触到了实用的研究项目，跟她主动积极联系老师是密不可分的。宋爱娴最初做的课题之一便是刘心刚老师由当时北京暴雨房山塌方所想到的一个项目。当刘心刚老师把课题挂出来的时候，宋爱娴立即报名，然后便成功参与到了研究中。经过实践，宋爱娴发现，其实完全不必担心专业知识积累不够、不会实验操作这一类的问题。大家的基础知识积累足够应对老师给出的项目，至于某软件不会使用、某理论事先没听过这一类的问题都不过是具体的小问题，在实践中根据实际情况的需要去学习即可，越早参与，越能够尽早摸清它的运作规律，也能够尽早熟练实验操作，给未来打下基础。

回顾这四年，宋爱娴总结道：大学四年看起来很长，但其实并没有太多可以浪费的余地。刚进校的时候，可以多参加一些社团活动，多去了解大学生活的状况，但更重要的是尽早要找到自己喜欢而且自己擅长的事情，给自己选定未来的方向。如果自己想要从事的行业不适合自己，应学会扬长避短，尽早在自己的人生规划上作出恰当的调整。宋爱娴说，人生的方向不是一下子就能找到的，唯有付出心力，认真摸索，努力尝试，才能够在实践中看清自己的内心。而在确定了合适的目标后，便该踏踏实实地积累了。积累两三年，得出成果，才能够有足够的资本在大四走上自己心仪的道路。越早确定目标并付诸实践的人，越能够在人生岔路口从容相对。

她说："人的精力是有限的，一定要把好钢用到刀刃上。"踏实学习，静心科研，这是宋爱娴的大学四年，也是我们每一个人应努力的方向。唯有扎下深根，方能结出硕果！

撰稿人：李家静

2013 张旋：

扎实学习，独立思考，努力创造

张旋，2010 年就读于北京理工大学机械与车辆学院热能与动力工程专业（现改名为能源与动力工程专业），2013 年 10 月获得徐特立奖学金一等奖，目前为清华大学能源与动力工程系博士生。

张旋 2010 年入学北理工，曾连续两年获国家奖学金，连续六学期获校级一等奖学金，曾获"挑战杯"全国大学生课外学术科技作品竞赛二等奖、全国大学生工程训练综合能力大赛一等奖等 5 项省级（含）以上科技竞赛奖励，曾获得北京市优秀毕业生及北京理工大学优秀毕业生、校级学生标兵、三好学生、专业之星等称号，申请并授权实用新型专利 1 项。2014 年保研至清华大学攻读博士学位，目前已发表 SCI/EI 论文 8 篇，国际/内会议 5 篇，曾获清华大学综合一等奖学金、同方环境社会工作单项奖学金、研究生优秀党支部书记等荣誉。

时光飞逝，转眼间张旋离开北理工已经四年多，而张旋在北理工生活的朝朝暮暮如昨天般经常浮现在他的脑海中。获得徐特立奖学金至今也已 5 年，回想起获奖前后的经历，张旋内心有许多感触，尤其是在这五年中他完成了从本科生到博士生角色的转变。

扎实学习

张旋说道，总体而言，现在回顾他本科和研究生阶段的体验，最大的感触正如徐特立教育思想中所强调的"创造性"。当然创造之前还得扎实学习，掌握过硬的本领，并且养成独立思考的习惯，才能让自己的创造拥有活水之源。

关于学习，张旋认为无论是在本科还是在研究生期间，扎实学习可以说是一条颠扑不破的真理。当然这里的学习是一种广义上的学习，包括学校的课程学习和许多自己感兴趣的课外活动。张旋说，作为一个学生，前提是需要把自己课程学习的本职任务做好，这样才有将来走得更远的资本，这也在徐特立奖学金的奖励原则得到了体现。就他自己而言，无论是在本科阶段还是在研究生阶段，也都深深地体会到，只有在前期扎实学习，才能让自己在后期的进展比较顺利。张旋说，本科期间，尤其是大一大二的时候，努力把基础课学好，掌握课程学习的能力和技巧，进而慢慢实现举一反三，到了后面自己就会有更高的学习效率，进而能有更多的时间去做课外自己感兴趣的事情。

张旋说，从另一方面来看，掌握了坚实的基础知识，在后面学习专业课的时候就会得心应手。对于课外的学习，学生时代都有大量的自由时间，在学习课内知识的基础上，在各个方面拓展自己的学习宽度，可以很好地开阔自己的眼界，可以与自己学习的课内知识相辅相成，达到相互促进的效果。

张旋在本科阶段，利用课余时间学习了很多课外知识，包括参加了“挑战杯”比赛、工程训练大赛等科创竞赛。在参加这些比赛的过程中，他不仅提升了快速学习课外知识的能力，将课内所学与课外所学灵活地结合起来，也锻炼了他各方面的动手实践能力，更深刻地认识到团队合作的重要性。当然，在学习课外知识的同时他也强调，要保持自己的专业优势和竞争力，知识的宽度和深度就如同一个椭圆的长轴和短轴，只有同时具备才能最高效地增大面积。如果某一方面存在明显短板，则需要在另外一方面花费好几倍的努力来弥补。

独立思考

张旋认为，在扎实学习之后，要注意对自己所学的知识进行独立思考。无论是课内还是课外学习，可能在学习的内容同形式上有差别，但是整个知识体系是类似的。如果只是机械地学习书本知识，照本宣科，在初步入门阶段还可以应对，在后期的学习阶段，学习的成本无疑会急剧增加，不仅增加了自己的学习负担，也会给自己带来一定的不舒适感，这样自己可能就对学习慢慢失去兴趣了。相反，养成独立思考的习惯，可以让自己在两种学习中融会贯通。当自己的知识积累量达到一定的程度，通过独立思考就会总结出一定的共性规律，这样对于将来自己去接触一些不熟悉的东西，很快就会有一个初步的入门方法。类似高中学习中的语文和英语两门语言课，老师除了教学习汉字和记英语单词之外，都会教一些语法知识，其实这些语法知识就是提炼出来的共同特性，如果要去学习德语或者其他语言，都可以采用类似的思路，这样就会很快地入门了。大学，学习程序设计语言，无论是 C 语言，还是 Fortran，抑或是 Python，或者其他语言，基本上也是类似的道理，在学习的过程中，思考各种语言中的共性。当然，上述两种学习过程中的思考过程在目前互联网发达的时代，已经有很多前人的经验可以借鉴，自己需要思考更多的是适合自己的学习方法。很多学习的过程也有类似的规律，当自己在学习的过程中养成独立思考的习惯，总会形成自己的感悟，之后将会对自己扎实学习的基础有一种豁然开朗、焕然一新的感觉。

努力创造

张旋说，拥有了学习和思考的能力，努力创造，才能最终将自己的所学加以运用，进而实现一定的价值，并转化为促进自己进一步学习的动力。在本科阶段，最直接的方式就是参与一些科创竞赛。一般而言，在参与这些竞赛中，不可避免地会用到很多方面的知识，在这个过程中，自然而然地会让自己去学习更多知识。在实际解决各种问题的过程中，也会让自己养成独立思考的习惯。再经过项目的初步训练后，自己在边学边用的过程中，实现了“创造”。当然，这个时候的创造应该来说还是很初级的，甚至可以说是一种仿制，更多的是强调学习方法和思考能力，然后在此基础上，自己可以努力去开拓新的东西，实现真正意义上的创造。无论是将来继续读研究生，还是去企业工作，这都将是自己人生一笔宝贵的无形财富。

此外，无论在什么时候，在学习和工作之外，大家都是生活的一分子，甚至在一定程度上生活所占的时间远超学习，所以张旋学长也提醒学弟学妹们要找到自己的兴趣爱好，用情趣去点缀自己的日常生活。英语俗语说：“只学习不玩耍，聪明的孩子也变傻。”只有生活开心，没有后顾之忧，自己才能全身心地投入到自己的工作和学习中去。

对于获得徐特立奖学金的感想，张旋说，徐特立奖学金带来的激励，北理工“学以明理，德以精工”的校训，无论是当时还是现在，都时刻勉励着自己在目前的工作岗位上砥砺前行。他非常感谢学校给他提供了良好的学习和生活环境，让他的大学生活不仅真正学到了知识，也过得无比精彩。张旋也希望学弟学妹能够好好珍惜在校的美好时光，充分利用学校提供的各方面优势条件，让自己的大学生活过得不留遗憾，毕业时，内心会充满幸福和感激。

撰稿人：王亚静

2013 徐凯：

把握机会，匠心独运

徐凯，2010 年 9 月考入北京理工大学数学学院数学与应用数学专业；2014 年 9 月保送至北京大学数学科学学院金融数学专业攻读硕士研究生；2016 年 8 月进入金融央企中再资产管理股份有限公司工作，目前主要从事固定收益证券投资研究。

不负期望，砥砺前行

从 2013 年 12 月获得徐特立奖学金到现在，已经过去五年了，但徐特立奖学金对徐凯的影响却依然深刻。刚刚入学的时候，徐特立老院长的教育思想就给徐凯留下了非常深刻的印象，当时的他并没与想过自己有一天也会获得这份最高荣誉。2013 年徐特立奖学金评定时，因为几年来优异的学习成绩、科研成果以及学生工作方面的贡献，学院推选徐凯为“徐奖”候选人。现在回想起来，徐凯觉得自己当时非常幸运，承蒙学院领导的厚爱成为学院的代表参与这个校级最高荣誉的竞争，然而这其实与他几年间严谨踏实、兢兢业业的求学态度密不可分，机会总是留给有准备的人，作为学院仅有的“徐奖”候选人，他当之无愧。

在得知自己成功地获得了徐特立奖学金后，徐凯非常激动，他非常感激学院领导和辅导员老师的厚爱和同学们的支持，虽然这并不是徐凯获得的第一个奖学金，但它却比其他奖学金有着更加重要的意义。这是母校的最高荣誉，能够获得这份殊荣，徐凯知道自己必须要让今后的表现对得起这份荣誉，获奖的惊喜转化成了他继续前行的动力。

严谨治学

作为一名数学系的学生，徐凯有着缜密的逻辑与严谨的思维，这些良好习惯的养成得益于他的数学分析课的授课教师——申大维教授。申老师是一位治学严谨的老师，为了督促学生们学习，每个月都会举行一次月考。月考的题目并不简单，有时候连及格都很困难，但这样的制度却成功地帮助了学生们为以后的专业课学习打下了坚实的基础。

在平时的课堂上，申老师也经常督导他的学生要有缜密的逻辑，并强调得出结论一定要严谨，这些影响贯穿了徐凯的一生，使他养成了严谨思考的好习惯。

徐凯认为北理工为自己提供了一个很好的学习平台。本科期间，他把自己主要的精力都投入到了专业课的学习中，并且谨遵老师的教诲，专注地做好每一件事情，数学专业严密的逻辑推导让他养成了在科研和生活的各方面严谨的思维习惯。这种严谨的精神正是徐特立老院长作为中国杰出的革命教育家一直提倡的教育思想。徐凯对这种思想的理解是：在教育学习的过程中不忘初心，不浮于形式，踏实认真，严谨务实，一丝不苟，与时俱进。徐特立老院长的教诲徐凯一直铭记于心。

匠心精神

除了践行徐特立老院长的精神和思想，徐凯认为一种远离浮躁的匠心精神也具有同样的重要性。他说，作为一名学生，首先要想清楚的是自己想要干什么，明确后才能沉下心来专注于自己热爱的领域。在此基础上，还要保持着严谨务实的心态，因为浮躁的心绪难成大事，必须专注务实才能在学术研究上有所建树，这是徐特立老院长精神和教育思想的延伸部分。校园生活只是一维的，但工作大多是多维的，徐凯在工作之后对于徐特立老院长的教育思想也有着非常深刻的体会，虽然工作和在校学习差异非常大，但这种匠心精神却是一致的。徐凯在工作中依然践行着徐特立老院长的精神和思想，沉下心来，远离浮躁，努力培养一种匠心精神。

北理工是传统的理工科院校，具有理工科学科严谨务实的治学理念，同时北理工精神是务实、严谨、不浮夸，这是当代中国大学中难能可贵的品质。徐凯认为，在中国众多的重点大学中，北理工并不是一个高调的高校，提到北理工，更多人的反应是一个低调、朴实无华的高校，但是提到学校的实力，尤其是在军工方面，北理工无疑是佼佼者。在徐凯眼中，低调只是表象，实际则体现的是母校不浮夸、不张扬、靠实力说话的严谨务实的精神。

致母校

徐凯最后说，母校是每个学子一生的印记，无论身在何处，我们都以身为北理工人而自豪。离开母校以后，我们的一举一动无不让母校牵挂。母校的荣誉就是我们的荣誉，也希望我们的成就能为母校增光添彩。最后，希望母校蒸蒸日上，桃李满天下。

撰稿人：周蓓

2013 杨明林：

百折不挠，艰苦奋斗

杨明林，2003 年入北京理工大学本科就读通信工程专业，2007 年保研到电子微波技术专业，硕博连读，这期间去法国接受一年半的联合培养，2015 年毕业。

徐特立奖学金是杨明林在 2013 年读博阶段获得的。杨明林谈到，博士期间和本科不一样，科研任务比较多，论文占比较大，因为在评徐特立奖学金的那个阶段，发了几篇 SCI 论文，学术上的成果相对来说多一些，就“幸运”地评上奖了。

谈到获得徐特立奖学金的感受时，杨明林说，获得徐特立奖学金感到还是比较意外的，因为他知道徐特立奖学金是北理工的最高荣誉奖，获奖者并不多，获得的概率也比较低，自己能获得徐特立奖学金，对自己起到了激励作用，激励自己努力进取，多发表论文，多出科研成果。

杨明林在硕博期间获得的奖项要少一些，主要是优秀论文奖、优博育苗基金奖等。杨明林在获得徐特立奖学金的同一年，获得了国家奖学金；2010 年，杨明林获得了教育部博士研究生优秀论文奖。

两位恩师，铭记心中

获得徐特立奖学金时，杨明林正在法国接受联合培养，因为联合培养要交 2 万元的保障金，学生期间的杨明林并没有这么多钱，是和周围的朋友借的钱，获得徐特立奖学金就把借的钱还了。

杨明林有两位导师，一位是中科院电子所所长、北理工信息学院盛新庆教授。杨明林从本科阶段就一直跟着盛新庆老师，硕博期间也是跟着盛新庆教授做课题研究。盛新庆是“长江学者奖励计划”外聘教授，学术造诣非常深。盛教授的学术思想比较严谨，对杨明林的要求比较严格，同时在学术上也给了杨明林很大的帮助。盛新庆教授在美国 UIUC 从事过博士后科研工作，所以学术思想比较浓烈。盛新庆教授学术上的这种精神，也深深地影响着杨明林今后的科研和生活。另一位是杨明林在法国阶段的导师任宽芳教授，美籍华人。在法国联合培养期间，任教授指导杨明林如何规范地撰写科研论文，对杨明林进行了很多培训指导，使他受益终生。

独立思考，持之以恒

杨明林认为，大学要培养独立思考的能力，保持一种坚韧的精神，特别是做理工科科研，一项研究可能花费的时间很长，如果没有持之以恒的精神，很难出科研成果。

杨明林说，还要和周围的人友好相处，尤其是做科研的时候，团队工作比较多，团队精神就非常重要。多和实验室的师兄交流，有利于个人的快速成长。人是社会的一分子，无论在哪个行业，都会和人打交道，这就需要在学习之余，培养自己人际交往的能力，多思考生活，善于总结，待人真诚友善。杨明林认为，踏实地做好每件事，夯实基础，是走向成功必不可少的因素。

学习之外，杨明林会经常和室友以及实验室的师兄师弟打篮球，积极参加实验室和思想组织的一些运动。

杨明林认为自己也在做着徐特立老院长做过的最光辉的职业——教师。他认为自己在学习徐特立精神和思想的同时，也希望自己带的学生也能不断学习徐特立精神和思想。他以自己的经历告诉学生，应该怎么去做科研，怎样更好地成长。

在大变革的时代，读书，仍然是普通人最公平最有希望的投资。杨明林通过自己的奋斗向学弟学妹展示，靠努力一样可以有自己的一片天地。只要有一颗学习的心，不畏惧困难，勇敢地面对困难，在不断地尝试中，保持前进的步伐，终究会走向成功。

撰稿人：王亚静

2013 董建杰：

一位默默前行的人

董建杰，2010 年 9 月入校学习，就读光学工程专业。2013 年 12 月获得徐特立奖学金。获得徐特立奖学金后董建杰非常激动，感觉自己的科研前途非常光明，对自己将来的科研工作充满了期待，并做了新的职业规划。徐特立奖学金不是董建杰学生生涯中的第一个奖学金，但他认为，徐特立奖学金是学生生涯中获得的最高荣誉。获得徐特立奖学金后，董建杰就参加了工作，他用奖学金购买了两台计算机服务器，这两台计算机服务器是他做理论研究的得力工具。董建杰认为，获得徐特立奖学金是自己工作的动力源泉，尤其是在工作中遇到困难时，这个荣誉让他有了战胜困难的信心，而且这个荣誉让他对自己的科研工作提出了更高要求，始终追求在所在研究领域作出一流的科研成果。

董建杰在十多岁的时候就知道了徐特立老院长，知道他是毛主席的老师，并找了一些徐特立的资料阅读学习。入校后，董建杰知道了徐特立先生是北京理工大学前身——延安自然科学研究院的老院长。获得徐特立奖学金后，董建杰了解到徐特立老院长对我国的教育事业作出了突出贡献，对徐特立教育思想有了更深入的了解。董建杰说，他受益最深的徐特立教育思想就是“实事求是，不自以为是”，以及徐特立老院长提倡的“活到老，学到老”和“反对因循守旧，要有创新”的教育理念。

谈到在学校的老师时，董建杰感慨万千。谢敬辉教授、刘娟教授、王涌天教授都给予了他很大的帮助。他依然清楚地记得，刘娟教授在 2013 年春节假期抽出宝贵的休假时间帮他修改一篇论文，令他非常感动。

在大学生活中，董建杰养成了吃苦耐劳、勤奋好学、严于律己的性格和坚忍不拔的意志。在董建杰的心中，北理工精神体现在艰苦奋斗、不畏艰险、自觉奉献、自强不息、实事求是、勇于创新方面。董建杰的业余爱好是爬山，他觉得爬山不仅可以游览风景还可以锻炼身体，培养意志。

当问及如何践行北理工精神、传承发扬徐特立老院长的精神和教育思想时，董建杰说，在工作岗位中，首先要树立远大的工作目标——研发具有自主知识产权、性能指标达到国际先进水平的光电设备和技术。其次，为了实现这个目标，需要不断学习新知识和新技术，并以不惧艰难困苦的精神和持之以恒的态度去努力实现目标。最后，要努力推动自己的科研成果在产业和社会中的应用，为国家的发展和人民的幸福贡献自己的力量。

撰稿人：王亚静

2013 韩婷：

梦想在这里启航

2013 年 12 月 3 日下午，北京理工大学 2012—2013 学年徐特立奖学金答辩会在中关村校区 7 号楼报告厅隆重举行。

那一天，韩婷第一次走到了聚光灯下。

在答辩中，韩婷回顾了自己在北理工四年的求学生活。回顾中有甜蜜、有苦涩，更有奋斗中的收获与惊喜。回忆过去，总会让人想起出发的起点，韩婷也不例外。在领奖台上她还隐隐记得 2010 年和父亲一起来北理工参加自主招生考试时的场景。考试结束后父女俩一起在京工食堂吃了两碗热气腾腾的面条，那时年仅 18 岁的韩婷一下子记住了这香喷喷的面条，她扬着头对父亲说："爸，等我考上了北理工，咱们再来这儿吃这面条，真好！"

然而四年后，北理工之于她，已经远远不只是一碗面条的味道，更是一辈子最温暖的回忆。在这里，她绽放青春，更收获了成长。

"若没有梦想，何必远方"

韩婷坦言，她不曾料想到自己有一天会登上北理工的最高领奖台。

初入北理工，她并没有想过当"大牛"，更没想过拿徐特立奖学金，身边的同学都带着各种光环，但韩婷并没有给自己太大的压力，她想只要好好学习，不要挂科、不要留下遗憾就好。几年来，韩婷积极参加班级的各项活动，快乐时有人一起分享，悲伤时有人一起承担。她时刻告诉自己要常怀一颗感恩心，及时为周围的人送去温暖和关爱。从大一时，韩婷就开始担任班级的学习委员，每到学期结束的时候，韩婷都会主动总结各门功课的重点、难点，并根据课程需求，选取一系列的练习题供同学们复习时参阅。每当同学们遇到课业问题的时候，她总是第一时间站出来帮助大家答疑解惑。

书籍无疑是韩婷大学生活中最重要的导航者。在求学期间，她不仅阅读了大量专业领域的经典著作，同时也从文学著作和经典电影中汲取大量的营养。韩婷钟爱陕西派作家的作品，她认为许多陕西作家追求文学的"史诗"风格，能让她通过文学的世界看到普通人的生老病死、悲欢离合、贫穷与富裕、苦难与拼搏。在《平凡的世界》中，韩婷看到了黄土地上的平凡和苦难，没有华丽的辞藻，没有惊险离奇的情节，没有惊天动地的场面，有的只是平凡人的平凡生活。主人公孙少平堪称是韩婷精神世界的“另一个知己”。孙少平对生活的深邃理解，对苦难怀有的崇高感，时刻启发着韩婷在磨砺中不断奋斗和求索。

或许大家会认为像韩婷这样一个追求完美的人，总会在“更上一层楼”问题上与自己较劲，很难获得成就感和满足感，但实则不然，她有一颗淡然的心。韩婷认为，一个能接纳自己、肯定自己的人才能是一个能够接受和欣赏他人的人，这样，心灵的世界才能时刻充满阳光。她说，我们一生要和无数的人打交道，但学习与自己独处是门重要的心灵功课，也是感受幸福的绝妙良方。值得一提的是，韩婷在时间利用方面颇有心得。她坚持“让自己成为时间的主人”，四年来的每一个夜晚她都会在临睡前写下自己明天的学习生活计划，保证自己生活的每一天、每一秒都是充实的、有意义的。

韩婷一直很喜欢一句话：“若没有梦想，何必远方。”大学四年里，她脚踏实地，心怀梦想，拒绝平庸寻常，她希望自己的青春时光不只是仅有眼前的安乐，还有梦想和远方。在北理工校园求学的日子里，她几乎拿遍了所有校内的奖项，课余时间也做了大量的学生工作，堪称是学习、工作、生活三不误。在采访中，室友段楠楠赞赏地说：“我一直很佩服韩婷，她的目标比较明确，一直向着目标努力，有一股拼劲儿在里面。”

值得一提的是，韩婷的宿舍堪称是“学霸级宿舍”，宿舍四人现在一个在国外做交换生，韩婷即将去香港读书，另外两个同学也都顺利保研。在室友段楠楠看来，她们能收获如此骄人成绩的秘诀在于四人间的互相帮助、互相激励和互相督促。影响都是无形的，在朝夕相处中，大家交流经验，整合资源，每个人都收获满满。

“中关村的桥，见证着我别样的青春”

大学四年，韩婷广泛参加学校的社团工作和学生活动，她曾经在学生会、数学爱好者协会、物理爱好者协会等社团里工作，组织了大量的学生活动。在这些工作的背后，是一个小女生对北理工的爱，一份最原初的热情，和一份对岗位倾心的投入。

除了学校各项学生工作和社团活动外，韩婷还积极参加了各项社会兼职工作，她发过传单，做过市场调研，还曾经担任过饭店的兼职服务生。这些零散的社会兼职让韩婷对自己的未来有了更深刻的思考与感悟，她逐渐认识到了各项工作背后的辛苦，也在与社会的互动中不断调整自己为人处世的方式。

课余时间，韩婷曾在中关村海淀黄庄南桥下迪信通做手机促销员，负责三星和联想品牌的手机促销活动。促销员的工作看似简单，实则对公司的业绩有着不可替代的作用和价值，因为他们是直面消费者的人，这就要求促销员不仅要把参数等背得滚瓜烂熟，还要真正了解产品、品牌以及整个市场。为了让促销员懂得更多，不被顾客“问倒”，常常需要多角度地培训。大部分人都不曾知道，事实上，促销员一行有着非常严格的甄选体系和内容丰富的培训体系，每次兼职促销员面试时，企业都会事先进行培训，再分组选拔，常常每10人的小组最终只有三到四人能被选中留下来上岗。

每年十一期间，促销员工资翻倍，吸引着中关村周边各高校学生纷纷前来应聘兼职，韩婷最终凭借她活泼而有亲和力的讲解被三星品牌选为促销员。在促销工作期间，每天她都要站柜台长达10多个小时，不能靠柜台，不能坐下来休息，十分辛苦。每天看着柜台前来来往往、各不相同的顾客，韩婷强迫自己主动和他们聊天，渐渐地，她发现这项工作很有意思。和顾客聊天其实是一种销售技巧，通过聊天让一些具有潜在购买欲望的顾客把购买欲望变成实际的购买行为，也是一件非常有成就感的事情。但是兼职工作也会有不顺心的时候，有一次韩婷和周边一个酷派手机的促销员聊了会儿天，不小心被督导看到了，督导冲着韩婷凶巴巴地吼了一声："不是一个品牌的促销员还聊个没完，你——今天的奖金没有了啊！"那一刻，韩婷心中既难过又委屈，从小到大她从来没有受到过这样的训斥，为此她提心吊胆了一整天，生怕自己辛苦赚来的奖金被克扣。晚上，韩婷迫不及待地跑来看自己业绩表，发现自己的奖金依然没变，那时她才醒悟过来，原来那时督导讲的气话也不过是吓吓她而已。

这个小细节长久地留在了韩婷的记忆里。她明白了细节之于工作的重要意义。注重细节的人，不仅会认真对待工作，将小事做细，并且注重在做事的细节中找到机会，从而使自己走上成功之路。中关村的桥，见证着韩婷生活的另一面，韩婷说："如果有一天要离开北京，我一定会去那里拍照留念，因为那里有我别样的青春时光"。

"人生就是一场和时间赛跑的赌局"

刚上大一时，韩婷和同学张一佳对材料学院董宇平教授的研究课题很感兴趣，想前去学校的实验室参观学习、深入了解。但作为刚入学的"小菜鸟"，她们担心会吃闭门羹。抱着试试看的态度，两人联系了董教授，向他表达了心愿，希望能前往实验室一探究竟。让她们意外的是，董教授想都没想就同意了。在此之前，在俩人的心中，实验室是个令人感到神秘的地方，而在2011年9月，这一切将不再神秘。在董教授的引导下，韩婷和张一佳一起走进了她们心中梦想已久的实验室：实验台面整洁如新，仪器摆放整齐有序，看似平常的液体和粉末在试管里瞬间就能发生奇妙的变化，真好！看着这一切，韩婷在心里暗暗想："这才是我人生的舞台！"

大二暑假，韩婷和张一佳正式加入了董宇平教授率领的有机功能材料课题组，跟着冯霄师兄一起做实验。一次偶然的机会，她在称量所合成出来的一种四芳基取代的1，3-丁二烯衍生物（TABD-COOH）时，发现这种固体粉末有着很神奇的性质。在用手捻搓称量纸时，纸上的粉末由白色变成了黄色，这种现象引起韩婷很大的兴趣。她想起在课堂上老师曾经讲过：现在科学家们正在寻找具有"压致变色"性能的新型材料，它们在外力刺激下就能够改变自身的发光颜色。韩婷开始思考："这种固体粉末会不会就是这一类新奇的物质呢?"经过与冯霄师兄和董宇平老师的探讨，韩婷决定对其进行深入彻底的研究。

令她感动高兴的是，在冯霄师兄的带领下，经过和张一佳一起完成了一系列相关的实验后，韩婷最终验证了自己之前的猜想，取得了创新性的研究成果。根据该成果所撰写的论文被SCI收录，发表在了化学领域国际著名期刊《Chemical Communications》上(影响因子为6.378)，她和张一佳为共同第一作者。这个成果令韩婷倍受激励，她不仅发现了学术研究的乐趣，更收获了科研工作的成就感。

2018年5月，在董宇平教授的推荐下，韩婷与中国科学院院士、著名高分子化学家、香港科技大学讲座教授唐本忠老师取得了联系。唐本忠教授是韩婷一直十分敬仰的一位学者，也是她一直所研究的聚集诱导发光领域的开创者。在与唐老师见面时，韩婷表达了自己渴望成为唐老师学生的梦想，希望能够前往香港科技大学跟着唐教授一起做研究。韩婷还为唐老师做了工作汇报。唐本忠老师非常认可韩婷的才华和科研能力，并表示对她的工作很感兴趣，欢迎她的到来。为了能实现自己的梦想，韩婷全身心投入到托福考试和香港科技大学的申请工作中。结果在校内外保送研究生工作紧张开展的9月，由于双方沟通方面存在一定偏差，韩婷误以为唐老师并不能确定可以接受自己的申请，当时她的心一下子跌入谷底。

从小到大，韩婷的人生历程一直顺风顺水，从来没有遇到过这样的打击。面临着艰难的抉择，韩婷最终选择了放弃校内外保研的各种机会，坚持自己最初的梦想。整个9月和10月，虽然她的心有过挣扎和斗争，有过后悔，有过失落，但更多的时候她会沉静下来，默默地告诉自己不要放弃——最想要去的地方，怎能在半路就返航。那时的韩婷甚至想过最坏的打算，要么毕业找工作，去做科研或者销售的基础工作；要么就重新再来一年，为自己的科研梦再拼一次。上帝总是偏爱努力的人，当韩婷在11月初收到唐老师“Looking forward to working with you”的电子邮件时，她不禁喜极而泣。那晚，她在自己的笔记上坚定地写下了四个字——“感谢梦想”。

提及往事，韩婷感慨地说：“我真的要感谢董宇平老师一直以来对我的支持与帮助，而对我自己而言，我意识到了大学生不仅要完成学业，要学会为人处事的技巧，更重要的是要懂得坚强，要有抗挫折的能力”。

“你尽最大努力了吗?”这是韩婷经常会问自己的一句话。

事实上，每个人的结局，都是他自己一手精心设计的。正如我们考进大学的时候，在学习方面，我们没有太多的差别。然而，经历了四年的大学生活之后，人与人之间的差别又是何其巨大。在这个世界上，没有谁会轻易成功，在成功的背后总是隐含着许多感人的细节。

2013年12月3日下午，韩婷站在了徐特立奖学金的最高领奖台上，接受在场每一个师生的祝贺与赞誉，而在她身后，每一个小细节都是以汗水和努力为基本色调，只有逼出自己的全部能量，才能心想事成。

撰稿人：杨扬　姜淼

2013，2015 武烨存：

德以明理，扬帆起航，学以精工，勇攀高峰

武烨存，北京理工大学信息与电子学院 2012 级大三本科生。自入校以来，武烨存便立下“非学无以广才，非志无以成学”的座右铭，立足科研，为人类更好的未来奉献自己的全部。两年多来，他已先后发表论文 3 篇（sci、ei 共同收录一篇），另有 2 篇论文在审稿中；申请国家发明专利 3 项（已授权 2 项，已公开 1 项）；参加各科竞赛获省部级一等奖奖项 7 次。

学习：博观约取厚积薄发

入校第一周武烨存同学就通过选拔进入了学校的全英文教学专业，该专业与国际化教育接轨，所有专业课采用英文教材，聘请国外名师进行全英文讲授课程。为了不让自己在学习上落后，他在课下花更多的时间来补充课上的不足。每次上课前他都要查阅大量的资料自学，中文教材和英文教材都要看一遍，将知识糅合形成自己的思路；此外，他还把网上有关的同类课程的名校公开课都看一遍，在学习课程的同时还练习了听力。

2012—2014 年的两学年中，武烨存专业排名和综合排名均位列第一，荣获北京市三好学生、北京理工大学优秀学生标兵等荣誉称号，并先后获得北京理工大学徐特立奖学金二等奖、国家奖学金等奖项。

科研：犯其至难图其至远

武烨存从小就对物理感兴趣，并对问题常常有创新的见解。在学习物理课程时，他对于引力场问题产生了新的想法，在史庆藩老师的指导下开始了进一步研究。课题初始，面对濒临崩溃的失败实验，常常看到曙光就在眼前，可就是欲速不达，灵感的火花稍纵即逝，烦恼焦急郁闷交集，让他食不甘味、夜不成寐。好几次做实验时不知不觉就深夜了，好几次差点被保安锁在实验室里。

在不懈的努力下，项目终于有了眉目，但用英语写论文更是大的挑战。好多专业术

语不知怎样用英文表述，查词典、问老师、找同学，斟字酌句地写好又全部删除再写，几次睡梦中都会被突然想起需要完善的语句惊醒。经过三个多月的艰苦奋战，武烨存作为第一作者完成的论文 Mimicking the effect of gravity Using an elastic Membrane 终于发表在由英国皇家物理学会出版的 European journal of Physics 杂志上，并被 sci 和 ei 共同收录。这对一名刚上大二的学生而言简直是想都不敢想。除此之外，武烨存还以第二作者身份在国内核心期刊发表论文两篇。此后他又作为负责人主持了国家级大学生创新项目，研究非线性动力学问题。有了前面的经验基础，研究进展就更加顺利了，理论分析、实验验证、工程应用稳步推进；在研究成果的基础上以第一发明人身份申请中国国家发明专利一项（已公开），以第一和第二发明人身份分别申请实用新型专利两项（已授权）；另以第一作者身份完成学术论文一篇。

生活：全面发展尽善尽美

作为预备党员，武烨存尽自己努力带动班级同学学习，提高班级的整体学习成绩。武烨存在班级担任体育委员，他积极带领同学们锻炼身体。在校运动会上，武烨存一天内连续拿下了 1 500 米长跑第四名和 3 000 米第五名的好成绩。

回顾两年多的大学生活，许多情景让他难忘，实验室里一次次的失败、欣喜、失望、激动，让他学会了沉稳、坚持；老师同学的鼓励让他学会了感恩与珍惜。北京理工大学给了他启航的羽翼，他从这里扬帆启航，勇攀高峰，并将以拳拳之心践行“德以明理，学以精工”精神，以赤子之心服务社会、报效国家。

附：武烨存在北京理工大学 2016 届本科生毕业典礼上的发言

敢为天下先

各位来宾，老师们，同学们：

大家好，我是武烨存，很高兴今天能站在这里。依然记得当年我们一起在良乡校区的开学典礼，转眼间 1 000 多个日日夜夜一晃而过，我们又一起站在了毕业典礼的舞台上。四年过去，我有太多的话想说，但是今天，我只凝练出一句话来和大家分享——敢为天下先。

大家是否还记得四年前开学典礼上胡校长的提到一句话，也是我参加北理工自主招生被问到的问题——“怎么看待孙中山先生的‘敢为天下先’”。当时我的回答是，我无比赞同敢为天下先，人类文明的进步就是根植于淘汰旧认知、探索新世界的过程之中。

回顾我四年的本科生活，我始终走在“敢为天下先”的道路上，抛开他人价值评判，做我喜欢的事情、做更能实现我价值的事情。北理工是学术和创新的热土，我在这里被激发出了好奇心和创造力，完成了许多之前想都不敢想的事情。我从没有花时间反复看课件，更没有考前刷题，但我会每周抽出时间浏览顶级期刊的最新学术进展，找自己喜欢的领域，发现自己感兴趣的问题，一旦有些许想法，就会集中精力去完成它。

起初，好多人都觉得我不把工夫花在课业上会毕不了业。我大二时徐特立奖学金答辩时评委们也多少有点担心我的未来。但我还是坚持下来了，因为这条路即使偏僻而坎坷，终将带我创造出自己的价值。去年参加徐特立奖学金评审时，有评委说：小伙子，你又来了！是的，因为自己的坚持，我第二次站上了徐特立奖学金的领奖台。

德育答辩时有人说，四年过成这样，只有我能办到。实则不然，每个人都有自己擅长的领域，我只是敢于遵从内心的想法。北理工四年的教育让我们拥有了质疑前人、大胆探索、开拓创新的能力。大多数人都有过跃跃欲试的冲动，又都会有所顾忌不敢完全放开了去实践，最后的想法也就不了了之。但是，试问是写一本《红高粱》那样的小说，或是开一家像 Microsoft 一样的公司，还是一门课程考 90 多分，哪个更有意义？的确，莫言只有一个，Gates 只有一个，但你，我，我们也都只有一个。

四年前胡校长就告诉我们，如果把自己锁在保险箱里，只唯上、只唯书，不出错，早晚会面临规矩有余、创新不足，最终出局的危险。学业如此，研究如此，人生亦如此。

同学们，我们注定会是不寻常的一批人，因为我们从入学的第一天起血液中就流动着“敢为天下先”的豪迈，北理工赋予我们改变世界的勇气与志向。在这里，我们留下了人生中最美丽的四年，也将“德以明理，学以精工”的校训烙印心间。

毕业是我们人生的又一次启程，那么，抛开顾虑，勇敢地展露我们应有的锐气与锋芒，大胆探索，积极实践，开万物之先河。

最后，祝福我们光荣的母校蒸蒸日上！期待我们在更美好的明天再次相遇！

资料来源：北京理工大学新闻网 · 2015 年青春北理年度榜样人物评选

2014 庞斌：

志存高远，追求卓越

庞斌是一个爱笑的“大男孩”，让人真的很难把他和一个科研成果累累、获奖经历丰富的学者形象联系在一起。提起获奖经历，庞斌坦言：“主要是当时在我的研究领域，做了一些具有创新价值的研究成果，基于这些研究成果，发表了一些高水平学术论文。另外就是在学生工作方面表现比较积极，因为我当时是班委成员，并积极地配合和组织学校和学院的各项工作。”庞斌表示当时只是想踏踏实实做好各项工作，没想到能够获得徐特立奖学金。他说：“这是北理工的最高荣誉，这对我来是一个非常大的肯定。”在读博期间，尤其是在科研方面遇到一些障碍的时候，徐特立奖学金给了庞斌很大的动力，激励着他去克服面临的一些困难。

提及徐特立老院长，庞斌坦言，获奖之前对徐特立老院长的了解少之又少，但是在获奖后潜心探索徐特立老院长的教育思想，结合自己的工作经历发现，徐特立老院长那一辈人身上体现出的艰苦朴素、积极乐观的精神是非常值得学习的，科研工作中一定要有这种精神，不要去计较条件的好坏，实事求是地去做学问才是一个学者应该走的路。

谈起印象最深刻的老师，庞斌娓娓道来一段故事：“对我影响最大的是我博士生期间的导师，我到现在还记得，我写完第一篇科研论文，自认为写得非常不错，也尽了自己最大的努力了，但是后来和史老师一起讨论，发现问题非常多。他把整篇论文从头到尾全都标注了一遍，具体细化到每一个标点符号。”这件事让庞斌切身体会到了一个科研工作者必须要具备的一些基本素质，做学问应该秉承这种一丝不苟、严谨治学的精神。

回忆起自己的本科生活，庞斌说：“在本科阶段，我养成了一个好习惯，就是做事有计划，科学地安排自己的科研、学习、生活的时间。另一方面就是培养了我艰苦朴素的精神。我读博期间，各方面条件都比较差，我每天都要背着书包去图书馆查资料，一坐就是一天。正是这些经历让我觉得，吃得了苦才能做得了大事。”他说，艰苦朴素、吃苦耐劳是北理工人的精神，从延安的烽火中走来，一代代相传至今。

谈到兴趣爱好，庞斌坦言：“兴趣爱好有好多，当时我们每周都打乒乓球，有时候我还会组织大家一起去爬山。在社会服务方面，本科期间去敬老院、孤儿院做志愿者，帮助老人、孤儿做一些事情。我们作为学生，除了学习科研之外必须要做一些有益于社会的事情。”

诸葛亮的《勉侄书》道：“夫志当存高远，慕先贤，绝情欲，弃凝滞，使庶几之志，揭然有所存，恻然有所感。”与庞斌聊起君子当志存高远时，我们相谈甚欢。当问及在工作中的追求，庞斌坦言：“在工作中的追求主要是有两个方面。在教学方面，就是认真备好每一门课，对学生要绝对认真负责，不光是传授学生专业知识，我还会成为他们的朋友，平常和他们多交流，了解他们每个人的兴趣爱好，尽可能地去培养他们多方面的素质。在科研方面，主要就是要严于律己，高标准要求自己，这也涉及我的人生座右铭，也是当时获得徐特立奖学金时设的——‘志存高远，追求卓越’。我一直秉承着这个信念坚持下去。”

最后，庞斌说：“我有一句话要送给学弟学妹们，就是高中时常说的一句话——‘人生能有几回搏，此时不搏何时搏。’我觉得这是很简单的一句话，但是真正要做到确实比较难。”确实如此，持之以恒是难能可贵的。和庞斌一样，笔者也希望大家一定要坚持自己的理想，有目标，一步一步去做，积跬步以至千里，汇小流方成江河。

撰稿人：赵煜

2014 赵一民：

仰望星空，脚踏实地

赵一民，北京理工大学机械工程学院机械工程专业 2010 级博士，2014 年获得徐特立奖学金。现就职于北京航天发射技术研究所。

人生的路千姿百态，唯有通过自己的努力踏踏实实走出的路，才是属于自己的，也是最终正确并且永久的路。赵一民便是这样一步步走出自己人生之路的优秀学子。

脚踏实地，励志情思北理工

关于获得奖学金的心情，赵一民表示，开心而激动，但更多的是内心的一种平静，这是自己努力的结果，是自己在一次次尝试和创新、努力付出之后预料的事情，这个荣誉是对自己努力的认可和肯定。赵一民说，作为北理工最高荣誉，徐特立奖学金是学校对优秀学生的奖励和关怀，更是一种激励。北理工的精神在于脚踏实地，不脱离现实。赵一民说："现在在航空技术领域工作，工作比较辛苦，经常遇到棘手的问题，但是北理工脚踏实地的精神会激励我不断坚持下去。"

三尺讲台，坚持手写授真理

赵一民印象最为深刻的是他读博期间的指导老师——机械工程学院青年教师魏超。赵一民说，魏老师对教学特别严谨负责，他主要负责车辆动力学课的教学。每次上课之前他都会认真备课，坚持每次上课用粉笔写板书，推导公式，尽可能多地展示教学内容，使同学们能更加深刻地理解教材内容，更好地掌握知识。由于板书多，三节课后魏老师经常会满身粉笔末，同学们为老师认真负责的态度感动。魏老师在对待学术问题上，从不盲目相信所谓的权威，常常与同学一起阅读、分享文献，对研究领域的观点、流派、理论进行认真分析、客观判断。这也促进同学们在科研工作中不盲目学习和判断，遇到问题时通过理性分析找到问题本质，使同学们受益匪浅。

求学漫漫，上下求索探真知

赵一民读博期间在专业领域取得了丰硕的科研成果，曾在《机械工程学报》等顶级期刊发表多篇论文。而这些科研成果的背后，赵一民付出的汗水和努力是可想而知的。他给我们讲述了在科研中的一段经历：在进行一个新的研究方向时，他认为这个研究方向更前沿、研究意义更大，由于跟指导老师和师兄师姐的观点存在一定的分歧，他经历了一段比较困难的阶段。他为了证明自己的观点，查阅了很多相关文献，写了一系列的综述报告，并与老师进行了多次沟通、探讨，最终的结果证明了赵一民的观点是正确的，也促成了实验成果学术论文的发表。赵一民的经历说明在求学和科研的过程中，要勇于探索事物的真相，要勇于寻求真知，要通过自己的努力证明自己的观点，实现自身的价值，这将是人生经历中的一笔宝贵的财富。

仰望星空，脚踏实地。在学习和工作中寻找问题的本质，用自己的努力实现人生的价值，不断突破，有所作为。人生之路，虽然方向不同，但是同样精彩。

撰稿人：李婷婷

2014 冯天成：

选择远方，风雨兼程

“什么样的设计是好的设计?”这是北京理工大学设计与艺术学院 2012 级研究生冯天成在徐特立奖学金答辩环节评审专家们提出的问题。“现在很多设计只追求好看，浮于表面，甚至哗众取宠，这样的设计称不上好的设计。真正好的设计应当体现人性化，能真正为人服务，人使用这个设计的产品的时候感觉舒适，好设计可以对人的生活产生影响，并对经济有所促进。”冯天成的回答正是北京理工大学踏实、严谨校风的生动体现，也是徐特立老院长倡导的“实事求是、不自以为是”学风的体现——不哗众取宠，踏踏实实做人做事。冯天成说，徐特立奖学金的获得是对自己实事求是、踏实做事的学习和工作态度的肯定，激励自己在之后的工作和学习中保持这种严谨求实的作风，充满自信地迎接更多更大的挑战。

2012 年，冯天成以专业第一名的成绩被保送至北京理工大学设计与艺术学院攻读硕士研究生。读硕期间，他荣获了北理工研究生国家奖学金及徐特立奖学金，获得了北理工优秀毕业生称号，并且获得国际景观设计师 C 级的认证资格。

毕业后，由于在校期间优秀的表现，冯天成进入北京清华同衡设计研究院。在工作岗位上，冯天成凭借华能大厦照明设计等作品捧回大量重量级奖项——第九届中国照明应用设计大赛全国总决赛建筑景观银奖、第九届中国照明应用设计大赛北京赛区二等奖、第十二届中照照明奖照明工程设计奖优秀奖等。

冯天成吃苦耐劳的品质令人格外敬佩。在本科和研究生学习期间，忙碌的阶段他每天只睡 5 小时，甚至春节都夜以继日工作，这样的自律和刻苦努力使他斩获了本科每学年的国家奖学金和研究生国家奖学金，并且荣获了北理工最高荣誉——徐特立奖学金。回忆大学生活，他感慨到，大学比高中更辛苦。虽然本科和研究生阶段遇到了很多困难，但回头看依然觉得很美好，是认真做学术、认真做事的宝贵时光。冯天成的刻苦努力是对北理工校训“学以精工”最好的实践，也是习近平总书记对青年寄语——“要勤学，下得苦功夫，求得真学问”的生动践行。

“大学的生活给予了我很多，不仅‘精工’，还结识了许多优秀的导师和朋友。”谈到研究生学习期间的指导老师庄虹教授，冯天成充满了尊敬和感激。作为北京理工大学设计与艺术学院建筑系老教授，庄虹的设计认知和观念对冯天成产生了深远影响。冯天成说，他一直在向庄老师看齐。正是受到庄老师“设计的本质应当是为人服务”的理念的影响，他在往后的学习和工作实践中遇到质疑和压力时，会不断思考设计的本质，也越来越认同庄老师“好的设计首先要服务于人，技术和创意应当相辅相成”的设计理念。冯天成说，学校不仅仅有庄老师这样传道授业解惑的专业大师，带着自己在专业的领域里潜心深挖，还有一些如辅导员欧阳哲老师尽心尽责的行政老师，他们在自己的生活和学习中给予了很大的帮助。冯天成说，北京理工大学正是因为有了许多秉持“团结、求实、奋进、创新”校风的优秀教师，将徐特立老院长“实事求是，不自以为是”的学风和红色基因植入到一代又一代的学子身上，北理工学子把自己的人生同民族的命运联系在一起，扎根人民，奉献国家和社会。

2018 年 5 月 2 日，习近平主席在北京大学师生座谈会上引用了毛主席《永久奋斗》的讲话，号召青年在奋斗中释放青春激情，追逐青春理想，以青春之我，奋斗之我，为民族复兴铺路架桥，为祖国建设添砖加瓦。冯天成正是这样“永久奋斗”优秀青年的典型——学生时代吃苦耐劳，追逐青春理想，专注学术，走上工作岗位依然以高标准要求自己；作为北京清华同衡设计研究院党支部的组织委员，冯天成始终记得“德以明理”四个字，在工作中抗住各种压力，积极承担责任，发挥带头作用，参加工作一年便带领着项目小组取得了国际景观设计师联盟（IFLA）亚太区设计竞赛第三名等一系列好成绩。

最后，想起汪国真的“我不去想是否能够成功，既然选择了远方，便只顾风雨兼程”，这大概是描写“永久奋斗”青春的最美诗句。

撰稿人：王一婷

2014 朱常青：

不负韶华，不悔青春

朱常青，2015 年本科毕业于北京理工大学物理学院，现为中国科学院物理研究所博士研究生。

朱常青本科期间学习成绩排名第二，综合成绩排名第一，曾获全国大学生物理学术竞赛二等奖，北京市大学生物理实验竞赛一等奖，发表两篇 SCI 论文、中文核心期刊论文两篇。现研究主要方向为对极高功率密度超短超强激光脉冲技术的开发和应用，对飞秒（10 ~ 15 秒）乃至阿秒（10 ~ 18 秒）脉冲激光技术的开发和对高功率、全固体、小体积的激光器技术的深入探索和试验。

明德——传承北理工精神与品质

德以明理，是指道德高尚，达到以探索客观真理作为己任之境界。朱常青在北理工求学期间践行着“德以明理”校训。他说：“首先，徐特立奖学金是学校对我学业和科研成果的肯定，当时的心情十分激动。其次，徐特立奖学金也激励着我进一步坚持走科研的道路，并形成了一种不言放弃的精神，或许这就是学校熏陶培养出来的吧。”在和朱常青的交谈中，我们了解到，朱常青对徐特立老院长的了解是通过《恰同学少年》这部电视剧。他说：“那时候徐特立老院长用他微薄的工资接济学生，之后白色恐怖中毅然加入了中国共产党，这种朴素的、大无畏的革命英雄主义精神深深震撼了我。”

朱常青说，我们北理工人，要像徐特立老院长那样具有报效祖国的远大理想，要以国家富强、民族兴旺为己任，将自己的成长梦融入中国梦，传承北理工的精神与品质。

勤学——练就一流的学识与能力

学以精工，是指治学严谨，实现以掌握精深学术造福人类之理想。朱常青在本科和读博期间，践行“学以精工”的精神，刻苦学习，严谨治学，才取得了优秀的学习成绩和丰硕的科研成果。他说，勤奋学习，不虚度光阴，是成为一流人才的前提。

朱常青说，在科研工作中，还要注重团队协作，只有与来自不同领域、具有不同思维方式的老师、同学展开交流，才能碰撞出思想火花，才能不断取得成果。

朱常青和我们分享了一些他本科时期科研团队的故事："在史庆藩老师的带领下，我们五个人组队参加了全国大学生物理学术竞赛。值得一提的是，我们团队五个人来自四个不同学院，物理学院、信息学院、光电学院和自动化学院，三人大二，两人大一。不同的专业背景，使我们对不同的专业知识了解得更加广泛。我们相互协作，并肩战斗，最终获得了竞赛二等奖。赛后，我们在史老师的指导下，继续深化物理学术竞赛的研究成果，用了两年时间，共发表论文五篇，专利授权两项，并获得多项北京市级和校级的竞赛奖项。我们五人全部获得保研资格。我们五人中有三人获得北京理工大学最高荣誉——徐特立奖学金。"

朱常青说，其实"科研"远没有很多人想象中的高不可攀，通过一点一滴的锻炼，就能体会到做科研的乐趣和打磨作品的成就感。他说："做科学研究，兴趣和坚持是最重要的两点，如果不支持这两点，我想我很难有这样多的收获与感悟。"

独特——形成自己的个性与本真

大学培养的一流人才绝不是工业产品，而是一个个性格鲜活、独立而优秀的个体。

在学习上，朱常青毋庸置疑是一个"学霸"；在生活中，他也有自己的爱好，他最喜欢的是马拉松比赛。只要一有时间，他就会去参加马拉松比赛，一是为了放松自己，用汗水扫除身上的压力；二是为了锻炼自己的身体，强健体魄。他敢于抛开他人的价值评判，做自己喜欢做的事情，遵从自己内心的想法，比如考试前绝对不会临时抱佛脚，反而会大考大玩、小考小玩。他还谈到，人永远无法预测将来哪些技能会用到、不会用到，只有当用到时才会发现它的价值。这就像种子破土前默默扎根，没有阳光，只有一个信仰，要茁壮成长，因此需要拼命地汲取营养，将根延展到更深更远的地方。虽然在这个过程中难免也会受伤，但这才是将来在风雨中傲然挺拔的资本。他说，在努力打好专业基础、享受每一个成长学习的机会的同时，也要拓宽自己的技能储备，相信未来的一切会水到渠成。

朱常青最后说，要成为一流人才，还要处理好共性价值与个性追求的关系，既要保持自己的鲜明个性，释放本真，又要清晰地认识自我，做到和而不同。保持鲜明的主张，坚持品格上的自我要求，坚守信念，独立思考，敢于质疑，大胆探索，追求创新，便会成长为独立的、"大写的人"。

撰稿人：陈静怡

2014 文思思：

再回首，初心未忘

文思思，2015 年本科毕业于北京理工大学管理与经济学院工商管理专业，现于清华大学经济管理学院市场营销系攻读管理学博士学位，是清华大学未来学者奖学金获得者。本科期间，她连续 8 个学期学习成绩排名专业第一，综合素质总成绩排名专业第一，4 年总绩点接近满绩。她每学期均获得优秀学生一等奖学金，并获得了国家奖学金，2014 年获得徐特立奖学金一等奖。她是北京市优秀本科毕业生，北京理工大学优秀学生标兵、优秀团员、军训优秀学员以及管理与经济学院品学兼优榜样等荣誉称号的获得者。本科期间，她曾获得北京市 2013 年大学生暑期社会实践优秀成果奖，北京理工大学第十届“世纪杯”课外学术科技作品竞赛一等奖、“一二·九”合唱比赛一等奖（团体）、3 +2 篮球比赛冠军（团体）以及校运会女子组 1 500 米第 5 名等。她曾担任北京理工大学朗诵社社长以及管理与经济学院青年志愿者协会副会长等职务。

笔者十分有幸地联系到了文思思进行了采访。在采访过程中，她谦虚地笑称：“入学的时候听到徐特立奖学金，我心里想这种‘奥斯卡’奖都是给别人的，跟我关系不大。当然，最后获得徐特立奖学金我觉得很幸运，也激励我以更高的标准要求自己。”

学术——最有意义的人生决定之一

在大三开学前的那个暑假，文思思偶然听了一场关于消费者行为研究的学术讲座，没想到就是这场讲座启发她逐渐找到了自己的兴趣点和人生方向。文思思回忆道：“通过那场讲座，我开始好奇人们究竟为什么不能像传统经济学所假设的那样按照效用最大化的原则作出最优决策？为什么会在很多情况下错选那些其实对自己并不那么好的选项，而与真正对的选项擦肩而过？是什么构建了人的偏好？消费以及与之相关的行为究竟在人的心理层面代表了什么或者扮演了什么样的角色？”在独立思考这些问题的同时，她开始一篇接一篇追本溯源地去阅读国际顶级学术期刊上的学术论文来领悟消费心理学家或者心理学家是怎样去给出他们的答案的。她感慨地说：“那些自主思考问题和阅读国际高水平学术论文的经历对我而言是很难忘很珍贵的”。

正是因为这段学术经历，她的本科毕业论文在中国市场营销领域最重要的学术会议——营销科学学术年会录用的261篇论文中被评为年会优秀论文；她研究生入学后前三个月作为第一作者完成的学术论文发表在中国市场营销专业领域顶级学术期刊《营销科学学报》（CSSCI）上。文思思说："本科阶段对我学术兴趣的发现和发展都意义重大，这些学术经历和积累帮助我在进入博士阶段后有勇气直接对标国际最高水平的学术研究，逐渐适应了严格的学术训练，在论文的创作和写作中享受达到国际一流学术水准的乐趣"。

尊师——感恩所有授业之人

在采访中，文思思对每一位授课教师都怀有感恩的心。老师们从各个角度启发她如何逻辑思考，如何去创造性地思考和解决问题。她说道："感觉老师们不那么在乎我们写的东西有多长或者词藻有多华丽，最在乎我们是否有较强的逻辑性，是否精炼，这可能是北理工学术氛围浓厚的缘故吧。"此外，管理与经济学院的本科课程设置也给了她很大的帮助。文思思说："学院开设的微积分A、线性代数、概率论与数理统计、应用统计学、统计软件应用等数理统计方面的课程不仅让我在阅读营销模型论文时轻松了很多，对我的实验研究也很有益处。"专业课老师们精彩的课程讲授对她工商管理知识素养的积累也很有帮助，她说："比如，我清楚地记得读博第一学期我们系主任在课堂上提问什么是管理？我很快回答管理是关于计划、组织、领导、协调、执行、控制的职能，老师就觉得答案很标准，而这些都是本科积累的知识。"本科阶段对她影响最深刻的老师，当属她的导师马宝龙教授。她说："马老师不仅学术做得好，而且特别乐于成就学生，无论是做研究还是做人，马老师都对帮助我特别多，带着我成长"。

兴趣——音乐、现代诗与奔跑

当问及兴趣爱好时，她笑着说："我喜欢音乐，因为音乐对情感的表达是收放自如的，即便时间流逝，依然真挚如新。"生活中，她有时会去琴房练钢琴，有感而发时会自己作曲写歌，平时喜爱听交响曲和小提琴协奏曲，也喜欢爵士乐和民谣，偶尔会去唱歌解压。除音乐之外，她也会写一些现代诗。"我会在有新的思想或情感充沛的时候把自己放空，让思维带动笔触自由流转，纪录内心最真实的感受，有些感受甚至是在写出来以后我才意识到的。"她笑着说道。她还习惯长跑。"经历过长跑的人都知道，在奔跑的过程中，会有一个阶段让你很难坚持下去，但是一旦渡过那个阶段，就会非常享受那种一直在奔跑的感觉。"她如是说。

撰稿人：陈静怡

2014 赵晔：

做最好的自己

赵晔，2011 年入学，就读于北京理工大学自动化学院自动化专业，毕业后保送至清华大学自动化系攻读硕士学位。本科期间连续 7 次获得优秀学生奖学金，获得徐特立奖学金一等奖、国家奖学金、三星奖学金、科技竞赛奖学金。参加并出色完成多个科研实践项目，其项目获得北理工“世纪杯”重点项目资助，并代表学校参加第三届首都大学生科技创新作品与专利成果推介会；获得“北斗杯”全国青少年科技创新大赛二等奖，“欧姆龙”自动化控制应用设计大赛获得二等奖；在以数学建模竞赛中为代表的各项竞赛中均斩获国际级、国家级赛事佳绩，曾获得北京市社会实践活动优秀成果奖并获评先进个人，获得学校社会实践特等奖、德育答辩优秀论文一等奖；在以暑期社会实践及 APEC 志愿服务为代表的多项活动获得北京市委、团市委的团体成果、个人的表彰。曾担任北理工基础教育学院共产主义学习实践会学习部部长等职务；曾获得北京市优秀毕业生、APEC 志愿服务先进个人，北理工优秀学生标兵、优秀团员等荣誉称号。

勤学好问，追求卓越

在大学生活中，难免会有许多困惑和迷茫，赵晔与班主任和辅导员的积极交流对他产生了巨大帮助。闲暇的时候，他会找班主任和辅导员聊聊天，说一说最近一些学习上或是生活上的困惑，谈一谈自己今后的打算和理想。赵晔说：“班主任和辅导员说的话，他们自己或许并没特别地想去赋予什么意义，但是往往他们的一些不经意的话，就会带给你电光火石的灵感。”在竞赛科研上更是这样，张婷老师给了他很大的帮助。赵晔说：“我觉得，在北京理工大学，每一位老师，每一个学子，他们身上都有一种可贵的精神——实事求是，不自以为是。”赵晔参与的国创项目一方面项目的选题难度较大，另一方面人员不齐整。为此，他和他的朋友都投入了全部力量，大三期间几乎大部分周末时间都在实验室，有时在编程，更多是在彷徨中思考如何进行，同时还要承担课业的繁重压力。在这一过程中，他们向张婷老师请教了很多问题，张婷老师也给予了很大帮助。张婷老师帮忙找资料，跟进度，经常交流项目进展。在与同学和老师一起学习探索的过程中，赵晔明白了很多道理：第一，明确自己承担的责任，这份责任不仅来自家庭，更来自国家；第二，多观察，多经历，更要多思考，跳出自己的思维局限，站在更高处思考做人做事的方法，着眼宏观、放眼系统，就会豁然开朗。

赵晔深有感触地说："我们北理工的学子是一家人，母校是我们一生的依靠，现在我们或许体会不到这种感受，但是慢慢地会发现母校是我们魂牵梦萦的地方。在这个大家庭中，我希望每一个人都能够快乐和幸福，和母校共同成长。"

读万卷书，行万里路

除了专业学习，社会实践也是赵晔大学生活中不可或缺的部分。2013 年暑假，赵晔和他的团队一同前往江苏昆山、太仓、张家港，开展有关大学生职业发展状况的社会实践活动。利用此次社会实践的宝贵机会，实践组一方面希望对当下全社会大学生面临的就业难的问题提出一些自己的思考，另一方面更加希望接触真实的社会，看到大学以外真正的社会。作为团队负责人，赵晔需要担起这份责任感。在历时 11 天的实践中，他们深入 10 余家企业走访调研，与陌生人在陌生的城市打交道，探究企业对大学生能力的要求以及大学生在企业的发展状况。他们用心观察祖国经济发展的巨大变化，用心聆听企业管理者对大学毕业生提出的不同要求与期待，感受到了政府和企业对于当代大学生的无限关怀。

也许正是在社会实践中得到的关怀，激励着赵晔继续在科技的道路上秉持实现价值的决心和意志，做一个充满情怀、胸怀祖国、胸怀百姓的人。去尝试，去用心，去尽力，去坚持，一切成果都会水到渠成。

在本科生大四阶段，赵晔获得西班牙国际银行项目全额资助，前往西班牙马德里理工大学作为访问学生交流学习半年。"本科四年时间很长，我们大学生应该多走走，多出去看看，将视野变得更加开阔些。"他说。得到西班牙访问学生的交流机会后，尽管是在大四阶段，面临毕业设计答辩等压力，赵晔依然没有放弃这次机会，在老师的帮助下，他既切身感受了欧洲大学的学术氛围，同时也顺利地完成了毕业设计。

平时，赵晔也常常锻炼身体，长跑、摄影等都是他的兴趣爱好。正是这些兴趣爱好，为他的学习和生活打下了基础——只有强健体魄，才能更好地去做自己想做的事情。

坚持不懈，积极探索

赵晔说，学习不是大学的全部，但却是大学的精髓。在自己的专业领域，要力争投入更多的时间，将基础打得扎实；也要做到学有所用，参加各类的学科竞赛、科技创新项目，聆听讲座报告，和更多的人交流、分享观点。世上万事都不是一帆风顺的，在学科竞赛科技创新中，赵晔也深感此中滋味，五味杂陈。在采访中，他给学弟学妹提出了如下几点建议：一是选题方向从基础入手，由浅入深不断研究，考虑计划执行的可行性，研究开始之前也要充分做好项目调研。二是相信自己，勇于创新，作为本科生，良好的创造力是产生优秀作品的关键。三是发挥团队作用，科研过程良好分工，彼此增进交流；当遇到技术瓶颈时，共同攻克，互相协调，主动寻求帮助，思考解决办法，让一个团队发挥的效用大于每个个体的叠加。只要注意到了这些问题，就一定能从创新科研中有所收获，有所提高。

撰稿人：陈静怡

2014 徐杰：为自主创新代言

徐杰，北京理工大学软件学院2011级学生，2015年本科毕业于北京理工大学软件学院软件工程信息安全专业，2018年研究生毕业获得硕士学位。现就职于腾讯公司做广告推行工作。本科期间学习成绩名列前茅，同时参与组建了北京理工大学机器人足球队（BIT-AC队），担任球队队长，曾参加2011年中国机器人大赛暨RoboCup中国公开赛，并获得机器人足球中型组项目季军（一等奖）、技术挑战赛（规定项目）二等奖、技术挑战赛（自选项目）二等奖，并且在2013年RoboCup机器人世界杯大赛中取得机器人足球中型组项目第四名。团队发表学术论文5篇，申报国家专利1项。

徐特立奖学金——最美丽的意外

“我认为获得徐特立奖学金是我人生中最美丽的意外，很庆幸它降临在了我的身上。”徐杰感叹道。它美丽，是因为它是北理工最高的荣誉，是很多北理工学子梦寐以求的奖学金；同时它也是一个意外，因为相比其他获得徐特立奖学金的同学来说，徐杰自认为自己并不是学习成绩数一数二的“学霸”。所以，他当时根本没有想过自己会获得徐特立奖学金。徐杰说，徐特立奖学金不仅仅是奖学金，更重要的是一份责任，是一份母校对学子的深深期望。徐特立奖学金就像起伏的海浪，不断地激励着徐杰前进，载着徐杰的梦想远航。

“老实说，刚进学校的时候，对徐特立老院长以及徐特立老院长的教育思想了解并不是很多。但在北理工生活久了，在母校的宣传和熏陶下、特别是在获得徐特立奖学金后，渐渐有了深刻的感悟。”徐杰如是说。每当因学业疲惫不堪或感到巨大压力的时候，他都会去徐特立图书馆或者是校史馆，静下心来看看老院长当年的艰辛岁月，感受革命先烈的英勇事迹，以此来勉励自己。看着老院长顶着高龄参加长征，在教学之余和同学们一起植树，一幅幅照片生动体现了徐特立老院长崇高的人格品质和个人魅力。徐杰说，和徐老院长当年革命时面临的困难比起来，今天我们面对的困难都不值一提。

机器人足球队——最凝聚的团队

北京理工大学机器人足球队（Robit队）成立于2011年5月，团队最初由来自6个学院的15名同学组成。“当时我们的基地叫做‘软件科技创新创业基地’，我们十几个人就在那里开启了我们的机器人足球梦。团队最初的梦想就是开发完全自主仿人的足球机器人，能赢得人类足球的世界冠军。”徐杰说。

在徐杰的描述中看似布置简单的基地，实际有着浓厚的自主创新氛围。在这里，伴随着一次次头脑风暴，诞生了1 200余人次的国内外科技竞赛奖项、十几项发明专利、十几篇优秀学术论文，使得机器人在足球中型组比赛中一举夺冠，连续两次获得“中科杯”全国软件设计大赛特等奖，连续四次获得全国信息安全大赛一等奖……从一个个不可能到可能，团队中每个人创新的潜能被发挥得淋漓尽致。

作为机器人足球比赛科研团队最初创立者之一的“元老级人物”，徐杰将团队获得的成就归功于基地传承的科技创新精神和团结合作精神。徐杰回忆，比赛前的调试场地位于新食堂四层，由于白天光线太强无法进行调试，大多数的调试工作都在晚上进行。团队里的成员没日没夜地坚守在实验现场，往往是一个通宵；挺不住了，就在地上打地铺眯一会儿，让队友准时叫醒自己接着奋斗。正是这种自主创新的氛围、团结一致的意识以及坚持不懈的精神，才铸就了机器人足球团队的辉煌。

这种专注科研的严谨态度和求实精神，在北理工很多科研团队中都有所体现。成功需要经验和阅历，机械、军工和科技的发展更加不能急躁，需要代代积累，不断传承与发展。

人生路的明灯——最感恩的老师

“人生路上的明灯——陈杰浩老师，没有他，就没有我们机器人足球队；没有他，就没有我们今天的辉煌。”谈及陈老师，徐杰很感动地说：“当时我们参加比赛需要的设备都很贵，资金是我们面临的最大的问题，再加上团队成立不久，还没有获得什么荣誉。但正是由于陈老师的鼓励和支持，帮助我们不辞辛苦地申请资金，我们这个团队才得以维持下去，我们所有的队员都十分感动。”

他说：“在学术上，陈老师也给了我们很多帮助。在中国机器人大赛暨RoboCup公开赛的备赛期间，我们遇到了很多实际的难题，比如围绕球场对战形势变化快、防守难度大等实际问题。在陈老师的帮助和指导下，我们团队提出了守门员区域划分防守策略以及三维视觉模型技术应用的解决方案，正是自主创新的技术策略成了这次大赛的夺冠‘秘籍’。”基于此项创新，由徐杰参与撰写的学术论文，在2013年12月第九届IEEE国际粒计算学术会议（IEEE GrC2013）上获得了大会唯一的最优论文奖。

“陈老师对待我们是倾尽所有、不辞辛苦的，或许这就是我们北理工人身上独有的工匠精神吧！”徐杰说。

撰稿人：柳凯

2014 孙墨琳：

青春如风，扬帆筑梦

孙墨琳，中共党员，北京理工大学人文与社会科学学院 2011 级学生，2015 年本科毕业于北京理工大学人文与社会科学学院经济学专业，2018 年研究生毕业获得硕士学位。现就职于中国人寿保险股份有限公司。本科期间学习成绩位列专业第二名，综合测评排名专业第一。大学期间多次获得一等人民奖学金。曾荣获北京理工大学十佳团员称号和首都“先锋杯”大学、中专院校优秀团员称号。参加了三届北京理工大学“世纪杯”竞赛，共获得特等奖 1 项、一等奖 1 项、创业赛银奖 1 项、二等奖 2 项、三等奖 2 项。获第七届“挑战杯”首都大学生课外学术科技作品竞赛三等奖。在公开发行的学术刊物发表论文 10 余篇，其中 3 篇文章发表于《山东社会科学》《经济研究参考》《宏观经济研究》双核心期刊（CSSCI 来源期刊、北京大学中文核心期刊）。

心存感激，筑梦前行

“说起徐特立奖学金，我对当时答辩的情景还记忆犹新，真的没想到自己能获得徐特立奖学金。”孙墨琳庆幸地说。由于专业的原因，孙墨琳本硕期间有 6 年的时间是在良乡校区度过的，所以孙墨琳对于徐特立图书馆有着独特的情感，对于徐特立老院长的了解也是从图书馆中的介绍开始的。起初只知道徐老是北京理工大学前身延安自然科学院的院长，之后慢慢地了解到徐特立老院长的革命事迹，对徐特立老院长的革命精神和教育思想有了更深层次的领悟。

获得徐特立奖学金之后，孙墨琳更加严格地要求自己，更加努力地做好自己的工作，无愧于自己获得的奖学金。在孙墨琳的言语中，笔者深刻地感受到了孙墨琳对学校的感激之情。正是这次徐特立奖学金的获奖经历不断地激励着她，敲开了她通往成功的大门。她心存对学校的感激，将压力转化为动力，时时刻刻勉励自己，筑梦前行。

心有多远，路有多远

孙墨琳坦言："其实我大一的时候，学习成绩并不是很好，只是中等偏上的水平。但我觉得要有勇气，要敢于尝试，不要觉得徐特立奖学金是多么的遥远，要敢想，心有多远，路就有多远。在之后的学习中，要有一个明确的目标，并且制订了详细的计划，朝着自己心中的目标奋力前行。其次不要太在意得失，要踏实低调。'实事求是，不自以为是'看似是一句简单的话，但是在实际践行中还是很困难的，需要踏踏实实走好人生路上的每一步。"

在对孙墨琳的介绍资料中可以发现，孙墨琳发表了很多学术论文。其实当时孙墨琳也很迷茫，根本不知道怎么投稿发表，但是就是由于这种勇于尝试的精神，让她在国内外发表了一篇又一篇学术论文。她说："其实人生路上不确定的因素很多，勇于迈出那一步才会惊奇地发现，原来自己也可以做得很好，会十分庆幸当时自己勇敢走出的那一步。人生的路很长，但是关键的就是那么几步。"

孙墨琳说，学习的意义在于路上，永远不要小瞧自己，心有多远，脚下的路就有多远。哪怕会受伤，哪怕有风浪，风雨之后一定会有迷人的芬芳。

全面发展，追求完美

孙墨琳有着丰富的学生工作的经历。孙墨琳虽然是一位女生，但是她巾帼不让须眉，在班级和学生组织中都担任十分重要的角色。

作为班级的团支部书记，以及之后担任的党支部书记，她竭尽全力，为集体奉献才智。对孙墨琳来说，班级以及党支部就像一个家，而她就像是这个家的家长，有幸承担着这一份沉甸甸的责任，是她的幸运也是她的幸福，她坚持把它承担到底。因为在高中时孙墨琳就已经是一名光荣的党员，所以步入大学之后，她时刻对自己高标准、严要求。在她的大学青春里，责任是风雨无损的一道亮光，照亮了她自己的生活，也为生活在她身边的每一个人送去了温暖。

之后孙墨琳又进入了学院的学生会的文艺部、体育部和办公室。她说："现在回想起当时的自己，是真的很拼。有时候晚上部门开例会，我都需要一个会开完赶紧赶下一个会，虽然很辛苦，但是感觉很充实，自己也乐在其中。"其实学生工作要有一颗为人民服务的心。孙墨琳始终以"服务同学，锻炼自己"为宗旨，真正做到为同学服务，为校园建设尽心尽力，积极奉献出自己的一份力量，为校园建设添砖加瓦。

北理精神，北理情怀

"在学校生活久了，现在刚出来工作真的有点不习惯。北理工教会了我太多太多，我不仅获得了专业上的知识，也养成了低调踏实的性格和严于律己的生活态度。"孙墨琳说，“我觉得我们学校和其他院校最大的不同，就是很低调很踏实。相处久了，会发现母校非常有内涵，非常有底蕴。母校就像一个保护神，保护着我们不受外界浮躁风气的影响，让我们这些学子能够专注于学术研究。”

可能是因为今年刚刚毕业的缘故，孙墨琳十分留念自己大学的青春岁月，她感慨道：“年轻真好，好想回到学校再读几年啊！”她说，在北理工就读，专业知识很重要，这是以后工作的基础；实践能力也很重要，让学生在毕业之后迅速适应社会；但是最深刻的是北理精神对学子的影响，这种影响一辈子也不会褪去。

撰稿人：柳凯

2014 卢明明：

明确目标，早日规划

卢明明，2011 年入校就读于北京理工大学材料学院，本科毕业后在北京理工大学硕博连读，从事碳纳米管异质材料高温微波吸收性能研究。以第一作者在 Journal of Materials Chemistry A（IF = 8.867）、ACS Applied Materials & Interfaces（IF = 7.504）、Nanoscale（IF = 7.367）、Nanotechnology 等学科杂志上发表论文 5 篇，高被引论文 2 篇。获得 2014 年度徐特立奖学金二等奖、2015 年度研究生国家奖学金，2016 年被评为北京理工大学优秀研究生标兵，2017 年 5 月被评为北京市优秀毕业生。

在博士生阶段，卢明明最感激的是自己的博士生导师曹茂盛教授。卢明明说："曹老师严谨认真，对学生要求严格，十分负责。他的眼光独特，很有发散性思维，同一事物，他能从不同角度去看待，能看到不一样的东西。"

卢明明与我们分享了他的一个小故事。在博士生研究阶段，卢明明发现了一种新型材料，便准备以此来发表一篇 SCI 文章。写好论文后，卢明明拿给曹茂盛老师看，询问他的指导意见。曹老师拿到新型材料的详细结构照片后，突发奇想，给卢明明提出一个独到看法：能否将这种新型材料类比成葡萄？卢明明一下子受到了启发，看着新材料的照片，再通过 PS 上色，这不就是葡萄模型吗？这样一来，给论文增添了一个亮点。立刻，卢明明着手于论文材料的收集。在这期间，曹茂盛老师自己开车，载着卢明明到葡萄园里实地拍摄照片。他们拍了 100 多张照片，一张一张地仔细筛选，找出与合成的新型材料相像的照片，用于论文当中进行对比。"曹茂盛老师真的十分用心，他常常会陪着学生一起工作到深夜。"卢明明感激地说道。在每一篇论文发表之前，曹茂盛老师都要修改很多次，直到满意为止。发表 SCI 论文，必须使用全英文写作。由于未接触过这样的写作，卢明明遇到了困难，曹老师一直帮助他克服汉语式写作的毛病，这才有了多篇论文成功发表。

在北京理工大学硕博连读时期，学校和老师教给卢明明很多知识，更重要的是运用知识的能力。在不断地探索过程中，卢明明的科研能力得到了很大提升。卢明明说，作为一名大学生，学习始终是最重要的任务。学习不单单指学习课本、考试刷题等机械式学习，更多的是一种自主学习。所以科研也是如此，我们不能机械地、毫无目的地做科研，而要彻底地发挥我们的创新技能，要充分了解我们所做的目的。他说："很感谢学校的培养，让我学会了如何尽快找到正确的研究方向和科学方法。有了方向和方法，就能更好地将科研的课题进行下去。"

卢明明说，徐特立老院长倡导的"实事求是，不自以为是"的学风，是从事科研工作所必需的。只有将自己的心静下来，才能真正投入到科研之中。正是北理工这么多年的培养，才赋予了卢明明如此宝贵的品质。

卢明明说："徐特立奖学金是北京理工大学最高的荣誉，获得徐特立奖学金对我是很高的肯定和认可，让我有了更大的动力，让我在科研的道路上坚定不移地走下去。"在科研的路上，他一直秉承着北京理工大学"德以明理，学以精工"的校训精神，认认真真地做好每一件事。卢明明身上严谨的科研态度以及踏踏实实的低调的处事作风令人敬佩。

"大学不是享受的天堂，而是我们学习奋斗的课堂，早日明确自己的目标，要依据自己的目标来尽早规划自己的未来。"卢明明说，"现在社会节奏十分快，在学校里面学习可能感触不到这种快节奏，所以要早点规划自己，参加工作后，能够更快地适应社会，才能发挥自己的价值。"

谈及工作，卢明明颇有感触。卢明明强调，大学期间最好要有一段留学经历，这是国内大多企业招收人才考虑的重要因素，是目前企业比较看重的因素。卢明明说，其实出国并没有想象的那么困难，相对考研来说还是比较容易的，但是出国先一定要做好充足的准备，比如说需要的英语成绩等。正是由于这种前卫的思想和充足的准备，卢明明在读博期间成功申请了教育基金委的留学项目；同时也正是有丰富的留学经历，才使卢明明相较于其他求职者更显得有优势。

在面对眼前利益和理想追求的时候，卢明明静下心来，选择了他热爱的学术道路，一心一意地进行学术上的研究工作。卢明明说，成长的道路千千万万，每个人通往成功的路都不一样，沿途的风景精彩纷呈，当我们为某一景致驻足的时候，不要忘了抬头看看远方，听听自己内心的声音，明确自己的目标，选择一条适合自己的路，去奋斗，去拼搏！

撰稿人：陈静怡　柳凯

2014 肖中阳：

成功路上无捷径

肖中阳，2011 年起就读于北京理工大学光电信息科学与工程专业，大学一年级结束后转入机械与车辆工程专业学习。曾获得国家奖学金，2014 年获得徐特立奖学金一等奖，直博入清华大学学习。本科期间他的学习成绩始终名列前茅。在第十四届“挑战杯”全国大学生课外学术科技作品竞赛上，他的作品《基于人体工学的可穿戴式外骨骼增力套装》获得了一等奖，获得首都高校第七届机械创新设计大赛一等奖，并且担任大学生创新国家级项目训练计划的组长。现在清华大学汽车安全与节能国家重点实验室研究车辆无人驾驶技术。

同大部分刚入学的新生一样，肖中阳在大学一年级时也曾面临过一段时间的迷茫。光电信息科学与工程专业并不是他真正的兴趣所在，所以大一阶段，肖中阳一直在为转专业做准备，他的目标是转入机械与车辆学院。在转专业的过程中，肖中阳最感激的就是光电学院的班主任黄庆梅老师。在肖中阳准备转专业的过程中，黄老师帮助他搜集了很多信息和渠道，为转专业减少了很多困难与阻碍。得益于黄庆梅老师的帮助，肖中阳顺利地转到了机械与车辆学院，并一步一步地走到了今天。转专业之后，肖中阳和黄庆梅老师仍保持联系，经常交流一些学习与生活上遇到的各种问题。黄老师给肖中阳带来的影响是十分深远的。

学习生活中，难免会感到一些压力，大部分人会通过体育运动或是各种休闲娱乐方式来缓解压力。当问到肖中阳如何缓解压力时，他给出了不一样的看法：“平时也会打打篮球、跑跑步来放松自己。但是我觉得，想要真正地缓解压力，就要去直面压力。压力的来源是问题本身，如果我们一味地去追求缓解压力，选择回避，压力就会越积越多。”肖中阳还风趣地举了一个例子：当你觉得作业太多完成不了，你会有很大压力，假如你选择打球或者其他什么方式来缓解精神上的压力，但这样并没有缓解压力。作业还是在那，相反，因为你的逃避拖延了太长的时间，压力变得更大。解决方法是什么？就是赶紧写完它，选择直面。

在北京理工大学本科求学阶段，徐特立老院长的精神一直在潜移默化地影响着肖中阳。每一位北理工学子都知道徐特立老院长提出的学风——“实事求是，不自以为是”。肖中阳看了很多大学的校训、学风，觉得都比不上这句话，这正是北理工人真实的写照。本科生阶段，肖中阳和他的团队在科研上取得了很大的成就和荣誉。但是，这些荣誉并没有迷惑他的双眼，阻碍他前进的脚步。秉持着“实事求是，不自以为是”的信念，肖中阳没有安于现状，而是不断地向前探索。“当你越往后你就会发现，曾经你获得过的奖项，那些只是过去的荣誉，你带不走它，它与你现在也毫无关系。唯一能带走的，是在之前做的探索、努力、坚持与严谨的态度和精神，它们才是你真正的财富。面对未来，还是要秉承徐特立老院长的精神——实事求是，不自以为是。一步一个脚印，不能总想着寻找捷径。只有这样，你才能不局限于眼前，从而走得更远。”肖中阳如是说。

获得徐特立奖学金，很大程度上取决于肖中阳的科研成果。科研的探索道路一方面培养了他学习知识和运用知识的能力，另一方面，精神品质的磨砺更是他最为难得的收获。怎样与人合作？怎样管理团队？怎样在团队中做好自己的工作？这些只有在实践中才能得到答案。作为国家级参赛项目组长，肖中阳说：“在参赛时我首先学会了坚持。与领导、老师共同奋战到比赛前一晚的凌晨，与全体组员齐心协力坚持到比赛结束的最后一秒，这都是我一生难忘的记忆，让我感触最深。做事情关键时刻的坚持至关重要，成功的团队往往只比其他团队多做了一点点，但这一点会让他们脱颖而出。另外，与人交流也是我们应该重视的基本素质，比赛中不仅要求我们要做好项目，还要善于表达，根据不同受众的特点，学会交流。”

撰稿人：陈静怡　柳凯

2014 马秋菊：

不断攀登的探索者

当我们来到北京矿业大学马秋菊办公室采访时，略显狭窄的办公室里只摆放了一张木桌子和几把老式的椅子，她正坐在桌前认真备课。你绝对想不到这位年纪轻轻，看起来像大学生模样的女孩是一名大学教师。不过马秋菊的确刚刚告别学生时代，于 2017 年 7 月正式入职中国矿业大学，成为一名奋斗在教学和科研第一线的大学教师。

时代的幸运儿

出生于河南普通家庭的马秋菊一直热心学术，一路从本科读到了博士。从北理工安全工程本科毕业后，她被保送到本校同专业读博，而后去了清华大学从事博士后学科研究。谈及直博这段经历，她直言是因为自己“太幸运”，由于自己很喜欢这个专业，再加上老师的循循善诱和同学的理解互助，使得她有机会在北理工不断深造，而且一待就是 9 年。或许在别人看来她的确很幸运，可是幸运的背后也蕴含了她在学业上数年如一日的刻苦努力以及对科研的不断探索。

北理工，家一般的温馨

9 年的时间不仅让马秋菊见证了北理工巨大的变化和发展，也给了她家一般的归属感。谈到在北理工的生活时，最让马秋菊印象深刻的是读博期间的导师，导师兢兢业业、执着勤奋的科研精神和教学态度对马秋菊影响颇深，她坦言自己选择去高校当老师和做科研就是因为受到了导师的启发。她说自己是一个“坐得住的人”，也非常喜欢学校单纯的氛围，因而对她来说追求学术、传道授业的确是一个不二的选择，她也有热情、有激情把自己宝贵的青春奉献给科学研究。在北理工的那段日子，马秋菊在学业上取得了优异的成果，不仅获得了北京理工大学最高荣誉——徐特立奖学金，还获得了唐南军奖学金、研究生国家奖学金以及优秀研究生标兵等荣誉。

除了北理工的老师和同学之外，校友的关心和帮助也给了她家一般的温馨感，使她的大学生涯无比顺利。她谈到在本科时期曾经多次获得各类奖学金，而这些奖学金对她的帮助可谓是非常大，不仅能维持平时的日常花销，帮家里节省一大笔资金，而且能够用来支撑学业和科研方面的开支，促使她学业和科研上百尺竿头更进一步。她希望有更多的奖学金能授予在某一领域表现特别突出、做出突破性进展的学生，因为这样有突出特长和能力的同学才会被发掘出来。

作为一个执着坚韧的人，马秋菊一直在自己的领域里不断向上攀登、不断探索。因为喜爱，她从没想过要放弃；因为大家的帮助和支持，她有更多的激情和斗志；而她的乐观精神也让她对自己的科研之路和未来的人生之路充满希望。

撰稿人：蒋子杰

2014 程虎虎：

又红又专：致力科研创新，涵养学者品格

程虎虎，北京理工大学化学学院2011级硕博连读博士研究生。中共党员。2014年12月获得徐特立奖学金，2014年12月被评为化学学院2014—2015年度“科研创新青春榜样”。

2014年11月，化学学院“科研创新青春榜样”评选答辩现场。程虎虎一头平整的短发，目光如炬。他的答辩演讲没有花哨的包装，更像是几年科研工作的梳理总结，展现的是真正的实力：

研究生期间，在化学学院曲良体老师的课题组中，发表高档次学术论文21篇：其中以第一作者身份发表6篇（总影响因子为63），包括1篇Nature子期刊，3篇一级学科顶级刊物；以第二作者身份发表8篇。所参与课题研究成果已经发表在一些国际著名学术期刊上。化学专业杂志Chemistry World对其相关研究给予了报道，另外Materials Views中国、北京理工大学主页新闻头条、北京理工大学化学学院网站 等期刊网站也对相关研究成果进行了专门报道。

2012年4月，相关研究成果被中国化学会第28届年会收录；2014年参加国内学术会议两次，其中，在中国化学会第29届年会上做了《螺旋状石墨烯纤维的制备及应用》专题报告。专利已受理两项。

完成了一项学校“科技创新专项计划”1项，并参与了科技部“973”计划、国家自然科学基金等重大课题。

“勤奋才是真实的内涵”

科学研究不是一拍脑门就能搞出来的，学习同样也不是朝夕之功。在几年的学习和科研中，程虎虎遇到了无数的困难和挫折。为了完成课题的研究，刚开始，程虎虎通过查文献和导师的指点，自己摸索了一些方法，自以为很快能有所发现。但是实验的进展并没有像他想象的那么顺利。在困难面前，程虎虎运用了一切可能有效的办法：钻研书本，与同学交流，将实验与课本知识相联系；聆听多场校内外名师讲座；用科学界名人

的经历鼓舞自己等。

他的努力也获得了回报：他从 2012 年至今获得了北京理工大学“五四”学术科技奖、北京理工大学优秀博士学位论文育苗基金奖学金、casc 三等奖学金、北京理工大学第九届“世纪杯”学生课外学术科技作品竞赛一等奖、教育部博士学术新人奖、研究生国家奖学金等一系列奖项；获得了北京理工大学优秀研究生、北京理工大学优秀团员等多项荣誉称号。

取得这些成绩和进步，在程虎虎看来，是“奠定了一个很好的基础，对自己以后的科研工作起到了一个桥梁作用”。正如他在自述材料中所写的：“过去并不代表未来，勤奋才是真实的内涵。”

“都挺优秀的，我也要学习”

谦逊是一个优秀学者应当具备的品质。谦虚使人进步。程虎虎具备着这样的学者气质。2014 年 11 月，“科研创新青春榜样”评选当晚，其他候选人进行答辩的时候，程虎虎并没有坐在候场会议室内准备自己的答辩词，而是静静地站在会场外，透过玻璃门看各位候选人的答辩内容。当工作人员问及为何站在门外时，他说：“大家既然来参评，都挺优秀的，我也要学习学习，他们确实挺厉害。”简单平淡的语言，道出了程虎虎虚心好学的品格。各人的闪光点固然不尽相同，谦虚学习，取人所长，汇百家言，是学者品格。程虎虎有自信的资本，但自信并没有让他自负，科学研究的实践告诉他，站在巨人的肩膀上，才能看得更远，而他也懂得这个道理并不仅仅限于科研，方方面面都是如此。

“弘扬社会主义道德风尚，严于律己”

在程虎虎的自述材料中，他这样写道：“努力提高自身思想素质，弘扬社会主义道德风尚，严于律己，扬善抑恶，求实创造，与时俱进，将优秀的中华民族传统美德发扬光大。”这样凝练的概括，体现在程虎虎的学习和生活中，涉及方方面面。在日常生活中，程虎虎待人诚信友善，与同学老师相处融洽；平时勤工助学，做过许多兼职，减轻家庭负担；他生活质朴，作风正派，深知金钱来之不易，不论对私对公，从不乱花一分钱。

“作为一名当代大学生，我时刻准备好做国家事业的接班人，既然我们现在还不能做伟大的贡献，那么就应该从身边开始，从身边做起。”他在材料的结尾这样写道。

爱国、敬业、诚信、友善，渗透在程虎虎日常生活行为的方方面面，或许在他的言辞中没有这样明确的概括，但这样的价值追求却一直在潜移默化地涵养着他高尚的学者品格。

学生科研创新领域的一尺标杆

邓小平同志在论述“又红又专”时说，对社会主义有利，为社会主义现代化服务的，就是“红”。与“专”结合起来，“红”既指政治立场，也指广义的学术操守、学者品格。在当下这种价值多元的时代，学术领域也不可避免地受到冲击，一些学术造假、科研腐败的阴霾还弥漫在学术科研领域。谦逊、质朴、真诚、自强、淡泊，这样的学者品格是难能可贵的，要靠学者自觉，以社会主义核心价值观为指导来慢慢涵养。而能做到这一点，也正是程虎虎身上弥足珍贵的闪光点。

带着看得见的成绩光环和看不见却在周身散发的学者气质，程虎虎继续进行着一个研究生的工作和学习。他在学生科研创新领域树立了一面旗帜，一尺标杆。

来源：第四届“青春北理”年度“科研创新青春榜样”评选官方网站

2014，2016 马鑫宇：
脚踏实地用努力铺垫成功之路

马鑫宇，2013 级软件学院软件工程专业本科生，2014 年和 2016 年两次获得徐特立奖学金，本科期间专业成绩排名第一。在 ACM/ICPC 国际大学生程序设计竞赛亚洲区域赛上，曾力压复旦大学、上海交通大学等国内知名高校，获得第三名的优异成绩，这也是北京理工大学在该项赛事历史上取得的最好成绩。马鑫宇现在美国 UCLA 大学攻读博士研究生学位。辉煌的经历背后，凝聚了他勤勤恳恳的努力，以及他对于计算机编程的挚爱之情。

坚持对学习的热情

每个人都会从懵懂开始，逐渐经历一些事儿，或困苦难堪，或疲惫乏力，或轻松愉快。虽然每个人都知道自己正在经历这些坎坷，但不是每一个人都可以一直保持一颗单纯的心，自始至终脚踏实地，追逐自己的信仰与梦，奋斗并快乐着。而马鑫宇正是这样的一个人，脚踏实地，纯粹而认真。

当我们惊叹他大二就获得了徐特立奖学金时，马鑫宇却说："大一的时候没有什么其他事情干，就把精力全部放到了学习上"。在谈及学习方法时，"沉下去方能浮上来，平衡好学习、生活二者之间的关系，这需要一种定力，学习的时候专心研究，玩时尽兴去嗨。"马鑫宇如是说。"大学学习更多需要的是一个人的自主学习能力，知道自己会什么，不会什么，并主动去查漏补缺，不应该眼高手低。"徐特立老院长曾说过"不动笔墨不读书"，马鑫宇十分赞同徐特立老院长的这句话，他已经习惯用大量的时间去学习，认真理解所学的知识，并努力提高学习效率。

谈及获得徐特立奖学金的感受，马鑫宇说："它为我带来的不仅是荣誉，更是对我自己努力的肯定。"是的，我们生活的社会机遇与挑战同在，只有实力和努力才能让梦想照进现实，没有付出就不可能有收获。

马鑫宇认为，大学是一个重要的人生转折点，作为一个大学生，我们不仅要求自己学业优秀，参加各种社团活动来锻炼自己的各种能力也是必不可少的。当今社会需要的是全面发展的人才，而社团活动又恰恰能提高我们的实践和人际交往能力，这个时候就要看你能不能把自己休闲娱乐的时间拿出来做更多有意义的事情。时间对每个人都是公平的，鲁迅曾说过，时间就像海绵里的水，只要愿意挤，总还是有的。

饮水思源，不忘恩师

饮水思源。当问到哪位老师对他影响最大时，马鑫宇说是陈硕鹰老师。他说，大学时教数据结构的陈硕鹰老师在一次课堂小测中对他的指导，让他明白了在学习中不能只是一味地做题，要先把知识点理解清楚，否则做再多的题都没用。马鑫宇还说到，黄天宇老师对他出国深造也给予了很大帮助和支持。

当大部分同学们计划着放假去哪玩，马鑫宇早已规划好了自己暑假该做什么，40多天的暑假他只给自己留最多一周的时间休息。马鑫宇大一大二期间参加了大量的公益志愿活动。谈起自己的初衷时，他说，对他影响最大的是父母。他很小的时候，父母就为他树立了乐于助人的好榜样。上了大学，父母也积极支持他参加志愿者活动。善良的父母给马鑫宇树立了榜样，更加坚定了马鑫宇走下去的决心。

在生活中，马鑫宇给人的感觉更多的是和气、亲切。提起陪伴自己四年的舍友时，他总是欣慰地笑着说，他们都是最棒的，都特别体谅我，我晚回来时要是弄出了声响，他们从来都不会发脾气，早上还去教室帮我占位子，帮我带早点。“其实真的没有什么可以奢求的了，凡事保持一颗平常心，现在的我很知足。”马鑫宇又一次笑着说。确实，做事只要留着这份纯粹与简单，所有的都是最好的安排。

北理精神，薪火相传

当谈及北理工精神时，马鑫宇说，人生的道路上，最重要的是坚持原则，实事求是，老老实实做人，踏踏实实做事。虽然人生不如意十有八九，但你的真诚一定可以让别人感受到温暖。每个人都有自己的特点，坚守本分，尽力做好每一件事，这种坚持本身就是一种优秀。

回想起大学生活，马鑫宇说，大学时期是人生中时间最充裕的时期，有充沛的精力和敢于冒险的激情和活力，思想也相对成熟。应该好好实践自己的想法，尝试一些以前从未尝试过的事情，去一些想去却找各种借口推脱的地方体验一下。

撰稿人：薄穆盟

2015 刘腾：一日身为北理人，终生百死报家国

“没有没有……”当我们为刘腾优秀的履历发出赞叹时，他总是这样谦虚地回答。2007 年初入本科，他便一直获得各种奖学金，2011 年获得硕博连读资格，并获得国家奖学金，最终在博士毕业前夕获得了徐特立奖学金。刘腾现在加拿大滑铁卢大学做博士后研究工作，对于自己热爱的领域，刘腾怀有不竭的热情与从一而终的坚持。

时刻敏感，时刻追求更高

谈到学业与自己热爱的领域，刘腾的语气比任何时候都坚定。生活中时刻敏感的自律与对更高水平更宽广领域的追求，使刘腾稳步走在优秀的阶梯上。

初入本科时，刘腾的第一次期中考试成绩很不理想。刘腾说，恰是那次考试中满分的同学给他敲响了警钟。如果仍有人可以拿到满分的成绩，那就说明自己的努力还远远不够。“见贤思齐”的习惯催促刘腾不断前进，始终与最优秀的人为伍。刘腾高三时入党，本科期间担任了数学系的党支部书记。从大一开始党支部每个月举办的学习活动，交流、宣誓、团建，愈发使刘腾体会到了追求优秀是永无止境的。“这一批批比较优秀的人之间是会互相促进、互相学习的，所以我更要以比较高的标准要求自己。”刘腾如是说。

对“优秀”的敏感性，刘腾也保留在了他的学术研究中。他说：“你看一篇论文的时候要思考，这里面的创新点是什么，有没有什么地方可以深入展开下去。和导师探讨交流一下，就会有很多收获。”对于新知的渴求与敏感，引导了刘腾之后的学术生涯。在本科结束前夕，刘腾得知学校有一个学科交叉的试点，经过面试，刘腾从数学系转到车辆工程专业。他说：“我从小就很喜欢机械，比如把家里的电子产品拆开，再重新组合等。所以特别感谢这个机会，让我进入车辆工程专业。也特别感谢孙逢春老师的知遇之恩和后来的培养之情，可以说，孙逢春老师影响了我的后半生。”

时刻谦逊，时刻心怀感恩

刘腾对于自己从本科到硕博一路走来的学术生涯，说过最多的词是“感谢”。

“家庭和妻子给了我很多支持，我的父母一直支持我求学，包括现在在加拿大做博士后研究。还有我的妻子，在我读博期间一点经济收入都没有的时候与我结婚，一直默默付出，悉心照料着我。”刘腾出身农村，比一般的本科生可能面临着更严峻的生活考验，即使一直有奖学金补贴，读研与否对于他的家庭依然是一个需要审慎思考的问题。所幸，刘腾的父母始终支持刘腾求学。对于妻子，刘腾也是满怀感谢。刘腾获得的徐特立奖学金，一半给了父母，一半给了妻子。

谈到获得徐特立奖学金的细节时，刘腾也是句句“感谢”：“学院推荐参评的时候我就已经非常非常激动了。十分感激两位导师，他们在科研和生活中给了很多帮助。我感谢导师，他们不仅是我学业上的导师，还是我人生路上的导师，在做人做事方面是我的楷模。”两位导师学术研究的严谨与日常待人的谦逊平和，都在刘腾心中留下了深刻的印象。

谈及自身成绩，刘腾必说“微小”；谈及对他人的谢意，刘腾却不吝“十分”。怀着这样谦逊的心态，刘腾时时能从周围优秀的人身上汲取营养；怀着这样感恩的情怀，刘腾也因此一直在学术路上有“贵人”相扶，并稳定扎实地走下去。

时刻铭记，时刻不忘家国

作为来到良乡的第一批北理学子，在徐特立精神的引领下，刘腾见证了良乡校区的变迁与革新。

本科期间刘腾担任党支部书记期间，学院组织参观了中关村校区的校史馆。北理工的发展史徐徐铺陈，老一辈无产阶级革命家的奋斗拼搏历历呈现，那是刘腾第一次感受徐特立老院长老一辈的精神力量。在之后的学习生活中，刘腾对徐特立精神和教育思想有了更深刻的认识。

谈及学术，刘腾认为，首先要静心。良乡校区初建时，周边的娱乐设施很少，刘腾便常常泡在图书馆里自习。之后这样的自习习惯，也一直伴随刘腾到现在。静心给予刘腾更长更深刻的思考时间，也自然能够更为清晰地体会学术中的逻辑。其次要创新，阅读论文时的敏感，与浏览他人作品时的习惯自省，刘腾对于自己的学术研究，比旁人多了更多可能性，也因此在优秀的道路上越走越远。最后要吃苦，第一批交叉学科的培养尚不成熟，本科数学的刘腾跟随导师直接开始做实践性很强的项目。纵然辛苦，但刘腾踏踏实实跟着导师的进度，不仅学到了实用的前沿知识，也磨炼了自己坚忍不拔的意志。

北理工的校风是从“团结、勤奋、求实、上进”，校训是“德以明理，学以精工”。刘腾说：“校风和校训都是我们北理工精神的具体体现，也是学校和社会对我们的希望和嘱托。”

一日身为北理人，终生百死报家国。刘腾把北理工精神与徐特立精神贯穿自己的学术生涯，并将持续贯彻，指引自己对社会和国家作出更大的贡献。

撰稿人：张璇　蔡一凡

2015 王恒亮：

踏实做事，坦诚做人

王恒亮目前就读于北京大学数学与应用数学专业，在北理工本科毕业后被北京大学录取直博，进行机器深度学习、算法相关研究。他是名副其实的“学霸”，在学习自己热爱的专业的同时，也在为自己的未来奋斗。

在北理工奋斗的日子

在与王恒亮的聊天过程中，笔者能够感受到，他很珍惜那一段在北理工学习的日子——每天过着简简单单的生活，不是上课就是上自习；虽然没有特别多的娱乐活动，但是认真地研究题目能让他感受到学习的乐趣。哪怕是比喻生活中的日常现象，也是脱口而出的数学专业术语，可见他喜欢数学喜欢到骨髓里了。

谈到在北大和北理工的生活，最深的体会是什么时，他说，北京大学的学生素养方差很大，优秀的人很优秀，也有普通的人；但是，北理工特别难能可贵的是学生都比较踏实做事，这是跟徐特立老先生的教育思想息息相关吧。

王恒亮是凭借名列前茅的学习成绩与竞赛成绩成功直博的，俗话说：学而不思则罔，思而不学则殆。他在学习之余常常思考自己的生活与未来，例如以后从事怎样的职业之类的问题。在跟同学交流的过程，他发现很多人是对自己的未来很迷茫，容易随波逐流地选择所谓的热门赚钱多的职业作为自己的理想规划，像程序员、国企一类的工作。为此，他还深入地了解了一些职业现状。他说，职业没有优劣之分，希望大家能对自己的未来规划更加合理明确。

作为常年稳居年级第一位置的“学霸”，王恒亮获得了全国数学建模大赛二等奖，数学分析邀请赛一等奖，在中国科技大学的考试中获得第一名。他认为，成绩只是衡量一个人的一个方面，更重要的是专业实力。举个例子，同学们在准备数学考试时，一般会先去找找往年题目，拿来刷一刷，就能在期末考试中取得一个不错的成绩，但是这并不代表你理解了题目背后深层的含义。他还进一步解释说：解题只能感受到问题的表面，它的本质还有很深的含义，比方说一个证明题，它的来源是一个完整的定理，出题人把这个定理变成一个特殊情况就成了一道证明题，如果不深入思考，就只能停留在问题的表层，而题目是千变万化。他还指出，其实生活中很多细节都是值得思索的，就像牛顿能从下落的苹果发现万有引力定律一样。他希望自己也能练就一双洞察一切的眼睛，同时也鼓励学弟学妹们积极关注生活中的点点滴滴。

是良师也是益友

在王恒亮的话语里，流露出对北理工教师最真挚的感谢。他很崇敬曾经耐心指导过他学习的老师们。每次课后，王恒亮都会去找老师询问疑难点。在准备数学竞赛的阶段，老师还将自己的办公室借给他作为自习室，同时将办公室里的书籍借给他做竞赛的辅导资料。由此可见，老师的指引是他人生中不可或缺的精神力量。除了专业内要求的课程，他仍不满足地想要探索知识的海洋，于是开始了自学之路。他说，解决自己盲点与疑问的最好方式就是给老师讲一遍自己理解到的知识，然后老师能更专业地给你查漏补缺。谈到以后的志向，他微笑着说，想当一名大学教授。

坚持奉献

王恒亮坚持“实事求是，不自以为是”。他说，一个人的价值更在于奉献自己。暑假时，他曾经组织了一个 8 人团的支教活动，地点在武汉。在这个过程中，他感慨颇深，开展支教活动遇到了一系列的问题，如小孩子比较顽皮，对学习不太感兴趣等。他进一步了解到，该地区的家庭里，家长外出打工，生活条件平稳，但是教育资源很落后，孩子们反而比较安于现状，视野没有打开，使得他们的支教没有想象中的顺利。尽管阻力重重，他们还是尽全力去贡献自己的一份力量，为孩子们打开精彩世界的大门。

撰稿人：黄雪圆

2015 朱有启：

“徐奖”记忆

科研成果累累

朱有启，材料学院2012级博士研究生，博士研究生特等奖学金获得者，连续两年获得博士研究生国家奖学金，曾荣获材料学院研究生学术论坛“英文学术之星”荣誉称号。2014—2015学年，参与多项国家级科研课题的研究，共发表SCI论文8篇，其中以第一作者身份发表论文4篇，影响因子总计22.5，并获得国家发明专利授权1项。其中博士期间以第一作者身份发表SCI论文7篇，影响因子累计39.35，申请国家发明专利6项，获得授权1项。2015年，朱有启荣获徐特立奖学金。“为之则易，不为则难”是他的人生格言，激励他在科研的过程中全身心投入，刻苦专研，广泛猎取，收获了丰硕的成果。

难忘恩师

朱有启2012年进入北京理工大学，是材料学院2012级博士研究生，师从曹传宝教授，从事类石墨烯材料的合成及在高能锂电池中的应用研究工作，致力于解决电池容量低寿命短等问题，提升电池性能。在2015年获评徐特立奖学金时，朱有启在科研方面的成绩可谓硕果累累，其中最令他自豪的是读博期间成功申请了国家自然科学基金，这是一般人很难达到的成就，而这些成绩都离不开导师的教导和培养。他说：“我非常感谢我的导师曹传宝教授，他不仅仅教给我知识，更教给我做研究的道理。”朱有启入学北理工，他曾请教一位师兄如何做研究，师兄告诉他“做事就要做到极致”，就是说研究一个课题时，要能做到让导师反过头来问你问题，让自己成为这个课题方向的专家，这才算不白费功夫，才能有所收获。而要做到这个程度就意味着自己要付出加倍的努力，方方面面都要非常了解。朱有启深受触动，把这些话牢牢记在心里。他第一次来到北理工与导师见面聊天时，他向导师提出了“做事就要做到极致”的观点，没想到老师听完他的话，笑着对他说："这句话就是我说的。"想来这也算是他与曹传宝教授深厚的师生缘分的起点。

获得徐特立奖学金这一北理工最高荣誉时，朱有启心里自然是万分激动和自豪的。他还和两位采访者分享获奖时颁发的徐特立小铜人雕像照片，并笑称"这个小铜人当时在我们实验室非常受欢迎，大家都传着观看"。朱有启读博时所在的实验室有 30 多名同学，实验室氛围非常融洽，导师曹传宝教授不仅仅非常关心大家的研究进展，还很注重大家的身体素质。曹教授非常喜爱打羽毛球，常常组织大家进行比赛锻炼身体，整个实验室犹如一个温暖的大家庭，给科研路上的朱有启带来了无限的温暖和前行的力量。

做事一定要坚持

初入大学时朱有启并没有想过未来的自己会踏上科研的道路，本来打算毕业就参加工作。他在大三时受同学影响，决定考研测试一下自己的实力，没想到顺利考上了心仪学校的研究生。拿到研究生录取通知书后朱有启便下定决心走科研的道路，于是一路坚持不懈获得了丰硕的科研成果。他想借自己的经历告诉学弟学妹，做事一定要坚持，选定一个方向一直走下去，不要轻言放弃，做学问和做科研都是一样。做事之前要做好万全的准备，细节决定成败。有一次朱有启和导师出差，在外地工厂做一个实验，同行前去的四个学生只有朱有启携带了全套实验器材，给实验提供了很大的支持，减少了许多麻烦。在科研期间朱有启需要完成很多探索性的实验，实验前他将各种实验细节都注意到，以保证实验的成功。朱有启特别提到在本科期间，系主任对学生的实验基本操作要求非常严格，而这种严格训练出来的扎实的实验素养为他后来的科研工作带来了极大的帮助。

撰稿人：杨晓彤

2015 屈泉酉：

耐得住寂寞，经得起诱惑

屈泉酉是北京理工大学信息与电子学院 2011 级博士生，研究生国家奖学金获得者，曾获优秀研究生标兵、优秀研究生等荣誉称号，2015 年获得徐特立奖学金一等奖。2014—2015 学年他以第一作者身份共发表各类学术论文 6 篇，包括 SCI 检索论文 3 篇，EI 期刊论文 1 篇；国内外学术会议发表论文 3 篇，其中 1 篇会议论文获得当期学术会议最佳论文奖。因为目前屈泉酉在国外工作，所以我们与他的联系和采访都是通过电话和短信进行，即便相隔千山万水，但屈泉酉对采访工作总是热情回应与配合。尽管工作繁忙且两国还有时差，他总会及时回复。采访过程中，他语气平和且低调谦逊，话里间满是对母校的感恩与怀念，着实让人钦佩。

钻研精工

屈泉酉本科入学就读北理工信息与电子学院信息工程专业，读博期间师从盛新庆教授，研究方向是雷达目标散射特性和目标特征提取。由于所研究的方向偏向工程应用，在博士学习阶段的初期，他的论文发表过程并不顺利。然而在困难面前，他坚信“天下难事，必作于易；天下大事，必作于细”，在科研过程中注意知识的积累和技能的训练，终于在一次与导师的讨论过程中灵感一现，发现了研究领域中一个前人未曾研究的缺口，并通过自己的不懈努力完成了相关研究，其创新型研究成果包括业内国际知名刊物如 IEEE Trans. On Antennas and Propagation 上的多篇学术论文以及多项纵向课题结题软件和专利等。2015 年，屈泉酉荣获北理工徐特立奖学金一等奖。在采访过程中，他说：“徐特立奖学金虽然不是自己获得的第一个奖学金，但绝对是自己排名第一位的奖学金，是我在北理工所获得的最高荣誉，给我的大学生涯画上了完满的句号。”面对北理工的最高荣誉，他说：“获奖的心情是无比骄傲和自豪的，同时对自己起着极大的激励作用。而且整个竞选过程包括最终的登台答辩充满了挑战性和竞争性，极大地激发了我应对高难度工作的能力，从那以后，我都在工作中能够从容应对各种任务和挑战。”

笃学明理

科研的路或许又苦又长，但对屈泉西来说，科研是自己喜欢的事，因为喜欢，所以持续求索，甘之如饴。这份热爱从学生时期一直延续至今。在择业时，屈泉西收获了高校、中国工商银行和航天科技集团总体部三份 offer，但他坚定地选择投入祖国航天事业的建设当中，并始终满怀科研热情和斗志。

从学生时代到投身科研，徐特立老院长的精神始终激励和鞭策着屈泉西。他说："我终身铭记徐老的教诲：实事求是，不自以为是，这就是我对理工精神的理解——做人做学问来不得半点的虚假，今天绕过问题不解决，自以为是，明天问题难度将加倍回来。"

尽管已经毕业参加工作好几年，屈泉西对母校始终有很深的感情。他说，学校塑造了他踏实稳重、勇于争先的性格，这都源于学校"团结、勤奋、求实、创新"校风的启发和鼓舞。他还提到自己的导师盛新庆老师和副导师郭琨毅老师，感恩他们对自己的培养和教诲。

作为一名航天人，屈泉西在工作岗位上最深刻的体会是"耐得住寂寞，经得住诱惑"。他参与了非常多的国家级航天项目，当我们问到这些项目带给他印象深刻或者影响深远的人或事时，他说："最近我在巴西参与中巴资源卫星的研制活动，恰逢中巴资源卫星合作 30 周年庆典，我目睹了老一代资源专家的风采，感触颇深。中巴资源卫星 01 星是我国首颗传输型遥感卫星，目前五院遥感、探月和火星型号的两位总工程师和技术骨干几乎都源于此卫星的设计团队，有种天下'武功出少林'的感觉。其中对我影响最深的就是航天科技集团首席电源专家韩波总工程师。每次回忆起从前的岁月，韩总总是感慨自己人生得益最多的日子就是这颗首发星那 10 年的研制过程。那算一段冷板凳时间，然而就是这 10 年，韩总积累了这辈子最重要的工程经验和理论功底。年轻人要耐得住寂寞，不管在什么岗位上，都要不断使自己的技能精进，这样才能在事业上有所建树，而非泯然众人。"屈泉西说要刻苦钻研，不论学习还是工作，否则作出的学问浮于表面，难以获取学界的认同；在找寻自己热爱的事业时，要结合先验知识选择，选择能让自己能力和技能得到最优发展的事业才是最重要的。屈泉西还说，多参加体育锻炼，提高身体素质，健康和学习与工作同样重要。

最后，屈泉西表达了对母校的祝福，同时他承诺，将在未来的工作中，深入社会、立足岗位，在实践、学习和工作中发扬徐特立老院长的精神，践行徐特立老院长的手和脑并用、劳力与劳心并进的实践观，在自己的岗位上作出不凡的成绩，传承北理工的红色基因和北理工精神，祝愿母校和校友都能有更好的发展。

撰稿人：杨晓彤

2015 王朔：

脚踏实地，仰望星空

曾经发表3篇论文，获得首都创新创业大赛银奖，这是王朔在母校的骄傲成绩。从北理工的国际经济与贸易专业顺利保研到清华大学，如今踏入职场的王朔与我们分享了他的北理工情怀。

脚踏实地，心怀感恩

王朔记得当时获得徐特立奖学金时心情十分激动，他非常感谢母校对他的关心、关爱，同时表示获得徐特立奖学金也是母校对他的肯定，并一直在激励他的学习和工作。王朔将徐特立奖学金用于研究生的学费，帮家里减轻了一些经济负担。王朔特别提到了评选徐特立奖学金的答辩会，在答辩会上，他认识了不同学院的优秀同学，这些优秀同学也激励着王朔不断前行。

谈到北理工精神对自己的影响，王朔从北理工的学风谈起："'实事求是，不自以为是'是徐特立老院长倡导的学风，北理工的同学们身上都具有踏踏实实做事这种可贵的品质，这种精神和品质将影响我终身。"

北理工是军工重点高校，在一个工科氛围浓厚的大学里，王朔虽然是经济类专业的学生，但四年中没有感受到浮躁的风气，反而养成了踏踏实实做事的习惯，尤其是在图书馆、自习室和很多学生一起学习的时候，他会感受到一种紧迫感，不断催促自己去学习、去进步。

回顾大学四年的读书时光，王朔非常感激引领他的导师——带领他在科研路上取得硕果累累的郝宇老师，重视学生职业规划非常有责任心的张云霞老师，对学生无微不至关怀、亦师亦友的赵航辅导员。而同行的伙伴中，令王朔最印象深刻的是他的室友，他非常珍惜和室友的缘分。在和室友的交流中，王朔不断地向室友学习，多读书、多思考。

仰望星空，心怀谦逊

作为进入职场不久的大学毕业生，王朔非常真诚地跟学弟学妹分享一些职业规划的建议。要做好个人规划，确定好自己定位和目标，不轻言放弃。如果有机会的话，可以在国内或者国外读硕士，这对那些没有定好职业方向有些迷茫的同学来说，深造也许是一个很好的过程。大四到硕士，是另一个发展阶段，是一个接触社会、修正自己定位的阶段。学长学姐他们都是良师益友，他们的经验可能会对自己有很多启发，甚至他们可以推荐一些工作机会。要对未来有信心，什么时候努力都不晚，只要有主观能动性，就一定可以改变自己、改变生活。

在踏入职场前，了解各行各业信息也很重要。王朔说，要掌握一些能够快速了解行业信息的一些方法。从信息途径来说，在信息爆炸的今天，36KE、清科集团、IT 橘子都是不错的信息来源渠道，Wind、Bloomberg 平台上有非常多的二级市场信息。获得信息是第一步，将碎片化的信息不断积累、整合，形成对行业的大体把握，之后可以适当看一些行业研究报告，而最直接的方法就是实习。间接获取的信息未必准确，通过亲身实践则会对行业有更直观的感觉。

撰稿人：吴月

2015，2016 王文冠：

鸿雁一鸣天高远，一封素笺寄离情

“犹记得初入大学时那新奇激动的心情，求学路上往返理学楼和疏桐园的匆匆脚步；犹记得徐特立图书馆内沙沙作响的翻书声和深夜机房里不停的键盘敲击声；犹记得校园里青涩的爱情，也难忘并肩奋战‘世纪杯’的兄弟情谊；还有中教楼一晚晚的自习灯光、实验室里永远跑不完的数据……”。

2018 年6 月25 日，在北京理工大学2018 届毕业典礼上，张军校长提到了一封特殊的来信，这是计算机学院 2014 级博士生王文冠同学在毕业离校之际写给母校的一封“情书”。

八行书叙母校情——毕业生写给北理工的一封“情书”

正如张军校长在毕业典礼讲到的：“这些年，母校记载着你们的酸甜苦辣，也见证着你们破茧成蝶！让我们共同为你们珍贵的、可爱的、难忘的，更是奋进的、成长的年华喝彩、点赞！”一直以来，母校默默地见证学子的成长、支持着学子成才。此去经年，已是往昔，思来日可期，应是良辰好景。

本次毕业典礼“一封信”的主人公王文冠博士，曾获得第四届百度奖学金（奖金金额 20 万元）；连续三年获得博士研究生国家奖学金，连续两年获得北京理工大学最高荣誉——徐特立奖学金，连续两年获得工信创新一等奖学金；读博期间，在国际著名期刊和顶级国际会议上发表学术论文 30 篇。而这些傲人成果都离不开北理工“担复兴大任，做时代新人”精神的培育和教导。

王文冠在信中流露了对母校的浓浓深情。“在国外的日子里，我看到人工智能正以革命化的姿态席卷全球，成了当前世界科技强国争夺的新的科技制高点，可是中美在人工智能领域上的差距让我寝食难安，犹记得张军校长来学院调研时对我们的殷切期望：‘到谷歌研究院，到微软研究院，到常青藤大学去……成为领军领导人才，报效祖国’。如今，谷歌研究院、微软亚洲研究院和多所常青藤高校都向我发出了邀请，但无论我身处何方，我都不会忘却科研报国的使命，‘时代担当’是我离校前，您给我上的最后一堂课，也是让我为之终生奋斗的一堂课！

“成长在‘红色工程师的摇篮’中，传承着红色基因，我们每一个北理工学子身上都刻上了‘延安根、军工魂’的浓浓烙印。母校教导我们的每一堂课，都是学生们未来人生中难以磨灭的信仰……北京理工大学，浩浩乎其志矣，郁郁乎其学子哉！”

附：

致北理工的一封“情书”

亲爱的北京理工大学，亲爱的母校：

您好！

作为您2009级本科生、2013级硕士生、2014级博士生中的一员，在这个炎热的6月，我就要离开您了。

在母校多年求学生涯即将结束之际，格外不舍。素笺易铺，墨笔难落。9年来美好的时光、万语千言的离愁别绪，都涌向心头。犹记得初入大学时那新奇激动的心情，求学路上往返理学楼和疏桐园的匆匆脚步；犹记得徐特立图书馆内沙沙作响的翻书声和深夜机房里不停的键盘敲击声；犹记得校园里青涩的爱情，也难忘并肩奋战“世纪杯”的兄弟情谊；还有信教楼一晚晚的自习灯光、实验室里永远跑不完的数据……

亲爱的母校，您承载了我一段肆意挥洒青春的日子，也陪伴我度过了一段痛苦难耐的日子，最后您教会我不要虚度时光，您让那些努力奋斗的日子，成为我这段人生中最美好的岁月，也成就了今天这个让您骄傲和自豪的我。我相信在我未来的人生中，每当我回想起北理工的奋斗岁月，回想起您给我上的每一堂“人生课程”，都将给我带来无穷的力量。

还记得，2009年清秋，我走了很远很远的路，来到您的身边。走入良乡校区，映入眼帘的是那块“德以明理，学以精工”的校训石。我还记得校长新生欢迎辞中讲到“欢迎来到北理工，但你们的努力才刚刚开始……国家富强、民族兴旺是你们努力的目标”。“胸怀壮志”是您给我上的第一堂课。

2013年，我来到中关村校区，开始硕博连读。晨光熹微里，我路过中教楼下熟悉的“德以明理，学以精工”校训碑石，走进实验室；夜幕深邃，我关上实验室的灯，让星辉洒在“德以明理，学以精工”碑石上。就这样我走过许多个平凡而又不平凡的日日夜夜，与科研为伴，与创新为友，遇到了许多早起晚归的师兄师弟，见到了许多在办公室专注工作的老师，也亲身领略了王越院士、毛二可院士等学术大家严谨求真的学术精神。这许多许多，让我逐渐触摸到北理工的精神，引领我向着更高更远的目标迈进。“明德精工”是您给我上的第二堂课。

2016年，我前往美国加州大学洛杉矶分校公派留学。刚开始在国外的时光是一段艰难的日子，背井离乡与科研上沉重的压力让我喘不过气来，整晚的失眠使我意志消沉，但导师不断鼓励我坚持下来，我内心深处的声音也一直告诉我“你是北理工人”。我的坚持得到了回报，我在2016年百度奖学金的最终答辩环节中，获得了评委老师的高度认可，获得了全球仅 10 人的第四届百度奖学金，奖金每人 20 万元。“创新包容”是您给我上的第三堂课。

在国外的日子里，我触摸到了人工智能发展浪潮的最前沿，我看到人工智能正以革命化的姿态席卷全球，成了当前世界科技强国争夺的新的科技制高点，我国也实施推进《新一代人工智能发展规划》。有同行说：“生逢其时，不亦快哉。”可是中美在人工智能领域上的差距让我寝食难安，犹记得张军校长来学院调研时对我们的殷切期望，“到谷歌研究院、到微软研究院去，到常青藤大学去……成为领军领导人才，报效祖国”。如今，谷歌研究院、微软亚洲研究院和多所常青藤高校都向我发出了邀请，但无论我身处何方，我都不会忘却科研报国的使命，正如导师的告诫：“离开，是为了更好回来！”“时代担当”是我离开前您给我上的最后一堂课，也是让我为之终生奋斗的一堂课！

亲爱的母校，9 年的时光转瞬即逝，我好像刚走到您的身边却就要离开，请允许我再回头看一眼校名石背后的文字，“……展未来：德以明理，学以精工；激情进取，科学发展；创亚洲名府，跻世界圣殿……”

明德者经世，精工者兴国。北京理工大学，浩浩乎其志矣，郁郁乎其学子哉！

您永远的学子：王文冠
2018 年 6 月 22 日

来源：北京理工大学新闻网

2016 陈宜法：

用实干探寻材料的奥秘

中共党员，北京理工大学化学学院 2008 级本科生，2012 年本科毕业获得直博资格，2018 年博士毕业。本科阶段获得北京市化学竞赛第三名，获得徐特立奖学金、工信部创新创业奖学金、人民奖学金等，读博期间在德国《应用化学》、美国《化学会志》《欧洲化学》上各发表论文一篇。现任南京师范大学副教授，主要研究方向是纳米 MOFs 复合材料的合成及其形貌催化方面，新型 MOFs 晶体的合成、拓扑学结构及其吸附和各类催化方面等。

他就是 2016 年徐特立奖学金的获得者，北理工化学与化工学院 2012 级博士生陈宜法。

德以明理——领悟徐特立老院长教育思想的真谛

“徐特立奖学金是我人生中第一次获得的金额较大的奖学金。”陈宜法回忆说，“当时得知自己获得了徐特立奖学金，心情十分激动，这是对自己研究工作的极大肯定。”徐特立奖学金给了陈宜法十足的信心和动力，让他更加全身心地投入到科研学习中。陈宜法说，每当遇到困难坚持不下去时，就会到校史馆重温徐特立老院长的精神来勉励自己。

从与陈宜法的交谈中，我们可以感受到陈宜法的勤勉和踏实，这也体现了北理工人的品质——踏踏实实地把每一件事情做好，哪怕是在最艰苦最困难的时候，也要安安心心地坚守一份初心。在一次次的精神洗礼下，陈宜法真正地领悟到徐特立老院长教育思想的真谛。

学以精工——用创造力去攻克科研中的重重难关

在北理工学习期间，陈宜法一直保持着自律的学习习惯，每天早睡早起，作息时间很有规律。陈宜法表示：“正是由于母校优良的学习氛围，才无形中培养了我这种自律的生活态度。”他不赞同临时抱佛脚的方式，他认为学习重在平常的积累，平时踏踏实实地去学习，到学期末稍微花点时间就可以了。“兴趣是最好的老师，如果没有兴趣，直博的这五年我是坚持不下来的。”陈宜法说道。读博期间，陈宜法和他的团队十分重视队伍的创造力，一有新的点子就马上进行相关的研究。陈宜法创新性地用勒压法将纳米 MOFs 复合材料添加到不同基底上，比如添加到口罩或者是纱窗上，可以起到防雾霾的作用。陈宜法说：“在做科研的时候，你不能成为一个执行者或是操作者，而应该是一个思考者。国内做科研的有很多都在向国外学习，国内科研文章的原创性相对而言还是较低，因而现在国内需要一大批具有创造力的人才来引领创新发展的潮流。”

创造力是社会发展的推动力。在陈宜法身上，可以看到了一名科研人员应当具备的严谨和创造力。

亦师亦友——人生路上虚心请教终会受益终生

陈宜法曾经这样评价他的导师王博教授：“遇到王老师是我的幸运，王老师对我们的指导不仅仅在于学业，而是影响了我一生。我的关注点曾经仅仅是眼前的科研任务，而如今却已经开始学会做好职业生涯的规划。”

王博老师认为“教师的言传身教就是最好的教科书”。他悉心指导学生的学习、科研，全身心投入，工作至凌晨更是家常便饭。王博老师经常说：“做老师，如果能够对一名学生、一个家庭有所影响、有所帮助，这也是善莫大焉的事情。”在科研上，他对学生要求严格，亲自监督辅导每个学生的课题。在学业上，王博老师关注学生的发展与能力培养，他努力为学生们提供交流学习的机会，开阔学生眼界，也积极鼓励本科生参与科研项目。他鼓励学生主动查阅文献、写文章、修改文章，培养学生扎实的学术功底和良好的习惯。他经常说：“我希望我的学生能够想别人不敢想、做别人不敢做的事。”他还十分注重培养学生的领导力，他让当时的博士生陈宜法独自领导一个团队进行课题研究。

如今陈宜法也来到了教书育人的岗位上，相信陈宜法会将王博老师言传身教、倾尽所有为学生的教育精神传承下去，为祖国培养更多的高科技人才，为祖国的教育事业奉献自己的一份力量。

温情长存——理工男亦柔情似水

作为一名理工男，不仅仅是泡在实验室里，陈宜法还经常到女朋友的医院去做一些志愿者活动，与那些患有自闭症、脑瘫的孩子们进行互动。“你们永远都无法想象，这些孩子背后的家庭都承担着多大的负担。”陈宜法这样说。这些孩子都是先天性疾病，也无法根治。他说：“看着他们在努力地与病魔抗争，都在坚强地活着，你还有什么理由选择放弃?”在与孩子们的交往过程中，陈宜法感悟出很多道理。在平时的志愿活动中，每当看到孩子们难得一次的笑容，陈宜法心中就会涌起一股暖流。他说，社会不仅仅需要科技的进步，更需要人们的温情，心中要常怀感恩。

除了参与志愿活动，陈宜法还有一个爱好——打篮球。他说："没事儿了就去球场上扔几球，心情也会好很多。"在本科生涯中，陈宜法基本保证一周打三四次篮球。在繁忙的研究生博士生阶段，他也不放弃这个爱好，坚持抽出时间去打篮球。"打篮球可以强壮身体，舒缓心情，还有其他一些想不到的收获。"陈宜法笑着说。他在刚入职不久，就在球场上遇到了同样爱好篮球的同事，共同的兴趣带来了聊天话题，陈宜法也借此机会，更快地融入新岗位中。

最后，陈宜法强调道："当你有一个兴趣，就要坚持下去，把它做到最好，不仅仅学习上是这样，生活中也是一样。"

撰稿人：柳凯　陈静怡

2016 陈馨怡：

坚持所坚持的，做最简单的选择

就像双手捧着光芒，在北理工走过的这四年，饱含敬畏，充满力量。时光流转，在过去与未来之中，奋斗路上留下的石印铁痕，凉薄甘苦，仍在愈来愈清晰之中刻画着未来。相信没有不可逾越的过去，也没有未来不可抵达。

陈馨怡，2013 级光电学院光电信息科学与工程专业学生，2016 年荣获徐特立学金一等奖，全国大学生光电设计竞赛一等奖，工信部创新创业奖学金团队二等奖。北京市优秀毕业生，曾获得光电学院最高荣誉周立伟奖学金。

当谈到徐特立奖学金对自己的激励作用时，她说："这是一个对我精神世界来说强烈的冲击，它让我能够更加坦然地面对自己，审视自己。我第一次勇敢地相信并可以告诉别人我可以。这种自信不是盲目的，更不是用来哗众取宠的，而是来自一个对自己更清晰的认知，来自对拥有能做得更好的能力的肯定。我不是仅凭借个人能力获得的这份荣誉，更像是对我所在圈子生活状态的一份嘉奖，是我和周围帮助过我的师友们共同作用的结果。让我有更大的期待去融入状态更好的圈子，受到更多积极的影响，不断提升眼界和能力。我们是在不断地融入、不断地思考、不断地改变，然后不断地提高，又进入下一个更好的状态，这就像是一个正反馈。"

克己明理，塑精工之匠

大一刚入学的陈馨怡并没有设想过自己能取得多大的成就，对她来说生活是简单的，该学什么就学什么，该做什么就做什么，该做成什么样就努力做成什么样。身边的人在不同方面体现出的优秀，她选择正视并接受，接受客观存在的基础教育和个人天赋的差异，理解差异，尊重差异，然后转化成反思和提高的动力。在她的世界里，保持着对个人壁垒和瓶颈的主动认识——自己可以不是最好的，但就算是拼命，也绝不能甘居下游。对优秀的追求不能总处于"算了就这样吧"的状态。在她看来，自己不过是坚持做好本职工作。她用自己的努力提供了一条如真理般的捷径：认真地把该做的事做好，并常常进行反思，带着使命感和责任感审视自己的选择；不热衷个人英雄主义，反对狂热的理想主义，但同时坚信人的力量。不过这种力量，不在于战胜别人，或者战胜环境，而是战胜自己，对自己负责。

恩师重道，谢一路相伴

两年前光电赛备赛期间，也是一个大雨滂沱的天气，陈馨怡回忆道，张忠廉老师，一位 80 多岁的老教授，始终坚守在机械赛和光电赛的辅导岗位上。那天雨下得特别大，很多同学都因为天气原因暂缓了进程，我们组还是照常去 4002 室继续备赛，以为不会有任何一个老师会来，但是到晚一些的时候，张老师还是来了，继续进行辅导工作。回忆起那天，陈馨怡依然十分感慨，一位本该颐养天年的老人没有义务把这么多时间和精力继续投入到学院和学生身上，但他依然这么做了。一个老人用这样的精神坚持着，让学生们看在眼里，感动在心里。光电赛期间，有老师和队友的帮助，有各个方面给予的支持与鼓励，这个全国一等奖对于陈馨怡来说，是饱含感激和珍惜的。她没有夸大自己的能力，而是更多地去感激那些把幸运带给自己的人，那些影响自己的人。世间苦进，将如山之沉稳的理性深藏于心，同时也要有如水之柔情去感悟，去铭记，以此不断前行。

母校精神，育少年气魄

在陈馨怡眼中，母校的低调与专注对她产生了很大的影响。从老师们身上，可以看到一种对于教育和学术的投入；从学校的角度，虽然为国家、为国防作出了不容小觑的贡献，却没有在任何场合或平台上看到过分的宣传。也许母校就是在用这种方式告诉学生，学校就是用来学习的。她认为，很多浮华的东西是不需要在这个年纪去考虑的，我们只需要学习最基本的、最传统的，一些中华文化里应该坚守应该传承的东西，或者说就是一股少年气。感染该感染的，坚持该坚持的。所谓处世之道、社会之学迟早是每个人的必修课，但不需要一定在学校里就学会。大道至简，少年之气，是学校感染学生的一种最朴素，却是最诚恳的品质。低调专注的背后，是有目共睹的更深一层的坦诚。

相信所有的告别与开始，都将是一种砥砺。坚持所坚持的，做最简单的选择，别怕，时光看得见。

撰稿人：张漪诺

2016 郭文启：

用勤奋书写最华丽的人生篇章

在北京理工大学材料科学与工程学院，有这样一位优秀的青年，他在读博期间总共发表 17 篇论文，SCI 论文 14 篇中有 7 篇是以第一作者的身份发表，EI 论文 2 篇中有 1 篇是以第一作者的身份发表。获授权专利 4 项，其中第一发明人身份的是 3 项，第二发明人身份的是 1 项。获得博士研究生国家奖学金、博士研究生特等奖学金、金发科技奖学金等。曾参与编写专著《新材料与新技术及其应用》，2015 年在兵器出版社出版。2016 年参加了在英国爱丁堡举办的第 29 届国际弹道大会并获得学术奖学金。其中他做的 poster 还获得了最佳 poster 的提名。

他就是北京理工大学材料科学与工程学院 2007 级本科生郭文启，2011 年于材料学院直博，2016 年年底获得北理工最高荣誉——徐特立奖学金。

谈到获得徐特立奖学金时候的心情，“感受还是比较复杂的，第一方面，我从大三进入课题组，加上读博五年半，在课题组待了将近 7 年的时间。7 年的时间，自己的努力终于得到了认可，感觉非常高兴和欣慰。第二方面，我在评选徐特立奖学金的过程中，目睹了北理工许多优秀青年才俊的风采。我发现自己和他们相比，是一个非常普通的人。我为作为北理工人而骄傲。”郭文启如是说。

实事求是，踏踏实实去研究

郭文启说自己并不是那种天分特别高、特别聪明的人，因而在本科期间，不敢“跷课”，用踏实认真的态度对待每一门课程；考试前也是提前很久就会复习，否则，他就会觉得自己会挂科。结果是他花了很多时间后一般都会得到一个很理想的成绩。郭文启笑称可能是勤奋弥补了他天分的不足吧。

在读博期间的科研过程中，郭文启一直秉承着实事求是的精神，遇到问题一定要踏实地去分析。研究的过程从来不是一帆风顺的。在一次实验中，用于材料制备的氢气烧结炉在使用过程中炉膛出水，他们找到原因之后，认真对这个设备进行了改造，最后很好地解决了这个问题，之后的实验也都非常顺利。另外一次是实验室的一个设备出现了故障，如果找厂家来修，要拖一个月到两个月。为了不耽误实验进度，他便联系厂家让其远程指导进行修护，最终他花了两个晚上的时间，凭着自己的摸索修好了这个设备。郭文启就是凭着这种踏踏实实、一点一点钻研的精神，才在学术生涯中取得了这么大的收获与成就，在专业领域硕果累累。

明德精工，牢记师恩

“我们的校训‘德以明理，学以精工’，内涵深邃而丰富。我觉得，将‘德以明理’放在首位是很有道理的。我特别感谢我的导师李树奎老师。在他身上我学到了很多东西，他让我明白了德以明理、以德树人。在读博期间，有一次李树奎老师开车带着我们去外地出差，当返程回到北京的时候已经是很晚了。开了一天车，李老师已经很累，但他依然坚持先将我们送回学校，然后自己再回家。我非常感动，至今难忘。”当谈到自己的导师时，郭文启的语言中透露出了满满的尊敬与感激之情。

能够获得徐特立奖学金当然离不开导师的辛勤培养，谈到在读博期间对自己的科研甚至人生影响巨大的导师时，郭文启说：“第一位老师是李树奎老师，我的研究生导师。在大三那年，我进入课题组，当时也面临出国、考研、保研这些选择，处于人生的一个岔路口吧。我去找李树奎老师交谈过一次，李老师非常平易近人，和我聊了三四个小时，为我分析了各种选择的利弊，最终让我自己去做决定。当时我就觉得李老师是一个特别好的老师，对我的后面科研的发展，乃至人生的规划都起到了重要的作用。我非常感激他。另外我也非常感激刘金旭老师，在我的科研中的一些细节问题上，刘老师给了我很多的指导。尤其是在撰写论文的时候，每篇论文他都会帮我改四五遍，甚至会更多。我非常感激他们。”成功的道路上离不开导师，没有导师的辛勤栽培，也不会有郭文启现在的丰硕成果。而导师也像是一面模范行为的镜子，让我们有了学习的榜样。

当然这位“学霸”的课余生活并不是索然无味的，郭文启有自己的兴趣，他喜欢打乒乓球，曾参加北京市材料文化节高校乒乓球团体比赛，并获得了团体第三名的好成绩。此外，他还积极参加社会服务工作，曾参加过学校的“温暖一冬”活动，带了 20 件冬衣回到自己的家乡内蒙古呼和浩特，捐给了当地的环卫工人。

他说：“我获奖前，对徐特立老院长的了解比较少，获奖之后，我上网查找资料，专门学习了徐特立教育思想，它包含的内容非常多，给我留下的印象比较深的是‘以德育为主’。徐特立老院长认为教育是一个塑造人的工程，德育是其最主要的一个方面。徐老认为，身教重于言传，在教授别人的时候，自己要身体力行。徐特立老院长特别注重实践创新。”徐特立老院长是北京理工大学前身延安自然科学院的老院长，是毛泽东主席的老师。说到传承和发扬徐特立的精神和教育思想，郭文启说，李树奎老师身上就体现了徐特立精神和教育思想，在今后的工作中，我要像李树奎老师一样，带着这种真诚的态度和关爱去对待学生。

青年兴则国家兴，青年强则国家强。习近平总书记在党的十九大报告中提出，广大青年要坚定理想信念，志存高远，脚踏实地，勇做时代的弄潮儿，在实现中国梦的生动实践中放飞青春梦想，在为人民利益的不懈奋斗中书写人生华章。郭文启有理想、有本领、有担当，他以优异的成绩回应时代的召唤，以坚定的信念、创造的激情、务实的态度、勤恳的作风书写着新时代青年华丽的人生篇章！

撰稿人：薄穆盟

2016 李小松：

风华正茂，自强不息

生活就是不停地战斗，武器就是他的知识，信仰和坚强的意志，留下属于自己独一无二的风景。

李小松，2014 年 9 月入校就读于机械与车辆学院机械工程专业，2016 年 12 月获得徐特立奖学金。曾获得全国大学生机械产品数字化设计大赛一等奖，2015 年暑期社会实践二等奖，2015 年度首都大中专学生暑期社会实践优秀成果奖，首届北京市大学生二维工程设计表达竞赛二等奖，首届北京市大学生三维创新设计表达竞赛二等奖，北理工“世纪杯”学生课外学术科技作品竞赛（哲学社科类）二等奖，北理工“世纪杯”学生课外学术科技作品竞赛（科技发明类）二等奖。曾获得国家奖学金，获得优秀学生标兵、优秀团员、励志先锋等荣誉称号。

在徐特立奖学金的答辩会上，李小松说：“一路走来，感恩北理工。感谢我的辅导员程继超老师对我的引导和鼓励，感谢李蓝天等学长学姐对我照顾和帮助，感谢杨薇老师和苏伟老师对我竞赛科创的指导和支持，感谢学校为我们成长成才而辛勤付出的所有老师。不忘初心，砥砺前行。我一定会更加努力，成为一名让北理工骄傲的优秀学子！”

并行应对，全面发展

徐特立奖学金要求获奖学生不仅品学兼优，而且积极参加科技创新与社会实践活动，兴趣涉猎广泛，具有良好的精神风貌和求学精神。在综合能力方面，李小松有突出的表现。在学习方面，李小松的专业成绩排名第一，本科四年都保持了平稳的水平。在学生工作方面，他担任学生组织的部长。在科技创新和学科竞赛方面，取得了 1 项国家级一等奖和北京市级的一些奖项，在社会实践方面也取得了很好的成绩。在分配时间、协调学习与工作的关系上，李小松强调心态的重要性和按部就班、并行应对的方法。李小松说，要热爱自己要做的事情，愿意把时间花在这些事情上，有了这种心态，在做这些事的时候，就会全力投入，把事情一次做好。在事情有冲突的时候，也可以进行理性的取舍。李小松说，经过北理工四年的学习经历，从建立完善的知识体系，到学生工作方面与同学们通力合作，包括为低年级同学做一些培训工作，通过参加比赛锻炼技能，培养演讲、答辩等一些具体能力，都在不断开阔自己的眼界，不断提高自己的能力，慢慢地把自己从原来一个不够自信、不够成熟的状态，转变成一个比较自信的一个状态，这也是一次又一次自我重塑的过程，不断成长，不断完善。

一入北理门，一生北理人

徐特立奖学金是北理工的最高荣誉。良乡校区宣传栏里徐特立奖学金获奖学生的简历对还在读大一的李小松起到了很大的激励作用，从那时起他便以此为目标。三年后，当他实现这个目标时，激动的心情难以言表。一方面，欣慰自己的收获，这个奖学金是对自己大学学习生活的肯定；另一方面，以徐特立老院长为名的奖学金体现了北理工踏实求学、明德树人的精神传统。作为一个北理工学子，李小松认为以后无论是在学业还是工作中，都应该保持这份珍贵的荣誉，不给学校抹黑，不断前行，不断努力。

北理工一直贯彻徐特立老院长提出的“实事求是、不自以为是”的学风，这也影响了北理工一代代学子。李小松认为“实事求是”是强调实践是检验真理的唯一标准，本质上是说和做的关系。在说和做的关系上，要做得多，说得少。“不自以为是”，李小松理解是做人要谦虚，不要认为自己的看法和做法都正确，不能因为自己曾经获得了什么荣誉，得到了什么奖项，就觉得自己有多了不起。他说，学海无涯，不满足于已有的知识与成果，时刻提醒自己，人外有人，天外有天。要看的到自己在知识海洋里的渺小，才会静下心来，不断进步。

谈到北理工精神的传承，李小松认为，要把北理工精神和自己的具体事业相结合。做事要实在踏实，做人要有担当。把自己做的事业和北理工精神相结合，传承北理工的延安红、国防绿、机械灰。努力地去做一个无论在什么地方都能撑起一面大旗的角色，为国家和社会贡献自己的力量。

北理工精神，使北理工学子的人生焕发出与众不同的光华，这光华也必将与时代和国家交相辉映。

老师，感谢一路陪伴

在每个人的生命里，会遇到各种各样的陪伴。大学四年的时光，随着课程设置的变化，身边的老师也有所变化，但一直在身边陪伴的最亲密的人，是辅导员。刚入学军训时李小松当选为排长，他经常和辅导员交流。军训结束之后，李小松也经常会找导员谈心。刚来到北理工，在一个陌生的环境下，李小松常常会觉得迷茫、孤单，通过和辅导员谈心，很多问题都得到了解决。辅导员的指引和疏导对李小松产生了很大的影响。除此之外，辅导员认真负责、公正公平的品质，也让大家看在眼里，感动在心里。他对每个学生都是一碗水端平，耐心地帮助大家解决生活与学习中的问题。李小松认为应该帮辅导员多分担一点，让辅导员少操一点心。

第二个对李小松影响较大的老师，是大一大二教授机械制图的杨薇老师。杨薇老师对学生要求特别严格，每堂课都会有一个课堂测试。杨薇老师在课下经常耐心地解答学生的问题，认真负责。李小松说，大一暑假组织制图比赛，杨老师和另外几位老师，在赛前两三周的时间里，每天从中关村校区到良乡校区，专门给参加竞赛的同学提供赛前辅导，付出了非常多的精力和心血。看到这些老师的付出，李小松心中非常感动。

陪伴是一种力量。日复一日，年复一年，在这个世界上没有一个人是孤岛，失去了陪伴，也失去了生存的意义。李小松回首那一起走过的时光，感恩母校北理工，感恩北理工的老师，带着这份温暖，踏歌长行……

撰稿人：张漪诺

2016 袁伟杰：

静水流深

数年如一日，在科研工作中刻苦钻研，不问得失，埋头做好，致力于在无线通信领域中作出自己一点小小的贡献。袁伟杰在读博期间，取得了一系列成果，其有关协作定位和接收机接机的研究得到了同行的广泛认可。

袁伟杰，2009 年进入北京理工大学学习，就读信息工程专业，2013 年进入信息电子学院攻读博士学位，就读信息与通信工程专业，2016 年获得徐特立奖学金。

谈到获得徐特立奖学金之后的心情时，袁伟杰说："徐特立奖学金作为北理工的最高荣誉，没有想过自己能够得到这个荣誉。北理工优秀的同学很多，优秀的博士生也有很多，名额也很少，当时得知这个消息的时候，非常惊喜，觉得自己的工作得到了认可。同时也看到自己和其他获奖人还有差距，需要更加努力，不断继承和发扬徐特立精神。"

实事求是，精神食粮

在北理工生活已近 10 年，袁伟杰一直践行着徐特立老院长提出的"实事求是，不自以为是"的学风。这一学风始终伴随着他的科研和学习，带给他无穷的激励和帮助。他说，不论是什么事，都落到实处，好好钻研，不要觉得自己已经做得很好了，人外有人，天外有天。所以要踏踏实实做事，要践行老院长的精神，埋头苦干，取得成果也不应骄傲。在做科研中，"实事求是"的精神具体体现在过程上，结果是什么就是什么，不能为了获得某些成果而选择造假。科研最重要的就是得到什么就是什么，就算可能花了很长时间，花了很多精力进行研究，但最后结果是错的，那就是错的，不要为了发论文或者为了得奖，违背"实事求是"的精神。"不自以为是"在袁伟杰看来，体现在即使科研工作作出了一定成果，也不要觉得自己了不起，应该继续踏踏实实、勤恳地去钻研，取得更好的成果。

报国之志，踏实做事

整个大学阶段，袁伟杰遇到了各种各样优秀的人，他说，这对自己整个人生的塑造都很有意义。看到别人的优势与自己的差距，看到更多更优秀的人，看到更多更突出的研究成果，然后不断完善自身。取得成绩也应当保持不张扬、不骄傲的态度，继续埋头做科研。袁伟杰认为，不去试图表现什么，只要自己好好做，做出来以后，自然会得到认可。自己埋头做好了，该得到的自然能得到。

谈到北理工精神，袁伟杰说，在北理工学习和生活近 10 年，深受了学校军工文化与家国情怀的影响。作为一个北理工的学生，要把为国家服务放在第一位，把自己的利益放在第二位。比如自己现在做的项目、做的课题，和国家的发展息息相关，要通过自己的努力为国家做一点贡献。

春风化雨，师恩难忘

谈起自己的导师，袁伟杰说，他的导师是一个很认真、很负责的人。做科研的时候，会陪着学生一起加班到深夜 12 点，第二天 7 点又准时来到学校。导师工作中的巨大热情，也深深感染着学生们。平时导师对学生的要求比较严格，但袁伟杰和同学们非常感谢并且理解导师的严格要求，是导师的高标准严要求让自己作出了更好的成果。导师对袁伟杰的深造和科研工作产生了巨大的影响，袁伟杰铭记在心，永世难忘。

撰稿人：王玉辉　张漪诺

2016 孙雨欣：

努力做最好的自己

孙雨欣，2013 级北京理工大学信息与电子学院本科生，2016 年 12 月获得徐特立奖学金。北京市优秀毕业生，曾获全国物联网设计竞赛一等奖、北京市电子竞赛二等奖、优秀学生奖学金一等奖，荣获优秀学生、优秀团干部等荣誉称号。

详细计划，合理兼顾

2016 年是孙雨欣充实的一年，也是收获颇丰的一年。在这一年里，她学业成绩平均达到 92.4 分，获得一等奖学金；在学生工作方面，获得优秀团干部等荣誉，并担任新闻社的部长；在科研方面，获得全国物联网设计竞赛一等奖。面对繁忙的学习和工作任务，如何合理分配时间是关键。孙雨欣认为，合理计划，制定目标是非常有效的学习方法。如大三参加竞赛，会占用上课的时间，由于课程信息量非常大，如果少听一节课，之后就会觉得学起来非常吃力。她于是计划好时间，规划好在时间段，什么事是最重要的，然后优先完成最重要的事情，接下来再看可不可以同时兼顾到其他的事情，这样确保事情都可以在截止日期之前完成。制订计划之后，要想一想没有达到目标的后果是什么，从而不断督促自己在截止日期之前完成这个目标。详细的计划安排与高效的执行力让孙雨欣合理兼顾了学习、比赛、学生工作，度过了充实的大学时光。

专注踏实，少说多做

孙雨欣说，徐特立老院长是著名的革命家和教育家，早年曾远赴日本、法国、俄国考察教育状况，学习交流，提出了自己先进的教育理念，并创办多所学校，为中国革命、为中国的教育事业作出了不可磨灭的贡献。1927 年，徐特立在“白色恐怖”中毅然加入中国共产党，参加了南昌起义，1934 年以 57 岁高龄参加了二万五千里长征，体现了大无畏的革命气概。孙雨欣一直对徐特立老院长有着崇高的敬意。徐特立老院长的教育思想和倡导的“实事求是、不自以为是”的学风，对孙雨欣产生了很大的影响。

在本科阶段，孙雨欣踏踏实实地努力学习；研究生阶段，认真做科研。争取多出结果。

说起学校对自己的培养，让孙雨欣印象非常深刻的是踏实严谨的学风。学生都在刻苦努力学习，有很浓厚的学习氛围。学校低调的气质，也在潜移默化地影响着孙雨欣——少说话，多做事，不浮躁，做出成绩后不张扬。北理工优良的学风和低调的气质塑造了孙雨欣，使她受益良多。

字字板书，寓教于乐

回忆起本科阶段的老师，很多老师认真负责的教学态度，严谨的教学风格，令孙雨欣深深感动。很多老师上课都是 ppt 加板书，一行一行地去写，一步一步地带着学生推导公式，用非常传统朴实的教学方法教学生。老师的言传身教，激励着孙雨欣要好好学习，不辜负老师的一片苦心。孙雨欣说，从老师那里学到的不光是知识，还有做事的态度，这些潜移默化地影响着孙雨欣认真踏实地做事情。

另一位令孙雨欣印象深刻的老师是谢湘老师。孙雨欣在大二下学期接触谢老师，后来进入他的实验室，并参加了多项比赛。谢老师博学多识，做过很多项目和工程，有时候会带给学生一些灵感，属于创新型思维导师。谢湘老师的创新思维激发了孙雨欣学习与研究的兴趣与热情。

孙雨欣在北理工度过了人生中非常重要的四年。回首过往，取得过一些欣喜的结果；展望未来，仍需刻苦努力，少说多做。孙雨欣说，很多事情并不一定会做得很优秀，但要努力做到最好。

撰稿人：张漪诺

2016 王通：

求实创新，砥砺前行

王通，2013 年本科生，就读于北京理工大学自动化学院，2016 年获得徐特立奖学金。

科技竞赛，崭露锋芒

在本科阶段，王通参加了很多学科竞赛，在不同的竞赛中锻炼了自己不同学科领域的能力。在智能车的比赛中，他主要负责写程序，独立研究线性 CCD，包括赛道识别、路径规划，控制方面。在美赛中，制定模型，进行编程，完成部分论文。在电赛中，负责单片机程序设计和电路设计。

在获得比赛成绩光鲜的背后，有不为人知的困难与挫折。智能车赛是竞速赛，由于物理条件的限制，速度提不上去，总会遇到一个瓶颈。王通和队员们首先采用一些常规类的方法改进控制算法，大家齐心协力克服困难，最终决定通过改机械结构、调重心、磨轮子等优化方案提高了速度。

谈起比赛给自己带来的收获，王通说，一方面是不断积累自己的比赛经验，扩大知识面的深度和广度；另一方面从心态上来说，有比赛经验的人，更果断、更自信，参赛对心理上有一定的激励作用。

珍惜荣誉，砥砺前行

获得徐特立奖学金后，王通寻找了自己和其他获奖者的差距。他说，主要是学业成绩和竞赛方面的差别，其他获奖者的学业成绩比自己要突出，但自己参加竞赛比较多。王通说，自己今后学习要更加努力，缩短与其他获奖者的差距。王通认为，徐特立老院长在长期的教育实践中，一贯重视对学生创造性的培养。各种科技赛就充满了创造性，因此，自己今后要多参加一些学科竞赛和课外竞赛，而不是只满足于课内的知识。王通说，通过参加各种竞赛，可以关注一些学科前沿的动态和结果，比如现在比较火的无人车的感知规划控制。提前介入和了解学科前沿技术，有利于自己今后的发展，如在找工作或者研究生面试时，如果对这个学科领域前沿动态有一定的了解，会更有竞争力。

获徐特立奖学金之前，王通参加竞赛基本上是处于探索阶段，处于一个相对偏低的水平。在徐特立奖学金答辩的时候，他看到更多优秀的同学，在比较之中也看到了自己的不足。他说，自己参与的竞赛只是满足竞赛成绩，而别人会有一些深入的研究，这些都激励着我不断前行。

明德求是，勇于创新

北理工人都有一种求是的精神。从与其他学校的学生打交道的过程中，王通感觉北理工的人比较实在，而他自己也是这样的人。没有的事情，不会说，不会去吹，有多少是多少，有什么是什么，实实在在。

王通说，首先是要踏实肯干，踏踏实实做好自己的工作，把当前的事做好，以后以搞技术为主。要不断创新，不满足现成的东西，要在现有基础上尝试去解决一些问题，去做一些创新，这些是从工程角度来讲的。从学术角度，虽然我的专业是偏工程的，但在学术方面也会努力追求创新，采用一些比较前沿的方法，如强化学习等，做一些现在很多人都在研究的事情，比如复杂路口上的路径规划等。

关于创新方面，王通做了一些对于他们实验室来说是可以称得上创新的事情。他做的每一步之前都有人做过，但王通把这些都应用在实验室的平台上，这就是创新。王通去实验室的时候，实验室人员考虑做无人车，当时只有一个观光车。到了实验室之后，他首先对这个观光车进行底盘改造，改造油门、刹车、方向盘，之后加上自动驾驶需要的传感器，包括激光雷达、GPS、相机等，又做了算法方面的研究。用了一年的时间，无人车的样本出来了。比如，在百度地图上点一个地方，车就会自动开过去。王通说，这个无人车研究在他们实验室刚起步，工程任务也比较重，相对来说，突破性的创新不是很多，主要还是做一些工程上的工作。

始于爱好，终于达人

王通在大二的时候就参加了智能车队，从刚开始在里面搭车、调车，后来学习了一些控制理论。大四时，比赛结束，也是车队传承的开始。作为智能车队良乡校区的负责人，他在车队里带了下一届的学弟学妹。他每周都会去一次良乡校区。王通为了让学弟学妹早点接触智能赛车技，还举办过一次比赛，他给获胜者买了 STM32 作为奖品。

在担任智能车队负责人期间，王通还主动做一些创新。在良乡校区，他们开始用 PCB 板，之前一直都是用“洞洞板”，从王通开始采用了 PCB 板。王通带领队员们制作了红外对管的原理图以及电路板，并制作了一个小模块，之前他们都没有过这方面的尝试。王通担任智能车队负责人后开始对队员进行培训，系统地提高智能车队队员的理论知识水平和实践操作能力。这就是王通，一个永远在创新，永远在前进的北理工人。

撰稿人：薄穆盟

2016 李浩：

学以致用，知行并进

研究生国家奖学金，第十四届全国大学生“挑战杯”科技作品竞赛特等奖，2016年全国“创青春”全国大学生创业大赛金奖，“飞思卡尔”智能汽车竞赛全国一等奖，第十届中国青少年科技创新奖……这些重量级的奖项都属于2016年徐特立奖学金的获得者——2011级本科生、2015级硕士生李浩，他的成长轨迹向我们诠释了什么是“学以致用、知行合一”。

竞赛奖杯铺筑科研之路

作为高校科技作品竞赛和创业大赛的最高平台，只有真正参加过这些比赛的人才会知道全国“挑战杯”科技作品竞赛和全国“创青春”大学生创业大赛的艰难——层层选拔、过关斩将，而收获这两个比赛的大满贯，更可谓是难上加难，而李浩却做到了。

由于酷爱无人智能车，李浩自从大二就开始进入无人智能车车队，接触相关方向的研究，从大四进入导航实验室以来，一直从事相关领域的研究。谈及全国“挑战杯”科技作品竞赛，他有自己的一些体会。他说，参加全国“挑战杯”科技作品竞赛的时候，刚进入导航实验室，没有太多参赛经验，对已有的无人车平台也不熟悉，导师杨毅老师针对当前的技术潮流给他提供了很多思路。在导师的指导下，团队一边摸索一边前进，同时也参加了其他赛事，慢慢熟悉了比赛规则、技巧和处理事情的方式。

在“挑战杯”竞赛和“创青春”大赛答辩环节，李浩为我们分享了获奖的一些经验。他说，首先是作品要优秀，这是最重要的。作品需要引领当下技术潮流，而且要与生活息息相关，比如当时做的项目是自主泊车系统，就吸引了懂技术的评委和其他领域的投资人的兴趣。在这个过程中，作品实际涉及的一些技术都具有很高的含金量，也产生了很多论文和专利，这些都得到了专家的认可。其次是临场发挥的技巧，这需要不停地练习，不停地找专家和老师咨询，反复磨炼、预演多次，才能考虑到几乎所有可能出现的情形，才能准备得比较充分。

李浩不仅自己参加了竞赛和比赛，而且将很多竞赛和比赛项目引入了北理工校园。

除了飞思卡尔智能汽车竞赛比较知名，许多比赛在北理工并不是很知名，学生参与的积极性不是特别高，比如“创青春”大赛、“互联网+”大赛等。李浩取得了瞩目的成就，并将经验传授给之后参加的团队队员，让这些比赛为大家所熟知，近几年北理工在这些竞赛中也慢慢有所建树。

大人不华，君子务实

谈及北京理工大学与其他高校不同的特质，李浩强调了“务实”这两个字。李浩说：“北京理工大学给我的感觉就像大地一样务实、宽厚。我们学校的专业大都偏向国防领域，很多优秀的项目都不能对外宣传公布，但可以看出我们学校是有很深厚的积淀的。我在学校七年学到了很多。”

获得徐特立奖学金，对李浩来说意义深远。在获得徐特立奖学金之前，李浩只知道徐特立老院长是北京理工大学的前身延安自然科学研究院的第二任院长。获得奖学金之后，李浩对徐特立老院长的了解也更加深入。北理工以徐特立老院长的名字命名图书馆、奖学金，其目的是希望北理工学生能够将老院长求真务实的精神传承下去。李浩在评奖答辩的时候听到王越院士的一番话，受益匪浅。王越院士认为，徐特立奖学金评选的标准不在于文章发表数量多少，而在于这个学生在其研究领域的贡献。这才是学校想要推崇的方面——做更有意义、更有价值的研究，这可能也是当初徐特立老院长的想法吧。李浩说，作为学生，目标不一定是发表很多篇论文，可以探索更多的可能性，可以做很多不一样的工作，在哪一方面做好，都很厉害。

李浩也传承了北理工人求真务实的精神。在竞赛中，李浩和他的队友们从写材料、做项目、改代码、拧螺丝、做仿真开始，一点点地将自主泊车的平台完善。在算法开发的工作中，李浩也是秉持求真务实的态度，将技术基础做好，使产品更加实用、可靠、安全、有效。

行者知之成

“知者行之始，行者知之成”，李浩真正地做到了学以致用，知行合一。

他将本科学到的知识用在了研究生阶段搭建的无人车平台上，并收获了“挑战杯”竞赛和“创青春”大赛的大满贯。在学生生涯如是，在工作中亦然。李浩现在从事的工作是京东无人派送车的研发。他介绍，京东物流的无人派送车，主要是社区或者大学校园中短途配送的小型机器人，与无人驾驶的核心技术息息相关，很多学校已经将无人车投入使用。

李浩身体力行，以其竞赛经历和工作经历向我们诠释了“学以致用，知行并进”的精神。李浩身上展示出了徐特立老院长求真务实的态度，值得我们每一个北理工人学习。

撰稿人：杨珏莹　程喆坤

2016 李丹钰：

越努力，越幸运

“我相信越努力的人是越幸运的”，《越努力，越幸运》这首歌唱出了“幸运的收获都是努力水到渠成的结果”这一道理。秉持着这份感悟，不管是在本科四年里，抑或是在研究生生涯中，李丹钰都走在不断努力的路上。

矢志公益，不忘初心

李丹钰，北京理工大学人文与社会科学学院2013级经济学专业本科生，现在南开大学经济学院攻读硕士研究生学位。在本科期间，李丹钰曾担任人文学院青年志愿者协会宣传部部长、会长和学校DIY手工社社长。相比于理工科专业，经济学专业更注重社会实践、社团活动和公益活动。谈到青年志愿者协会，李丹钰向我们介绍了她当时的工作：“人文学院青年志愿者协会不仅仅是一个学院的协会，我们还面向全校招人，主要活动就是与社区的养老院、盲童福利院合作，强调志愿活动的长期性。比如帮扶自闭症儿童。我们要求所有志愿者必须保证两周去一次并至少持续一个学期，人员是比较固定的。”

三年的志愿者生涯，使李丹钰更加懂得了坚持、统筹与感恩；这段经历，这种为人民服务的精神，也使她具备了获得徐特立奖学金的资格。

服务国家，牢记使命

“脚踏实地、爱国爱党”，这是北京理工大学四年来赋予丹钰最宝贵的精神财富，她说：“脚踏实地，就是要把学到的知识应用于实践上。爱国爱党，就是要有高度的责任感和为人民服务的精神。我记得大四的时候，学院曾经组织教师党员和学生党员参观西柏坡遗址，在交流会上，不管是已经上了年纪的老师，或者目前在学校任一些重要职务的党员，都有高度的责任感，他们传达的正能量到现在还鼓舞着我。”

“探索与包容”，这是李丹钰眼中的北理工精神，她解释道：“北理工精神主要有两点。第一就是探索，北理工的教师和学生对科学的探索精神特别令人印象深刻。学校和军工结合得比较深，科研活动覆盖本科、研究生和博士阶段，就连操场上也经常能够看到宇航学院的航模在进行科研实验。第二就是包容精神，北理工是一个与时俱进的学校，可以包容不同的思想和观点。”

“服务国家，牢记使命”，践行北理工精神，以所学服务国家、服务社会，李丹钰一直在路上。她大一的社会实践项目是调研家乡——福建省漳州市漳浦县的 PX 项目，听街声，闻市况，或走俗寻常，李丹钰以脚步丈量家乡，也重新了解了这一片故土。她说：“漳浦县世代以农业躬耕为主，突然引入大型工业项目，人们可能一时接受不了，但是通过政府宣传，慢慢人们也理解和接受了这个项目。PX 项目落户漳浦之后，对漳浦整个县的经济拉动作用还是挺大的，特别是一些基础设施建设，比如公路、县城绿化、道路规划、建筑等，都有明显的进步。”

心系社会、心系家乡，以实际行动服务于国家，这大概就是李丹钰践行北理工精神最好的体现吧。

不求与人相比，但求超越自己

成绩拔尖，发表了几篇论文，参与了一些实习，组织了几次社会实践，担任社团干部，保研到南开大学的经济学院，李丹钰的大学四年虽没有波澜壮阔的事迹，然而她踏踏实实地做事，有条理、有规划，不浮躁、不骄傲，将所得看做是上天的眷顾，这样淡然的心态，这样踏实的品质，大抵就是对闽南人“三分天注定，七分靠打拼”的努力精神最好的诠释。

谈到获得徐特立奖学金的感受，李丹钰说：“其实当时还挺突然的，因为当时已经大四了，感觉成绩以及各种荣誉都离自己远去，但是突然学院给了我这个机会，使我能够参与到徐特立奖学金的评选中。在这些过程中，我最大的感受就是越努力越幸运——尽人事听天命，也许生活就给你一些惊喜。”李丹钰对于奖学金也有自己的规划——将大部分奖学金用在生活费上实现经济独立，拿出一部分奖学金用于毕业旅游。

“相信越努力的人会走到最后，炙热的双手去拥抱我的梦”。相信李丹钰也能走到最后，拥抱她心中的梦想。

撰稿人：杨珏莹　程喆坤

2016 王乾有、2017 王珊：

在北理工，我们很幸福

“能够有幸和自己的爱人，都成为徐特立奖学金的获得者，我想这是值得我们珍藏一生的宝贵经历，在北理工，我们很幸福！”这是化学与化工学院的博士生王珊，在荣获2017年北理工徐特立奖学金后的一段感言。而她的丈夫，机电学院的博士生王乾有，在2016年同样荣获了这份荣誉。

1984年12月，武衡等21位延安自然科学院时期的老校友倡议在母校设立徐特立奖学金，以纪念老院长徐特立，并发扬其教育思想，激励青年学生勇攀科学技术高峰，支持学校为国家培养优秀人才。1988年5月，首届徐特立奖学金授奖大会正式举办。此后，徐特立奖学金便成为北京理工大学最高荣誉级别的奖学金。30年来，共有826名北理工学子获此殊荣，王乾有、王珊夫妻便是其中的两位佼佼者。

在对科研理想的执着追求中，他们彼此走近，相知相爱的青春芳华，在北理工幸福绽放。

有一种幸福叫志趣相投、齐头并进

王乾有和王珊曾在同一个实验室读硕士，作为一对校园情侣，硕士毕业后，他们带着对研究的热爱，一起放弃已经找好的工作机会，携手选择继续读博。

2014年，王乾有考入机电学院攻读兵器科学技术博士，师从爆炸科学技术国家重点实验室副主任杨利教授，而王珊则来到了刚刚回国执教的“青年千人”入选者王博教授的功能多孔材料课题组。

“我读硕期间是研究有机化学的，但是博士选择了含能材料方向。因为北理工的兵器学科是国内第一，还要建成世界一流，并且每个男孩都会有些军事情结。记得第一次与杨利老师交流，我就深深佩服她在含能材料制备方面深厚的学术底蕴和开放创新的科研思路，并且被杨老师十分亲和的人格魅力所吸引。现在看来我的选择特别正确！”谈到自己的选择，王乾有回答得干脆利落。

而王珊则选择继续从事“老本行”。她说：“报考前，我查阅了王博老师的履历，得知当年只有32岁的他，已经在《Nature》《Science》上发表了3篇论文时，着实令我吃惊、佩服。和王老师简单接触后，我就觉得他特别热情，交流也无代沟，所以就义无反顾地报考了王老师的博士生，也希望能在他研究的前沿领域作出自己的成绩。”

王乾有研究的起爆药，在军民两个领域中具有重要的应用价值，特别是在新技术背景下，研究高科技、智能化、集成一体的起爆药成为热点。他说：“起爆药的安全性和威力性似鱼与熊掌，一直是不可兼得的两项重要指标，而我的研究就是要在保证安全性的同时，让起爆物威力最大化。”带着北理工人的一份质朴，一步一个脚印，2016年，王乾有在高能稳定起爆药创新性研究上取得了重要突破。

王乾有的不断突破，对于王珊来说，既是压力，也是动力。她说：“虽然我是女生，但同样作为北理工的博士，我不能落后，也要有所建树。”

功夫不负有心人，在导师的悉心指导下，王珊在功能化的共价有机框架材料研究方面也取得突破，首次提出了一种二维有机共价材料在锂离子电池中应用的新策略，利用新材料特性优势，突破传统设计思路，有效缩短了锂离子的穿梭路径，解决了锂电池的容量低和倍率性能差的问题，研究成果有着良好的应用前景。

“珊珊读博4年，发表10篇SCI论文，影响因子合计达到100，其中以第一作者身份发表的两篇论文分别被国际顶级期刊《美国化学会志》和《先进材料》收录。”每当谈到妻子王珊出色的科研成绩时，王乾有总是流露出一种钦佩和自豪。

像所有情侣一样，王乾有和王珊也喜欢在闲暇时光一起探寻美食、看电影、唱歌、旅行，但面对外人看来枯燥的科研工作时，他们也乐在其中。王珊说：“两个人分享在科研探索中的收获也是一种乐趣，虽然是‘苦中作乐’，但慢慢沉淀，获得感和幸福感会更加强烈。”

谈恋爱谈出学科交叉，“蹭”组会“蹭”出创新成果

说起王乾有的学术突破，可谓是不鸣则已，一鸣惊人。2016年，王乾有凭借在高能起爆药创新性、突破性的研究成果，在国际学术期刊《先进材料》上发表了一篇影响因子高达19的科研论文，成为机电学院近年来发表影响因子最高的论文。

《先进材料》作为工程与计算大学科、材料与化学大领域的顶级期刊，在国际材料领域科研界享誉盛名，其论文接收率仅有10%～15%，在如此严苛的审核之下，王乾有的论文不仅被期刊第一时间推荐为VIP论文发表，还荣登封面，同时这也是该期刊十几年来发表的首篇关于含能材料的论文。

“我的学术成果是‘蹭’出来的”，谈起自己的成绩，王乾有总是这样打趣地表示。“我们约会就在珊珊的实验室。她大部分时间都在不停地实验、分析，约会的时候，我经常帮她打打下手。”王珊所在的王博教授课题组，工作节奏被喻为“996”，也就是学生朝九晚九一周工作六天，而勤奋的王珊更是对自己要求严格。

正是在这种“科研学术式”的约会中，王乾有除了与王珊交流感情，分享实验心得和文献收获便成为两个人最喜欢的话题，而以“家属身份”跑去“蹭”个组会，也

成了王乾有的家常便饭。“在王珊的组会上，大家分享的新材料合成、制备方法和应用等知识，对我启发很大。”于是王乾有就从“蹭”组会，逐渐变成了积极主动地参加。

读博前两年，由于两个人实验室比较近，王乾有每周二下午都主动去旁听王珊的组会，这种由爱情发展而来的“学科交叉”，让王乾有受益良多。王乾有说：“组会上，陈宜法师兄讲解的制备含铜材料，韩玉振师兄讲解的利用锌 MOF 经过高温碳化做锂离子电池，让我联想起杨利老师非常感兴趣的叠氮化铜材料，这种材料仅凭借毛衣、头发上的静电就足以引爆。”瞬间的头脑风暴，让王乾有产生了用金属有机框架（MOF）材料改造叠氮化铜的灵感。

由于 MOF 材料并不是自己熟悉的领域，在经过认真的思考之后，王乾有心怀忐忑，找到了王珊的导师王博，想请教一些更为专业的指导意见。“没想到王老师和我耐心地讨论了一小时，用他的经验，给了我中肯的指导，他建议我直接烧掉铜 MOF 材料，利用产生的碳增加导电性，并将烧掉后的铜制备成叠氮化铜。”至今，王乾有对王博老师的创新包容敬佩不已。

王乾有说：“越是这种没人尝试的事情，越给人以挑战的兴奋感。”随后，在导师杨利教授的支持与指导下，王乾有看准这个交叉方向，坚持不懈，终于创新性地实现了以含铜有机框架作为前驱体，反应制备得到一类静电钝感的碳—叠氮化铜复合材料，该材料仅需 10 mg 就可以打穿铅板，而目前广泛使用的起爆药系统却需要 30 mg。《先进材料》审稿人也高度评价王乾有的成果——“打破了制备含能材料的传统思想，是该领域基础研究的重大突破”。

王乾有深有感触地说道：“如果没有两位老师那种毫无保留的科研育人精神，我的研究是不可能实现的。”杨利教授认真指导王乾有做好起爆药制备和测试，确保实验安全；王博教授则对王乾有的实验提供了宝贵建议，还手把手教他制备 MOF 材料，并亲自联系时任化学与化工学院胡长文院长，利用他的实验炉烧制 MOF 材料。

“读一次博，不仅收获了婚姻，更收获两位老师的智慧，我感觉超幸福。谢谢我的自家人，谢谢老婆的‘娘家’人，谢谢咱们北理工人。”在 2016 年徐特立奖学金答辩中，王乾有这样幸福地说道。

“比翼鸟”在幸福的北理工起飞

王乾有和王珊被同学们笑称为科研路上的“比翼鸟”，对此王乾有解释道：“在北理工浓厚的学习氛围和课题组师生的支持鼓励下，我们一起钻研学习、相互促进，这种共同成长的经历，是一种更深层次的幸福收获。”

王乾有和王珊认为他们科研成绩的背后，离不开课题组“比学赶帮超”的氛围，离不开导师们的认真指导和严格要求，帮助他们瞄准世界前沿，咬住“创新”不放松。“王老师常用树林猎兔比喻做科研。对硕士生而言，导师会告诉你树林里兔子在哪，你去打就好了；而对博士生，导师告诉你的只是这片树林可能会有兔子，你得自己去打。而且科研还要有高创新性，重复他人或在他人基础上稍作改动的，都是低价值的。”王珊这样分享导师王博对自己的教导。

其实，初为博士生的王珊并不适应，尽管每天“泡”在实验室长达12小时，但研究毫无进展。面对无数次的失败，王珊也想过“走捷径”，但她的这点“小聪明”都会被导师看穿——“科研路上没有走捷径一说，做对照试验、做重复试验，这是对科研工作者的基本要求。”

王乾有总是笑着回想当时：“珊珊那个时候特别喜欢哭，而缓解情绪的方式，就是组里的冯霄老师带着我俩吃饭。”王珊接着补充道：“一般会去二食堂，有时候看我实在郁闷，就会请我们去吃海底捞。吃饭的时候，冯老师安慰我、鼓励我，不要因为实验难度大而质疑自己的能力，并帮我一起分析失败原因，找到解决方案。”

2013年，冯霄博士毕业留校，成为王博团队的一名青年教师。在学生眼中，王博和冯霄两位老师，一文一武，一张一弛。一位是及时纠正学生错误的“严厉先生”，一位是春风化雨、点亮心灵的“暖男”。此外，两位老师对王乾有这位课题组的“女婿”也是关怀备至。

2017年夏天，申请了国家留学基金委公派研究生联合培养项目的王乾有，赴美国新泽西州立大学学习，由于学习压力繁重外加水土不服发烧，被送去急诊住院。“为了不让导师和亲友操心，我当时没有跟任何人提起，住院第三天，冯老师正好通过微信询问我的研究情况，得知我在美国住进了医院，马上打来国际长途问候病情。后来，王老师和冯老师还担心美国急诊医疗费用很高，怕我生活费不够，在我不知道的情况下，直接把钱打到了我的银行卡上，这点让我特别感动。”

2016年6月8日，王乾有和王珊领取了结婚证，携手步入了婚姻的殿堂。夫妇二人说：“北理工培育我们成长，见证了我们的感情，我们幸福的种子，在北理工幸福的土壤里开花结果！”

撰稿人：王朝阳

2016 付时尧：

用奋斗点亮最闪耀的逐梦之光

“今天很荣幸站在这里获得光学学术领域的崇高荣誉，我一定会再接再厉，传承好王大珩院士的精神，在光学研究的道路上继续前进。”这是一位青年学子的获奖感言。2017 年 8 月 11 日，他荣获了中国光学领域最高荣誉——王大珩光学奖。这个略显腼腆的男孩名叫付时尧，是北京理工大学光电学院电子科学与技术专业 2014 级博士研究生。

读博期间，在导师的指导下，付时尧提出了多种新型涡旋光束和矢量光束的产生与探测、涡旋光束畸变的自适应光学校正等创新方法与技术，对具有轨道角动量的光束的前沿应用有着积极的推动作用。2018 年 5 月 14 日，为了表彰他在科研创新方面作出的突出贡献，付时尧被评为 2017 年中国大学生“自强之星”标兵，这一荣誉全国仅有 10 人获得。

当谈到自己取得的成绩时，付时尧说：“做科研是我的本分，我只是坚持做了自己该做的，大胆做了别人不敢做的。”

在创新中砥砺志向

身穿白大褂，头戴护目镜，手拿精密仪器，穿梭在光束间，是付时尧从小的梦想。高中时代的付时尧就对物理非常感兴趣，高考填报志愿时，他毫不犹豫地选择了物理学中既古老又年轻的领域——光学。最终，付时尧顺利考入北理工光电学院光信息科学与技术专业。本科期间，他刻苦学习并积极参与创新实践活动，2014 年又以优秀的成绩保送直博，师从光电学院高春清教授。

博士入学之初，研究方向的选择成为付时尧面对的第一个问题，而这个选择也成了他日后取得丰富成果的起点。一方面，高春清教授一直深耕“新型全固态激光器”领域，并且已经有了非常好的学术积累；另一方面，高春清教授又带领实验室成员承担了国家重点基础研究发展计划（“973”计划）——“基于光子轨道角动量的新型光通信体制”中的研究课题。这个方向是光学领域的最新前沿方向之一，虽然有难度，但更有大量的未知内容去探索。

付时尧说："我不希望做那些前人做过的研究，因为这样会有一种跟在前人后面走的感觉，我更希望去做一些引领性的事情。"本科时就埋下的创新种子和敢于挑战的精神，付时尧在博士入学之初就义无反顾地跟随导师，投入到了具有轨道角动量的涡旋光束及其应用这个全新领域的研究中。

付时尧向我们介绍，"基于光子轨道角动量的新型光通信体制"研究，其实就是让激光束内沿直线前进的光子，变为螺旋前进，这样一来，光子螺旋前进产生的轨道角动量就可以被利用起来，为激光增加了一个描述状态的维度，也就意味着激光传输信息的能力，伴随着光子的螺旋运动，发生了巨大的提升，每秒的数据传输量将会提升上百倍，达到 100 个 TB 的数量级。除此之外，具备轨道角动量的激光光束还能探测旋转速度。可以说，这一核心技术的突破，使得从发射宇宙飞船到手机通信的诸多领域受益，意义不同凡响。

瞄准光学科技前沿让付时尧倍感兴奋，探究未知世界的渴望，让他面对困难时丝毫没有退缩。高春清教授评价他："敢拼，还有股聪明劲儿!"2016 年 5 月，付时尧在开展文献调研时，看到一篇关于偏振调控的报道，文献介绍了如何在不同衍射级调控偏振的方法，聪明的付时尧马上"举一反三"："我看到这篇文献，就想到既然偏振能调，那相位是不是也能调，于是就按照这个思路研究了下去。"经过大量推演，付时尧提出了一种全新的光栅设计方法，实现了不同衍射级位置相位和偏振的同时调制，在国际上首次报道了矢量涡旋光束阵列光源。

功夫不负有心人，读博三年多来，虽然没有出国留学，但在北理工这片沃土上，付时尧凭借在专业上的不断钻研硕果累累：以第一作者身份发表 SCI 收录的高水平学术论文 19 篇；申请国家发明专利 12 项，已授权 5 项；获得各类奖学金等学术奖励十余次……这些学术成绩已足以和国际一流大学的博士生媲美。

在拼搏中明德精工

如果说聪明是天赋，那么勤奋则是一种可贵的品质。谈起付时尧，周围的人往往会用一个"拼"字来形容。除了跟随导师承担国家"973"计划项目的研究工作外，付时尧还作为负责人申请主持了一项学校研究生科技创新重点项目。2016 年 11 月到 2017 年 3 月，那 5 个月埋头苦干的时光，令他记忆犹新。

激光光束可以通过调整相位和偏振从而分别产生矢量光束和涡旋光束，但是调整相位和偏振需要不同的设备仪器，因此要想调整激光的模式就必须中途更换设备。而付时尧申请的研究生科技创新项目，就是要制作一个可以同时调节激光相位和偏振的仪器。

虽然，付时尧带领团队顺利制定出方案，但是在搭建仪器的过程中，还是遇到了不小的挑战。他们先是经过反复试验，排除了现有透镜老化导致焦距改变的问题，随后如何选择能与实验仪器匹配的新透镜又成了新的困难。在没有参考资料的情况下，付时尧必须逐一计算市面上所有透镜规格和仪器设备间的匹配组合，从中寻找能够满足要求的组合。他说："市面上透镜的规格大概有百余种，计算一种匹配就要用将近 1 天的时间，我当时心一横，心想虽然这个工作量着实不小，但毕竟也是有数的，拼一拼就能搞定。”那段时间，付时尧承星履草，经常是天一亮就来到实验室继续进行昨天的实验，一直工作到12点才回到宿舍，而回到宿舍后还要处理分析白天的实验数据，寻找匹配方案，到准备入睡时早就入夜已深。最终，经过刻苦钻研，付时尧终于找到了合适的搭配组合，成功地实现了方案设计的实验结果。

谈起得意门生，高春清教授自豪地说：“对于科学的热爱，对于创新的执着，付时尧一直勤勤恳恳，奔跑在他的追‘光’之路上。”

在担当中激扬青春

作为一名直博生，26岁的付时尧在课题组中年龄其实并不比其他同学大很多，但是大师兄的“辈分”却得到了导师和同学们的一致认可，而这种认可，则源自付时尧身上的那份担当。

读博期间，因为表现出色，导师安排他担任了涡旋光束及应用课题学术小组的小组长。对付时尧来说这可并不是一份虚职，在继续做好自己研究工作的基础上，他协助导师指导了3名本科生、7名硕士生和1名博士生，尽职尽责地帮助，同学们打心眼里认可这位大师兄。

王彤璐是课题组中的2015级硕士生，在2017年荣获了徐特立奖学金、国家奖学金，2018年被评为北京市优秀毕业生。提及师兄付时尧，她满是感激：“师兄对我的帮助毫无保留，他是我学习涡旋光束的启蒙师傅，在我申请徐特立奖学金的时候，也为我提供诸多指导，我非常感谢他。”2017年5月，王彤璐完成了自己硕士课题的前期调研，开始着手搭建实验光路。为了测量角速度，王彤璐需要通过光电探测器读取数据，但是由于不能准确地把中间焦点小孔中的滤波去掉，导致她始终得不到光斑形成的正弦图像，也就无法获得准确的实验数据。面对这个困难，她一度十分焦虑，便去求教师兄付时尧。她说，“我请教了师兄不下10次，当时他也在这个问题上卡壳了。但是，让我很感动的是，他并没有因为自己不会而推脱，经过反复思考，他最终提出增加一个4－f系统的建议，没想到我一试验，果然成功了。”

付时尧的责任与担当，给师弟师妹们留下了深刻的印象，也让他们备受感染。2017年11月，博士生翟焱望和硕士生殷慈，在实验中的编程和排查误码率环节遇到了问题。付时尧主动承担起了帮助师弟师妹的任务，他认认真真、追求极致的态度，让大家非常佩服。殷慈回忆道：“当时，付师兄帮助我们一种算法的调试。我还记得改写的第一个程序特别长，花费时间也特别多，很多同学都失去了耐心，刚开始我们是4个人一起调试，后来很多同学熬不住回寝室了。凌晨3点的时候，付师兄在微信群里发了一句‘调好了，我回去睡了’，我们才知道，是他一个人坚持到了最后。”翟焱望补充说：“除了编程这一项外，误码率的排查、光路的搭建等一系列步骤，付师兄也认真负责地帮助我们，不允许有半点瑕疵。问题不‘日日清’，他睡不着觉。”

“学霸”付时尧也并不是“两耳不闻窗外事”的“书呆子”。科研以外，他的生活同样精彩。

付时尧作为光电学院博士物电班党支部书记，支部工作干得也是有声有色，他针对博士研究生分属不同实验室集中起来较为困难等特点，在支部里开设微党课，组织微交流，将网络微交流打造为党支部的工作特色。

“付时尧时间管理做得极佳，工作是多线程的。虽然是‘学霸’，但他参与社会实践与志愿公益活动也是非常积极。”付时尧的辅导员韩笑说道。北京国际长走大会、鸟巢“吸引”志愿活动、北京园博会志愿活动，还有学院里的一些活动，付时尧常会主动报名。他坚信，一个人的成长是多方面的，多参加社会活动也是不断完善自己的过程。

扎实地学点知识，深刻地想点问题。守着一份沉稳，他潜心科研，上下求索，成绩斐然。“骐骥一跃，不能十步；驽马十驾，功在不舍。”付时尧有志向，敢创新；有追求，勇拼搏；有担当，讲责任；有理想，不言弃！

撰稿人：王朝阳　王琛

2016 陈鹤尹：

挥洒青春汗水，点燃梦想激情

陈鹤尹，女，汉族，北京理工大学工商管理专业2013级本科生。

扎实基础，追求卓越。

北理工三载求学时光，陈鹤尹同学稳居专业第一，2015—2016学年学分绩94.7分，突破专业历史最高分。获北理工本科生一等奖学金，连续两年获得国家奖学金，北京市三好学生，2016年荣获北京理工大学最高荣誉——徐特立奖学金特等奖。与此同时，她还斩获“创青春”全国大学生创业大赛电子商务专项赛金奖、“创青春”首都大学生创业大赛银奖以及GMC国际企业管理挑战赛、美国大学生数学建模竞赛、全国大学生英语竞赛等20余项市级、国家级奖项，陈鹤尹用一次又一次的竞赛拼搏来书写自己的青春。勋章挂满，她依然笑看得失，笃定前行。

团队协力，创新创业

为能真正将所学专业知识学以致用，陈鹤尹同学加入校园创业团队，担任CMO（营销总监），致力于推广专属于高校校园的移动办公服务，打造“圈圈校园”智能应用系统。目前已成功与50所高校建立合作关系，用户量达50万，与新东方、美团、云路在线课堂等知名企业洽谈或签订战略合作协议，并由此获得多个国家级创新创业竞赛大奖——全国“创青春”大学生创业大赛金奖、全国大学生“世纪杯”创业大赛金奖。

然而创业路上的艰辛只有真实参与其中才能体会到。在长达6个月的比赛历程中，为了真实地探测大学生对移动校园运用的需求，她跑遍了北京20余所高校，访谈了近200名高校辅导员和在校大学生。决赛期间，陈鹤尹在文档编写和演示方案上也做了大量认真细致的工作。她对创新的热情和臻于至善的态度常常感染他人，正如她的队友所说：“陈鹤尹精益求精、执着探索的品质让整个项目展示了无与伦比的精彩。”

学术探索，精益求精

怀着对科研的热忱，陈鹤尹从大一开始便以负责人的身份积极申请国家级、北京市级大学生创新项目，参与导师的国家自然科学和社会科学基金课题研究，进行科研的探索，本科期间共发表5篇核心期刊论文，其中4篇为第一作者身份，1篇SCI论文发表在环境经济学领域著名期刊《Ecological Indicators》（IF：3.44）上，还有两篇SCI论文在投。深受北京雾霾的困扰，她的研究主题与环境污染密切相关，真实的数据分析和模型检验印证了环境污染对人类健康的危害，她的论文中提出的多项建议也为政府制定环保政策起到极大的参考作用。大二暑假她成功入选中国人民大学“未来金融家”进阶人才培养计划，与来自中国国际期货公司、方正证券金融工程首席分析师进行沟通和交流。她对金融和管理深刻的认知受到了高管们的极大赞赏，并向她伸出橄榄枝。作为即将毕业的大四学子，陈鹤尹在夏令营和推免过程中凭借优异的表现同时收到清华大学、北京大学、复旦大学和上海交通大学的录取书。大四期间担任清华大学公共管理学院助研，并参与了2016年央视财经论坛中国上市公司峰会以及中国“三农”论坛等重要学术交流活动。

投入实践，勇于担当

除了学业生活，陈鹤尹也很好地兼顾了社会实践经验的积累。在大学期间，陈鹤尹主导或参与了10次社会实践立项，足迹遍布了中国20余个省市区。从云南山区调研西部贫困地区教育发展状况，到湖北襄阳调查古建筑保护现状，她为帮助当地政府切实解决问题贡献了宝贵的政策建议，也获得了多项校级社会实践一等奖。

大二暑假，陈鹤尹参加STeLA（Science and Technology leadership Association）科技领导力领袖论坛。在清华大学，她聆听业界前辈创新经验，与来自世界名校（如麻省理工学院、斯坦福大学、东京大学等）的学生一起探讨全球科技热点。

志愿公益，传递温暖。大一期间她加入人文青协，在盲童学校志愿服务累计达218小时，为山区的孩子们募集近1 000本图书。大一暑假期间，陈鹤尹跟随清华大学春蕾支队前往云南宾川皮厂完小进行了为期3周的暑期支教活动，并在当地建立起第一个暑期社会实践基地，受到村民们的广泛认可。广厦冷暖，常记于心，这一路上，她传递着温暖，播撒着希望。

陈鹤尹现任北京理工大学校友志愿者协会副主席，从走访金融街三行资本总裁到志愿服务北理工计算机学院20周年聚会论坛，再到北理工75周年校庆活动志愿者服务，陈鹤尹热心服务校友，传递校园文化。2016年11月，她首创了一个完全公益性质的学习发展方面的经验分享平台——BIT思享，整个团队立足于北理工，服务于北理工，主要做学习发展领域相关的经验分享。“他山之石可以攻玉”，别人的经历是自己最好的参考，在这里，每个人都可以寻找到感兴趣领域的经验帖。仅3个月，BIT思享推出超过 120 篇经验帖，阅读量 203 728 次，也就是说 BIT 思享团队贡献了 20. 3 万多次的公益服务。其中，单篇阅读量最高达到 9 500 次，取得了很高的师生认同度和广泛的社会影响。

撰稿人：李雅坤　熊旭

2017 徐一婕：

青春无悔，靠奋斗让梦想翱翔

北京理工大学“学霸”如云，倘若你了解北理工管理与经济学院，或许会听闻一位女生的事迹：她大二和同学参加校级重点创业项目，聚焦大学生消费信贷分期问题，最终课题论文 What determines university students’ online consumer credit? Evidence from China 获得北京理工大学“世纪杯”课外学术科技作品竞赛特等奖，目前论文状态为 SSCI 期刊 *Applied Economics* 在审。大三时，为解决退役运动员个人发展受限和体育事业人才供给不足的结构性矛盾，她参加“挑战杯”全国大学生课外学术科技作品竞赛，她所在的团队作为北京理工大学唯一一支社科类代表队逐鹿群雄。

她就是徐一婕，2014 年入校就读于北京理工大学管理与经济学院国际经济与贸易专业。因其专业成绩排名第一，竞赛获得了较好的成绩，体育运动的成绩也比较突出，2017 年 12 月获得徐特立奖学金。

军工特色学校的经管类专业学生

北京理工大学是工业和信息化部直属高校，中央直管副部级建制，被誉为“红色国防工程师的摇篮”。北理工具有明显的军工特色，常常强调“延安根，军工魂”。虽然徐一婕学习的专业属于经管类，相对于车辆、兵器、自动化、机械等专业，与军工联系相对薄弱，但是受到学校整个大氛围的熏陶，徐一婕比其他学校经管类的学生更加求真务实，爱国情怀也比较强烈。

在大一校史馆参观的时候，徐一婕开始了解到北京理工大学悠久而辉煌的历史，一代代北理人矢志不渝地践行“团结勤奋，求实创新”的校训，代代传承军工魂。同时也了解到北京理工大学的前身延安自然科学研究院第二任院长徐特立老院长，从那时起，她逐步了解到徐老先生的事迹与精神，并在日常生活中不断加深对徐特立精神的理解，不断地体会、实践，最后融会贯通。

徐一婕说，徐特立老院长作为革命家和教育家，他的一些理念非常先进，高瞻远瞩，令人肃然起敬。在当时那个动荡的年代，徐特立老院长提出一定要在人民中推广教育事业，想尽一切办法消除文盲，对推动教育事业发展作出了巨大贡献。

受到徐特立老院长的影响，“实事求是，不自以为是”，“终身学习勤学勤思，做一个有家国情怀的人”，“低调奉献”，一直是徐一婕深信不疑并努力奉行的信条。

一点点明晰未来的方向

在北京理工大学就读的日子里，通过老师的启迪，参加各种活动，徐一婕一点点成长，从开始的迷茫，到最后坚定目标大步向前。其中，有几件事情令她终生难忘：

彭明雪老师在大一的时候引入了职业生涯发展的讲座，给予了她很大的启发。

教授国际金融课程的刘岭老师，讲课很有水平，极大地激发了她对金融的兴趣，促使她最终通过保研去了自己想去的学校和专业。

另外学校的德育开题制度，也给了她很多思考的契机。德育开题给人一个机会去反思自己，然后去认识世界，思考之后要成为怎样的一个人，定下一个目标去努力。这个制度通过开题中期以及最终的答辩，让一个人看到自己整个成长历程。她大四时看到了德育开题文章和结题文章，感慨万分。

如今，徐一婕开启了自己的下一站旅程：进入北京大学汇丰商学院，就读金融硕士专业。

过去的辉煌铺垫前行的阶梯

获得徐特立奖学金，徐一婕的心情非常激动，但同时也意识到，获得这个奖学金主要是对过去成绩的肯定，还应该向前看，因为她要入学北京大学汇丰商学院就读金融硕士专业，所以在获奖后，她就金融领域职业生涯发展做了一些准备。

徐一婕之前还获得过北理工一等奖学金、国家奖学金等，徐特立奖学金是金额最大、意义最重要的奖学金。她将收到的奖学金大部分作为启动资金用于投资，收益充当自己的生活费。在投资过程中，她将课堂上学到的知识用于实践操作，学以致用。徐一婕至今基本上实现了不依靠家里资金支助，做到了自给自足。

目前，她主要投资保险产品，中低风险，中低收益，所有的投资都是经过了充分研究之后才进行操作的，力求“稳”。

从多个方面不断完善自己

优秀的人都是全面发展的，徐一婕也不例外。她的兴趣爱好主要集中在体育运动方面，跑步、网球、普拉提运动……她曾担任经管学院共产主义学习实践会副部长，通过组织各类院级活动为师生提供服务；利用课余时间参与志愿公益活动，积极回报社会。她相信，一个人的成长是多方面的，不能只局限于一两个方面，多参加各种活动也是不断完善自己的重要过程。

毕业季节，回首大学时光，在北京理工大学就读的日子里，徐一婕创造了辉煌的佳绩，在人生的路上，留下了一串奋斗足迹。徐一婕积极进取，不断进步，值得每个北理工学子学习。

撰稿人：王美淑

2017 叶玉胜：

得以“宁静”，方可“致远”

2008 年进入北京理工大学材料学院环境工程开始本科学习，2017 年获得北京理工大学徐特立奖学金、研究生国家奖学金等众多奖项。攻读硕士学位期间，通过导师指导以及不断探索，发表学术论文 10 篇，其中 8 篇被 SCI 收录，7 篇在材料领域 Top 期刊发表，国际学术会议发表论文 2 篇，发表论文总累计影响因子超过 100。目前已经申请专利 9 项，获得专利授权 1 项。相关研究成果发表在 *Advanced Materials*、*Advanced Energy Materials*、*Advanced Functional Materials* 和 *Nano Letters* 等著名期刊上。在发表的文章中，单篇影响因子最高达到 19.791，影响因子大于 10 的文章 5 篇。博士期间以第一作者身份或者共同作者身份发表 SCI 论文 27 篇，个人 H 因子为 10，总引用次数超过 560 次，其博士学位论文《高性能锂硫二次电池功能材料的设计与机理研究》被评为 2018 年北京理工大学优秀博士学位论文。

他，就是 2017 年徐特立奖学金博士生答辩组第一名获得者——叶玉胜。

从日积月累到“幸运垂青”

叶玉胜的主要研究方向为高比能锂硫电池关键材料及关键技术。在硕士研究生期间，叶玉胜发表学术论文 10 篇，其中一篇论文影响因子达到 19.791，这篇论文恰逢导师接到杂志约稿，虽然时间紧迫，好在叶玉胜已经在前期做了大量的实验，而且撰写好了初稿，他在极短的时间里打磨完善自己的论文，最终幸运地抓住机会，顺利发表。叶玉胜曾在徐特立奖学金颁奖现场说：“科研的过程不是一蹴而就的，而是日积月累的过程，所以要积少成多，要宁静致远。”他特别提到并赞同张军校长在年度表彰大会上所说的：“在同样时间的研究生生涯中，他们和别人不一样的可能仅仅只是一个小小的习惯，或许就是晚上睡觉前多看了两篇文献。”

同时能够获得徐特立奖学金和优秀博士论文是非常不容易的，而且徐特立奖学金答辩的第二天就是博士论文答辩。面对如此紧迫的情况，叶玉胜丝毫不愿懈怠，即使每天的睡眠时间只有两个小时，但他尽力做到最好，并且得到了导师的悉心指导。其中 PPT

演示更改了40余遍，从每一个细节处斟酌完善。凭借着科研素养和出色的发挥，他幸运地获得了徐特立奖学金博士生答辩组第一名，并被推荐为毕业生代表在毕业典礼上发言。徐特立奖学金激励着叶玉胜在科研的道路上坚定地走下去，他说“这是真正对人类有意义的事情”，他觉得“做起来觉得挺有意思”；此后他婉拒企业机构伸出的橄榄枝，放弃优越的薪资待遇，选择继续出国深造。

得益于亦师亦友的导师

谈到自己的两位导师，叶玉胜言语中充满了感激之情：“吴峰导师平易近人、谦虚待人，会为学生进行实际的指导，帮助解决科研实验、生活中的困难。在评选徐特立奖学金的过程中，吴峰老师虽然身在病床，电脑操作不方便，但仍然坚持用手机为我修改PPT，提出多条细致的建议。陈人杰导师是一位非常拼搏上进的指导老师，他身体力行，率先垂范，我们是亦师亦友的关系。陈人杰导师在我的论文发表、申请专利方面为我提出了很多指导性意见。”

作为毕业生代表，在毕业典礼上，叶玉胜说出了“感谢老师允许我们犯错，然后一步一步指导我们走出泥潭”，“在我们几度想要放弃的时候，一直鼓励我们坚持”这样的肺腑之言，感谢他一生的导师、一世的挚友。

从那年懵懂到践行传承

叶玉胜说：“我入校时了解到徐特立老先生是我校前身——延安自然科学院的第二任院长。作为革命家以及毛主席的老师，他是一位十分值得敬重的革命前辈。”之后通过在北京理工大学近10年的学习生活，再加上对徐特立奖学金的评选准备过程，叶玉胜进一步了解到徐特立老院长也是一位教育家，他用教育来唤起民众，以实现教育救国的愿望。徐特立老院长渊博学识、高尚品德，通过言传身教对许多救国学子产生了深远影响，徐特立老院长的真切爱国情也是北理工延安根、国防情的根之所在。

叶玉胜感慨道：“徐特立老院长不惧白色恐怖，冒着杀头的危险，在50岁时毅然加入中国共产党，他是我们探索科研、追寻真理的楷模。新中国成立后徐特立老院长不顾年事已高，仍朝气蓬勃地投身于新中国的文化教育事业，这一点对我的影响颇深。我们要遵照徐特立老院长的教诲：不管什么事，只要愿意做，主动把握机会，一切都为时不晚。”

叶玉胜在科研中探索创新，努力践行徐特立老院长的教育思想。他利用奖学金帮助一些家境贫寒的同学，他也曾以校友身份为学校基金会捐赠，尽自己所能帮助学弟学妹；他曾多次主动组织宣讲，和学弟学妹分享经验感受；作为研究生学会部长，积极组织学术沙龙、辩论赛、毕业生篮球赛等活动，丰富大家的课余生活。

北理工印记

叶玉胜说，选择了探索学术这条道路，便一定要脚踏实地走到底。在老师的言传身教、自己的实践感悟下，“拼搏刻苦”是北理工为叶玉胜烙下的品质印记。几年来的科研实践让他学会做事全面、细致考虑，并力争做到最极致。在叶玉胜看来，北理工的精神包含“树人”的理念，在校徽上就有所体现：根植于中华民族的传统文化之中，和平鸽的昂扬气势冲破云霄，这种拼搏向上、不断进取的精神便是具有北理工特色的印记。

撰稿人：周颖

2017 赵家樑：

用奋斗奏响青春华章

在北京理工大学自动化学院，有这样一位青年学生，他几乎将一名在校本科生可以拿到的所有奖学金全部收入囊中：国家奖学金，工信部创新创业奖学金，徐特立奖学金，周立伟院士奖学金……同时在科研和竞赛上他也拥有瞩目的成绩：发表国际会议论文 3 篇、EI 论文 2 篇，拥有 1 项软件著作权、3 项发明专利、1 项实用新型专利；获得全国大学生“世纪杯”比赛特等奖，“西门子杯”全国大学生工业自动化挑战赛一等奖及最佳创意奖，“英特尔杯”全国大学生软件创新大赛三等奖，全国大学生数学建模美赛三等奖……值得一提的是，2017 年 5 月 4 日，他作为北京高校唯一的在读本科生，被评为 2016 年度全国优秀共青团员，并参加了在人民大会堂举行的颁奖典礼；在毕业之际，又获得了北京市优秀毕业生和北理工优秀毕业生的荣誉称号。

他的名字叫赵家樑，北理工自动化学院 2014 级本科生。在同学们口中，他是“赵大神”；在师长的眼中，他是一位勤勉努力，在时代浪潮中勇担大任的时代新人。

对于自己，赵家樑这样评价：“我只是一名普通的北理工学子，这四年的生活，真像是一首快节奏的歌。”一份志向，一份勤勉，赵家樑用奋斗奏响青春之歌。

带着兴趣，做个学习的“铁人”

2014 年，刚刚成为大一新生的赵家樑就陷入了迷茫，虽然考入北理工，但他对所就读的专业并不感兴趣。从中学时代起，研究机器人一直是他心中的梦想。恰在这时，学校组织开展了本科全英文专业选拔，赵家樑抓住机会，参加了自动化全英文专业的面试。面试时，他在自我介绍中说到对大数据感兴趣，很喜欢舍恩伯格所著的《大数据时代》，作为面试专家的马宏宾教授随即追问他如何看待大数据在机器人中的应用。面对评委的提问，赵家樑这样回答：“未来是一个大数据驱动的时代，人脑有限，有了极大的数据量以及算法作为补充，我们的生活将会变得更好。机器人有了云端的计算资源和数据资源将会更加智能，我希望尽快进入自动化专业学习，让机器人的大数据时代尽快到来。”赵家樑的真诚和在专业方面的志向与认知，赢得了面试专家们的肯定，赵家樑如愿成为一名自动化专业的学生。

此后，赵家樑的学习兴趣得到了充分的释放，凭借着“铁人”般的学习劲头，他交出了一份漂亮的成绩单：大学本科三年（大四出国访学），所学 57 门课程中，30 门课 90 分以上，19 门课 95 分以上，6 门课 100 分。他的室友崔艳宇这样评价他：“赵家樑就是个‘铁人’，不管早上第一节是否有课，不管是炎热的夏季还是寒冷的冬季，他坚持每天 7：00 起床，永远要做第一个到教室学习的人。”

赵家樑不是功利的“分数主义者”，他总是带着兴趣与拓展认真对待每一门课程的学习。大一下学期开设的 C 语言编程实践课，是自动化全英文专业的一个特色课程，要求学生在一个月的时间之内分组完成一款图形化游戏软件的开发。他说：“C 语言编程实践这门课，虽然只有 1 学分，但它的题目非常有意思，所以我在上面花了非常多的时间。”在课程小组里，同学们分工进行，有主程序员、有美工、有首席信息官等，赵家樑担任首席技术官，负责游戏图形引擎搭建和主要逻辑的开发。最终，赵家樑和其他组员在没有借助任何现有游戏引擎的前提下，独立完成了一款 3D 塔防类游戏，获得了课程小组互评的最高分。而这门 1 学分的课程，也让赵家樑的计算机语言水平大大提升，他在实践中也学会了团队合作。

赵家樑被同学们称为“大神”，并不仅仅是出于对他优异成绩的“膜拜”，更重要的是对他带领大家共同在学习上“奔小康”的钦佩。单片机操作是各种科技创新活动必备的基础知识，不少同学都有在教学计划前提前学习的需求。作为 BIT 机器人创新基地科技部部长的赵家樑，他系统自学并结合实践掌握了单片机的相关知识。看到同学们的学习需求，赵家樑就自己办起了单片机讲座，每周一次讲座，一学期 9 次，而且他为单片机讲座添加了不少有趣、新鲜的元素。他说：“我把自己的个人主页拿出来，给大家讲怎么搭建服务器，怎么用服务器离线下载，还把投影仪直接连到单片机上，用单片机给大家放幻灯片。”生动有趣的讲座，不仅得到低年级同学的欢迎，甚至还有高年级学长跑来听课。

除了开讲座，作为学习委员的赵家樑还在班里组织起了课程串讲，而他的串讲，并不是答疑解惑的层次。他说：“我希望班里成绩优秀的同学能够给大家分享一些自己对学科的理解，让更多的同学产生对专业的乐趣。”这样的串讲已经成为班级一个特色，从大二开始就从未间断过。

“他帮助同学，从来都是授人以渔，绝不会以一个简单的答案应付我们。”赵家樑的同学凌晨阳说道，“令我印象非常深刻的是学 C + + 的时候，课程大作业需要我们堆栈，期末考试前大概有五六位同学找赵家樑帮忙，但他没有直接给代码，而是告诉大家思路，尽心尽力帮助大家调试。用赵家樑的话说，真诚帮助同学是他最大的快乐。”

钻研精工，科研创新“三迭代”

除了优异的学习成绩，大学四年中，赵家樑在科技创新方面也取得了丰厚的成果，他通过学院的“本科生科技创新导师制”，早早就在学院科技创新基地、在实验室跟着导师开始了科技创新探索。他说："我觉得做科创首先要热爱，再就是'聚焦'，围绕目标、孜孜不倦，坚持钻研下去。"

在大一结束之际，赵家樑与其他两位同学组队，参加了"西门子杯"全国大学生工业自动化挑战赛，并决定做一个网球捡球、发球机器人来参赛，参赛机器人机械设计是滚筒和移动平台相结合，算法是颜色识别和轮廓提取相结合。方案确定后，如何搭建系统、如何加工采购元件、如何把机器人做成实物，一个个问题随即跃然而出，摆在了团队面前。赵家樑回忆道："这个过程很漫长，但也很有趣。我们的第一个版本，由于缺乏经验，走了不少弯路，很多细节在设计上没有考虑到，都需要临时手工制作，钻螺孔，切割骨架钢板、铝型材，很多部件都是边想边做。多亏队友刘篔瑄机械加工经验丰富，带领我学习车铣刨磨镗钻技术，虽说第一版产品效果很一般，可是我学到了非常多的东西。"

创新活动除了艰苦的探索，还要在面对意外情况时，经历心智的磨砺。在决赛前两天，赵家樑设计的机器人突然冒出滚滚浓烟，一块核心控制板烧坏，印制电路板备份材料全部烧光。是简单维修勉强完成比赛，还是冒着无法参赛的风险，重新更换新电路板、重新调试？赵家樑和队友们最终决定，作品虽小，科学的态度事大，做科研就要有"精工"的精神。第二天，他们买了新的电路板，争分夺秒重新制作，终于顺利参加了比赛，并获得了"西门子杯"全国大学生自动化挑战赛一等奖。

获奖之后，赵家樑的项目并没有止步，他说："我大学期间的科创都是围绕这一个项目展开，大二做出第二代，大三做第三代，这是一个循序渐进的过程。第一代用钢板，比较重，后面的二、三代就全部使用碳纤维和玻璃纤维。我的设计和制作水平也有了提高，能够做到成品和图纸完全一致，不再需要人工修补，装备也没有任何错位，布局更加优化，结构更加紧凑。"为了做出满意的作品，机械设计、仿真模拟、算法设计和机械加工等各项技能赵家樑都熟练掌握，"三迭代"的背后是他无数个熬夜通宵和无数张写满方案和公式的稿纸。

他说："我最大的爱好就是机器人，我的志向就是要投身机器人领域。"在赵家樑看来，机器人行业是一个新兴行业，各种技术正在蓬勃发展，但距离走入寻常百姓家、造福普通大众还有很大距离，这其中蕴含着极大的学术和市场前景。大四学期，通过学校提供的国际化项目，赵家樑前往美国加州大学伯克利 HARTL（Human - Assistive Robotic Technologies Lab，HARTL）实验室访学，师从世界机器人领域的奠基性人物 Ruzena Bajcsy，参与实验室外骨骼医疗机器人硬件部分的开发和数据分析工作，并且设计了一套能够帮助上肢残疾人士恢复部分上肢行动力的外骨骼机器人。经过这一年海外访学，赵家樑更加坚定了自己的志向。对赵家樑来说，科研是喜欢的事，因为喜欢，所以持续求索，甘之如饴。

亦文亦武，这个"学神"很精彩

一门门课程成绩优异，科研创新把机器人玩得很"高大上"，赵家樑这位"学神"，却也有着学习以外的精彩。

除了当“学神”，赵家樑还是一位“跑男”。大二时，赵家樑开始练跑步，先是为了减肥，后来是为了减压，再后来，跑步成了他必不可少的生活习惯。到了大三，赵家樑开始夜跑，他坚持每天凌晨围着操场跑步一个半小时。他说：“之所以夜跑，主要是白天太忙，一般忙到凌晨，晚上人少心静，一般可以跑 10 公里”。一年跑下来，赵家樑瘦了 10 公斤。“铁人真铁”，成为同学们对他的评价。

亦文亦武，除了跑步，赵家樑还喜爱摄影。带着“不错过任何一处曼妙的风景”的理念，赵家樑在微信朋友圈中常常分享自己的摄影作品。他说：“我喜欢摄影，因为我也喜欢旅游，同时也喜欢设计，所以在旅行途中，充满美感又与众不同地记录下景物和感受。”另外，学习之余的赵家樑也最爱读书，“读万卷书行万里路”是他的理念。在读书和旅行中，赵家樑开阔了眼界、增长了见识。“这种知识的获取，也许不会直接在科研学术上给我带来多么大的提升，但是潜移默化的修身养性，是纯粹学术知识无法给我的。”赵家樑如是说。

作为2014 级优秀本科毕业生，回顾四年的大学生活，赵家樑这样感言：“很庆幸来到了北京理工大学，来到了自动化学院，这里给了我成长发展充足的资源和良好的环境，让我学习了自己喜欢的东西。特别感谢学院老师长期的关心和指导，谢谢舍友们的体谅与帮助。谢谢我亲爱的师长、同学，是你们温暖的爱，给了我前行的动力。”

撰稿人：王朝阳

2018 龚衡恒：

上下求索，知行合一

“小时候，我跟妈妈说我未来要做一名科学家。”

这是2015级徐特立学院自动化方向的龚衡恒回想自己的专业、回想大学的学习历程时说到的一句话。这大概也是很多小孩子儿时的诺言，而他却一直在前行。“路漫漫其修远兮，吾将上下而求索。”很是艰难的科研之路，在他眼中，却是梦想和兴趣的殿堂。因为热爱，所以钻研；因为刻苦，所以成就；因为追求，所以坚持。他说：“知行合一，是我的目标。”

创新学习，追求竞赛乐趣

美国大学生数学建模竞赛二等奖、全国大学生数学建模竞赛本科组北京市一等奖、北京理工大学数学分析邀请赛三等奖、校级数学建模竞赛二等奖、首届全国兵棋推演比赛编队赛地方组一等奖、第九届北京市机械创新设计大赛一等奖、首届全国兵棋推演比赛北京赛区编队赛一等奖、全国大学生电子设计比赛成功参赛奖、北京理工大学智能汽车竞赛校内赛直立组一等奖……各种各样大大小小的竞赛奖项都被他揽入麾下。当问到他参加这些竞赛的感想时，他说：很喜欢。恰恰是源于内心对科研、对创新的热爱，他的学习之路，才如此欢乐与坦然。

知行合一，是指知识、精神与行为的统一。于龚衡恒而言，他的学习不是机械的、枯燥的，无论是基础学科还是专业学科，他都是真真切切地付出一腔热血，才换来如此成就。大学三年，三次暑假，平均回家休息不超过一周，放弃休息和玩闹而泡在图书馆和实验室的他，成就了理想中的自己。

不畏辛劳，探索科研之美

“当时有老师问我可不可以吃苦，我说我能吃苦，然后他就说让我去实验室帮忙。”龚衡恒笑着说到和导师的结缘之路，“实验室里很忙，我原来的老师就找了另一位老师来指导我，阴差阳错，这位老师便成了我大学三年的导师，而且也可能会陪伴我的硕博生活。”他不怕吃苦，也恰恰因此，导师也更加看重他。

在老师的帮助下，龚衡恒开始了在实验室探索科研的道路。三年辛劳没有白费，他参与国家自然科学基金面上项目“在轨服务航天器快速姿态同步的全局鲁棒滑模控制”，并发表一篇 SCI 论文，一篇被 EI 源录用，最新的成果正在审核中；参与北京市自然科学基金面上项目“基于随机小扰动阻抗分析的风电机组并网稳定性及控制策略研究”，发表一篇论文并被 EI 源录用；参与中国东方红卫星股份有限公司科技项目“卫星系统设计验证和效能评估系统开发”，与同伴申请到两项发明专利。这样的成果于他而言是对过去的肯定，更是对未来科研道路的铺垫。

“我还会一直做下去”，这是龚衡恒的决心，也是他对科研之路由衷地热爱，他渴望利用科研实现自我价值，回报母校的栽培。

行路漫漫，尽情享受生活

如果你以为龚衡恒是一位一心专注于学习和科研的枯燥“学霸”，那可就错了，热心于校内学生工作和社会服务的他在前行的道路上从没忘记享受青春和生活。龚衡恒在大一期间担任了徐特立学院 2015 级的年级长，帮忙辅导员处理年级事务；大二时他加入徐特立学生工作办事处担任学习部部长，组织录制学院慕课，上传极速与大家分享交流，他和同伴一起录制的慕课受到了同学们的一致好评。同时，学习上表现不俗的他担任了大学三年的学习委员，服务同学，组织期末串讲，营造班级良好的学风，并被评为校级优秀学生和校级“新星团员”。人生之路漫漫，恰值青春生活，他的热忱和他的付出换来了这不留遗憾的大学时光——参加社会实践得到学院表彰，参加乡村支教奉献一份爱心，参加学习活动帮助同学共同成长……每一个人都在成长也无法确定最好的前行道路，而龚衡恒内心的热情和灵动的青春，引领着他走向更好。

习近平总书记多次强调:“知是基础、是前提，行是重点、是关键，必须以知促行、以行促知，做到知行合一。”这也是龚衡恒的座右铭，每一天的学习都要付诸实践，每一份的付出都应当有所价值，做一名知行合一的人，让自己的所学所为能够为社会、为国家作出贡献。北理工的“实在”精神给了他很大的影响，他希望自己能够在科研的道路上不断地探索、持续地追求，他相信实践的力量。

前行之路上下求索，学习实践知行合一，他说：“我会一直坚持下去，因为真的喜欢。”对于科研的热爱是他成长的动力，而不怕苦不服输的精神则支撑着他不懈地坚持。

撰稿人：钱瑶瑶

2018 黎书：

寻找生活中的艺术，追逐理想中的自我

少年眼神澄澈，笑容阳光，声音干净却又十分坚定，话语不多却也掷地有声，当他拿起画笔勾勒着线条，那认真的模样同样是在勾勒着他的梦想；当他说起不甘于普通的时候有着要强的毅力，散发出的是理想的光芒；当他走过这人生诸路，一点一滴，发现着生活的艺术，也在用艺术改变着生活。他，就是黎书。

一位称自己普普通通却用行动把普通变成不普通的青春少年。

2018 年 5 月 29 日，黎书获得了北京理工大学最高荣誉——徐特立奖学金。他笑着说起当初在大一的德育开题活动中自己曾说过想要试一下这学校的最高奖的往事，当回顾这慢慢走过的大学三年，似乎梦想的实现已然是水到渠成——“世纪杯”课外学术科技作品竞赛特等奖，创意中国设计大奖二等奖，BICES—中国—国际工程机械及专用车辆创意设计大赛一等奖，实用新型专利两件设计作品入编《中国创意设计年鉴》并分获年度金奖 1 次、银奖 2 次，德国 Reddot Design Award 第一轮入围，意大利 A'Design Award：runner up，寰亚杯中日交流设计展银奖……各种各样的大小奖项，对于黎书而言，既是过去的认可，又是梦想的铺垫。

锱铢必较，探索未知自我

当谈到高考、谈到进入北京理工大学的时候，黎书笑称自己当初是“命悬一线”，凭借艺考进入北理工，很幸运地高过录取线仅仅四分。那时的黎书不太确定自己的方向和能力，大一伊始的他只是在纸上画着一些稚嫩的设计构想，缓缓地学着专业课程，悠悠地度过了这第一个学期，可当看到最终排名专业第六的成绩时他很惊讶，也是备受鼓舞。黎书这样评价了自己的大一上学期的学习：“对于自己专业的热爱与钻研唤醒了一个我从未发现的自己。”如他所说，之后的他开始了更加努力的奋斗时光。在积极参加比赛的同时，他报名了课外软件班并提前学习大二大三的课程，学习更加刻苦、更加细致，也促进着他成绩的提升。“我是一个追求完美的人”，黎书这样戏称自己。经常熬到半夜的他只为了一份作业的精益求精。功夫不负有心人，大二结束时他的专业成绩和综合成绩均位于专业第一名，并拿到了国家奖学金。

回顾这样一段奋斗的成长历程，黎书说道："在整个学习竞赛过程中也有很多迷茫痛苦，甚至很多次想逃避放弃，但内心深处那个好强的我，那个不甘的我一直告诉自己，不要因为当下自己的堕落懒散让未来的自己追悔莫及。"这是他的成长感悟，亦是他对自己的期望，锱铢必较、毫厘必争的他追求着更完美的设计构思，拼搏之中探索着未知的更好的自己。

画笔之下，思考人生百态

"从心理学层面上去思考产品设计的需求，实现对人性的尊重。"这是黎书对于自己设计的产品的阐释。"TACIT"——这是黎书设计产品的名称，他说这是默契的意思。"想一下这样一个问题，当一位清洁人员拖地时，你作为行人，需要过去，但是你又可能会踩到刚刚拖过的地，这对清洁人员是不尊重的，而行人却也没有什么错误，那我们要怎样解决呢?"黎书讲起了他的产品构思，利用不同的颜色来标示哪里可以走过哪里又是刚刚拖过的，看起来很简单的想法又蕴含着对人性的考验。黎书和他的团队去做了试验，大多数有危险意识的行人会选择正确地走过没被拖过的道路，而少部分有猎奇心理的行人在试错之后也会去选择走正确的道路。省去研究开发速干拖地的经济负担，这样的产品设计对于行人而言是一种社会责任感的体现。黎书对于产品的设计有着他独到的思路，他的设计来源于生活又解决着生活中的各种问题，为健忘的老年人设计的指环便签，用光亮提示的充电与停车相结合的停车场等。黎书在谈起自己的产品时脸上熠熠发光，他会虚心听取他人的建议，也会为自己设计的产品带给他人的便利感到骄傲。拿起画笔的他是现实中的"马良"，画中对于生活的期望也在一步步地变成了现实。他的设计是有灵魂的，于黎书而言，生活就是灵魂的源泉。

黎书对自己产品的希望，就是最大限度地为他人为社会解决问题，贴近人性，也创造新的生活。

星空无限，感恩学会付出

谈到未来，他的眼睛里有着一份坚定，也有一份期望，更有一份感恩。黎书谈到了他的老师，老师给他的设计构思提供了很多帮助，比如在设计便签时老师建议可以采用简洁的图标而不是文字。老师的帮助于黎书而言是设计道路上的一把推手，最令黎书印象深刻的是老师的虚心，他愿意听黎书和同伴们这些新人的建议，也肯放开手鼓励他们尽情去做。作为班长的黎书在工作上尽职尽责，作为团队核心的黎书在设计上精益求精，无限闪耀的星空是未来的样子，他清楚知道感恩身边的帮助和遇到的幸运，同样感恩学会付出的自己。

黎书说："徐特立老院长断指学书的故事，还有100年前的创造性教育的教育思想，值得自己去崇敬、去学习。"在他眼中，北理工是踏实的感觉，走在校园里会听到身边的人讨论着学术的事情。来到北理工，少了一分浮躁，多了一分稳重。“我定会努力成为一名优秀的设计师，去践行北理工‘德以明理，学以精工’的校训。未来在学术道路上为祖国的设计事业作出自己的贡献。”这是黎书对自己的期望。

少年依旧在笑，笑眼里是阳光和希望，对生活的热爱促使着他去感觉去发现，对艺术的热爱促使着他去改变去创造，未知的世界对他而言是挑战也是期待，追逐着不普通的自己，追逐着理想的脚步。这位少年，便是黎书。

撰稿人：钱瑶瑶

2018 孙国瑞：

因为热爱，所以研究；因为坚持，所以无惧

“真的很难找到继续研究我所学的这一方面的岗位了，如果想要更好的待遇，就需要转行，但是我还是想继续坚持下去，哪怕薪水不高。”孙国瑞朴实的话里有着对于前途未卜的迷茫，也有着对所研究之事的热爱与坚持。这个研三的大男孩，站在人生的岔路口，左脚是锦绣繁花，右脚是攀岩苦行，矛盾，迷茫，却因为一句热爱有了坚定的目光。

是的，因为热爱所学的专业，所以想要投身于对它的研究，因为坚持着这份热爱和付出，所以不害怕未来的坎坷和这漫漫长路的枯燥，孙国瑞在叙说自己对于专业学习研究的热爱和坚定时，眼神里有着光，有着亮。

认真踏实，努力会有回报

本科就读于东北大学的孙国瑞在 2016 年 9 月被推荐免试保研至北京理工大学宇航学院航空宇航科学与技术专业，此后一直师从武志文教授，致力于航天领域的先进推进技术研究。

学习方面，他是同学口中的“大神”，100% 的课程成绩优良率，一等奖学金、国家奖学金、徐特立奖学金等奖学金都包揽于麾下，但朴实谦虚的他并不认为自己是凭借天赋或者聪明，而只相信着踏实努力的意义，孙国瑞说：“北理工给我的印象就是朴素和踏实吧，对比曾经自己所就读的大学，北理工的学风更加实在。”他的认真和踏实，也助力了他的科研道路。

创新科研，专注只有一心

孙国瑞在北京理工大学读研期间的主要研究方向有“新型等离子体推进实验与仿真研究”“固体燃料化学推进数值仿真研究”等。专注于科研的他取得了非常好的成绩，截至目前，孙国瑞作为学生负责人参与国家自然科学基金等项目 2 项，已发表 8 篇

论文，其中以第一作者身份在《AIAA Journal》等顶级 SCI 期刊发表论文 4 篇，申请国家发明专利 2 项。

制约着脉冲等离子体推力器大范围工程应用的另一因素是其极低的工作效率，针对这个困扰着设计者们半个世纪的问题，孙国瑞创新性地提出了将单次放电工作的总体能量由单点单时段释放改变为沿通道式多点多时段释放的思路，搭建了分布式放电实验样机并进行了等离子体特性与性能测试。实验结果表明工作效率能从传统样机的不足 6% 上升到 41%，达到国际一流水平。上述成果分别于 2017 年的 11 月与 2018 年 2 月发表于宇航学科顶级 SCI 期刊《AIAA Journal》与物理类重要期刊《Physics of Plasmas》上。审稿人给予了“对于实践应用具有重大进步”的高度评价。

他的科研成果创新又实用地解决了很多现实问题，对于科研的专注和热爱促进着他在科研方面的持续性进步，孙国瑞说：“我希望毕业后自己仍能从事于相关专业的工作，用科研为社会作出贡献。”他的科研是有价值的，在他眼中，从事科研不单单是因为适合自己，而是能让自己的工作充满意义。

团结踊跃，积极参与实践

在科研与学习上倾注心血的孙国瑞于学生工作中却有着另一面的积极和活跃，作为学生负责人的他协助编著《脉冲等离子体推进理论和关键技术》，负责第一章与第八章内容，约 5 万字；另外他在闲暇时间担任了宇航学院学生助理，申请并参与北京理工大学第十一批教育教学改革项目——“大类招生下航空航天类课程体系构建”，这些都让他得到了锻炼和成长。科研和学习总会夹杂着枯燥和寂寞，但是生活中的积极踊跃却让他的大学生活更加丰富多彩。除此之外，他还负责了法国图尔大学工程师学院暑期来访项目等，也很享受这样充实又充满意义的生活。

但他并没有因为这些突出的成果而感到多么骄傲，相反，他谦虚地认为这其中很多都是来源于老师和伙伴对自己的帮助，讲究团队意识的他不仅会尽力展示自己的能力和才华，也会真诚地感恩身边的良师益友。他说：“从一个跨专业的‘科研小白’到如今取得这些研究成果，这离不开我的导师武志文的悉心指导和同门师兄弟的热情帮助，以及宇航学院所有老师和各位同学的大力支持，非常感谢。”回顾这段在北京理工大学度过的研究生生涯时，他这样说道。

能够在改变专业方向后在一所新的大学里获得如此的成就，孙国瑞很感恩，也期望做得更好。

他是把“一切向前看”作为座右铭的大男孩，他是在科研中创新探索、踏实肯干的研三学生，他也是即将离开校园步入社会却依旧坚持心中热爱并期望有所作为的北理工人。孙国瑞没有因为自己过去的辉煌而骄傲窃喜，而是踏实朴素地继续坚持、认真专注地继续探索。未来是光明的，他会向前看。

撰稿人：钱瑶瑶

2018 朱君：
脚踏实地，不忘初心，争做优秀法律人

朱君，北京理工大学法学院 2015 级本科生，就读于法学专业。因学习成绩优秀、竞赛成绩突出，并起到了优秀学生模范带头作用，于 2018 年 5 月获得徐特立奖学金。

日积月累，三年铸就辉煌

谈及获得徐特立奖学金的原因时，朱君非常谦虚，表示可能和个人性格有关，并且幸运的因素可能多一点。她说："三年只是把自己做好，努力学习成为一个优秀的法律人。"在北理工，文科专业法学院的同学能拿到徐特立奖学金的很少，她当时对自己也不是很有自信，所以没抱太多奢望，只是想试一下，找个机会多认识其他学院的优秀同学。

朱君坦言："优秀不敢当，我不是一个很自信的人。但对自己做的事情很自信，敢于去尝试每一个没有做过的事情。"法律世界的道路布满崎岖，许多法律人都体会过，刚学法学的时候感觉很简单，入门之后感觉越学越深，越来越感慨个人的不足与渺小，朱君也是如此。为了锻炼自己，她努力抓住身边可以提高自己的机会，积极尝试各项比赛，比如模拟法庭比赛、全国大学生辩论比赛。三年间，朱君经过选拔参加了多次法律主题的辩论赛和模拟法庭比赛，逐步练就了较好的反应能力、逻辑思维能力与表达能力。积极参加校内外比赛的她也多次斩获各类奖项。

她说："一开始只是想更好地锻炼自己，毕竟法学是一个需要面向社会解决社会问题的专业。随着三年的尝试，我确实有所收获。"

实事求是，终获肯定

获得徐特立奖学金之后，朱君特别惊喜同时也心情复杂。因为文理科有别，与其他同学比起来她感觉自己差别挺大，但她还对自己很自信。她认为，不管文科理科，不管学科划分，对于真知、真理，对于自身品质和实事求是、不自以为是的要求，对哪一学科都很重要。她说："获得徐特立奖学金是对自己的肯定，告诉自己有能力去做好一些事情，也告诉自己以后可以做得更好，更多的是让自己明白自己的实力，之后遇到研究、尝试、比赛什么的可以放心大胆地去做。”

朱君表示，获得徐特立奖学金对自己的心理激励、精神激励作用比较大。当初徐特立老院长办教育的时候条件很差，抗战，迁校区，搞研究……都很不容易。现在条件好了，我们没有理由不去努力。作为一个法律人，获得徐特立奖学金后她更明确了对自己的认知，求真务实，谦虚求知。

虽然是文科生，但从自主招生起就她坚定地报了北理工。朱君的姐姐妹妹都在北理工，算是形成了一种家族传承。

承恩于师，坚定法律道路

“每个老师身上的学习点都很多，他们特别优秀，也帮助了我很多。”

项目交流时候的老师给予了朱君莫大的帮助，但对朱君入门影响最大，将她引入公法和私法世界的，当属民法课老师付俊伟与宪法课老师卢永涛。朱君说，民法课是最基础最入门的核心课程，学好民法能对入门打下很好的基础。民法课老师付俊伟非常幽默，教学很有特点。他的民法课上着上着能逐步让人产生很大的兴趣。与民法课老师教学风格不同，宪法课老师卢永琦讲课慢条斯理，主要介绍德国和美国的法律，给人的印象很深刻，让人能够慢慢理解公法与私法的区别。

在美国交流时遇到的老师则在朱君初入法律世界大门后，帮助她找到了自己的人生方向。美国老师特别活跃，注重思维方式的培养，使朱君感觉到中美教育的差异。由此她确定了今后的人生道路，将会继续学习民商法。

创新，包容，谦虚，实事求是，不自以为是

大学学校的培养、塑造对朱君同学的品质和性格产生了莫大的影响。

朱君同学积极参与学生工作，大一在社联的社团部，大二大三留在了学院组织，还参与 ASIC 的地区事务部。回顾自己三年间的奋斗历程，朱君表示，非常感谢学校能够组织不同活动，给予学生众多的参与机会。通过这些活动，她学会了写策划书，并逐渐养成重要事情落在笔头的习惯，也逐渐善于和人沟通。

虽然一开始来北理工时朱君的心情并不是很好，但是慢慢地，她逐渐改变了观点。“因为学校有很多军工专业，可以接触不一样的学科，有更多机会去接触可能在别的学校一辈子都接触不到的东西。”最近她在研究知识产权、涉密、人工智能等方面的法律内容，深刻体会到了不同思维方式的混杂与灵感碰撞。而这些，都是她以前从未预料到的学习内容。

在谈及未来的发展时，朱君说到，还是要实事求是，从基本理论出发。未来的基本方向是民商法，去深挖基础逻辑，做一个法律人，脚踏实地，不忘初心。

撰稿人：王美淑

2018 祝凌云：

砥砺前行，奏响青春之歌

祝凌云，北京理工大学管理与经济学院 2014 级本科生，就读于国际经济与贸易专业。祝凌云学习成绩优秀，科研成绩突出，并且起到了学生党员的模范带头作用，团支部书记工作表现突出，在志愿服务中体现了社会担当，2018 年 5 月获得了徐特立奖学金。

德以明理，学以精工

现在的祝凌云是大家公认的“学霸”，但是很少有人知道，她经历过怎样的低谷。获得徐特立奖学金离不开老师的帮助和学校的培养，其中大一时教近代史纲要的任课老师杨才林教授对祝凌云影响最大。初入大学的祝凌云因为城乡差距和文化上的自卑感，扰乱了过去平静的心绪，而老师的鼓励与教诲帮助她走出了低谷，以昂扬向上的姿态面对人生，努力奋斗。

祝凌云说：“学生时期，值得骄傲的不是家庭背景和出身，而是面对学业无愧于自己和家人。为了翻过一座山，不必时时以最宜人的样子出现在众人面前。在到达目的地之前，重要的是看你的口袋里是否还有制胜的子弹，大脑里是否还有你继续前进的精神食粮。”今日谈及恩师的教导，祝凌云仍心潮澎湃。在最困难的日子里遇到改变她一生的恩师，何其幸运。

“在北理工，学会了‘德以明理’，大学四年努力塑造高尚的道德情怀，将探索客观真理作为自己的责任与使命；在北理工，做到了‘学以精工’，在大学四年里踏实求学，不断精进学术力求完成时代赋予的使命。”祝凌云如是说。在北理工求学的几年中，学校培养、塑造了祝凌云真诚待人、踏实做事的态度，求真务实、坚持本心初心的品质与积极乐观的性格。

博观约取，厚积薄发

每一个成功都不是偶然的，其背后都有着奋斗的汗水。所谓天道酬勤，祝凌云的成就也不是出于偶然，而是源于她日积月累的努力，不断丰富充盈自己。

自 2014 年入校以来，祝凌云学习认真勤奋，品学兼优，还辅修了法学双学位。目前已经以专业成绩第二名成功保研到本校。她还积极参加科研项目，自大二起参与导师课题研究小组，参与老师的研究项目，在学术研究细节方面展示出科学严谨的学术素养。

在精神思想上，祝凌云也同样不断充实提升自己。祝凌云对徐特立老院长持有崇敬和仰慕之情，对徐特立老院长思想有着深刻的认知，并且一直作为其大学四年求知之路、科研之路的思想明灯，获奖后更坚定了践行徐特立教育思想的信心。

获奖后的祝凌云心情十分激动，受到了莫大的激励。她将这笔奖学金用于留学资金储备，为实现下一个目标做准备。

全面发展，爱好广泛

除了辛勤学习之外，祝凌云还注重培养和提高自己的各方面能力。2014—2018 年她连续四年担任团支部书记，她组织举办的团日活动获得院级十佳团日活动的荣誉；举办校友交流座谈会使同学们受益匪浅；她连续三年被评为优秀团干部，积极参与校级院级开展的各项实践活动；在寒暑假认真开展职业生涯人物访谈；校外担任兼职，走访校友企业并上岗学习，参与社会调研，热心公益事业……她以“勤学、修德、明辨、笃实”要求自己。

祝凌云也热爱运动。北理工“一二·九”长跑比赛、校级良马长跑比赛均获得季军，在校级运动会和新生运动上也获得优秀奖。祝凌云还喜欢登山和跳舞。喜欢读书，尤其是文学类和哲学类书籍，大学四年期间她读了近 400 本书，买了 90 多本经典文集，写了 40 本读书笔记。这在旁人看来或许是难以想象的，但是祝凌云就切切实实做到了。

“志之所趋，无远弗届”，这是一直激励祝凌云的成长寄语。不忘初心，树立终身学习的理念，求真务实的工作和科研态度，是祝凌云在今后的学习、成长中对徐特立老院长的精神和教育思想的传承发扬。

撰稿人：王美淑

2018 张永隆：

用青春来探测小行星

从硕士入学之初，导师就严格要求他：要争取在硕士阶段以第一作者身份在 SCI 上发表 5 篇论文；在硕士阶段拿到北京理工大学最高奖学金——徐特立奖学金。2018 年 5 月 30 号，通过层层选拔和答辩后，他终于在自己硕士二年级的时候获得了徐特立奖学金，他没有辜负导师的期望，也在逐梦路上描绘了浓墨重彩的一笔。

这个被老师一直看好的青年学生，叫张永隆，是北京理工大学 2016 级自动化学院控制科学与工程专业的一名硕士生。从进入北理工起，他就默默地努力汲取着养分，刻苦钻研学科知识，不断充实自己。张永隆说：“在研究生阶段，我的学习和科研都有了很大的进步，取得了丰硕的科研成果，成功获得了徐特立奖学金，自己比以前开朗了很多，人际交往的能力也大大提升，与老师同学们相处得十分融洽。”

搞科研，他是认真的

在科研上，张永隆从来都是认真的。张永隆的研究方向为小行星探测动力学与控制，在短短两年的时间里，他以第一作者身份发表了 6 篇学术论文（2 篇 JCR 二区 SCI 期刊论文），奠定了在同学们眼中“大神”的地位。他研究了从小行星引力场建模、绕飞周期轨道、轨道稳定控制再到表面运动分析这一系列完整的小行星探测任务关键动力学技术；参加 3 次学术会议，其中 1 次国际顶级学术会议，并在会议上做学术报告；另有 2 篇第一作者身份的 Top 期刊 SCI 论文分别处于小修和在审状态。

在对小行星引力场建模进行研究中，张永隆及其导师曾祥远提出了一种适用于近似太阳系中广泛存在的细长形小行星的极子棒模型，新模型能够给出细长形小行星共有动力学特性。针对小行星绕飞周期轨道，张永隆在美国工程院院士、国际公认小行星领域首席专家 Scheers 之前获得的 6 族小行星绕飞周期轨道上，新发现 25 族完全不同于地球等大天体的小行星绕飞轨道，并研究新发现了周期轨道拓扑结构及稳定性等动力学特性，相关成果以第一作者身份发表在 SCI 期刊《SCIENCE CHINA Technological Sciences》上。除了科研工作，张永隆积极参加各种竞赛，获得第 14 届中国研究生数学建模大赛全国二等奖（排名第一）。在中俄联合国际大学生航天器创新设计大赛中，张永隆以 SMALL（Soft Minor Asteroid Landing League）小行星软体着陆机器人系统参加比赛，并在比赛中排名第一。

小行星探测是当前国际深空探测热点，世界各国已相继实施小行星探测，同时，小行星探测也面临着挑战：小行星附近动力学环境复杂，是深空探测领域世界性难题；航天探测中存在引力场建模、探测轨道设计与控制等诸多难点。张永隆表示："我会读博深造，继续从事小行星探测研究，为把我国建设成为航天强国而奋斗！"

圆梦徐特立奖学金

任何一个奖项的获得都是不易的，在此之前，张永隆获得 2017 年教育部硕士研究生国家奖学金和 2017 年北京理工大学优秀研究生称号。当知道自己获得徐特立奖学金，张永隆非常高兴，两年的研究成果得到了学校和评委专家们的认可，这是对自己的激励。张永隆表示："获得徐特立奖学金对我的激励作用很大，获得了北理工最高荣誉，就更应该严格要求自己，给同学们起榜样作用。"当谈到徐特立老院长时，张永隆露出敬佩之情。他说，徐特立老院长是北京理工大学的前身延安自然科学院第二任院长，也是毛主席的老师。他把延安精神与办学实践相结合，倡导了北理工"实事求是，不自以为是"的学风。

一个学校的学风、氛围对学生的影响是非常大的。北京理工大学是中国共产党创办的第一所理工类院校。在张永隆的心中，北理工精神是勤奋、朴实、纯粹，又红又专，有国家情怀。在北理工的这两年里，张永隆感受到的是北理工学子的勤奋、朴实和诚实。从凌晨实验室里的灯火通明到各个热烈的学术讨论，无一不在彰显着北理工的特质。

做人也要脚踏实地

答辩场上神采飞扬，侃侃而谈，你会被这个男孩坚定的目光、朴实的气质所吸引。生活中，张永隆也有着自己的信念。待人接物，张永隆总是那么友善。他的一位师弟曾经说："第一天进实验室，隆哥第一个过来跟我打招呼，笑呵呵的样子让我感到特别温暖。"作为师兄，他总是照顾师弟师妹，但也会偶尔"耿直"，坚持着自己的看法。对朋友，张永隆更多的是宽容。"人非圣贤孰能无过"，"择其善者而从之，其不善者而改之"，他用宽阔的胸襟包容着朋友，倾听他们的诉说。

人生路上遇到一个指路人是非常幸运的事。导师曾祥远对张永隆的影响是最大的。曾祥远老师常常激励张永隆勇于拼搏，高标准要求自己。张永隆在入学之初就定下了三年的目标。曾祥远老师治学与做事的严谨、认真也让张永隆深深敬佩。在进行徐特立奖学金答辩前，曾祥远老师对他进行指导，答辩 PPT 大改了 8 次才最终定稿。正是曾祥远老师的高标准严要求和认真耐心的指导，才成就了今天的张永隆。

"大风起兮云飞扬"。希望"在学习和工作上永远追求上进，在为人上先人后己"的张永隆，有信心也有毅力一直行走在探测研究小行星的道路上，为发展壮大中国的航天事业而努力！

撰稿人：徐澜绮

第三部分

徐特立奖学金重要历史文献

北京工业学院

院　　字（85）43号

关于设立徐特立奖学金的请示

兵器工业部：

徐特立同志是我院前身延安自然科学院第二任院长，是一位伟大的共产主义战士、杰出的无产阶级教育家。毛主席曾称颂他是“革命第一、工作第一、他人第一”，他的一生是“伟大的一生、革命的一生、光荣的一生”。

徐老终身从事教育，他理论联系实际的优良学风，学而不厌、诲人不倦的科学精神，严于律己、艰苦奋斗，献身人民教育事业的高贵品质，是我们学习的光辉榜样。

为了缅怀革命前辈，学习和发扬徐老的革命精神和优良学风，激励青年一代攀登科学高峰，根据老校友的建议和广大师生员工的要求，拟在我院设立徐特立奖学金，奖励德智体全面发展、成绩特别优秀的学生。这对于提高我院的教学质量，会产生重要的影响。诚望给予关怀和支持。

关于奖学金的来源，拟由单位、团体赠款和个人募捐的办法集资。敬呈请部能拨专款二十万元做为奖学金的基数，加上各单位、团体和个人捐款，一併长期存入银行，不准他用，取每年的利息支奖学金的费用，年终结算，报部备查。

以上意见，当否，请审批。

北京工业学院

一九八五年五月二十九日

抄送：兵器工业部教育司

（打印15份）

打字：屈殿英　　校对：高德惠

兵器工业部文件

（85）兵工教字第665号

关于北京工业学院竖立徐特立同志的像和设立徐特立奖学金的批复

北京工业学院：

经中共中央宣传部批准，同意你院竖立徐特立同志的像。经研究，部同意你院设立徐特立奖学金。

此复。

中华人民共和国兵器工业部

一九八五年七月二十三日

抄报：国家教育委员会，国防科工委，

抄送：北京市委，本部办公厅，财务、教育司，存档(2)

（打印10份）

北京工業學院

为征集徐特立奖学金基金函

：

徐特立同志是德高望重，深受全党全国人民尊敬和爱戴的伟大的共产主义战士，杰出的无产阶级教育家。中国共产党创办的第一所理工农综合大学，我院的前身——延安自然科学院的老院长。为了缅怀徐老对我国教育事业发展的不朽功绩，激励青年一代立志攀登科学高峰，为国家培养杰出的科学技术人才，延安自然科学院老校友武衡等21位同志于一九八四年十二月九日发起在北京工业学院设立徐特立奖学金的倡议，得到了广大校友的热烈响应。

根据一九八五年七月二十三日兵器工业部（85）兵工教字第665号文，同意我院设立徐特立奖学金。

徐特立同志一生艰苦朴素，把全部精力贡献于革命和建设事业，生前未有积蓄。徐特立奖学金主要是采用单位、团体赠款和个人募捐的办法集资，将此款存入银行作为基金，取每年的利息支付奖学金的费用。我们欢迎你单位及老校友积极捐赠。

捐赠款请寄北京工业学院徐特立奖学金委员会，工商银行北京海淀区魏公村分理处，帐号4601—4，不论赠款多少，徐特立奖学金委员会将颁发《徐特立奖学金捐赠证书》。

北　京　工　业　学　院

一九八五年八月廿日

关于增集徐特立奖学金基金的倡议书

徐特立是伟大的共产主义战士、杰出的无产阶级教育家，北京理工大学前身延安自然科学院院长。一九八四年十二月，在二十一名校友代表的倡议下，以徐特立同志的名字命名，通过校友个人募捐，单位、团体赠款的方式集资设立了徐特立奖学金。她凝聚着校友对母校教育事业的关心与支持。奖学金的设立旨在缅怀徐特立同志对我国无产阶级教育事业的伟大贡献，学习和发扬徐老高尚的品德，激励青年一代全面发展，立志攀登科学高峰，成为社会主义事业的建设者和接班人。自设立以来，徐特立奖学金一直作为我校各类奖学金中的最高奖，吸引鼓舞着全体青年学生努力学习、奋发向上。几年来，共表彰了258名学生，他们其中的许多人已在自己的岗位上做出了突出的贡献。

时代在前进，社会在进步，改革开放使我国的经济蓬勃发展，教育事业也面临发展的黄金时代。民族振兴的希望在教育，国家重视教育，社会团体、企事业单位、国内外友好人士也非常关注教育，纷纷出资在学校设立奖学金。为了实现徐特立奖学金设奖的初愿和进一步扩大徐特立奖学金的影响，保持以徐老名字命名的徐特立奖学金的崇高地位，我们真诚希望各领导部门、单位、团体和个人，能够出资支持徐特立奖学金基金。这是一项具有重大意义和深远影响的举措。您对徐特立奖学金基金的贡献将铭记史册。徐特立奖学金基金会、北京理工大学全体教职员工和学生将对你们支持教育事业的行动表示衷心的感谢和崇高的敬意！

特此倡议

徐特立奖学金基金会

一九九五年九月二十三日

附：捐赠款请寄北京理工大学徐特立奖学金基金会，北京海淀区工商银行紫竹院分理处，账号144—354—68，或直接与北京理工大学学生工作处联系，电话：8416688—2341。

对捐款的单位、团体和个人，徐特立奖学金基金会将颁发《徐特立奖学金捐款证书》。

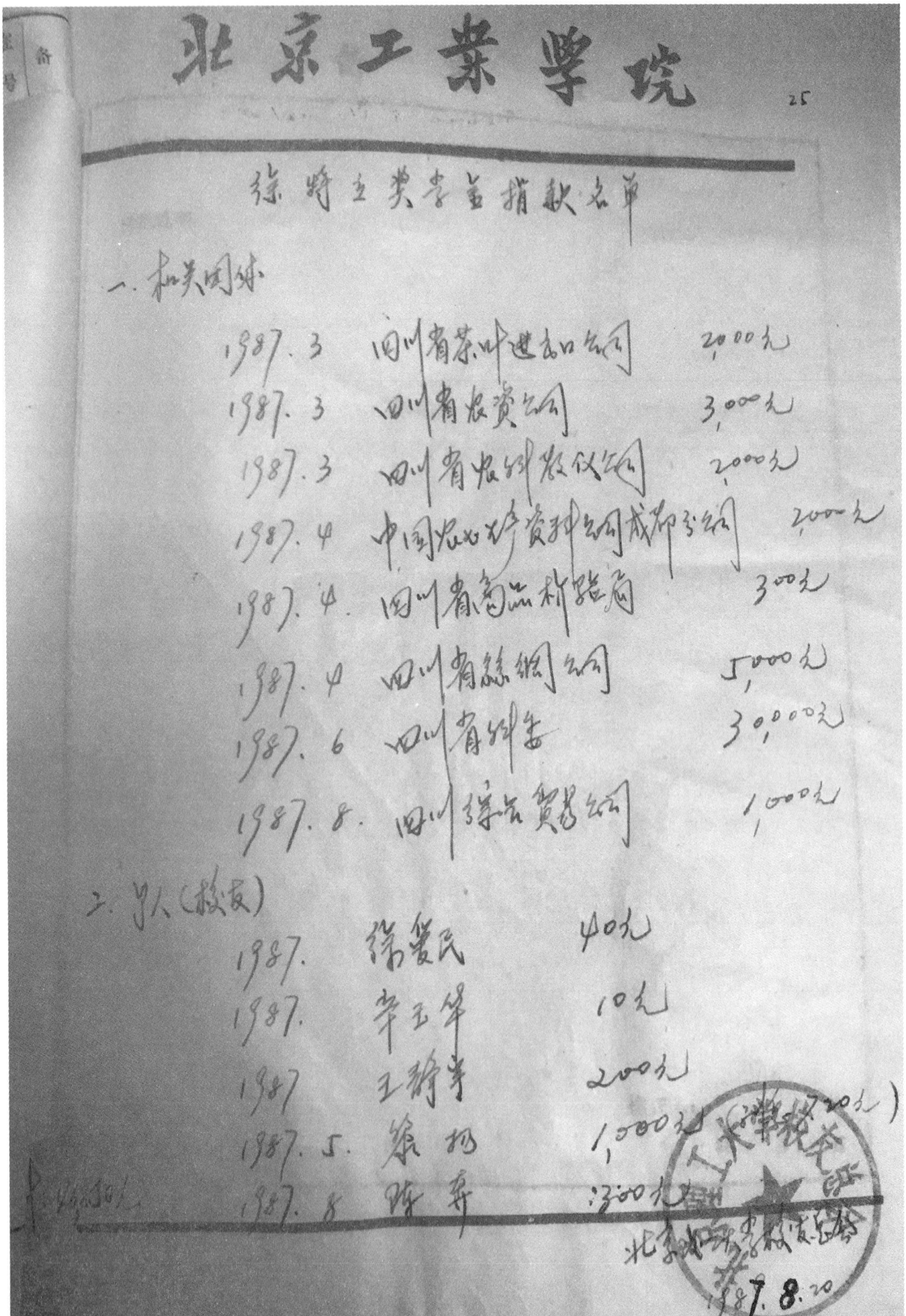

北京工業學院

25

徐特立奖学金捐款名单

一、机关团体

1987.3 四川省茶叶进出口公司 2,000元

1987.3 四川省农资公司 3,000元

1987.3 四川省农科教仪公司 2,000元

1987.4 中国农业生产资料公司成都分公司 2,000元

1987.4 四川省商品检验局 300元

1987.4 四川省丝绸公司 5,000元

1987.6 四川省科委 30,000元

1987.8 四川综合贸易公司 1,000元

二、个人（校友）

1987 徐鲁民 40元

1987 辛玉华 10元

1987 王铮 200元

1987.5 徐扬 1,000元

1987.8 陈奔 3300元

（720元）

北京工业学院校友总会

1987.8.20

北京工業學院

徐特立奖学金捐款名单

一、机关团体

1985.10　兵器工业部　200,000元

1985.10　冶金部　30,000元

1985.10　机械部　30,000元

1985.10　武汉钢铁公司　20,000元

1985.10　鞍山钢铁公司　10,000元

二、个人（校友）

1985.10　蔡扬　1,000元（利息1.28）

1985　胡平　200元

1985　郑国鉴、潘世杰　100元

1985　张铁　100元

北京理工大学校友总会办公室

1985.10.20

合计：291,401.28元

徐特立奖学金基金会

文件汇编

徐特立奖学金基金会

一九八七年十月

目 录

关于设立徐特立奖学金的

倡议书

我们敬爱的老院长徐特立同志，是一位伟大的共产主义战士，杰出的无产阶级教育家。他德高望重，深受全党、全国人民的尊敬和爱戴。毛泽东同志曾热情地称颂他是“革命第一，工作第一，他人第一”、“伟大的一生，革命的一生，光荣的一生”。徐老的功绩是不朽的，在近代和现代中国教育史上占有光辉的一页。

我们在延安自然科学院学习期间，亲聆老院长的教诲，他那坚贞不渝的信仰，理论联系实际的学风，学而不厌、诲人不倦的精神，严于律己、艰苦奋斗和献身于人民教育事业的高贵品质，给我们留下了极其深刻的印象，永远是我们学习的光辉典范。

为缅怀徐特立同志对我国无产阶级教育事业的伟大贡献，激励青年一代立志攀登科学高峰，为国家培养杰出的科学技术人才，我们倡议在北京工业学院（延安自然科学院是北京工业学院的前身）设立徐特立奖学金，奖励在校本科生、研究生或若干中学生中的德智体全面发展的成绩特优的学生。

奖学金的来源，采用单位、团体赠款和个人募捐的办法集资。并将此款存入银行作为基金，取每年的利息支付奖学金的费用。

在北京工业学院设立徐特立奖学金，是一项具有重大意义和深远影响的事情。我们希望各领导部门热情支持，各位校友多方努力，为共同完成这件大事作出贡献。

倡议人：

武　衡	阎沛霖	林　山	何华生
徐　乾	陆斐文	任　炎	许明修
焦　诚	张惠生	谢绍明	肖　田
杜干辉	师秋朗	任　岳	田　运
朱鹤孙	苏谦益	谢　簃	严沛然
丁　儆			

一九八四年十二月九日

兵器工业部文件

(85)兵工教字第665号

关于北京工业学院竖立徐特立同志的像和设立徐特立奖学金的批复

北京工业学院：

经中共中央宣传部批准，同意你院竖立徐特立同志的像。

经研究，部同意你院设立徐特立奖学金。

此复。

一九八五年七月二十三日

抄报：国家教育委员会，国防科工委，

抄送：北京市委，本部办公厅，财务、教育司，存档(2)

—3—

徐特立奖学金基金会章程

一 总则

第一条 为了缅怀伟大的共产主义战士、杰出的无产阶级教育家、北京工业学院的前身延安自然科学院院长徐特立同志，继承光荣革命传统，发扬优良学风，激励青年勇攀科技高峰，培养优秀科技人材，根据老校友倡议，并经兵器工业部批准，特在北京工业学院设立徐特立奖学金。

第二条 为做好基金的募集、管理和使用工作，设立徐特立奖学金基金会。

二 奖励范围

第三条 徐特立奖学金主要用于奖励北京工业学院的本科生、研究生中的优异学生。

第四条 对徐特立生前长期任教的中、高等学校以及部分中学中的优异学生也给予奖励。

三 奖励条件

第五条 由本人申请或组织推荐，经审核，凡具备下列条件之一者，可以颁发徐特立奖学金：

1、 德、智、体全面发展，成绩特别优异者；

2、 有具有较大价值的发明创造者；

3、在学术理论问题上有创见者；

4、其他有特殊贡献者。

四 奖学金种类

第六条 徐特立奖学金每年颁发一次，本科生、研究生获奖者不超过二十名，中学生若干名。评奖必须坚持高标准。

第七条 徐特立奖学金设以下三类：

1、徐特立奖学金特等奖：奖金1000－1500元；

2、徐特立奖学金：奖金500－800元；

3、徐特立奖学金中学生奖金：奖金200－300元。

第八条 对获奖者颁发证书及奖章，并可同时享受人民奖学金。

五 组织机构

第九条 基金会设理事会，理事会由徐特立奖学金倡议者代表、北京工业学院、捐款单位和个人代表及校友代表组成，经协商推举产生。

理事会对外代表本会，讨论决定重大问题。

理事会设会长一人，由北京工业学院院长担任，副会长若干人，秘书长一人，副秘书长若干人。理事会下设办公室。

理事会聘请若干名名誉会长，指导本会工作。

第十条 理事会选举产生常务理事会，常务理事会在理事会闭会期间行使理事会职权，并负责日常工作。

第十一条　为了做好徐特立奖学金评选工作，理事会下设徐特立奖学金评选委员会，委员由理事会协商推举产生，评选委员会由专家、学者组成。

六　经　费

第十二条　徐特立奖学金基金采取单位、团体和个人捐赠的办法集资。全部捐款存入银行，提取利息部分支付奖学金及本会办公费用。

第十三条　对捐款的单位、团体及个人颁发“徐特立奖学金捐款证书”。

七　附　则

第十四条　本会设在北京工业学院。

第十五条　本条例经徐特立奖学金基金会讨论通过后执行，修改亦同。

徐特立奖学金基金会名单

（以姓氏笔划为序）

名誉会长： 李 强 苏谦益 武 衡
邹家华 董纯才

会 长： 朱鹤孙

副会长： 何华生 许明修 谈天民

理 事： 马志清 王德臣 叶选平 朱鹤孙
刘兆伦 刘欣森 华寿俊 师秋朗
李 苏 李志祥 何华生 许明修
严沛然 余健民 杨 铿 杨方泰
杨如彭 柯有安 贺德龙 徐 乾
高德惠 阎沛霖 张广钦 张惠生
曹云屏 谈天民 黄墨彬 鲍克明
谢 簃 黎 阳 黎 雪

秘书长： 谈天民（兼）

副秘书长： 张惠生 师秋朗

常务理事： 马志清 王德臣 朱鹤孙 许明修
师秋朗 何华生 李志祥 张惠生

柯有安　谈天民

办公室主任：赵铁刚

副　主　任：张振树　张太戎

办公地点设在北京工业学院学生工作处。

徐特立奖学金实施细则

第一条 为做好徐特立奖学金评选工作，根据徐特立奖学金基金会章程有关规定，制定本细则。

第二条 徐特立奖学金用于奖励北京工业学院及徐特立奖学金基金会认定的某些徐特立同志任教过的高等学校的研究生、本科生、专科生、成人教育中各类学生以及部分中等学校的优异生。

第三条 获奖者必须坚持四项基本原则，热心于改革开放，努力学习马列主义，遵纪守法，有良好的道德品质；立志为振兴中华，建设具有中国特色的社会主义刻苦学习，成绩优秀；具有较强创造力，在学习或科研中具有突出表现和贡献。

第四条 本科生奖励条件

符合第二、第三条规定的条件，并具备下列条件之一：

1、 有发明创造，成果经审查具有一定的创造性和较高的水平；

2、 毕业设计或毕业论文经审查具有较高的学术价值；

3、 在学术上有创见，在国内外正式出版的二级以上学术刊物发表论文、在全国性或国家部（委）级学术会议上发表论文，经审查优秀；

4、从事技术开发，取得较大的经济效益；

5、在全国性高水平的数学、物理、外语等单科竞赛中获得前三名，或在省、市级高水平的数学、物理、外语等单科竞赛中获得第一名；

6、具有较强的实验能力，在实验技术和实验设备的研究方面有突出的成就；

7、录取为我院新生高考成绩在本省、自治区、直辖市属前十名者；

8、有其它的突出贡献。

第五条　研究生励奖条件

符合第二、第三条规定的条件，并具备下列条件之一：

1、有发明创造，成果通过部、省（市）级以上鉴定并获奖。或在导师负责的通过国家鉴定并获奖的科研项目中起重要作用；

2、在国内外出版的一级学术刊物上发表论文，或在国际、国内学术会议上发表论文，经审查具有较大的学术价值或应用价值；

3、学位论文经审查具有较大的学术价值或应用价值；

4、 在全国性研究生学习竞赛中获前三名；

5、 在实验设备和实验技术的研究方面取得优异的成绩；

6、 从事技术开发，取得较大经济效益；

7、 有其他的重要贡献。

第六条　中学生奖励条件

1、 徐特立同志创办或任教过的中等学校和中学，毕业班学生德、智、体全面发展成绩一贯优秀，在本校名列前茅者；

2、 各省、市、自治区或地、县一级的部分重点中学，高二、高三学生中德、智、体全面发展，成绩一贯优秀，在本校名列前茅，并立志报考或保送到北京工业学院学习者。

第七条　评审程序和要求

1、 徐特立奖学金每年评审颁发一次，一般在当年年底颁发；

2、 符合本细则规定的本科生、研究生、由本人申请，所在系、校推荐，填写“徐特立奖学金申请推荐表”，于十一月一日前将该表及附件报送徐特立奖学金基金会办公室（北京工业学院学生工作处）；

3、 符合本细则规定的中学生由本人申请，由所在中学考核、推荐、填写“徐特立奖学金申请推荐表”，于十一月一日前报送徐特立奖学金基金会办公室；

4、由徐特立奖学金基金会评选委员会评审、确定获奖人，并经徐特立奖学金基金会批准后生效。

第八条 专科生、成人教育的学生参照上述相应的奖励条件及评审程序办理。

徐特立奖学金基金会

一九八七年九月十二日

徐特立奖学金评选委员会名单

主　任：马志清（北京工业学院副院长）

副主任：李志祥（北京工业学院党委副书记）

委　员：苗瑞生（北工飞行器工程系教授）

曹　泛（北工自动控制系教授）

秦有方（北工车辆工程系教授）

李迺吉（北工光学工程系副教授）

周思永（北工电子工程系副教授）

黄友之（北工化学工程系副教授）

刘巽尔（北工机械工程系教授）

马宝华（北工力学工程系教授）

吴鹤龄（北工计算机科学系副教授）

洪宝华（北工工业管理系教授）

王耕禄（北工应用数学系副教授）

王殖东（北工应用物理系教授）

赵学仁（北工应用力学系副教授）

简召全（北工工业设计系教授）

胡树声（北工外语系教授）

赵祖华（北工人文社会科学系副教授）

王　远（北工研究生院教授）

郭明书（北工研究生院办公室主任）

田济民（北工成人教育部主任）

陈永胜（北工教务处副处长）

李　立（北工学生工作处处长）

赵铁刚（北工学生工作处副处长）

杨东平（北工院长办公室副主任）

杨　滨（北工团委副书记）

高德惠（北工校友总会办公室负责人）

征集徐特立奖学金函

徐特立同志是深受党和人民尊敬爱戴的伟大的共产主义战士、杰出的无产阶级教育家，是中国共产党创办的第一所理工农综合大学、是北京工业学院的前身延安自然科学院的老院长。为了缅怀徐老对发展我国教育事业的贡献，激励青年一代攀登科学高峰，为国家培养优秀的科技人才，延安自然科学院老校友武衡等21位同志于一九八四年十二月九日发起在北京工业学院设立徐特立奖学金的倡议，得到了我院解放前后广大校友的热烈响应。

一九八五年七月中共中央宣传部和兵器工业部批准，同意在北京工业学院设立徐特立奖学金，竖立徐特立同志塑像。

徐特立同志一生艰苦朴素，把全部精力贡献于革命和建设事业，生前未有积蓄。徐特立奖学金采用由单位、团体和个人赠款的办法集资，将此款存入银行作为基金，取每年的利息支付奖学金的费用。

捐赠款请寄北京工业学院徐特立奖学金基金会，工商银行北京海淀区魏公村分理处，账号 4601－4。对捐款的单位和个人，徐特立奖学金基金会将颁发《徐特立奖学金捐款证书》。

此　致

崇高的敬礼！

徐特立奖学金基金会

1986年10月20日

徐特立奖学金基金会在北京工业学院成立

九月十九日下午，北京工业学院召开了“徐特立奖学金基金会”成立会议。参加会议的有中顾委委员武衡、全国政协常委苏谦益、原国家科委副主任閆沛霖、原电子工业部副部长何华生、原中国国际劳务出口公司副董事长黎雪、航空工业部六院副院长许明修、原湖南省外事办公室主任杨如彭、原中国科学院陕西分院院长华寿俊、原珠江水利委员会副主任刘兆伦、原铁道部科学研究院研究生部主任张惠生、鞍山钢铁公司副总工程师杨方泰、原北工大图书馆副馆长师秋朗、徐特立生前秘书徐乾等，参加会议的还有北京工业学院院长朱鹤孙、副院长谈天民、马志清、院党委副书记李志祥等有关人员。

徐特立奖学金是一九八四年十二月，由部分延安自然科学院（北京工业学院的前身）老校友倡议，一九八五年七月经兵器工业部批准而设立的。从徐特立奖学金设立起，到一九八六年九月止，共集资四十九万余元。徐特立奖学金基金会是为做好基金的募集、管理和使用工作而设立的。

会议由朱鹤孙同志主持。谈天民同志介绍了徐特立奖学金基金会的筹备情况。

会议讨论和通过了《徐特立奖学金基金章程》。《章程》指出：为了缅怀伟大的共产主义战士、杰出的无产阶级教育家、北京工业学院的前身延安自然科学院院长徐特立同志，继承光荣革命传统，发扬优良学风，激励青年勇攀科技高峰，培养优秀人才，特在北京工业学院设立徐特立奖学金。奖励范围是：北京工业学院的本科生、研究生中的优异学生；徐特立生前长期任教的中、高等学校以及部分中学中的优异学生。奖励条件是：德、智、体全面发展，成绩特别优异者；有较大价值的发明创造者；在学术理论问题上有创见者；其他有特殊贡献者。徐特立奖学金设：徐特立奖学金特等奖；徐特立奖学金、徐特立奖学金中学生奖金三类。徐特立奖学金每年颁发一次，本科生、研究生获奖者不超过二十名，中学生若干名。《章程》还规定了其他事项。

会议通过了徐特立奖学金基金会名单。名誉会长是：中顾委委员李强、武衡，全国政协常委苏谦益，兵器工业部部长邹家华。会长是朱鹤孙。副会长是何华生、许明修、谈天民。理事有广东省省长叶选平等 31 名同志。

武衡、苏谦益、閆沛霖、黎雪、刘兆伦、华寿俊、杨方泰、师秋朗、徐乾等在会上讲了话。他们缅怀、回顾了徐特立同志的伟大功绩，一致赞同设立徐特立奖学金。他们还对加强徐特立教育思想研究的问题提出了一些意见和建议。

（转自 1986 年 10 月 20 日北京工业学院校刊）

1986 年 9 月 25 日

《徐特立奖学金申请推荐表》填表说明

（一）凡申请徐特立奖学金者，均需从所在单位领取和填写《徐特立奖学金申请推荐表》一式两份。

（二）表内所列项目，要填写齐全，填写时一律用钢笔或毛笔，字迹要清楚。

（三）申请因由包括①申请人的政治思想表现，学业成绩、业务水平、学术成果。②根据《徐特立奖学金实施细则》申请项目。③附有论文、奖励证书等影印件。④如属发明创造、技术开发成果等需有专家鉴定。

（四）所在学校的推荐意见，指申请人所在学校，根据申请人的情况和徐特立奖学金的有关规定提出推荐意见。

（五）《徐特立奖学金申请推荐表》填好后，由所在单位，报送徐特立奖学金基金会办公室（北京工业学院学生工作处）。

附件

徐特立奖学金
申请推荐表

（　　年度）

姓　　名________________

职　　务________________

所在学校________________

奖学金种类______________

徐特立奖学金基金会

—21—

姓　名		性　别		出生年月		民族	
政治面目		所在单位及职务					
家庭现住址				授何学位			
入校前的学校(单位)及地址							
曾受过何种奖　　励							
本人简历							

申请徐特立奖学金因由：

申请人签字________ 年 月 日

—23—

所在学校推荐意见	负责人（签字）　公章　年　月　日
徐特立奖学金评选委员会意见	负责人（签字）　公章　年　月　日
徐特立奖学金基金会批准意见	负责人（签字）　公章　年　月　日
备注	

第四部分

徐特立奖学金重要新闻报道

首届徐特立奖学金授奖大会

1988－05－20

北京理工大学

（原北京工业学院）

1988年5月20日 第444期 本期四版

国务委员邹家华为新校名牌揭幕。新校名是著名书法家赵朴初应邀为我校题写的。

庆祝启用北京理工大学新校名暨首届徐特立奖学金授奖大会隆重举行

本报讯 5月11日是我校正式启用新校名的日子。在这具有历史意义的日子里，18名本专科生和研究生光荣地被授予徐特立奖学金；23名优秀中学生荣获徐特立奖学金中学生奖；1名长沙学生获徐特立奖学金特别奖。

下午3时，我校图书馆138会议室气氛热烈，掌声不断，隆重的庆祝和颁奖仪式在这里举行。原机械委教育局局长任耀先宣布我校更名决定。在一片掌声中，国务委员、机械电子部部长邹家华为校名牌揭幕。红绸揭去，白底黑字，几个浑厚刚劲的大字分外醒目："北京理工大学"，这是著名书法家赵朴初先生应邀专门为我校书写的。从延安自然科学院到北京工业学院，直至今天的北京理工大学，标志着我校进入了一个新的发展阶段。校长朱鹤孙教授为此发表了讲话。（讲话摘要见本版）

党委书记、徐特立奖学金基金会副会长兼秘书长谈天民就奖学金评选情况讲话。他说，徐特立奖学金是根据21位老校友提议，由团体及个人赞助，于1986年9月10日成立的。徐特立奖学金主要用于奖励本校本科生和研究生中的优异学生，对徐特立生前长期任教的中、高等学校以及部分中学的优异学生也给予奖励。奖学金每年颁发一次。这次获奖的42人是根据基金会制定的有关章程及细则经过反复评审确定的。

获奖者在欢快的乐曲声中依次走上主席台，各位领导同志向他们颁发了奖章，证书及奖金。获奖学生代表杨文峰在讲话中向培育他们的母校及老师表示敬意和感谢，并表示要以此为新的起点，争取更大成绩。

国务委员邹家华同志在讲话中向我校更名表示祝贺，希望我校能培养出更多更好的人才。同时他向各位获奖者表示了诚挚的祝贺，希望他们再接再励，不断前进！。

我校老校友、原自然科学院第四任院长李强同志十分高兴地发表讲话。他说，自在延安成立自然科学院至今，我校已经历了48年的建设，发展成为今天的工、理、管、文相结合的多学科，综合性的北京理工大学。今天我们在此隆重集会，也是激励大家进一步继承和发扬延安自然科学院的优良作风和光荣传统，齐心协力，进一步把学校办出水平，办出特色。他又说，设立徐特立奖学金是一件具有深远意义的事，希望各界人士进一步关心支持这项工作。

最后，晋察冀边区工专校友会代表向大会祝贺，同时向母校敬献电子钟。

应邀参加大会的还有机械电子工业部副部长何光远、张学东、唐仲文、曾培炎、赵明生；有关部门领导及老校友：武衡、苏谦益、蔡诚、董纯才、杨登、閆詰霖、谢光远、周发歧、许明修、师秋朗、徐乾、黎阳、黎雪、林山、陆嫈文、杜璇、任岳、张壁珩，以及机械电子部有关司局领导，全校师生员工代表，全国25所重点中学的校领导也应邀参加了会议。

颁奖

二十七届校运动会举行

本报讯 一年一度的校运动会于4月17日在东体育场召开。在二十多个比赛项目中，共有12人次打破或平了七个项目的校记录。十系的赵秋霞以1.74米的成绩打破女子跳高的高校记录。十系、三系和七系分别获团体总分第一、二、三名。

这次大会组织较好，各系也很重视，作了相应的准备和安排，显示了一定的实力。这次破校记录的男子项目有：铅球，铁饼，链球，竞走。女子项目：跳高，三千和一千五百米跑。我校的体育水平目前在北京高校中处于中等偏上（在上届市高校运动会上名列第三）。实力较强的项目有：女篮、女子体操、武术等。

（学生记者 赵黎）

本版编辑 吴朝华

办出理工大学的特色和水平

朱鹤孙

更改校名是我校的一件大事，标志着经过四十八年的建设发展，我校进入了一个新的发展阶段。

北京工业学院的前身是我党于1940年创办的第一所理工科大学——延安自然科学院，在艰苦的环境中辗转办学，为革命战争和建国后的经济建设培养了一批优秀的科技人才和领导干部，并形成了一套优良的传统和办学经验。

我校从1952年起定名为北京工业学院，进入了我校发展的第二阶段，为国防尖端技术部门和国防工业战线培养了大批人才。十一届三中全会以后，根据邓小平同志关于"教育要面向现代化，面向世界，面向未来"的指示和"军民结合"的方针，我校深入开展教育改革，调整改造学科专业。目前已形成了机、光、电、化、计算机门类齐全和以工为主，工、理、管、文相结合的综合性学科体系，具有培养多层次的科技人才和开展综合性科学研究的实力。从1978年起至1987年，全校共取得部、委和省、市级以上科技成果奖224项，其中国家级奖励54项，包括1项国家自然科学奖、10项国家发明奖、10项国家科技进步奖。在第三十五届尤里卡世界发明博览会上，我校获得金奖、银奖各一项，以及个人的最高荣誉奖"一级骑士勋章"。不少科研成果产生了较好的社会和经济效益。

教委批准更名为北京理工大学标志着我校进入了一个新的发展阶段。是我校今后发展的关键时期，我们将如何建设发展呢？

1、进一步促进理工结合，办出理工大学的特色和水平。

为了适应现代化建设的需要和新技术革命的发展，要充分发挥多学科、综合性的优势，使我校的理工结合得到新的发展，进一步交叉渗透，通过多学科的交叉融合和模糊理科和工科、系与系之间的界限，不断推陈出新，培养跨学科的、新型的交叉型人才。为此，我们要根据这一方向进一步调整改造学科、专业、乃至系的设置，动员全校整体的力量，把我们的办学水平提高到新阶段。

2、扎扎实实地狠抓教育质量。

我们既要继续解放思想，促进各项改革。又要头脑清醒，扎扎实实地完成好我们的根本任务，真正把教育质量作为学校的生命线来抓。以质量高的特色在激烈的竞争中取胜。

3、改革学校的管理体制。

我们制定了管理体制改革的目标，正在积极创造条件，争取在下半年实行校长负责制；同时，按照系统的观点，建立起执行、决策、咨询、审计和监察等几个管理系统，从制度上克服官僚主义，提高工作效率。

4、进一步加强国际交流。

要根据学校和学科建设的需要，有计划、有针对性地选派优秀的中青年教师出国留学、进修、合作科研。同时，在一些重大的学科发展上有我们自己的学术观点和重大成就。

5、进一步加强与社会的联系。

在保证教学质量的前提下，有计划、有步骤地以校为主，开展各种形式的社会服务，逐渐形成主动适应社会经济发展的教育机制。

1988年5月20日·2· 北京理工大学

徐特立奖学金获奖者简介

贾关保 男，团员，22851班学生，任团支部宣传委员。

该生自入学以来，学习努力，成绩一贯优良，曾两次被评为院三好学生，荣获丙等、乙等奖学金各一次，并被评为优异生。该同学对数学、物理特别爱好，参加1987年全国六省市物理竞赛获三等奖，在导师指导下积极参加气动实验室课外活动小组，参与制作了一些实验装置，受到老师好评。

葛晴 女，团员，22851班学生，曾任系学生会付主席

该生学习努力，成绩优秀，连续两年被评为院三好学生，荣获乙、甲等奖学金各一次，并被评为优异生及1987－1988年度北京市三好学生，在全国英语四级统考中荣获全院第四名，英语演讲比赛第二名。提前修完二门专业课，并结合《电子技术》课学习翻译原版教程《Foldback Circaics and Operational Amplifior》的一、二、三、四、五章，在系小论文比赛中撰写的论文被评为优秀论文一等奖。先后在院刊等发表多篇文章。

徐向阳 男，31831班学生，曾担任班长职务。

该生在校四年，四次被评为院三好学生，三次荣获人民奖学金。曾被选拔为优异生，被推荐为免试研究生，被评为优秀毕业生。三年半修完全部大学课程，优良成绩占87%。本科毕业论文《单排双星内外啮合行星机构的优化设计》通过了部级鉴定。被称为国内首创。其次，和万耀青教授合写两篇论文分别被《兵工学报》和《北京工业学院学报》录用。

杨文峰 男，团员，73851班学生。

该生社会工作能力强。学习成绩优异，学分积百分比达96.70%，70%以上课程成绩达到优秀，在全年级中名列第一。曾两次被评为三好学生，连获两次甲等奖学金，并被推荐为优异生。在京、津、泸、晋、川五省物理竞赛中获三等奖，在院物理竞赛中获三等奖。

唐水源 男，团员，73843班学生。

该生一贯学习刻苦，思路敏捷。具有较强的分析问题和解决问题的能力，70%以上课程成绩达到优秀，在全年级中学习成绩名列第一，被推荐为优异生和免试研究生。该生积极参加社会活动和体育锻炼，关心集体，尊敬师长，曾获甲等奖学金两次，乙等奖学金一次。

张瑞萍 女，党员，84841班学生，任学习委员。

该生勤奋好学，曾四次获系的学习优良证书，连续三年被评为院三好学生、优异生，现被批准推荐免试硕士研究生。自编一套学习成绩统计程序，为系教学管理提供了方便。在老师指导下，以她为主为北京市粮食局设计了一套粉尘爆炸示范装置，现已由市粮机厂加工，于1988年1月6日试验成功，受到市劳动局和粮食局表扬。

陈方 男，团员，91841班学生。

该生对自己坚持高标准，严要求，注重于各种能力的培养。在校期间每年都被评为三好学生，并利用业余时间积极参加各种科研活动，取得了较好的成绩，其中《北京市教育信访管理系统》及《多文档中西文通用情报检索系统》已收到一定的社会效益。

鲍剑 男，党员，延安大学中文系84级本科生。

该生自入校至今，学习成绩优秀，并能利用假期和业余时间进行社会调查，在省地报刊杂志上发表了四篇文章，六首诗歌。他的诗歌《老苍》在河南省《函谷》杂志举办的全国短诗大赛中获奖。《陕北农民观念的反思及重建陕北的战略设想》的论文获1987年陕西省高校大学生社会实践优秀论文奖。1986年被评为三好学生，1987年被评为优秀社团活动分子和优秀社会实践活动分子。

浇石 男，党员，八系博士生。

该生力学基础根底扎实，对本学科的现状与动态有较全面的了解，他对凝聚相炸药冲击波起爆过程的动力学有较深入的研究，已发表六篇论文，其中一篇被评为1986年院优秀论文二等奖，另三篇在国际会议上发表，其中一篇被选作国际会议的大会发言，均受到同行好评，他的博士论文得到了同行专家的较高评价。

韩伯棠 男，党员，数学系博士研究生，曾任研究生党支部书记及学生政治辅导员。

该生学习刻苦，工作认真，具有较强的独立工作能力和攻克难关的本领。先后在一级刊物上发表过三篇论文：“关于一类图（Kn1，m）的色性”，“q树的色性”“q树的重构性”。同行专家认为这些论文研究的问题难度大，理论价值高，具有创造性。

王崧灏 男，成人教育部85级环保专业学生，，曾担任班干部。

该生学习成绩优良，用所学知识解决实际问题成绩显著，煤燃烧产生的“飘尘酸雾”是城市环境保持的一大危害，目前国内尚无有效防治措施，他采用“静电液膜覆盖法”研究出“高压静电消除飘尘和酸雾装置”，经北京市环保测试中心和总参防化研究所测定指标数、飘尘粒度为3－5um，净化率95.91%，SO_2净化率68.7%，该装置于1987年在北京通过鉴定并评为北京市科技进步三等奖。（下转第三版）

校运动会花絮

学生记者团

欢快的老年迪斯科

在开幕式上，最吸引人的要数“老年迪斯科”表演了。数以百计的中老年人，精神焕发，身着鲜艳的服装，排着整齐的方阵，踏着音乐节拍，跳动、扭肢、摇摆，欢快自如，散发出青春的活力，赢得全场一阵又一阵的掌声。

还要留一手

1.95米轻松越过，场内外一片欢呼，已超出校男子跳高纪录8公分，距北京市高校纪录只有4公分了，于是“两米、两米”的呼声不绝于耳，而运动员好象也正在劲头上，可教练上前同他说了些什么，于是收杆罢跳了。这不禁使人想起16日下午运动员将女子跳高高校纪录提高一公分后的同样情景。看来鸣金收兵似要“留一手”，那么观众只好留着兴致等明年开眼了。

稳拿的冠军

今年的女子职工老年组3000米比赛，全院只有一人报名。六系的667号张子青，老当益壮，奋力夺魁，稳稳当当地取得了冠军的桂冠。

惊而无险

比赛场地上，最扣人心弦的要算是女子跳高决赛了。比赛已到了决赛阶段，杆已升到了1.30米的高度，虽然经过预赛淘汰，剩下的已是一流选手，但在过半人高的横杆面前，她们毕竟有点力不从心。奋力一跃，人已过杆，可横杆还在那儿晃个不停，叮叮当当地响得人心里好不紧张，幸好，横杆有情，晃而不掉，冠军由此而生了。

我院召开后勤工作研讨会

探讨后勤工作规律 提高后勤管理水平

本报讯 最近，院后勤部门联合举行了首次后勤管理研讨会，探讨如何掌握后勤工作规律，提高后勤管理水平，做好服务工作的方法，并宣布成立五个研究会，作为研究后勤管理科学的学术组织。研讨会上，总务长曾永文同志作了《深化高校后勤改革的中心环节是引进竞争机制》的报告，有20多位从事后勤工作的处、科级干部和职工分别宣读了他们的论文。

大会共收到32篇论文，大体分三个方面：（一）理论探讨方面的有：关于职工队伍建设问题；关于正确处理社会效益的关系问题，关于高等理工科院校物质供应部门改革方案的探讨；关于实验室开放和提高设备利用率问题；关于劳动服务公司在高校后勤改革中的作用问题；关于财务管理问题等。（二）管理经验总结方面的有：关于物质管理问题；关于材料核算问题等。（三）学习现代管理科学的心得体会。

焦文俊副院长到会并讲了话，他说：“这次大会标志着后勤管理上的一个新的进步，使后勤工作由经验型向科学化、制度化、规范化迈进。30多篇论文的出现，说明我们从事后勤工作的领导和广大职工，不仅做了大量的后勤服务工作，保证了我院教学、科研和师生员工生活的正常进行，而且已经认识到后勤工作也是一门科学，里面有许多学问值得研究，这是一个好的开端。希望大家继续努力，热爱本职工作，加强业务学习，及时总结经验，提高理论水平，把我们的工作做得更好。”

（后勤办公室）

延安自然科学院校友理事会会议在我院举行

本报讯 4月24日，我院召开了延安自然科学院校友理事会（扩大）会议，有61位在京校友参加。大会由原电子部副部长，理事会副会长何华生同志主持并作了修改理事会章程的报告，建议理事会换届由三年改成五年，和校庆活动日统一起来。副会长兼秘书长许明修同志对一年来校友理事会的工作作了总结，介绍了徐特立奖学学的章程和实施细则。会上，理事会会长李强同志就知识分子问题作了《如何组织知识分子开展赶世界先进水平的工作》的报告。

本版编辑 陈 琦

28

北京理工大学　1988年5月20日·3

改革论坛

编者按

《改革论坛》专栏今天和大家见面了。本栏的宗旨是为我校深化改革出谋献策，为加快改革摇鼓助威。它将陆续刊登师生员工对我院改革的看法、意见和建议。今天首先摘登75851班李汉军同学《我的几点建议》一文。李汉军以主人翁精神谈了他对教育改革的看法，其看法很有见解，受到校领导的表扬。

京工是我们每个师生员工的京工。对于京工的改革和发展我们最有发言权。京工的前途和我们每个人息息相关，办好京工是我们的心愿，也是我们义不容辞的责任。《改革论坛》欢迎大家来信来稿，为我校改革献计献策。

我的几点建议

李汉军（摘登）

“竞争制”引入学生之中，实行“两段制”

我认为目前的学校应实行“两段制”。所谓“两段制”就是一、二年级为一段，进行统一的考试，根据成绩符合上本科的学本科，符合专科的上专科。必须真正做到泾渭分明，脉络清楚，决不姑息迁就，进行大调整。这样就会使本科学生戒骄、戒躁，继续努力。专科生不再自卑，奋起直追。

“竞争制”引入教师队伍中，实行“选举制”

每次开学的第一星期，让讲同类科目的老师，都试讲一次课，让学生选上那位老师的课，即“学生选老师”。这样学生就不会人在教室，心在外。

院后勤应为学生勤工助学开绿灯

我院后勤工作中，有些临时工能做的活，学生也能做，我看应让我们的学生去做，只要有强有力的措施及制度来保障，他们完全能做好。一可增强学生的劳动观念，二可使学生得到一定报酬，真正达到勤工助学的目的。

学校应大力扶植“科技商人”

我所说的“科技商人”就是说我们许多科研工作者，也应象商业界的推销员一样，将自己的商品推销出去，有可能也成为厂家或跨国公司。象火药发明者诺贝尔，他既是一位杰出的科研者，又是一位优秀的推销员，建立了许多厂家。

奖学金应设“进步奖”

奖学金是激发同学学习热情的一项措施，我认为应设置“进步奖”，即对明显进步的学生给以奖励，当然名额应有所限制。

徐特立奖学金获得者简介

（上接第二版） **谭学庆**　男，党员，85级一系硕士研究生。

该生参加了国家重点课题“末制导武器系统总体关键技术”的研究，这项先进技术在国际上只有少数国家取得突破性进展，在我国开始研究有重要意义。在导师指导下完成硕士学位论文“炮弹末制导（俯仰通道）计算机仿真”研究，建立了数学仿真程序，可用以评定命中精度；绘出了纵向制导回路的结构，进行了系统参数的初步设计；研究了启控点散布和脱靶量对几种主要因素的敏感度，为该项科研做出了重要贡献。该论文获得一系85级研究生论文中的最高评分，受到我国航天技术专家的很高评价。

范伯元　男，党员，1982～1987年三系博士研究生。

该生在学期间，注重德智体全面发展，曾负责引进设备－W 780内燃机试验控制系统的安装、调试和技术开发工作，为国家节省调试费8万马克和设备引进费42万马克。在导师吴大昌教授和程昌圻教授的指导下，研制成功了微机控制的内燃机动状仿真试验系统，通过了技术鉴定，此系统为国内首创，接近世界先进水平。为此项工作撰写的博士论文获国内外专家好评。于1987年5月被授予工学博士学位。

倪国强　男，党员，现系四系87年在职博士生。

该生在硕士生学习和攻读博士学位期间，有创新开拓能力，成绩优异。他在“图象无旋转的电磁聚焦移象系统”、“三维坐标曲面研究光电成象系统的点扩散函数和调制传递函数”等方面进行了创造性的工作，在国内的一级学报，国外刊物及国际会议上发表和宣读的文章有10篇，在国内占领先地位，达到了国际先进水平。目前，正在从事国家项目“变倍电磁聚焦象增强”的研究。

郎恒元　男，团员，四系87级博士研究生。

该生在攻读硕士及博士学位期间，参加了“新型全息记录介质”以及“含能材料”两项国家自然科学基金项目，并和导师密切配合，在国内外学术刊物上发表论文11篇，申请专利3项。所研究的全息记录介质有较大的理论价值及显著的经济效益，处于国内领先地位，受到同行专家的好评。现已进行了专利技术转让，与深圳的合作协议正在鉴定，利用此介质制作的全息纪念品受到市场欢迎。

李镄　男，党员，五系87级硕士研究生，曾任班长，团支部副书记。

该生在大学本科阶段，德智体全面发展，连续四年被评为三好学生，优异生，享受甲等奖学金，两次被授予优秀共青团员称号，荣获优秀毕业生称号，被免试推荐为研究生。他的毕业论文被评为优秀论文，在此基础上写成的论文“易加工的毫米波双反射面天线”在1987年全国天线年会上发表，并获好评，具有很重要的实用价值。

廖支援　男，党员，六系博士生。

该生在攻读博士学位期间，首次提出叠氮基取代芳环仲硝胺基亲核取代反应。该合成方法获得专利证书，并载入1987年美国化学文摘。合成了无氢炸药6.6，一二硝基四氧化呋咱并（b，d，b，d）联苯，高能低感高密度炸药5.7一二氨基一4.6一二硝基苯并氧化呋咱等，共计合成二十三个未见文献报道的新化合物。他利用近代新技术核磁共振仪，质谱仪，四园X一光衍射，光子能谱等对合成化合物作了较全面的研究，有所创新，取得显著成果。

王涣忠　男，党员，六系博士生。

该生在学期间，主要进行了含能材料与光改变色材料的研究，在含能材料方面系统地研究了2＃炸药的反应机理等问题，利用先进的结构测定仪器对分子结构和反应历程提出看法。在光改变色材料方面，系统地研究了光改变色材料（吲哚类俘精酸酐）的结构、性能、光化学反应机理。这些工作国内尚无一研究，在国际上也未见类似报导。其中结构与性能之间关系的论点是依实验独立提出的，论点新颖。

采取措施　加强基础课教学

本报讯　我院重视基础课教学，采取了一系列具体、有效的措施加强基础课。

去年85级参加全国英语四级统考，通过321人，通过率仅为32.2%，在北京市重点高校中名列第十位，而北京市重点高校的平均及格率达37.2%；1986年国家教委到我院抽查高等数学教学情况，我院考生的平均分为32.5分。尽管有一些客观方面的原因（如试题缺乏层次，考生没有复习等）但总的说来，这个成绩是不理想的。院领导对这一情况非常重视，下决心把提高基础课教学质量当作首要任务来抓。

从1985年下半年开始，我院着手抓课程建设和课程规划。两年来，采用由点而面的方法，在一些试点系对一些公共基础和主要技术课程进行教学质量评估。先后已有二十多门次（其中院级十二门）基础课程通过了院教学质量评估。其中，有几门课程（材力、理力、电工等）符合院定一级课程标准，被评为一级课程。对一些相对来说比较差的课程，则在多方面大力扶持，限期达标。对一些课程，还实行分层次教学。如87级高等数学，就分成快、慢班因材试教。几年来的实践表明：这些措施产生了很明显的效果。

在投资方面，把基础课摆到它应有的地位，重点进行扶持。1987年，院里先后拔了30万元专款用于基础课教育设备的建设。予计1988年仍将达到这一数目。事实证明，在基础课建设上下本钱是值得的。钱少作用大，投资受益面广。

在人事师资方面，充分重视基础课教育，充实和加强了第一线师资力量。按国家规定，高等学校高级职称人员应有50%从事第一线教学工作，而去年我院仅有37～38%的高级职称人员从事本科生基础教育。为解决这一问题，院采取了三项措施。措施之一：把基础课教育和科研工作同等对待。从事基础课教育的教师编出了优秀教材和从事科研工作的教师取得了科研成果一视同仁。措施之二，改善教师待遇，提高教师收入，使基础课程的教师安于本职工作。院里对这些教师实行津贴制保证其收入不低于全院平均水平。

（邹晓明　王邦新）

中美高校图书馆业务研讨会在我校举行

本报讯　应我校等高校图书馆的邀请，美国加州大学（北岭）图书馆派代表团来华，共同举办“中美高校图书馆业务研讨会”。首次会议于4月11至14日在我校图书馆举行。中方应邀参加的有北京地区和国家机械委属的六十四所高校图书馆和图书馆学系的120余位专业人员。

会议主题是“美国高等学校图书馆业务的管理与服务——当前及未来”。研讨会采取演讲、示范、讨论、上机操作、自由交谈等多种方式交差进行。四天内，美方四位专家分别做了“高校图书馆的管理”“图书馆的标准”、“馆藏发展”、“参考咨询与信息服务”、“从卡片目录演变到联机目录”、“分类与编目——前当的作法、标准与趋向”、“使用微机进行出纳工作”等讲演。由我校图书馆计算机室协助美方在光盘上进行“DIALOG检索”，在微机上进行“编目”及“流通管理”的示范和操作。

（图书馆办公室）

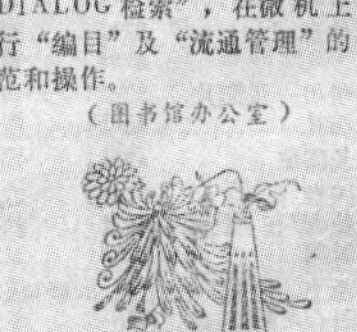

本版编辑　王季芬

1988年5月20日·4· 北京理工大学

中国依然需要德先生和赛先生

——访全国政协委员俞宝传

一个阳光明媚的春日，我见到了五系教授俞宝传先生。初次见面，他给我的印象是：神态儒雅而亲切，说话坦率而有分寸——一个典型的中国老知识分子。他是几天前参加第七届一次全国政协会议后刚刚归来的，我们的谈话由此开始。

作为政协代表，从第五届开始俞先生已是第十一次参加政协会议了。“比较起来，我认为民主的空气一次比一次浓，这次会议更是一个突变，民主气氛特别浓。”俞先生深有感触地说。“请具体地说一下。”我请求道。俞先生以这次当选为政协副主席的千家驹为例侃侃而谈：千的大会发言很尖锐，有理有据，30分钟的讲话博得31次掌声。去年的会议千的发言同样受到欢迎，但那次会后一些人和某些报纸出过一些“批评”性文章，说千不实事求是，引证数字有误等。今年千在一次书面发言中针对这些“批评”进行了有理有据的反驳。今年的报纸不仅没有再“批评”反而较详细地给予转载。俞先生又说：民主是一个过程，从领导到群众都有一个适应过程。比如历来政协开会都没有投反对票的，顶多是弃权，这一次开会就有人提反对意见，投反对票，当时主持人都楞了，出乎意料。

俞先生感慨地说：“归根结底是两条，就是当年鲁迅先生说过的，中国最需要的一个是德先生，一个是赛先生（民主和科学）”。

除了民主问题，我们谈得最多的是各组提案。俞先生所在的科技组提得最多的是科研和教育的发展问题。俞先生说，关于提高教育经费的问题，每次政协开会都提，但答复总不能令人满意。国家有困难，为什么进口那么多的豪华汽车：俞先生告诉我，他开会住的那个饭店，去年开会时有100多辆大小汽车，只有一辆红旗车是国产的。今年开会时小车数量大大增加了。而且增加的都是豪华型，国产车呢？“绝迹了！”俞先生叹道。

很多代表认为，国家经费分配比例不够合理，科研和教育经费都偏少，有些方面则偏高，如基建费用高达30%以上。俞先生说：经费分配应在调查统计的基础上进行科学决策。现在科教经费虽然每年都提高，但除物价因素外，还要考虑到科学教育的发展，更新科研仪器设备的需要。

从经费短缺我们谈到学校的创收问题，俞先生认为，学校由于经费原因搞一点创收只能是个过渡手段，经费应该主要由国家解决。学校不应该侧重于产品开发研究而应侧重于基础研究或应用基础研究。我向俞先生请教：不少学校目前采取少数人搞创收，多数人安心科研教学，对这一方针，您以为如何？俞先生认为这样较好。

最后俞先生说：对一个百废待兴的大国来说，各种问题总是会出现的，有些还会长期存在。我们要用发展的眼光看问题，只要我们国家一年比一年好，中国就有希望。我们特别把希望寄托于更年轻的一代。

（郁青）

校长办公室通知

关于启用新校名有关事项

本报讯 根据校长办公室通知，我校自今年5月11日正式开始启用“北京理工大学”新校名及印章。学校简称“京工”，英译名为Beijing Institute of Technology，缩写为BIT。

今后一段时间内新旧校名可同时使用（可在原校名后用括号注明：原北京工业学院）。校徽、工作证、学生证等可继续使用，直至更换。

军训征文获奖名单

一等奖

军训改造了我们	42851	王继红
军训生活片段	71851	吴兵
哦，那一片绿	71861	甘斌

二等奖

给排长的一封信	31872	郑春玉
第一班岗	91861	李彤
属于我的一天	84871	田春卉
几朵小浪花	43871	雷海容
班长，请听我说	13851	邱柏茂
忘不了的，是那一片绿	83861	张忠杰
军人星	42871	吕宏
我不会哭泣	31847	李纳新
军旅之行	102861	吴太宾
他再一月就复员	22851	贾关保

三等奖

星空的旋律	51873	戴星辉
凝重的反思	101862	栾江
请瞧咱们仨	62861	张宝岩
离	21871	孙慧昕
战友之歌	121861	黄家勇
今天我十八	31874	萧方
女大学生·军训·战士	43851	方岩
夜间“紧急集合”	32861	黄海峰
我们是军人	22861	甘文泉
那十几天	42851	王继红
我们是军人	41851	鲁腊春
架起心通向心的桥梁	32861	王宏信
今天休息	91852	李文凯
绿	31862	黄旭
寄给姐姐一张照片	73871	肖兴
军队洗礼	43851	谢恒星
十班长印象	42851	郑遥
军训四章	91861	方强
“孤独者”在“伤逝”	102871	杜久才
离别时刻	91861	袁航
那天晚上，他第一次站岗	62861	伍德超
几个回合之后	92872	陈国发
绿色畅想曲	十系	李马
回来了	54851	樊军
军营小记	31874	李纳新

晋察冀边区工专校友会向母校敬献电子钟。

哦，那一片绿

甘斌

我不想用夸张的言辞，来述我的情。

尽管我们并非心心相印，谁又能怀疑我们一个月来真挚的爱和依依的心？

当我第一次，第一次身临那片绿中，仿佛增添了无穷的力，我不知道，我应该感谢那绿色的军营，还是身着绿军装的班长们，……

那一片绿呀，蓬勃，生机盎然，虽不是朱自清笔下的女儿绿那样绿的可爱绿的醉人，但却使人振奋，向上，那是怎样的一种刚性的绿呀！许多同学都说好久没有看到如此美的景。

然而我并不诧异，因为我心中早已有它朦胧的影子，轻轻地触摸着它——柔柔地低吟。

——这正是我渴求的绿！

忘不了清晨沾着露水的绿中我们的早操；忘不了笼上一层阳光的绿中我们的训练，忘不了披着晚霞的绿中我们激昂的歌声，更忘不了罩着宁静夜色的绿中我们的巡夜，站岗……

哦，那一片绿呀！

我们在绿中耕耘，也在绿中收获，在绿中默契的配合，也在绿中天真的玩笑……

那一片绿呀——

总是默记着我们渗下的汗水，也理解我们流下的泪珠。

只有它，知道为什么阅兵时我们的口号声如此雄壮，那是久蓄力量的迸发，那是整齐正步与地面的共振。

也只有它，明白离别时我们泪水的来源与含义，那是一点一滴感情的积累，那是互相间的铭记与祝福，……

我曾为自己大学生的称号而骄傲，我曾为自己的知识而自豪，然而在那《送战友》的歌声中，在那离别的站台旁，我的词汇显得如此的贫乏无力，满脑袋只能想出一个字：吻。我要把那一片绿吻个够，我要把它吻进我的心窝里。

——哦，那一片难忘的绿呀……

本版编辑 李冬春

徐特立奖学金中学生奖获奖名单（共23人）

励红（女）	长沙师范学校
罗松	长沙县五美中学
杜征	北京101中
孙晶文（女）	北京八中
吕敬（女）	北京师院附中
乔靖玉	天津一中
胡伟	天津二中
张磊	哈尔滨六中
张彬（女）	吉林实验中学
杨伟才	长春十一中
杜慧峰（女）	辽宁实验中学
刘立伟	沈阳二中
张璞（女）	石家庄一中
郝晓斌	山东实验中学
杨燕群（女）	山东师大附中
蔡轶	郑州一中
丁力（女）	洛阳一高
贾迎芳（女）	山西康杰中学
蔡江涛（女）	陕西宝鸡中学
李仕文	重庆南开中学
张旭	成都九中
李雁（女）	湖南雅礼中学
易鸿	常德一中

徐特立奖学金特别奖

雍英（女） 湖南省长沙市修业学校

30

纪念徐特立奖学金基金会成立十周年专刊

1996－06－10

北京理工大學

BEIJINGLIGONGDAXUE

第538期

96年6月10日　纪念徐特立奖学金基金会成立十周年专刊　本期二版

徐特立和毛泽东在陕西瓦窑堡。

徐特立奖学金 回顾与展望

为了缅怀徐特立同志对我国无产阶级教育事业的大贡献，继承徐特立同志理论联系实际的工作作，学习徐特立学而不厌、诲人不倦的精神，严于律，艰苦奋斗和献身于人民教育事业的高贵品质，促我校精神文明建设的进一步发展，激励青年一代立攀登科学技术高峰，为国家培养大批优秀的科学技人才。1984年12月，由武衡等21位延安自然科学院校友发起在北京理工大学设立“徐特立奖学金”的议。这一倡议得到了我校广大校友的热烈响应。

1986年9月19日，“徐特立奖学金基金会”成立大会北京理工大学召开。会议确定了徐特立奖学金基金成员，决定下设常务理事会，在基金会闭会期间负责常工作；推选出了徐特立奖学金评选委员会成员；通了《徐特立奖学金基金会章程》、《徐特立奖金实施细则》等文件。

徐特立奖学金基金来源主要采用单位、体赠款和个人捐款的办法集资，并将此款入银行作为基金，取每年利息支付奖学金的费用。奖励范围是“北京理工大学及徐特立奖学金基金会认定的某些徐特立同志任教的高等学校的研究生、本科生、成人教育中各类学生以及部分中等学校的优异生”。徐特立奖学金设特等奖、普通奖和中学生奖三类，旨在奖励德、智、体全面发展、成绩优秀的学生。《徐特立奖学金实施细则》对获奖者作了具体规定，明确徐特立奖学金获得者“必须坚持四项基本原则，热心于改革开放，努力学习马列主义，遵纪守法，有良好的道德品质；立志为振兴中华，建设具有中国特色的社会主义刻苦学习，成绩优秀；具有较强创造力，在学习或科研中具有突出表现和贡献。

徐特立奖学金设立以后，在上级主管部门、企事业单位和广大校友的热情支持下，从1985年10月开始基金会陆续收到赠款，到96年奖学金基金达到100万元。其中兵器工业总公司、广东省高教局、广州市政府、四川科委等上级单位，省市部委、企事业单位、团体都捐了款，武衡等26名校友个人捐款达11万多元。一笔笔捐款凝聚了社会各界及广大校友对母校教育事业的关心与支持。

徐特立奖学金从1987年开始评选，基金会办公室（设在北京理工大学学生工作处）具体负责奖学金的评选、管理等工作。

每学年九月即开始一年一度的评选工作。首先由各中学、大学组织评比推荐，汇总后由评选委员会的专家、学者对候选人的材料逐一进行审阅、评议，然后由徐特立奖学金基金会常务理事会最后研究讨论，确定该年度徐特立奖学金获得者。截止到95年，徐特立奖学金共评选了8届，有298名学生获得了该项奖励，其中获得中学生奖的学生有101名，大学生中，本科生132名，硕士生43名，博士生32名，其中有三名成绩突出的同学获得了特等奖。

徐特立奖学金作为我校各类奖学金中的最高荣誉奖，一直吸引、鼓舞着全体青年学生努力学习，奋发向上。许多获奖者已走上工作岗位，成为各行各业科研、管理、生产、教学等方面的栋梁之才，在社会主义现代化建设事业中发挥着重要的作用。

徐特立奖学金设立已有十年，十年间国家发生了巨大的变化，学校的办学条件、内外部环境也有了较大的改变，为了更好地做好徐特立奖学金的工作，实现设奖的初愿，进一步宣传徐老，学习徐老，保持以徐老名字命名的奖学金的崇高地位，1995年9月23日，徐特立奖学金基金会及时召开了第二次全体会议。

分布在全国各地的理事们欢聚一堂，畅谈全国改革开放的大好形势、教育改革的巨大成果，对当前形势下如何搞好“徐特立奖学金”评选工作提出了许多建设性意见。

理事们认为，我国改革开放以后人们的生活水平提高了，但徐特立的精神不能丢，勤俭、朴素、艰苦奋斗的革命传统不能丢，徐特立奖学金的条件不能变，仍要坚持高标准、严要求。

为了更好地发挥《徐特立奖学金章程》的指导作用，理事会一致通过了修改《章程》部分条款的意见。新修改的《章程》将奖学金的奖励力度提高为特等奖5000元，普通奖2000－3000元，中学生奖500元。

徐特立奖学金中学生奖奖励范围还要适当增加革命老区中学的比例。

理事会还对徐特立奖学金评选委员会、专家评审组的工作给予了充分的肯定。评委会在几年的工作中坚持了高标准的原则，严格把关，使一大批名符其实的优秀学生获得了奖励，确保了徐特立奖学金的高标准和严肃性，在同学中引起了很好的反响。

理事会同志提出，我们还要大力宣传徐老，让广大同学了解徐老、学习徐老，并倡议社会各界继续支持徐特立奖学金工作。

改革开放使我国的经济蓬勃发展，教育也面临发展的黄金时代，国家重视教育，社会团体、企事业单位、国内外友好人士也非常关注教育，纷纷出资在我校设立了二十多项奖学金。在这种情况下我们更要把徐特立奖学金评选工作做好，使徐特立奖学金发挥它应有的作用，让徐特立精神在广大同学中开花结果。

缅怀徐老 学习徐老

徐特立同志是伟大的无产阶级教育家，是我校的老校长和创始人。徐老的一生经历了我国近现代各个革命历史阶段，他以毕生的精力，为我国革命事业，特别是无产阶级教育事业，作出了卓越的贡献。他以感人的精神，在教育科学的独到见解和卓著的实践奠定了他作为无产阶级教育家的历史地位，他把一生精力献给了人类最壮丽的事业。

徐特立同志是长沙县人，1877年2月1日出生在一个贫苦农民家庭里。他从18岁开始任蒙馆塾师，边教书，边读书。为了求知，他制定了“十年破产读书”的学习计划，把家里的几亩薄田变卖换取书费，以惊人的毅力刻苦学习，掌握了大量自然科学和社会科学的知识，为他后来从事教育工作打下了基础。

1905年在他28岁时，在长沙创办了梨江高小，为减少学校开支，让更多的农民子弟有上学的机会，他情愿自己“多教课，只吃饭，不要工钱”，他希望用教育的方法开发“民智”，“改革人心”。第二年，他应教育家朱剑凡先生邀请，到周南女校任教，发展女子教育。

1912年，为普及小学教育培养师资，他创办了长沙师范学校；第二年他腾出自己的住宅创办了长沙私立五美高级小学。

1919年，为考察国外的教育，在湖南教了二十多年书、已是42岁并享有盛誉的教育家的徐老，为求新知识、新思想，赴法国勤工俭学；后来又借债去比利时、德国等学习考察。

1924年，徐老回国办起了长沙女子师范学校，他一人身兼校长、教员、校工数职。他还曾一身兼任省立女子师范、县立长沙师范和私立长沙女子师范三校校长。他不仅在品德上、学业上严格要求学生，在生活上也无微不至地关心学生，受到师生好评。

徐老在他的教学实践中，也逐渐接触了革命思想，积极参加社会政治斗争。为表示反抗帝国主义侵略和清政府压迫人民的决心，并激励学生反对帝国主义，他断指血书，以自己的正义行动，为广大青年学生做出了榜样。他的思想和行动激励着许多象毛泽东、蔡和森等有志于救国救民的青年。

1927年大革命失败，革命处于低潮时期，面对国民党反动派的白色恐怖，他不顾个人安危，毅然加入了中国共产党，并参加了伟大的南昌起义。

投身革命后，他领导了解放区的普及教育工作，同其他同志一起创办了一系列中等专业学校和高等学校，是解放区宣传、教育部门的主要领导人，是我国无产阶级教育事业的奠基人。

1934年在他57岁时，参加了二万五千里长征，表现了老英雄的大无畏的革命气魄。

1940年，徐老担任了延安自然科学院（北京理工大学前身）的院长。延安自然科学院开创了中国共产党培养科技干部的先河。当时，徐老事必躬亲，除亲自给学生上课外，从制定教学方针到具体教学安排，从思想政治工作到后勤供应问题，他都要一件一件仔细过问。特别在办学过程中，他坚持正确意见，力排众议，反复强调要把眼光放远一点，大力培养我党自己的科技人才。经过几年的艰苦努力，延安自然科学院为当时缺乏人才的边区输送了大批科技人员，其中许多人成为建国后各条战线上的领导骨干，为我国的革命和建设事业作出了很大的贡献。

全国解放后，他已进入古稀之年，但还担任着中共中央宣传部副部长，兼中央宣传部教育研究室主任。为了鞭策自己，他还制定了一个二十年学习与工作计划，体现了徐老“活到老、学到老”的勤奋好学精神。

1968年11月28日，徐特立因病在京逝世，终年九十一岁。

徐特立同志德高望重，深受全党、全国人民的尊敬和爱戴。中共中央曾评价他“对自己是学而不厌，对别人是诲人不倦”，“成为中国杰出的革命教育家”；毛泽东同志评价他是“革命第一，工作第一，他人第一”；周恩来同志评价他是“人民之光，我党之荣”；朱德同志评价他“是革命前进的人”，“不管革命历史车轮转得好快，你总是推着它前进的”。

今天我们缅怀徐老，学习徐老公而忘私、献身革命的优良品质，学习他对于民族和人民事业的无限忠诚，在敌人面前不妥协不动摇的大无畏精神，激励我们在社会主义精神文明建设和教育事业中做出贡献，为把北京理工大学办成一所具有高水平的教学和科研基地，为社会主义现代化建设培养出更多、更好的科技人才而奋斗。

徐特立奖学金基金会章程

一　总　则

第一条　为了缅怀伟大的共产主义战士、杰出的无产阶级教育家、北京理工大学的前身延安自然科学院院长徐特立同志，继承光荣革命传统，发扬优良学风，激励青年勇攀科技高峰，培养优秀科技人才，根据老校友倡议，并经原兵器工业部批准，特在北京理工大学（原北京工业学院）设立徐特立奖学金。

第二条　为做好基金的募集、管理和使用工作，设立徐特立奖学金基金会。

二　奖励范围

第三条　徐特立奖学金主要用于奖励北京理工大学的本、专科生、研究生中的优异生。

第四条　对徐特立生前任教的中、高等学校以及其它学校中的优异生也给予奖励。

三　奖励条件

第五条　由本人申请或组织推荐，经审核，凡具备下列条件之一者，可以颁发徐特立奖学金：

1.德、智、体全面发展，成绩特别优异者；

2.具有较大价值的发明创造者；

3.在学术理论问题上有创见者；

4.其他有特殊贡献者。

四　奖学金种类

第六条　徐特立奖学金每年颁发一次，本科生获奖者不超过三十名，研究生获奖者不超过十五名，中学生获奖者不超过三十名。（下转第二版）

北京理工大学各类奖学金情况简介

为支持高等教育事业的发展、培养高质量的科技人才，激励我校学生勤奋学习，成为社会主义事业的建设者和接班人，社会各界纷纷捐款，在我校设立奖学金，为我校的奖励机制增添了活力，一大批德智体全面发展的优秀学生获得了奖励，激发了全校广大学生奋发成才的积极性。

目前，除校本、专科优秀学生奖学金外，上级部门、企事业单位及个人在我校设立的各种奖学金达二十多项，年奖励金额达到86万多元，奖励人数达八百多人。为使广大师生全面了解我校各类奖学金的设置情况，同时也希望社会各界继续支持我校的教育事业，为培养全面发展的优秀学生创造更好的条件，在此对学校奖学金作一简略介绍：

专项奖学金

优秀学生奖学金：由学校设立，国家、学校拨款55万多元，旨在奖励在校优秀学生1400人。平均每年每人约400元。

优秀新生奖学金：学校设立，拨款2万元，每学年奖励新入校学生中德、智、体全面发展、成绩特别优秀者若干人，奖金为1500元。

军工专业奖学金：1993年由兵器工业总公司设立，每年拨款32.8万元，奖励328名军工专业学生，每年每人1千元；

实验班奖学金：1994年由学校设立，奖励106名实验班优秀学生，每年每人1千元。

校级奖学金

徐特立奖学金：1986年在老校友的倡议下，由单位、集体、个人捐款设立，基金由原来的54万元增长到目前的100万元、年奖励金额6万多元，用于奖励30名本科生或研究生及30名部分省市的中学生。徐特立奖学金大学生奖分特等奖、普通奖，奖金分别为5000元、2000--3000元，这是我校最高荣誉奖励。

北方奖学金：1994年由中国北方工业公司设立，基金为30万元，年奖励金额1.7万元，奖励在校本科生、研究生13人左右，奖金最高额特等奖为4千元，下设一、二、三等奖，奖金分别为2000元、1000元、600元。

"长征"奖学金：1990年由航空航天部一院设立，基金为8万元，奖励我校优秀本科生、研究生共10名，奖金500元。

唐远明奖学金：1995年由重庆泰安机电制造公司董事长唐远明先生（我校校友）个人捐资50万元设立，每年支付利息5万元为奖励金额，用于奖励我校9个军工本科专业的二年级学生和18个军工硕士学位授予点的一年级研究生，共27名，奖金分为本科生2000元、研究生1500元。

育成奖学金：1995年由北京理工大学生产技术研究所所长魏平先生个人捐资4万美元设立，每年支付利息2万元，用于奖励我校信息工程学院、科学技术学院及社科系三、四年级的优秀本科学生和研究生17名，奖学金分一、二、三等，奖金分别为2000元、1200元、800元。

海鹰奖学金：1995年由航空航天部三院设立，年奖励金额1万元，奖励航天领域学科和专业的在校生共10名，奖学金分一、二、三等，奖金分别为2000元、1000元、500元。

德国企业奖学金：1995年德国慕尼黑管理学院在我校设立，每年由德国企业提供资金，指定专业及评奖人数，年奖励金额2.5万元，用于奖励二年级本科生，每人每年奖学金金额3600元，经审查合格后可连续获得奖励直至毕业。

"三星"奖学金：1996年由韩国三星集团公司在我校设立，每年三星集团公司向学校提供2.46万元人民币，奖励电子系或与之相关的专业的三、四年级本科生4人及研究生1名。研究生奖为特等奖，奖金8200元，本科生奖励金额为4100元。

SMC理工奖学金：1995年由日本SMC公司设立，基金60万元，年奖励金额10万元，奖励自动控制系、机械工程学院、科学与技术学院的青年教师、学生共100名，奖金分一、二等，其中青年教师奖金为3000元、2000元；研究生奖金为2000元、1000元，本科生奖金为1000元、800元。

通讯测控奖学金：1995年由电子工业部第五十四所在我校设立，年奖励金额5千元，用于奖励电子工程系及计算机与控制学院四年级本科生6名，奖学金分一、二、三等奖，奖金分别为2000元、800元、500元。

国防科学试验奖学金：1995年国防科工委捐资10万元设立，年奖励金额9000元，奖励有志于献身国防事业的优秀学生6名，从入学开始，每年每人奖金1500元，直至大学毕业。

系级奖学金

中信咨询奖学金：1995年由中信集团咨询公司设立，年奖励金额1万元，奖励自动控制系学生17名，设有7个单项奖、若干个集体奖，奖金为每年500元。

车辆奖学金：由车辆工程学院1995年筹资设立，年奖励金额1万元，奖励本专业20名优秀学生，奖学金分特等、一等、二等、三等，奖金分别为1000元、700元、500元和300元。

马士修奖学金：是按照我校原工程光学系主任马士修教授的遗愿，由其捐款2万元人民币作为基金设立，每年奖励工程光学系优秀学生5名，奖金每人每年600元。

敏通奖学金：1993年由台湾敏通股份有限公司设立，每年提供1万金，奖励工程光学系品学兼优的名，奖金每人每年2000元。

西安应用光学研究所奖学金：19设立，西安应用光学研究所提供资金励6—8名光电工程系学生，奖金为800元。

湛江彩印奖学金：1994年由湛江彩印总厂设年奖励金额4千元左右，奖励光电工程系学生名，奖金每人600元。

北方光电奖学金：北方光学电子总公司1994我校设立，年奖励金额1万元，奖励信息工程学生20人，奖金500元。

雷达技术进步奖学金：1992年由电子工程系技术研究室集资设立了该项奖学金，奖励电子工的本科优秀学生及在雷达技术研究室学习的硕士士优异生8名，奖金500元。

十三所特别奖学金：1995年由电子工业部第所捐款设立。年奖励金额为6000元，主要奖励电程系在校学生。

实创奖学金：1995年由北京实创高科技发展提供10万元资金在我校设立，年奖励金额1—2万奖励对象为化工与材料学院二年级以上学生10右，奖学金分一、二、三等奖，奖金分别为2000 1000元、800元。

产学研奖学金：1995年中国北方化学工业总拨款10万元在我校设立"产学研"奖励基金，年金额为1万元，奖励对象为化院从事火炸药专业职工和学生13名。

彩星奖学金：1994年由江苏南通包装机械立，每年提供1万元奖金，奖励工业设计系优秀学名，奖学金分特等、一、二等及入选奖，奖金分4000元、2000元、1000元、100元。

其它奖学金

"北京高校优秀学生奖学金"：包括"声宝"学金和"索尼"奖学金两项，由北京市高教局统一理。台湾公司文教基金会提供"声宝"奖学金，我每年有8名学生获该项奖励，奖金每人1000元；日索尼公司提供"索尼"奖学金，我校每年有10名学可获该项奖励，奖金为每人2800元。

中国仪器仪表奖学金：1992年由中国仪器仪表会设立并组织评选工作，我校光电工程系每年有5学生获此奖学金，奖金每人500元。

注：北方奖学金、航天"长征"奖学金的日常理及评选工作由校招生毕业生分配处具体负责实施

SMC理工奖学金的日常管理及评选工作由SM奖学金基金委员会负责，秘书机构设在自动控制系

校级其他奖学金和专项奖学金的管理及评选工由校学生工作处具体负责协调、组织实施。

1994—1995学年徐特立奖学金获奖名单

翁　彦　罗　莉　施　新　刘国林　刘　芳
谢　湘　朱正茂　陈爱弟　李银林　杨　静
胡宁峰　姜海燕　谢　斌　徐业君　高晶华
夏　镭　马　骋　解三名　郝秀峰　华　宏
余　越　刘　玉　茅曙光　娄文忠　马卫国
吴丽丽　何宝宏　张　齐

"唐远明"奖学金获奖名单

张　鑫　谢　勇　龚立武　蔡春涛　杨学征
许林峰　何光林　杨晓礼　李　丽　郭广宝
李义章　姚军奎　袁莉芳　齐宇冈　廖日东
李　劲　刘秩群　王军波　杨秀芸　袁昌利
魏　煌　王建栋

"育成"奖学金获奖名单

王　毅　李　海　陈　珂　李　芳　刘　超
张子俊　李惠科　杨建勇　卢英威　吴克璞
李方慧　李　刚　刘　佳　焦世龙　王　江
朱彦博　吴忠民

"声宝"奖学金获奖名单

徐晓磊　李玉邦　张　翼　万运虎　马玉娟
黄晓光　刘　毅

（本期内容由学生工作处提供）

94—95学年徐特立奖学金中学生奖获奖名单

李艳军　湖南长沙师范学校
马京京　北京市一〇一中学
吴金坠　福建莆田一中
向　智　湖南长沙雅礼中学
陈佩银　湖南长沙五美中学
刘艳霜　河北石家庄市第一中学
刘明生　湖南红安县一中
李加琪　天津第一中学
赵　曦　辽宁省实验中学
杨　兵　陕西省宝鸡中学
陈浩敏　广州市第六中学
谢泽瀚　云南师大附中

"海鹰"奖学金获奖名单

陈　敏　韩　欧　郎恒光　梁华斌　吕宏静
曾思东　潘　珺　周　涛　李劲松　杨于江
李　军

"索尼"奖学金获奖名单

夏　尧　刘　彦　何　超　马小永　翁　莉
闫少妍　罗　臣　杜　巍　李　迅　钟　斌

"三星"奖学金获奖名单

李章军　罗　莉　谢　湘　刘　芳　翁　莉

徐特立奖学金基金会章程

（上接第一版）

评奖必须坚持高标准。

第七条　徐特立奖学金设以下三类：

1.徐特立奖学金特等奖，奖金5000元；

2.徐特立奖学金普通奖，奖金2000－3000元；

3.徐特立奖学金中学生奖，奖金500元。

第八条　对获奖者颁发证书及奖章，并可同时享受优秀学生奖学金。

五　组织机构

第九条　基金会设理事会，理事会由徐特立奖学金倡议者代表、北京理工大学、捐款单位和个人代表及校友代表组成，经协商推举产生。

理事会对外代表本会，讨论决定重大问题。

理事会设会长一人，由北京理工大学校长担任，副会长若干人，秘书长一人，副秘书长若干人。理事会下设办公室，理事会聘请若干名名誉会长，指导本会工作。

第十条　理事会选举产生务理事会，常务理事会在理事闭会期间行使理事会职权，并责日常工作。

第十一条　为了做好徐特奖学金评选工作，理事会下设特立奖学金评选委员会，委员理事会协商产生，评选委员会专家、学者组成。

六　经　费

第十二条　徐特立奖学金金采取单位、团体和个人捐赠办法集资。全部捐款存入银行，取利息部分支付奖学金及本会公费用。

第十三条　对捐款的单位团体及个人颁发"徐特立奖学捐款证书"。

七　附　则

第十四条　本会设在北京工大学。

第十五条　本条例经徐特奖学金基金会讨论通过后执修改亦同。

本期编辑　晓芬

北京理工大学校刊编辑室　地址：广播电话楼111室 电话：68416688转2265 本期发稿日期：5月30日 本刊编印证号号码：Z2413－931527 北京理工大学印刷厂

黎扬校友为母校徐特立奖学金基金会捐款

撰稿、摄影：学生工作处 石磊；校友会 李含巍

2009－04－16

2009年4月16日，我校校友黎扬女士向徐特立奖学金基金会捐款1万元。校友会主任段丽萍、学生工作处副处长许欣、徐特立奖学金获奖学生代表何旭同学前往黎扬校友家中看望并接受了捐款。校友赵晓晨、校友会李含巍、学生工作处石磊一同前往。

黎扬校友之前已四次向徐特立奖学金基金会捐款，此次继续捐赠现金1万元。

段丽萍主任和许欣副处长代表学校接收了捐款，并向黎扬校友颁发了捐款证书及收据。

黎扬校友与段丽萍主任等交谈。

黎扬校友向大家介绍了自己的身体及生活情况，大家欣喜地得知老人身体康健且家庭生活幸福和睦，随后向黎扬校友介绍了学校近一年来的发展情况，邀请黎扬校友有机会到母校来看一看。

黎扬校友与何旭同学合影。

黎扬校友非常关心下一代的成长成才，与徐特立奖学金获奖学生代表何旭进行了长时间的交谈。何旭同学向黎扬校友汇报了自己自入学以来的学习、生活及获得徐特立奖学金的情况。黎扬校友对何旭认真学习的态度及取得的成绩表示赞赏与祝贺，在得知何旭即将留校担任学生辅导员工作后，更是希望何旭能够在日后的工作岗位中，将徐特立老院长的教育思想发扬光大并将延安精神传承给同学们。

黎扬，早年毕业于延安自然科学院大学部，曾经是徐特立老院长的学生和同事。在与徐特立老院长共同学习和工作的日子里，深受徐特立老院长教育思想和革命精神的熏陶与影响；为人处世始终遵循着徐特立老院长老的教诲，传承着徐特立老院长的精神。近年来，黎扬校友一直关注母校徐特立奖学金基金会的情况，并将自己日常节省下来的费用捐献给基金会，以感谢当年徐特立老院长对自己的培养和教育；同时，也希望徐特立老院长的教育思想和无私精神继续陶冶、影响后人。此次已经是黎扬校友第五次向母校徐特立奖学金基金会捐款。

周方洁校友捐赠仪式隆重举行

供稿：校友会办公室、对外工作委员会李芬；摄影、编辑：新闻中心段炼

2012 - 09 - 06

2012 年 12 月 4 日在北理工国际教育交流大厦举行周方洁校友捐赠仪式

2012 年 9 月 4 日，北京理工大学周方洁校友捐赠仪式在国际教育交流大厦第一会议室隆重举行。党委书记郭大成，校长胡海岩，副校长杨宾、赵长禄、孙逢春，副书记、副校长李和章，对外工作委员会主任、原党委书记焦文俊，宁波理工监测科技股份有限公司董事长周方洁校友共同出席了会议。学校办、校友会办公室、对外工作委员会、财务处、教育基金会、学工处、团委、管理与经济学院等部门负责人以及学生代表参加了会议。仪式由杨宾副校长主持。为支持北京理工大学教育事业的发展，奖励表现优异的北理工学子，支持学生们的创新实践活动，周方洁校友向学校捐赠人民币 1 325 万元。

周方洁校友（前右）和杨宾副校长（前左）签订捐赠协议。

在一片热烈的掌声中，周方洁校友和杨宾副校长作为代表分别签订了关于“周方洁教育基金”“天一教育基金”“宁波理工监测教育基金”的捐赠协议。其中“周方洁教育基金”（1 000 万元）作为北京理工大学徐特立奖学金的本金，奖励北京理工大学的本科生、研究生中的优异生，以及徐特立生前任教的中、高等学校和其他学校中的优异生。“天一教育基金”（275 万元）用于支持学校管理与经济学院全日制在校本科生、研究生开展创新创业教育活动，奖励学院优秀学生，资助学生开展其他有关活动。“宁波理工监测教育基金”（50 万元）用于支持学校共青团基层组织建设，开展全校范围的主题教育活动，奖励优秀基层团组织和优秀共青团员。

焦文俊（左）介绍了周方洁（右）校友的情况。

捐赠仪式上，焦文俊介绍了周方洁校友的情况。他指出，周方洁校友在专业研究上专注执着，百折不挠，参与研制的多项技术填补了国内空白；做事上敢为人先，持之以恒，其创立的宁波理工监测科技股份有限公司成为目前国内领先的智能电网在线监测解决方案供应商；做人为人低调，淡泊名利，慷慨解囊，诚心诚意地回报母校和社会。

李和章副书记、副校长介绍了徐特立奖学金奖励范围、奖励条件等情况。

副书记、副校长李和章介绍了徐特立奖学金奖励范围、奖励条件、奖学金种类、徐特立奖学金基金会组织机构等情况。徐特立奖学金自设立起，始终是学校校级奖学金中的最高荣誉，有着重要的地位和意义。获奖者都是最优异的学生，他们毕业后都成为人民公仆、知名教授、商业精英。徐特立奖学金主要用于奖励北京理工大学的本科生、研究生中的优异生，对徐特立生前任教的中、高等学校以及其他学校中的优异生也给予奖励。徐特立奖学金每年颁发一次，设特等奖奖金 50 000 元、一等奖奖金 30 000 元、二等奖奖金 20 000 元、创新奖奖金 50 000 元、普通奖（外校大学生、中学生）奖金 2 500 元，奖励人数 60 多名。李和章指出，徐特立奖学金基金会理事会成员经过认真讨论，同意增选周方洁校友为徐特立奖学金基金会理事会副会长、徐特立奖学金评选委员会副主任。

管理与经济学院书记李金林介绍了“天一教育基金”的具体奖励办法。

周方洁校友在致辞中表示作为学校的校友，对母校有着深厚的感情，树高千尺不忘根。此次捐赠也是希望通过自己的行动为母校的发展建设贡献一份力量。

一位九旬老人的母校之情和爱心之光

供稿：党委宣传部 杨扬；摄影：斯君；编辑：新闻中心 杨扬

2014－05－26

【编者按】她在抗日烽火中，奔赴革命圣地，入读延安自然科学院；她曾师从徐特立老师，一生崇敬徐老的教育思想；她奉献革命，投身国家建设，仍然保持简朴作风；她年逾期颐，仍然坚持每年向母校捐资助学。她，就是我们的“首届学长”陈康白夫人、杰出的校友黎扬女士。

黎扬校友与北理工学生亲切交谈。

每年学校教育基金会都会收到来自四面八方校友的捐赠，校友们的无私奉献给在校的优秀学子带来了物质上的支持以及精神上的鼓励。在这些爱心捐赠中，有一份捐赠格外特殊。2014 年 5 月 21 日，一双颤巍巍的手将一封承载着爱心的信封交到了教育基金会同志们的手中。这位老校友已是第 12 次向徐特立奖学金基金会捐赠，而不久前，她才刚刚从“鬼门关”里逃了出来。

黎扬校友与采访者交谈。

在三里河的家中，我们见到了这位老校友。花白的头发映衬着她白皙的脸庞，沧桑的皱纹诉说着岁月的变迁。她身体消瘦，精神矍铄，要不是介绍，真看不出她已是95岁高龄。虽然衣着简朴，蓝色的袖口已经起了毛边，但是依然不能掩盖她那婉约高贵的气质。说起话来，她微微带笑，眼睛里全是和气，浅浅地、淡淡地，像盛开的葵花一样温暖——岁月带给她的是恬静安详的内心和坚定忠诚的信仰。

她就是徐特立老院长的学生和同事、我校创始人之一——陈康白院长的夫人、我校杰出的校友——黎扬女士。

黎扬校友谈延安自然科学院的情况。

爱心，让死神望而却步

说起去年夏天黎扬生病的那一幕，黎女士的二女儿黎纲至今还历历在目。

每年暑假黎扬全家都会去威海避暑，去年 8 月也不例外。黎扬女士虽然已经是 90 多岁高龄，但是身体依然非常硬朗，每年都会下海游泳，一些常在海边戏水的当地人都记得这位老当益壮的游泳健将。然而去年 8 月 23 日，在游泳后，黎扬女士不幸中风。黎扬被送到当地医院抢救时，医生马上就下了病危通知书，断定她是脑梗死。幸运的是，当地医生对老人进行了紧急救治，老人得到了很好的治疗。经过几个月的悉心照料，黎女士逐渐恢复了意识，又能坐起来了。当她彻底清醒时，她想到的第一件事就是为母校继续捐款。

黎扬校友的捐款证书。

为母校捐款是黎扬晚年一直惦记的一件大事。1985 年，学校设立徐特立奖学金时，她就将自己省吃俭用存下来的 2 000 元钱捐给了学校。20 世纪 80 年代的 2 000 块钱可不是一个小数目，近乎两个普通家庭的年收入，但是黎女士却毫不犹豫地捐献给了母校。她希望用这些钱帮助那些家庭贫困且成绩优异的好学生，鼓励和帮助新时期的大学生刻苦学习、奋发成才。

1989 年，黎扬女士又向学校捐献了 2 000 元。2005 年开始，她每年都从自己的退休金中取出 1 万元捐献给徐特立奖学金基金会。从 2005 年至 2014 年，她已经连续捐款 10 次，每次 1 万元，累积 10 万元。这 10 年间，很多学子受益于黎女士的捐款，这饱含着爱心的善款温暖了这些学子的心房，也照亮了他们前行的道路，乃至改变他们一生的命运。

勤俭伴一生　爱心暖人间

在女儿的记忆里，黎扬是一个严以律己、宽以待人的好母亲。在教育子女时，黎扬秉持着严母出人杰的教育理念，在日常生活中的每一件小事上都对子女要求十分严格，不让他们有一点特殊的思想，不能把孩子惯娇坏了。

20世纪60年代，二女儿和三女儿都在三里河的育才中学上学，每周六下午才能坐车回家。从育才中学到西直门要坐有轨电车，车费是九分钱；从西直门到位于中央党校的家要乘坐32路公交车，车费是两角钱，这一路的行程车费共计两角九分。而在给子女钱时，黎扬就只给两角九分，一分钱都不会多给。为了得到一些额外的零花钱，每个周六的下午，二姐就带着三妹徒步回家。走到西直门时，两个小姐妹筋疲力尽，但是又难掩喜悦："终于可以攒下来一角八分钱了！"有时三妹累得实在走不动了，二姐就将三妹送上了32路公交车，自己又接着往前走。每一次，二姐都是实在走不动的时候，才找一个最近的公交站坐车回家。就靠着这一分一分的积累，姐妹们才有了额外的花销。每一分钱她们都花得特别谨慎——花一分钱借一本小人书，花两分钱买一兜子西红柿，花五分钱买一根奶油冰棒，这些都是她们童年难得的快乐。

在教育方面，黎扬对子女更是非常严格。每次子女回家，她都要一一检查练习册，对于孩子们做错的习题，她都会一一过问。老一辈的父母总是很少当面表扬孩子，生怕孩子在表扬中得意自满，黎扬也是如此。面对孩子们所取得的成绩，她很少说一句肯定的话，也只有对着外人时，黎扬才会欣喜地赞许每一个孩子。

在日常生活方面，黎扬更是十分勤俭。步入她的洗手间里，你会被那些放置在墙角的大桶和小桶震惊——洗手的水要留着用来浇花；洗衣服的第一道水放掉，第二道水要用来冲厕所。她的这一习惯甚至影响了每个子女。据女儿们介绍，她们家里的洗手间也都有这些错落有致的小水桶，以便更好地节约用水。黎扬很少穿新衣服，每年过生日子女们都会给她购买一件新装，但是转身她都会将这些衣服送给朋友，因为黎扬觉得"她们更需要"。每次子女为她采购的新鲜食品，只要是未打开包装的，她转身就会送给那些住院的朋友们。到最后，为了让母亲们能够吃点好的，子女们都会偷偷地打开食物包装盒，这样，母亲才会勉强吃一些。

可是这位对自己节俭得近乎苛刻的老校友，却慷慨地把自己的积蓄拿出来帮助陌生的学生！照常理，像她这样的鲐背老人不仅无须再为别人做什么，倒是完全应该接受别人的关心和照顾。可她没有，不仅丝毫没有，而是把自己仅有的能为别人闪耀的一截残烛全部点燃，并且燃烧得如此明亮，如此辉煌！

在精神层面上，她站在了"大爱无疆"的高山上的顶峰。

教育成就梦想

1940 年 9 月 1 日，在延安南门外杜甫川，在仅有 50 多个窑洞、30 多间平房的山坡上，100 多位师生员工迎来了延安自然科学院的开学典礼，这标志着中国共产党创办的第一所理工科大学从此拉开了序幕。

黎扬 1941 年被组织上安排到延安自然科学院学习，是延安自然科学院大学部的第一届学员。回忆当时的学习生活时，黎扬说："我们上课、住宿都是在窑洞里头，一些小的活动也都在窑洞里举行。我们那时还经常在窑洞外上课，头顶晴天，没有凳子就坐在黄土地上，就这样听老师讲课，一个上午下来，腰酸腿痛，特别难受。但是那时的同学们从不叫苦，老师也照样站一上午讲课，口渴了，腿酸了都不怕，都这么坚持着学习。"徐特立当时是延安自然科学院的院长，黎扬曾亲耳聆听老院长的教诲。徐老那坚贞不渝的信念，理论联系实际的作风，学而不厌、诲人不倦的精神，给黎扬留下了极其深刻的印象。在采访中，黎扬不断强调："徐老是我最佩服的人。"

为缅怀徐特立同志对我国无产阶级革命事业的伟大贡献，激励青年一代立志攀登科学高峰，为我国培养杰出的科学技术人才，1985 年，在我校北京工业学院时期（延安自然科学院是北京工业学院的前身），在校内外校友的大力帮助下，在我校设立了徐特立奖学金。徐特立奖学金旨在奖励在校本科生、研究生或若干中学生中德智体全面发展的成绩特优的学生。奖学金的来源，采用单位、团体赠款和个人募捐的办法，并将此款存入银行作为基金，每年的利息支付奖学金的费用。在我校设立徐特立奖学金，是一项具有重大意义和深远影响的事情，各位校友热情支持、多方努力，为完成这件大事做出了杰出的贡献。黎扬女士也参加了当时首期的捐赠。当谈及为什么要为徐特立奖学金捐款时，黎扬说："我曾经接受徐老的教育，现在是我回报的时候了，我希望这些奖学金可以用来培养下一代优秀的学生"。

1985 年设立的徐特立奖学金是目前北理工最高的奖学金，其在北京的高校中也享有盛誉。其中的特等奖每年奖励两名学生，1988 年第一届徐特立奖学金颁奖时，奖金就高达 500 元。2012 年，经学校杰出校友周方洁的捐资，徐特立奖学金特奖金额升至 50 000 元，堪称是北京高校奖学金额度之最。近 30 年来，1 000 多名优秀学子曾荣获徐特立奖学金，对于每一个获得者而言，这份奖学金就像是人生的一个标杆，激励着他们继承光荣革命传统，发扬优良学风，勇攀科技高峰。

1988 年首届徐特立奖学金的获得者中，有我校杰出校友、北京市原副市长范伯元。范伯元留校后表现突出，曾任车辆学院院长。调出学校后范伯元校友始终关心教育事业的发展，曾任北京市教育委员会副主任、北京工业大学校长、北京科技教育促进会理事长以及北京市关工委主任。2005 年，时任北京市副市长的范伯元宣布，本市将在义务教育阶段推行全面免费，包括学生的杂费、书本费等均将实现全免；与此同时，对农村地区和家庭困难学生开始逐步推行高中阶段免费教育。这标志着北京市的义务教育进入了一个新的阶段。

程雪岷是 2001 学年徐特立奖学金的获得者。从 1994 年进入大学一直到博士毕业，程雪岷在北理工连续度过了九年半的时光，对母校怀有深厚的感情。毕业后，程雪岷接过教书育人的接力棒，进入清华大学深圳研究生院从事技术光学方面的科研和教学工作。在教育的岗位上程雪岷已经连续工作了十多载，每天她都会认真负责地讲好每一门课程，用爱与责任为学生导航。

韩婷是 2013 学年徐特立奖学金获得者。在大学四年里，她认认真真上好每一堂课，扎扎实实做好每一个实验，以汗水和努力为色调逼出了自己全部的能量，最终登上

“北理工学霸”的最高领奖台。获得徐特立奖学金也让韩婷发现了“另外一个自己”，让她真正明白了自己梦想的方向，今年8月，韩婷即将前往香港科技大学续写自己的精彩篇章。

故事的最后让我们再回到5月21日那天清晨。

那天早上，一想到要为母校捐款，黎扬五点左右就睡不着了。她起床再次清点了现金，装入一个信封，并在封皮上写下了娟秀的字迹：“徐老基金（10 000元）。”

在等候的过程中，黎扬和女儿一起捧起了重孙女的小学课本，默默地读了起来。作为一名见证中国沧桑巨变的老人，黎扬深知，“关心下一代的教育就是关心祖国的未来”。

平静如水，淡雅如风，这是95高龄老太太的普通一天，但这一天因为一份期待而不同。

风起，墙上装裱的《陋室铭》微微翻动，沙沙作响，“斯是陋室，惟吾德馨”的字迹更显清晰。

北京理工大学2017年徐特立奖学金答辩会圆满结束

供稿：学生事务中心 张京；摄影：宣传部 斯君，
学生事务中心 徐强 张京；编辑：孙西艳

2017－12－22

12月21日，北京理工大学2017年徐特立奖学金答辩会在我校中关村校区七号楼报告厅隆重举行。

本次答辩会分为两场。上午为本科生徐特立奖学金答辩会，出席的评委有：薛庆教授、夏元清教授、孙华飞教授、崔建霞教授，学生工作处处长郭彦懿、校团委书记肖雄、教务处副处长赵良玉、教育基金会办公室主任余海滨；下午为研究生徐特立奖学金答辩会，出席的评委有：徐特立奖学金基金会会长、两院院士、原北京理工大学校长王越，中国工程院院士吴锋，校教育基金会理事长、原常务副校长杨宾，机械与运载学部焦清介教授，信息与电子学部盛新庆教授，理学与材料学部杨国昱教授，人文与社会学部胡瑞法教授，研究生院常务副院长王军政教授。到场的还有来自各学院的老师和同学们，学校特别邀请了两名学生代表参与本次答辩会的计时、选票统计和监票工作。

学生们在答辩。

来自 18 个学院的 17 名本科生、10 名硕士研究生、10 名博士研究生共计 37 人参加了本年度徐特立奖学金答辩会。他们按照抽签顺序，依次上台展示自己的风采，并接受评委提问。候选人从学习情况、科技创新、课题研究、社会实践及学生工作等方面进行自我展示。

答辩会上的评委们。

评委们以高度负责的态度，严格要求，本着公平公正、宁缺毋滥的原则，最终评选出数学与统计学院本科生杨成浪、信息与电子学院硕士研究生熊一枫、材料学院博士研究生叶玉胜等 18 名学生为 2017 年徐特立奖学金获得者。

薛庆教授宣读了获得 2017 年徐特立奖学金本科生获奖学生名单，中国工程院院士吴锋宣读了硕士研究生获奖学生名单，校教育基金会理事长杨宾宣读了博士研究生获奖学生名单。

两院院士王越对整体答辩情况进行了精彩点评，他肯定了此次活动的意义，提出高层次人才间的互相交流十分重要；对同学们目前的研究工作表示肯定，鼓励同学们融入校园文化共同发展；同时也告诫同学们要理论联系实际，用辩证的思维方式来思考和解决问题。

附：2017 年徐特立奖学金获奖名单

学院	姓名	学生类别	奖学金类型	金额/元
数学与统计学院	杨成浪	本科生	徐特立奖学金	50 000
软件学院	姜天洋	本科生	徐特立奖学金	50 000
机械与车辆学院	朱漫福	本科生	徐特立奖学金	50 000
机电学院	卢奕昂	本科生	徐特立奖学金	50 000

续表

学院	姓名	学生类别	奖学金类型	金额
自动化学院	赵家樑	本科生	徐特立奖学金	50 000
徐特立学院	李展宇	本科生	徐特立奖学金	50 000
信息与电子学院	梅杰	本科生	徐特立奖学金	50 000
人文与社会科学学院	陈晨	本科生	徐特立奖学金	50 000
管理与经济学院	徐一婕	本科生	徐特立奖学金	50 000
信息与电子学院	熊一枫	硕士研究生	徐特立奖学金	50 000
化学与化工学院	张雅倩	硕士研究生	徐特立奖学金	50 000
物理学院	王彤璐	硕士研究生	徐特立奖学金	50 000
材料学院	丁才华	硕士研究生	徐特立奖学金	50 000
材料学院	叶玉胜	博士研究生	徐特立奖学金	50 000
机电学院	何飘	博士研究生	徐特立奖学金	50 000
化学与化工学院	王珊	博士研究生	徐特立奖学金	50 000
机械与车辆学院	王安东	博士研究生	徐特立奖学金	50 000
信息与电子学院	李斌	博士研究生	徐特立奖学金	50 000

北京理工大学最高荣誉奖学金
——徐特立奖学金答辩会顺利举行

供稿：学生事务中心孙西艳 摄影：学生事务中心李倩 编辑：孙西艳

2018－5－30

2018年5月29日和30日，北京理工大学第31届徐特立奖学金答辩会在我校中关村校区七号楼报告厅隆重举行。

本次答辩会分为本科生场及研究生场。29日为本科生徐特立奖学金答辩会，出席的评委有：张建国教授、黄一帆教授、李炳照教授、于兆波教授、学生工作处处长郭彦懿、教育基金会办公室主任余海滨、教务处处长助理肖烜；30日为研究生徐特立奖学金答辩会，出席的评委有：徐特立奖学金基金会会长、两院院士、原北京理工大学校长王越院士，机械与运载学部主任委员焦清介教授、信息与电子学部主任委员吴嗣亮教授、理学与材料学部主任委员杨荣杰教授、人文与社科学部主任委员李金林教授、研究生院常务副院长兼招生处处长王军政教授、研究生院副院长兼培养处处长唐胜景教授。到场的还有来自各学院的教师和学生代表，学校特别邀请了两名学生代表参与本次答辩会的计时、选票统计和监票工作。

答辩会会场。

来自各个学院的 39 名优秀候选人参加本年度徐特立奖学金答辩会，其中本科生 19 名、硕士研究生 10 名、博士研究生 10 名。这 39 名北理工学子不仅学业名列前茅、科研硕果累累，并在国际国内的各类竞赛中屡创佳绩，在学生工作中带领同学们共同进步，在社会实践里发挥特长、奉献社会。他们用突出的成绩和丰硕的成果，诠释了“胸怀壮志，明德精工，创新包容，时代担当”的北理工品格，是北理工学子的典范。

答辩会上的评委们。

评委们以严格认真、高度负责的态度，本着公平公正、宁缺毋滥的原则，最终评选出数学与统计学院本科生张世强、设计与艺术学院硕士研究生郭萌睿、计算机学院博士研究生魏骁驰等20名学生为第31届徐特立奖学金获得者。黄一帆教授宣读了获得第31届徐特立奖学金本科生获奖学生名单，王越院士宣读了研究生获奖学生名单。

最后，王越院士对同学们寄语：做学问要从客观出发，理清约束条件再进行研究，具体问题具体分析，特殊问题特殊分析，实事求是，反复求证，发挥创新潜能，努力钻研能够应用于实际的技术科学。

附：第31届徐特立奖学金获奖名单

学院	姓名	学生类别	奖学金类型	金额/元
数学与统计学院	张世强	本科生	徐特立奖学金	50 000
生命学院	陶慧	本科生	徐特立奖学金	50 000
管理与经济学院	祝凌云	本科生	徐特立奖学金	50 000
徐特立学院	龚衡恒	本科生	徐特立奖学金	50 000
化学与化工学院	陈凡	本科生	徐特立奖学金	50 000
信息与电子学院	刘艺林	本科生	徐特立奖学金	50 000
设计与艺术学院	黎书	本科生	徐特立奖学金	50 000
法学院	朱君	本科生	徐特立奖学金	50 000
计算机学院	游润泽	本科生	徐特立奖学金	50 000

续表

学院	姓名	学生类别	奖学金类型	金额
光电学院	左宏志	本科生	徐特立奖学金	50 000
设计与艺术学院	郭萌睿	硕士研究生	徐特立奖学金	50 000
化学与化工学院	霍思璐	硕士研究生	徐特立奖学金	50 000
宇航学院	孙国瑞	硕士研究生	徐特立奖学金	50 000
自动化学院	张永隆	硕士研究生	徐特立奖学金	50 000
计算机学院	唐翼琨	硕士研究生	徐特立奖学金	50 000
计算机学院	魏骁驰	博士研究生	徐特立奖学金	50 000
机械与车辆学院	张永志	博士研究生	徐特立奖学金	50 000
材料学院	吴宇	博士研究生	徐特立奖学金	50 000
机电学院	赵雄伟	博士研究生	徐特立奖学金	50 000
宇航学院	罗凯	博士研究生	徐特立奖学金	50 000

第五部分

徐特立奖学金获奖学生名单

徐特立奖学金获奖学生名单

序号	姓名	学校/学院、专业和在读性质	金额/元	评奖时间	奖学金类型
1	贾关保	自动控制系本科生	500	19870912	普通奖
2	葛晴	自动控制系本科生	500	19870912	普通奖
3	徐向阳	车辆工程学院本科生	500	19870912	普通奖
4	李镇	电子工程系本科生	500	19870912	普通奖
5	杨文峰	机械工程与自动化学院本科生	500	19870912	普通奖
6	唐水源	机械工程与自动化学院本科生	500	19870912	普通奖
7	张瑞萍	机电工程系本科生	500	19870912	普通奖
8	陈方	计算机科学工程本科生	500	19870912	普通奖
9	鲍剑	延安大学中文系本科生	500	19870912	普通奖
10	谭学庆	机电控制工程系硕士生	500	19870912	普通奖
11	范伯元	车辆工程学院博士生	500	19870912	普通奖
12	倪国强	光电工程系博士生	500	19870912	普通奖
13	郎恒元	光电工程系博士生	500	19870912	普通奖
14	廖支援	化工与材料学院博士生	500	19870912	普通奖
15	王焕忠	化工与材料学院博士生	500	19870912	普通奖
16	浣石	机电工程系博士生	500	19870912	普通奖
17	韩伯棠	十机电控制工程系博士生	500	19870912	普通奖
18	王松颖	成人教育学院本科生	500	19870912	普通奖
19	杨小龙	机电控制工程系本科生	600	19880920	普通奖
20	王卓民	自动控制系本科生	600	19880920	普通奖
21	高春清	光电工程系本科生	600	19880920	普通奖
22	南方圆	电子工程系本科生	600	19880920	普通奖
23	林红权	化工与材料学院本科生	600	19880920	普通奖
24	潘峰	机械工程与自动化学院本科生	600	19880920	普通奖
25	张长杰	机电工程系本科生	600	19880920	普通奖
26	鞠晓峰	管理与经济学院本科生	600	19880920	普通奖
27	包鲁秋	十自动控制系本科生	600	19880920	普通奖
28	张玉成	机电控制工程系硕士生	600	19880920	普通奖
29	左昭勤	自动控制系博士生	600	19880920	普通奖
30	魏泽斌	光电工程系博士生	600	19880920	普通奖

续表

序号	姓名	学校/学院、专业和在读性质	金额/元	评奖时间	奖学金类型
31	杜江凌	电子工程系博士生	600	19880920	普通奖
32	吴小丽	机械工程与自动化学院硕士生	600	19880920	普通奖
33	罗颖	计算机科学工程硕士生	600	19880920	普通奖
34	王明新	十机电控制工程系博士生	600	19880920	普通奖
35	刘端	十车辆工程学院硕士生	600	19880920	普通奖
36	于树祥	成人教育学院本科生	600	19880920	普通奖
37	彭红	湖南省长沙师范学校	300	19880920	中学生奖
38	罗松	湖南省长沙县五美中学	300	19880920	中学生奖
39	孙晶文	北京市第八中学	300	19880920	中学生奖
40	吕敬	北京师范学院附属中学	300	19880920	中学生奖
41	杜征	北京市一零一中学	300	19880920	中学生奖
42	乔靖玉	天津市第一中学	300	19880920	中学生奖
43	胡伟	天津市第二中学	300	19880920	中学生奖
44	张璞	河北省石家庄市第一中学	300	19880920	中学生奖
45	丁力	河南洛阳第一高级中学	300	19880920	中学生奖
46	蔡铁	河南省郑州市第一中学	300	19880920	中学生奖
47	杨燕群	山东省师范大学附属中学	300	19880920	中学生奖
48	郝晓斌	山东省实验中学	300	19880920	中学生奖
49	贾迎芳	山西省运城康杰中学	300	19880920	中学生奖
50	蔡江涛	陕西省宝鸡市宝鸡中学	300	19880920	中学生奖
51	杜慧峰	辽宁省实验中学	300	19880920	中学生奖
52	刘立伟	辽宁省沈阳市第二中学	300	19880920	中学生奖
53	张彬	吉林省实验中学	300	19880920	中学生奖
54	杨伟才	吉林省长春市第十一中学	300	19880920	中学生奖
55	张磊	黑龙江省哈尔滨市第六中学	300	19880920	中学生奖
56	易鸿	湖南省常德市第一中学	300	19880920	中学生奖
57	李雁	湖南省长沙市雅礼中学	300	19880920	中学生奖
58	李仕文	重庆市南开中学	300	19880920	中学生奖
59	张旭	四川省成都市第九中学	300	19880920	中学生奖
60	雍英	湖南省长沙市修业学校	500	19880920	中学生特等奖
61	肖瑛	湖南省长沙师范学校	300	19901013	中学生奖
62	刘晔	上海市大同中学	300	19901013	中学生奖
63	周佩珊	广东省佛山市第一中学	300	19901013	中学生奖

续表

序号	姓名	学校/学院、专业和在读性质	金额/元	评奖时间	奖学金类型
64	李娟	山西省运城康杰中学	300	19901013	中学生奖
65	孟毅蓉	云南师范大学附属中学	300	19901013	中学生奖
66	王新艳	吉林省长春市第十一中学	300	19901013	中学生奖
67	罗云霞	安徽省合肥市第一中学	300	19901013	中学生奖
68	王海英	河南洛阳第一高级中学	300	19901013	中学生奖
69	甄铁权	辽宁省实验中学	300	19901013	中学生奖
70	陈坚	湖南省长沙市雅礼中学	300	19901013	中学生奖
71	夏卫宏	广东省广州市第六十二中学	300	19901013	中学生奖
72	倪腊琴	江苏省常州市高级中学	300	19901013	中学生奖
73	王仲琪	陕西省宝鸡市宝鸡中学	300	19901013	中学生奖
74	郭英辉	江西省师范大学附属中学	300	19901013	中学生奖
75	林勇	重庆市第一中学	300	19901013	中学生奖
76	程洪飞	北京理工大学附属中学	300	19901013	中学生奖
77	林云庆	福建省莆田市第一中学	300	19901013	中学生奖
78	赵燕平	北京市一零一中学	300	19901013	中学生奖
79	刘强	天津市第一中学	300	19901013	中学生奖
80	杨佩莹	上海市川沙县中学①	300	19901013	中学生奖
81	卢向红	浙江省东阳中学	300	19901013	中学生奖
82	曹毅	湖南省长沙县五美中学	300	19901013	中学生奖
83	沈小祥	江苏省苏州中学	300	19901013	中学生奖
84	冀四梅	机电控制工程系硕士生	600	19901013	普通奖
85	吴江	自动控制系本科生	600	19901013	普通奖
86	郭七一	车辆工程学院博士生	600	19901013	普通奖
87	蓝晓锦	车辆工程学院本科生	600	19901013	普通奖
88	庞长富	光电工程系本科生	600	19901013	普通奖
89	李向东	电子工程系本科生	600	19901013	普通奖
90	徐春玲	电子工程系本科生	600	19901013	普通奖
91	李云政	化工与材料学院博士生	600	19901013	普通奖
92	张旭	机械工程与自动化学院本科生	600	19901013	普通奖
93	张维	机械工程与自动化学院本科生	600	19901013	普通奖
94	李放	机电工程系博士生	600	19901013	普通奖
95	谭毓安	计算机科学工程本科生	600	19901013	普通奖
96	黄缨	管理与经济学院本科生	600	19901013	普通奖

① 上海市川沙县中学：今为上海市川沙中学。

续表

序号	姓名	学校/学院、专业和在读性质	金额/元	评奖时间	奖学金类型
97	卢鹏程	十机电控制工程系本科生	600	19901013	普通奖
98	吴晓丽	十自动控制系本科生	600	19901013	普通奖
99	刘立平	十车辆工程学院本科生	600	19901013	普通奖
100	冯明	十光电工程系硕士生	600	19901013	普通奖
101	党义华	延安大学本科生	600	19901013	普通奖
102	李文涛	化工与材料学院本科生	600	19901013	普通奖
103	毕强	飞行器制造系本科生	600	19911024	普通奖
104	蒋国飞	自动化系本科生	600	19911024	普通奖
105	程东辉	自动化系本科生	600	19911024	普通奖
106	耿立恩	车辆学院本科生	600	19911024	普通奖
107	张璞	车辆学院本科生	600	19911024	普通奖
108	王勇	电子工程本科生	600	19911024	普通奖
109	刚砺韬	电子工程本科生	600	19911024	普通奖
110	景鹏	化工与材料学院本科生	600	19911024	普通奖
111	魏德骄	化工与材料学院本科生	600	19911024	普通奖
112	张旭	机械工程及自动化	600	19911024	普通奖
113	张冬梅	机械工程及自动化本科生	600	19911024	普通奖
114	吴洲	材料系本科生	600	19911024	普通奖
115	单峰	计算机系本科生	600	19911024	普通奖
116	吴伟	经管学院本科生	600	19911024	普通奖
117	高文干	理学院本科生	600	19911024	普通奖
118	麻锋	理学院本科生	600	19911024	普通奖
119	杨晓强	理学院本科生	600	19911024	普通奖
120	姚忠	人文学院本科生	600	19911024	普通奖
121	刘和美	成人教育学院函授本科生	600	19911024	普通奖
122	聂荣梅	飞行器制造硕士生	600	19911024	普通奖
123	张文冬	车辆工程学院硕士生	600	19911024	普通奖
124	吴兵	机械工程及自动化系硕士生	600	19911024	普通奖
125	刘金钢	材料系硕士生	600	19911024	普通奖
126	宋泽军	计算机系硕士生	600	19911024	普通奖
127	魏恒江	经管学院硕士生	600	19911024	普通奖
128	安超	车辆工程学院博士生	600	19911024	普通奖

续表

序号	姓名	学校/学院、专业和在读性质	金额/元	评奖时间	奖学金类型
129	王典民	光电工程系博士生	600	19911024	普通奖
130	杨树林	电子工程博士生	600	19911024	普通奖
131	阎震	化工与材料学院博士生	600	19911024	普通奖
132	刘越峰		300	19911024	中学生奖
133	罗臣		300	19911024	中学生奖
134	万青		300	19911024	中学生奖
135	陈福泰		300	19911024	中学生奖
136	何晓新		300	19911024	中学生奖
137	陈勇		300	19911024	中学生奖
138	曾思东		300	19911024	中学生奖
139	顾文责		300	19911024	中学生奖
140	孙晓波		300	19911024	中学生奖
141	黄雄		300	19911024	中学生奖
142	胡浩平		300	19911024	中学生奖
143	丁鲁平		300	19911024	中学生奖
144	楼民		300	19911024	中学生奖
145	程步一		300	19911024	中学生奖
146	侯岚		300	19911024	中学生奖
147	陈洪	机电控制工程系本科生	600	19921118	普通奖
148	金勇辉	自动控制系本科生	600	19921118	普通奖
149	邵春鸣	车辆工程学院本科生	600	19921118	普通奖
150	朱永	光电工程系本科生	600	19921118	普通奖
151	张鹰	电子工程系本科生	600	19921118	普通奖
152	毛智方	电子工程系本科生	600	19921118	普通奖
153	田焱	化工与材料学院本科生	600	19921118	普通奖
154	杨晓平	化工与材料学院本科生	600	19921118	普通奖
155	张冬梅	机械工程与自动化学院本科生	600	19921118	普通奖
156	李波	机械工程与自动化学院本科生	600	19921118	普通奖
157	魏煜	机电工程系本科生	600	19921118	普通奖
158	高鹏	机电工程系本科生	600	19921118	普通奖
159	李秀生	计算机科学工程本科生	600	19921118	普通奖
160	孙含晖	管理与经济学院本科生	600	19921118	普通奖

续表

序号	姓名	学校/学院、专业和在读性质	金额/元	评奖时间	奖学金类型
161	李海珠	十机电控制工程系本科生	600	19921118	普通奖
162	廖日东	十车辆工程学院本科生	600	19921118	普通奖
163	李亦芒	十光电工程系本科生	600	19921118	普通奖
164	林应浦	成人教育学院本科生	600	19921118	普通奖
165	刘红哲	延安大学本科生	600	19921118	普通奖
166	王振海	延安教育学院本科生	600	19921118	普通奖
167	曾开祥	机电控制工程系硕士生	600	19921118	普通奖
168	黄英	车辆工程学院硕士生	600	19921118	普通奖
169	田达容	电子工程系硕士生	600	19921118	普通奖
170	莫云和	计算机科学工程硕士生	600	19921118	普通奖
171	韩晓东	管理与经济学院硕士生	600	19921118	普通奖
172	杨功军	自动控制系博士生	600	19921118	普通奖
173	卫爱霞	车辆工程学院博士生	600	19921118	普通奖
174	张智铨	光电工程系博士生	600	19921118	普通奖
175	周智明	化工与材料学院博士生	600	19921118	普通奖
176	赵彬	天津市第一中学	300	19921118	中学生奖
177	张丽颖	北京理工大学附属中学	300	19921118	中学生奖
178	魏丹丹	云南师范大学附属中学	300	19921118	中学生奖
179	王晓辉	吉林省长春市第十一中学	300	19921118	中学生奖
180	刁杰东	安徽省合肥市第一中学	300	19921118	中学生奖
181	曾志平	广东省广州市第六十二中学	300	19921118	中学生奖
182	李凯	湖南省长沙县五美中学	300	19921118	中学生奖
183	王妍	北京市一零一中学	300	19921118	中学生奖
184	刘芳	河北省石家庄市第一中学	300	19921118	中学生奖
185	李骏洪	福建省莆田市第一中学	300	19921118	中学生奖
186	朱禄	机电控制工程系本科生	800	19931129	普通奖
187	范颖丽	自动控制系本科生	800	19931129	普通奖
188	姚德谊	自动控制系本科生	800	19931129	普通奖
189	孙永忠	车辆工程学院本科生	800	19931129	普通奖
190	王勇	车辆工程学院本科生	800	19931129	普通奖
191	娄丽军	光电工程系本科生	800	19931129	普通奖
192	李章军	电子工程系本科生	800	19931129	普通奖

续表

序号	姓名	学校/学院、专业和在读性质	金额/元	评奖时间	奖学金类型
193	吴瑞芸	电子工程系本科生	800	19931129	普通奖
194	郭卫军	机械工程与自动化学院本科生	800	19931129	普通奖
195	杨大勇	机械工程与自动化学院本科生	800	19931129	普通奖
196	祝奇	机电工程系本科生	800	19931129	普通奖
197	董凯虹	计算机科学工程本科生	800	19931129	普通奖
198	刘新昕	管理与经济学院本科生	800	19931129	普通奖
199	毕金波	十机电控制工程系本科生	800	19931129	普通奖
200	石磊	十光电工程系本科生	800	19931129	普通奖
201	贺晓斌	延安教育学院本科生	800	19931129	普通奖
202	傅东宇	机电控制工程系硕士生	800	19931129	普通奖
203	左正兴	车辆工程学院博士生	800	19931129	普通奖
204	白英俊	光电工程系硕士生	800	19931129	普通奖
205	沈毅龙	电子工程系硕士生	800	19931129	普通奖
206	孙克淋	机械工程与自动化学院硕士生	800	19931129	普通奖
207	王亚群	机电工程系硕士生	800	19931129	普通奖
208	魏炎龄	计算机科学工程硕士生	800	19931129	普通奖
209	邓集锋	管理与经济学院硕士生	800	19931129	普通奖
210	吴晓丽	十自动控制系硕士生	800	19931129	普通奖
211	张志伟	材料中心博士生	800	19931129	普通奖
212	羿莎	湖南省长沙师范学校	300	19931129	中学生奖
213	宋金环	北京市一零一中学	300	19931129	中学生奖
214	林振宇	福建省莆田市第一中学	300	19931129	中学生奖
215	蒋正雷	浙江省东阳中学	300	19931129	中学生奖
216	谭宽	湖南省长沙市雅礼中学	300	19931129	中学生奖
217	卢凌晓	湖南省长沙县五美中学	300	19931129	中学生奖
218	吕丽璇	河北省石家庄市第一中学	300	19931129	中学生奖
219	楼先迪	机电控制工程系本科生	800	19941119	普通奖
220	王冬梅	自动控制系本科生	800	19941119	普通奖
221	卢伟	车辆工程学院本科生	800	19941119	普通奖
222	卢英威	光电工程系本科生	800	19941119	普通奖
223	雷文	电子工程系本科生	800	19941119	普通奖
224	李方慧	电子工程系本科生	800	19941119	普通奖

续表

序号	姓名	学校/学院、专业和在读性质	金额/元	评奖时间	奖学金类型
225	夏军涛	化工与材料学院本科生	800	19941119	普通奖
226	倪卫华	化工与材料学院本科生	800	19941119	普通奖
227	徐永凯	机械工程与自动化学院本科生	800	19941119	普通奖
228	熊永虎	机电工程系本科生	800	19941119	普通奖
229	原宇玲	计算机科学工程本科生	800	19941119	普通奖
230	徐海岚	管理与经济学院本科生	800	19941119	普通奖
231	刘超	十机电控制工程系本科生	800	19941119	普通奖
232	张海东	十自动控制系本科生	800	19941119	普通奖
233	王亚宁	十光电工程系本科生	800	19941119	普通奖
234	徐斌	延安大学学生	800	19941119	普通奖
235	李春兰	成人教育学院本科生	800	19941119	普通奖
236	张雪平	延安教育学院学生	800	19941119	普通奖
237	付春生	材料中心博士生	800	19941119	普通奖
238	郝慧	机电控制工程系硕士生	800	19941119	普通奖
239	李红新	自动控制系博士生	800	19941119	普通奖
240	金达锋	车辆工程学院博士生	800	19941119	普通奖
241	臧二军	光电工程系博士生	1500	19941119	特等奖
242	马静宜	电子工程系硕士生	800	19941119	普通奖
243	丁洪志	化工与材料学院博士生	1500	19941119	特等奖
244	乔蕾	机械工程与自动化学院硕士生	800	19941119	普通奖
245	李灿波	机电工程系硕士生	800	19941119	普通奖
246	李雁	计算机科学工程硕士生	800	19941119	普通奖
247	幸理	管理与经济学院硕士生	800	19941119	普通奖
248	朱海平	十车辆工程学院博士生	1500	19941119	特等奖
249	杨丽君	湖南省长沙师范学校	300	19941119	中学生奖
250	曹岳	北京市一零一中学	300	19941119	中学生奖
251	朱金辉	福建省莆田市第一中学	300	19941119	中学生奖
252	张天军	浙江省东阳中学	300	19941119	中学生奖
253	王怀	湖南省长沙县五美中学	300	19941119	中学生奖
254	王芳	河北省石家庄市第一中学	300	19941119	中学生奖
255	冯晖	广东省广州市第六十二中学	300	19941119	中学生奖
256	黄丽	上海市川沙县中学	300	19941119	中学生奖

续表

序号	姓名	学校/学院、专业和在读性质	金额/元	评奖时间	奖学金类型
257	夏军	天津市第一中学	300	19941119	中学生奖
258	田宗祥	陕西省宝鸡市宝鸡中学	300	19941119	中学生奖
259	翁彦	机电控制工程系 92 级本科生	2 000	19951124	普通奖
260	施新	车辆工程学院 92 级本科生	2 000	19951124	普通奖
261	陈爱弟	机械工程与自动化学院 92 级本科生	2 000	19951124	普通奖
262	李银林	机电工程系 92 级本科生	2 000	19951124	普通奖
263	谢斌	工业设计系 92 级本科生	2 000	19951124	普通奖
264	罗莉	自动控制系 92 级本科生	2 000	19951124	普通奖
265	刘国林	光电工程系 93 级本科生	2 000	19951124	普通奖
266	刘芳	电子工程系 93 级本科生	2 000	19951124	普通奖
267	谢湘	电子工程系 93 级本科生	2 000	19951124	普通奖
268	朱正茂	化工与材料学院 93 级本科生	2 000	19951124	普通奖
269	杨静	计算机科学工程系 92 级本科生	2 000	19951124	普通奖
270	胡宁峰	管理与经济学院 92 级本科生	2 000	19951124	普通奖
271	姜海燕	科学技术学院 93 级本科生	2 000	19951124	普通奖
272	徐业君	外语系 94 级本科生	2 000	19951124	普通奖
273	高晶华	延安大学中文系本科生	2 000	19951124	普通奖
274	夏镭	成人教育学院本科生	2 000	19951124	普通奖
275	马聘	机电控制工程系 93 级硕士生	2 000	19951124	普通奖
276	郁秀峰	车辆工程学院 92 级硕士生	2 000	19951124	普通奖
277	茅曙光	机械工程与自动化学院 93 级硕士生	2 000	19951124	普通奖
278	娄文忠	机电工程系 93 级硕士生	2 000	19951124	普通奖
279	何宝宏	人工智能所 93 级硕士生	2 000	19951124	普通奖
280	解三名	自动控制系 92 级博士生	2 000	19951124	普通奖
281	华宏	光电工程系 95 级博士生	2 000	19951124	普通奖
282	余越	电子工程系 92 级博士生	2 000	19951124	普通奖
283	刘玉	化工与材料学院 93 级博士生	2 000	19951124	普通奖
284	马卫国	计算机科学工程 93 级硕士生	2 000	19951124	普通奖
285	张齐	材料中心 92 级博士生	2 000	19951124	普通奖
286	吴丽丽	管理与经济学院 94 级硕士生	2 000	19951124	普通奖
287	陈佩银	湖南省长沙县五美中学	500	19951124	中学生奖
288	吴金坠	福建省莆田市第一中学	500	19951124	中学生奖

续表

序号	姓名	学校/学院、专业和在读性质	金额/元	评奖时间	奖学金类型
289	刘明生	湖北省红安县第一中学	500	19951124	中学生奖
290	李加琪	天津市第一中学	500	19951124	中学生奖
291	马京京	北京市一零一中学	500	19951124	中学生奖
292	赵曦	辽宁省实验中学	500	19951124	中学生奖
293	李艳军	湖南省长沙师范学校	500	19951124	中学生奖
294	向智	湖南省长沙市雅礼中学	500	19951124	中学生奖
295	杨兵	陕西省宝鸡市宝鸡中学	500	19951124	中学生奖
296	陈浩敏	广东省广州市第六十二中学	500	19951124	中学生奖
297	谢泽瀚	云南师范大学附属中学	500	19951124	中学生奖
298	刘艳霜	河北省石家庄市第一中学	500	19951124	中学生奖
299	梁晶	机电控制工程系本科生	2 000	19961116	普通奖
300	吕丽璇	自动控制工程系本科生	2 000	19961116	普通奖
301	王静	车辆工程学院本科生	2 000	19961116	普通奖
302	宋海华	光电工程系本科生	2 000	19961116	普通奖
303	臧铁飞	电子工程系本科生	2 000	19961116	普通奖
304	董震	电子工程系本科生	2 000	19961116	普通奖
305	徐晓磊	化工与材料学院本科生	2 000	19961116	普通奖
306	夏律	化工与材料学院本科生	2 000	19961116	普通奖
307	周捷	机械工程系本科生	2 000	19961116	普通奖
308	任延群	机电工程系本科生	2 000	19961116	普通奖
309	汪青峰	计算机科学工程系本科生	2 000	19961116	普通奖
310	郭晞	管理与经济学院本科生	2 000	19961116	普通奖
311	刘芳	管理与经济学院本科生	2 000	19961116	普通奖
312	朱文杰	应用数学系本科生	2 000	19961116	普通奖
313	范勇	应用力学系本科生	2 000	19961116	普通奖
314	于萱	工业设计系本科生	2 000	19961116	普通奖
315	赵向华	社会科学系本科生	2 000	19961116	普通奖
316	许彦华	延安大学中文系本科生	2 000	19961116	普通奖
317	杨峰	延安教育学院中文系本科生	2 000	19961116	普通奖
318	史山河	成人教育学院本科生	2 000	19961116	普通奖
319	于剑桥	机电控制工程系硕士生	2 000	19961116	普通奖
320	彭熙伟	自动控制系博士生	2 000	19961116	普通奖

续表

序号	姓名	学校/学院、专业和在读性质	金额/元	评奖时间	奖学金类型
321	苏铁熊	车辆工程学院博士生	2 000	19961116	普通奖
322	何定	光电工程系硕士生	2 000	19961116	普通奖
323	罗善国	化工与材料学院博士生	2 000	19961116	普通奖
324	姬广振	机械工程系硕士生	2 000	19961116	普通奖
325	申延涛	机电工程系硕士生	2 000	19961116	普通奖
326	原宇玲	计算机科学工程系硕士生	2 000	19961116	普通奖
327	郭林	材料中心博士生	2 000	19961116	普通奖
328	郝红艳	人工智能所硕士	2 000	19961116	普通奖
329	彭学英	湖北省红安县第一中学	500	19961208	中学生奖
330	孙景峰	河北省石家庄市第一中学	500	19961208	中学生奖
331	王银辉	湖南省长沙县五美中学	500	19961208	中学生奖
332	吴斌	湖南省长沙师范学校	500	19961208	中学生奖
333	刘扬	吉林省长春市第十一中学	500	19961208	中学生奖
334	马文华	广东省广州市育才中学	500	19961208	中学生奖
335	程万军	陕西省宝鸡市宝鸡中学	500	19961208	中学生奖
336	陈澍	云南师范大学附属中学	500	19961208	中学生奖
337	梁世杰	机电控制工程系 95 级硕士生	2 000	19971028	普通奖
338	郑斌全	机电控制工程系 94 级本科生	2 000	19971028	普通奖
339	贾志华	自动控制系 95 级硕士生	2 000	19971028	普通奖
340	郁光辉	自动控制系 94 级本科生	2 000	19971028	普通奖
341	张红光	车连工程学院 94 级博士生	2 000	19971028	普通奖
342	刘辉	车辆工程学院 94 级本科生	2 000	19971028	普通奖
343	张雪松	光电工程系 94 级博士生	2 000	19971028	普通奖
344	李勇量	光电工程系 95 级本科生	2 000	19971028	普通奖
345	刘刚	电子工程系 95 级博士生	2 000	19971028	普通奖
346	陈颖	电子工程系 95 级本科生	2 000	19971028	普通奖
347	张德奎	电子工程系 95 级本科生	2 000	19971028	普通奖
348	宫宁瑞	化工与材料学院 95 级硕士生	2 000	19971028	普通奖
349	张建	化工与材料学院 95 级本科生	2 000	19971028	普通奖
350	汪雪林	化工与材料学院 95 级本科生	2 000	19971028	普通奖
351	李贵元	机械工程与自动化学院 95 级硕士生	2 000	19971028	普通奖
352	范群波	机械工程与自动化学院 94 级本科生	2 000	19971028	普通奖

续表

序号	姓名	学校/学院、专业和在读性质	金额/元	评奖时间	奖学金类型
353	焦彤	机电工程系 97 级博士生	2 000	19971028	普通奖
354	杨素东	机电工程系 94 级本科生	2 000	19971028	普通奖
355	李雁	计算机科学工程系 94 级博士生	2 000	19971028	普通奖
356	顾晓丽	计算机科学工程系 95 级硕士生	2 000	19971028	普通奖
357	李勇	管理与经济学院 95 级硕士生	2 000	19971028	普通奖
358	龚则刚	管理与经济学院 95 级硕士生	2 000	19971028	普通奖
359	张平淡	管理与经济学院 94 级本科生	2 000	19971028	普通奖
360	刘今秀	管理与经济学院 94 级本科生	2 000	19971028	普通奖
361	刘海龙	科学技术学院 94 级本科生	2 000	19971028	普通奖
362	杨军	科学技术学院 94 级本科生	2 000	19971028	普通奖
363	廖伟	工业设计系 94 级本科生	2 000	19971028	普通奖
364	冯春	外语系 95 级本科生	2 000	19971028	普通奖
365	尚银堆	延安教育学院 96 级本科生	2 000	19971028	普通奖
366	张苗	延安大学 94 级本科生	2 000	19971028	普通奖
367	陈晓莉	成人教育学院 94 级本科生	2 000	19971028	普通奖
368	冯伟涛	吉林省长春市第十一中学	500	19971118	中学生奖
369	隋祎	北京市一零一中学	500	19971118	中学生奖
370	胡争艳	湖南省长沙县五美中学	500	19971118	中学生奖
371	苏然	河北省石家庄市第一中学	500	19971118	中学生奖
372	董云松	云南师范大学附属中学	500	19971118	中学生奖
373	刘强	湖南省长沙市雅礼中学	500	19971118	中学生奖
374	李晶晶	天津市第一中学	500	19971118	中学生奖
375	陈巍	湖南省长沙师范学校	500	19971118	中学生奖
376	景婷	陕西省宝鸡市宝鸡中学	500	19971118	中学生奖
377	张东晓	计算机科学工程系 96 级博士生	5000	19981211	特等奖
378	李勇量	光电工程系 95 级本科生	5000	19981211	特等奖
379	焦泽兵	机电控制工程系 96 级硕士生	2 000	19981211	普通奖
380	李国罡	机电工程系 96 级硕士生	2 000	19981211	普通奖
381	李明明	机电工程系 95 级本科生	2 000	19981211	普通奖
382	何超	自动控制系 97 级博士生	2 000	19981211	普通奖
383	高新	自动控制系 95 级本科生	2 000	19981211	普通奖
384	廖日东	车辆工程学院 96 级博士生	2 000	19981211	普通奖

续表

序号	姓名	学校/学院、专业和在读性质	金额/元	评奖时间	奖学金类型
385	邹渊	车辆工程学院 95 级本科生	2 000	19981211	普通奖
386	魏建中	光电工程系 96 级硕士生	2 000	19981211	普通奖
387	石晶林	电子工程系 96 级博士生	2 000	19981211	普通奖
388	李加琪	电子工程系 96 级本科生	2 000	19981211	普通奖
389	杨璐	电子工程系 96 级本科生	2 000	19981211	普通奖
390	宋振宇	化工与材料学院 96 级硕士生	2 000	19981211	普通奖
391	张静	化工与材料学院 95 级本科生	2 000	19981211	普通奖
392	任波	化工与材料学院 96 级本科生	2 000	19981211	普通奖
393	赵东旭	材料中心 96 级博士生	2 000	19981211	普通奖
394	刘德贤	机械工程与自动化学院 96 级硕士生	2 000	19981211	普通奖
395	陈倩	机械工程与自动化学院 95 级本科生	2 000	19981211	普通奖
396	岳治宇	计算机科学工程系 95 级本科生	2 000	19981211	普通奖
397	王澜	人工智能所 96 级硕士生	2 000	19981211	普通奖
398	马玉娟	管理与经济学院 96 级硕士生	2 000	19981211	普通奖
399	赵巍	管理与经济学院 95 级本科生	2 000	19981211	普通奖
400	张瑛	管理与经济学院 95 级本科生	2 000	19981211	普通奖
401	彭名书	科学技术学院 97 级博士生	2 000	19981211	普通奖
402	林秀光	科学技术学院 95 级本科生	2 000	19981211	普通奖
403	毛宏飞	人文社会科学学院 95 级本科生	2 000	19981211	普通奖
404	王新强	延安教育学院中文系 97 级本科生	2 000	19981211	普通奖
405	郑建萍	延安大学化工工艺 96 级本科生	2 000	19981211	普通奖
406	朱靓	北京市一零一中学	500	19981211	中学生奖
407	李晓雪	吉林省长春市第十一中学	500	19981211	中学生奖
408	刘治钢	湖南省长沙县五美中学	500	19981211	中学生奖
409	魏然	河北省石家庄市第一中学	500	19981211	中学生奖
410	郑聆	天津市第一中学	500	19981211	中学生奖
411	宋苗境	湖南省长沙师范学校	500	19981211	中学生奖
412	田锋	陕西省宝鸡市宝鸡中学	500	19981211	中学生奖
413	唐富华	机电工程学院 96 级本科生	2 000	19991203	普通奖
414	隋丽	机电工程学院 96 级本科生	2 000	19991203	普通奖
415	袁海涛	机电工程学院 97 级硕士生	2 000	19991203	普通奖
416	张建国	机电工程学院 97 级硕士生	2 000	19991203	普通奖

续表

序号	姓名	学校/学院、专业和在读性质	金额/元	评奖时间	奖学金类型
417	倪晚成	自动控制系 97 级本科生	2 000	19991203	普通奖
418	胡光华	自动控制系 96 级博士生	2 000	19991203	普通奖
419	田杰	自动控制系 97 级硕士生	2 000	19991203	普通奖
420	张宝彬	车辆工程学院 97 级本科生	2 000	19991203	普通奖
421	钟再敏	车辆工程学院 95 级博士生	2 000	19991203	普通奖
422	袁慧晶	光电工程学院 97 级本科生	2 000	19991203	普通奖
423	哈涌刚	光电工程学院 96 级博士生	2 000	19991203	普通奖
424	毛智礼	电子工程系 97 级本科生	2 000	19991203	普通奖
425	王辉	电子工程系 97 级本科生	2 000	19991203	普通奖
426	李眈	电子工程系 97 级博士生	2 000	19991203	普通奖
427	梁楠	化工与材料学院 97 级本科生	2 000	19991203	普通奖
428	徐永江	化工与材料学院 95 级博士生	2 000	19991203	普通奖
429	慈建平	机械工程与自动化学院 96 级本科生	2 000	19991203	普通奖
430	何爱新	机械工程与自动化学院 97 级博士生	2 000	19991203	普通奖
431	梁万强	计算机科学工程系 96 级本科生	2 000	19991203	普通奖
432	刘沁楠	计算机科学工程系 97 级硕士生	2 000	19991203	普通奖
433	张俭锋	计算机科学工程系 97 级硕士生	2 000	19991203	普通奖
434	刘伊宁	管理与经济学院 96 级本科生	2 000	19991203	普通奖
435	赵中秋	管理与经济学院 98 级硕士生	2 000	19991203	普通奖
436	马京京	管理与经济学院 96 级本科生	2 000	19991203	普通奖
437	蔡建臻	科学技术学院 97 级本科生	2 000	19991203	普通奖
438	袁芳	科学技术学院 96 级本科生	2 000	19991203	普通奖
439	甘作新	科学技术学院 97 级硕士生	2 000	19991203	普通奖
440	卫楠	工业设计系 96 级本科生	2 000	19991203	普通奖
441	王珩	人文社会科学学院 96 级本科生	2 000	19991203	普通奖
442	程福永	材料中心 97 级博士生	2 000	19991203	普通奖
443	刘长锋	延安大学 97 级本科生	2 000	19991203	普通奖
444	李广林	延安教育学院 98 级本科生	2 000	19991203	普通奖
445	刘菲	北京理工大学附属中学	500	19991203	中学生奖
446	王萌	吉林省长春市第十一中学	500	19991203	中学生奖
447	刘杰	湖南省长沙县五美中学	500	19991203	中学生奖
448	秦汉	天津市第一中学	500	19991203	中学生奖

续表

序号	姓名	学校/学院、专业和在读性质	金额/元	评奖时间	奖学金类型
449	沈祥	广东省广州市育才中学	500	19991203	中学生奖
450	张越	辽宁省实验中学	500	19991203	中学生奖
451	李欣	机电工程学院 98 级本科生	2 000	2 0001124	普通奖
452	杨春兰	机电工程学院 98 级本科生	2 000	2 0001124	普通奖
453	黄丽娜	自动控制系 97 级本科生	2 000	2 0001124	普通奖
454	王银辉	车辆工程学院 97 级本科生	2 000	2 0001124	普通奖
455	李玉	光电工程系 99 级本科生	2 000	2 0001124	普通奖
456	辛怡	电子工程系 98 级本科生	2 000	2 0001124	普通奖
457	王晶	电子工程系 98 级本科生	2 000	2 0001124	普通奖
458	陈煜	化工与材料学院 97 级本科生	2 000	2 0001124	普通奖
459	王维佳	化工与材料学院 97 级本科生	2 000	2 0001124	普通奖
460	胡洁	机械工程与自动化学院 97 级本科生	2 000	2 0001124	普通奖
461	于严兵	计算机科学工程系 97 级本科生	2 000	2 0001124	普通奖
462	雷云飞	管理与经济学院 97 级本科生	2 000	2 0001124	普通奖
463	冯雷	管理与经济学院 97 级本科生	2 000	2 0001124	普通奖
464	常晋德	科学技术学院 97 级本科生	2 000	2 0001124	普通奖
465	马寒松	科学技术学院 97 级本科生	2 000	2 0001124	普通奖
466	齐兵	工业设计系 97 级本科生	2 000	2 0001124	普通奖
467	李香浩	人文社会科学学院 97 级本科生	2 000	2 0001124	普通奖
468	邓浩	成人教育学院本科生	2 000	2 0001124	普通奖
469	王文杰	延安教育学院 99 级本科生	2 000	2 0001124	普通奖
470	陈波	延安大学本科生	2 000	2 0001124	普通奖
471	韩秀娟	机电工程学院 98 级硕士研究生	2 000	2 0001124	普通奖
472	傅智敏	机电工程学院 99 级博士研究生	2 000	2 0001124	普通奖
473	吴大勇	自动控制系 97 级博士研究生	2 000	2 0001124	普通奖
474	吴晓兵	车辆工程学院 97 级博士研究生	2 000	2 0001124	普通奖
475	吴克瑛	光电工程系 97 级博士研究生	2 000	2 0001124	普通奖
476	安毅	电子工程系 98 级博士研究生	2 000	2 0001124	普通奖
477	马凤国	化工与材料学院 99 级博士研究生	2 000	2 0001124	普通奖
478	顾晋伟	化工与材料学院 97 级博士研究生	2 000	2 0001124	普通奖
479	汪雪松	机械工程与自动化学院 98 级硕士研究生	2 000	2 0001124	普通奖
480	李静	计算机科学工程系 98 级硕士研究生	2 000	2 0001124	普通奖

续表

序号	姓名	学校/学院、专业和在读性质	金额/元	评奖时间	奖学金类型
481	郑宏波	计算机科学工程系 98 级硕士研究生	2 000	2 0001124	普通奖
482	陈明	管理与经济学院 98 级硕士研究生	2 000	2 0001124	普通奖
483	刘书哲	北京市一零一中学	500	2 0001124	中学生奖
484	毛翰丞	云南师范大学附属中学	500	2 0001124	中学生奖
485	阎卉芳	湖南省长沙市雅礼中学	500	2 0001124	中学生奖
486	谢国涛	陕西省宝鸡市宝鸡中学	500	2 0001124	中学生奖
487	佟大鹏	吉林省长春市第十一中学	500	2 0001124	中学生奖
488	廖玫瑰	湖南省长沙师范学校	500	2 0001124	中学生奖
489	李睿	广东省广州市育才中学	500	2 0001124	中学生奖
490	于鑫琼	天津市第一中学	500	2 0001124	中学生奖
491	王飒	机电工程学院 99 级本科生	2 000	20011114	普通奖
492	刘萍	机电工程学院 99 级本科生	2 000	20011114	普通奖
493	裘剑	自动控制系 99 级本科生	2 000	20011114	普通奖
494	李佳	车辆工程学院 97 级本科生	2 000	20011114	普通奖
495	叶昌庚	光电工程系 99 级本科生	2 000	20011114	普通奖
496	董春杨	电子工程系 99 级本科生	2 000	20011114	普通奖
497	赵慷	电子工程系 99 级本科生	2 000	20011114	普通奖
498	张磊	化工与材料学院 98 级本科生	2 000	20011114	普通奖
499	任瑛	化工与材料学院 99 级本科生	2 000	20011114	普通奖
500	颜菡	机械工程与自动化学院 98 级本科生	2 000	20011114	普通奖
501	刘鹏	计算机科学工程系 98 级本科生	2 000	20011114	普通奖
502	雷静	管理与经济学院 98 级本科生	2 000	20011114	普通奖
503	晋琳琳	管理与经济学院 98 级本科生	2 000	20011114	普通奖
504	赵志源	科学技术学院 98 级本科生	2 000	20011114	普通奖
505	张艳	科学技术学院 99 级本科生	2 000	20011114	普通奖
506	高鹏	工业设计系 99 级本科生	2 000	20011114	普通奖
507	杨旻	人文社会科学学院 99 级本科生	2 000	20011114	普通奖
508	寇延	延安大学本科生	2 000	20011114	普通奖
509	马艺	延安教育学院本科生	2 000	20011114	普通奖
510	罗山鹰	机电工程学院 99 级硕士研究生	2 000	20011114	普通奖
511	杨利	机电工程学院 99 级博士研究生	2 000	20011114	普通奖
512	付继伟	自动控制系 2001 级博士研究生	2 000	20011114	普通奖

续表

序号	姓名	学校/学院、专业和在读性质	金额/元	评奖时间	奖学金类型
513	杨国胜	自动控制系 99 级博士研究生	2 000	20011114	普通奖
514	李美艳	车辆工程学院 99 硕士研究生	2 000	20011114	普通奖
515	程雪岷	光电工程系 99 级博士研究生	2 000	20011114	普通奖
516	王飞	电子工程系 99 级博士研究生	2 000	20011114	普通奖
517	吕强	材料中心 99 级硕士研究生	2 000	20011114	普通奖
518	张学同	化工与材料学院 99 级博士研究生	2 000	20011114	普通奖
519	朱怀朗	机械工程与自动化学院 99 级硕士研究生	2 000	20011114	普通奖
520	谢巍	计算机科学工程系 99 级博士研究生	2 000	20011114	普通奖
521	高慧颖	管理与经济学院 99 级博士研究生	2 000	20011114	普通奖
522	潘琴	湖南省长沙县五美中学	500	20011114	中学生奖
523	傅奕劼	北京理工大学附属中学	500	20011114	中学生奖
524	黄敏聪	广东省广州市育才中学	500	20011114	中学生奖
525	朱孝春	吉林省长春市第十一中学	500	20011114	中学生奖
526	杜乐	湖南省长沙师范学校	500	20011114	中学生奖
527	陈文颉	信息科学技术学院自动控制系 98 级博士研究生	2 000	20021202	普通奖
528	费泽松	信息科学技术学院电子工程系 98 级博士研究生	2 000	20021202	普通奖
529	牛丽红	信息科学技术学院光电工程系 99 级博士研究生	2 000	20021202	普通奖
530	崔嵬	信息科学技术学院电子工程系 98 级博士研究生	2 000	20021202	普通奖
531	薛静锋	信息科学技术学院计算机系 99 级博士研究生	2 000	20021202	普通奖
532	毛丽秋	机电工程学院 2 000 级博士研究生	2 000	20021202	普通奖
533	任慧	机电工程学院 99 级博士研究生	2 000	20021202	普通奖
534	冯慧华	机械与车辆学院 99 级博士研究生	2 000	20021202	普通奖
535	周恺	机械与车辆学院 2 000 级硕士研究生	2 000	20021202	普通奖
536	程兴旺	材料科学与工程学院 99 级博士研究生	2 000	20021202	普通奖
537	俞政洪	化工与环境学院 2 000 级博士研究生	2 000	20021202	普通奖
538	刘海龙	理学院 98 级博士研究生	2 000	20021202	普通奖
539	许航宇	管理与经济学院 2 000 级硕士研究生	2 000	20021202	普通奖
540	丁露	信息科学技术学院自动控制系 99 级本科生	2 000	20021202	普通奖
541	陈娅	信息科学技术学院光电工程系 99 级本科生	2 000	20021202	普通奖

续表

序号	姓名	学校/学院、专业和在读性质	金额/元	评奖时间	奖学金类型
542	王琦伟	信息科学技术学院电子工程系2 000级本科生	2 000	20021202	普通奖
543	计卫星	信息科学技术学院计算机科学工程系99级本科生	2 000	20021202	普通奖
544	刘姝琦	机电工程学院2 000级本科生	2 000	20021202	普通奖
545	王潇茵	机电工程学院2 000级本科生	2 000	20021202	普通奖
546	叶鑫	机械与车辆学院99级本科生	2 000	20021202	普通奖
547	李福平	机械与车辆学院99级本科生	2 000	20021202	普通奖
548	薛云飞	材料科学与工程学院99级本科生	2 000	20021202	普通奖
549	杨倩	化工与环境学院99级本科生	2 000	20021202	普通奖
550	杨嘉明	生命科学与技术学院2 000级本科生	2 000	20021202	普通奖
551	江油油	理学院99级本科生	2 000	20021202	普通奖
552	刘斯铭	管理与经济学院99级本科生	2 000	20021202	普通奖
553	贺冬怡	管理与经济学院99级本科生	2 000	20021202	普通奖
554	齐鑫	人文社会科学学院99级本科生	2 000	20021202	普通奖
555	沈娟	人文社会科学学院2 000级本科生	2 000	20021202	普通奖
556	李萌	设计艺术学院2 000级本科生	2 000	20021202	普通奖
557	李晓春	延安大学99级本科生	2 000	20021202	普通奖
558	廖昕	北京理工大学附属中学	500	20021202	中学生奖
559	顾玉	北京市一零一中学	500	20021202	中学生奖
560	晏婷	湖南省长沙师范学校	500	20021202	中学生奖
561	李成彧	吉林省长春市第十一中学	500	20021202	中学生奖
562	崔建民	信息科学技术学院光电工程系2 000博士研究生	2 000	20031128	普通奖
563	张长江	信息科学技术学院自动控制系2001博士研究生	2 000	20031128	普通奖
564	陈凌峰	信息科学技术学院光电工程系2001博士研究生	2 000	20031128	普通奖
565	董涛	信息科学技术学院电子工程系2001硕士研究生	2 000	20031128	普通奖
566	刘禹	信息科学技术学院自动控制系2001博士研究生	2 000	20031128	普通奖
567	王阳	信息科学技术学院光电工程系2 000级本科生	2 000	20031128	普通奖
568	龚旻	信息科学技术学院电子工程系2001级本科生	2 000	20031128	普通奖

续表

序号	姓名	学校/学院、专业和在读性质	金额/元	评奖时间	奖学金类型
569	张焱	信息科学技术学院电子工程系 2001 级本科生	2 000	20031128	普通奖
570	吕妍	信息科学技术学院自动控制系 2001 级本科生	2 000	20031128	普通奖
571	郜鹏	信息科学技术学院计算机系 2001 级本科生	2 000	20031128	普通奖
572	孙娟	机电工程学院 2001 博士研究生	2 000	20031128	普通奖
573	李玉锋	机电工程学院 2001 硕士研究生	2 000	20031128	普通奖
574	李军	机电工程学院 2001 级本科生	2 000	20031128	普通奖
575	张延耿	机电工程学院 2001 级本科生	2 000	20031128	普通奖
576	李和言	机械与车辆工程学院 2 000 博士研究生	2 000	20031128	普通奖
577	姚志刚	机械与车辆工程学院 2001 硕士研究生	2 000	20031128	普通奖
578	范文辉	机械与车辆工程学院 2 000 级本科生	2 000	20031128	普通奖
579	冯忠伟	机械与车辆工程学院 2 000 级本科生	2 000	20031128	普通奖
580	陈煜	材料科学与工程学院 2002 博士研究生	2 000	20031128	普通奖
581	刘艳	材料科学与工程学院 2 000 级本科生	2 000	20031128	普通奖
582	苏岳锋	化工与环境学院 2001 博士研究生	2 000	20031128	普通奖
583	莫凡洋	化工与环境学院 2 000 级本科生	2 000	20031128	普通奖
584	马培翔	生命科学与技术学院 2001 级本科生	2 000	20031128	普通奖
585	刘官厅	理学院 2001 博士研究生	2 000	20031128	普通奖
586	张虎	理学院 2 000 级本科生	2 000	20031128	普通奖
587	杨业功	管理与经济学院 2 000 博士研究生	2 000	20031128	普通奖
588	张伦	管理与经济学院 2 000 级本科生	2 000	20031128	普通奖
589	李晓娴	管理与经济学院 2 000 级本科生	2 000	20031128	普通奖
590	闫鹏飞	人文社会科学学院 2 000 级本科生	2 000	20031128	普通奖
591	张孟春	人文社会科学学院 2 000 级本科生	2 000	20031128	普通奖
592	郑璇	设计艺术学院 2 000 级本科生	2 000	20031128	普通奖
593	强娜娜	延安教育学院 2001 级本科生	2 000	20031128	普通奖
594	肖娜	延安大学 2 000 级本科生	2 000	20031128	普通奖
595	李岩	吉林省长春市第十一中学	500	20031128	中学生奖
596	钱子鹏	广东省广州市育才中学	500	20031128	中学生奖
597	刘峡壁	信息科学技术学院计算机系 2001 级博士研究生	2 000	20041123	普通奖
598	李杰	信息科学技术学院自动控制系 2002 级博士研究生	2 000	20041123	普通奖

续表

序号	姓名	学校/学院、专业和在读性质	金额/元	评奖时间	奖学金类型
599	董立泉	信息科学技术学院光电工程系 2001 级博士研究生	2 000	20041123	普通奖
600	王君	信息科学技术学院电子工程系 2001 级博士研究生	2 000	20041123	普通奖
601	陈磊	信息科学技术学院计算机系 2002 级本科生	2 000	20041123	普通奖
602	邴晓燕	信息科学技术学院自动控制系 2002 级本科生	2 000	20041123	普通奖
603	邵晓光	信息科学技术学院光电工程系 2002 级本科生	2 000	20041123	普通奖
604	刘鑫	信息科学技术学院电子工程系 2002 级本科生	2 000	20041123	普通奖
605	邓琼	机电工程学院 2001 级博士研究生	2 000	20041123	普通奖
606	马桂霞	机电工程学院 2001 级博士研究生	2 000	20041123	普通奖
607	王伟臣	机电工程学院 2002 级本科生	2 000	20041123	普通奖
608	杜晓伟	机电工程学院 2002 级本科生	2 000	20041123	普通奖
609	刘检华	机械与车辆工程学院 2001 级博士研究生	2 000	20041123	普通奖
610	李佳	机械与车辆工程学院 2002 级硕士研究生	2 000	20041123	普通奖
611	刘光花	机械与车辆工程学院 2001 级本科生	2 000	20041123	普通奖
612	梁玲玲	机械与车辆工程学院 2001 级本科生	2 000	20041123	普通奖
613	王飞俊	材料科学与工程学院 2002 级硕士研究生	2 000	20041123	普通奖
614	倪川皓	材料科学与工程学院 2002 级本科生	2 000	20041123	普通奖
615	王芳	化工与环境学院 2001 级博士研究生	2 000	20041123	普通奖
616	赵雪	化工与环境学院 2001 级本科生	2 000	20041123	普通奖
617	何晴	生命科学与技术学院 2002 级本科生	2 000	20041123	普通奖
618	罗琼	理学院 2001 级博士研究生	2 000	20041123	普通奖
619	于梅娟	理学院 2001 级本科生	2 000	20041123	普通奖
620	袁军鹏	管理与经济学院 2002 级博士研究生	2 000	20041123	普通奖
621	史丽萍	管理与经济学院 2001 级本科生	2 000	20041123	普通奖
622	侯雯	管理与经济学院 2001 级本科生	2 000	20041123	普通奖
623	孔庆萍	人文社会科学学院 2001 级本科生	2 000	20041123	普通奖
624	姚驰	人文社会科学学院 2001 级本科生	2 000	20041123	普通奖
625	张盈盈	设计艺术学院 2001 级本科生	2 000	20041123	普通奖
626	李潇	软件学院 2002 级本科生	2 000	20041123	普通奖
627	常延玲	延安教育学院 2002 级本科生	2 000	20041123	普通奖
628	杨小娟	延安大学 2002 级本科生	2 000	20041123	普通奖

续表

序号	姓名	学校/学院、专业和在读性质	金额/元	评奖时间	奖学金类型
629	赵楠	北京理工大学附属中学	500	20041123	中学生奖
630	杨晟南	云南师范大学附属中学	500	20041123	中学生奖
631	文哲	湖南省长沙县五美中学	500	20041123	中学生奖
632	瞿倩	湖南省长沙师范学校	500	20041123	中学生奖
633	王进	辽宁省实验中学	500	20041123	中学生奖
634	冯丹阳	吉林省长春市第十一中学	500	20041123	中学生奖
635	张孟	理学院 2003 级博士生	5000	20051110	特等奖
636	王小艺	信息科学技术学院自动控制系 2003 级博士生	2 000	20051110	普通奖
637	胡晓明	信息科学技术学院光电工程系 2002 级硕博	2 000	20051110	普通奖
638	沈业兵	信息科学技术学院电子工程系 2003 级硕博	2 000	20051110	普通奖
639	曾垚	信息科学技术学院光电工程系 2003 级本科生	2 000	20051110	普通奖
640	朱毅	信息科学技术学院 2003 级本科生	2 000	20051110	普通奖
641	乔媛	信息科学技术学院 2003 级本科生	2 000	20051110	普通奖
642	崔庆忠	机电工程学院 02 级硕博连读	2 000	20051110	普通奖
643	陈红艳	机电工程学院 2003 博士生	2 000	20051110	普通奖
644	周思达	机电工程学院 2003 级本科生	2 000	20051110	普通奖
645	刘雅芳	机电工程学院 2003 级本科生	2 000	20051110	普通奖
646	胡仁喜	机械与车辆工程学院 2003 级博士生	2 000	20051110	普通奖
647	范培卿	机械与车辆工程学院 2003 级硕士生	2 000	20051110	普通奖
648	蒋晓蓓	机械与车辆工程学院 2002 级本科生	2 000	20051110	普通奖
649	殷俊	机械与车辆工程学院 2002 级本科生	2 000	20051110	普通奖
650	叶霖	材料科学与工程学院 2002 级硕博连读	2 000	20051110	普通奖
651	张兴华	材料科学与工程学院 2003 级本科生	2 000	20051110	普通奖
652	徐斌	化工与环境学院 2003 级博士生	2 000	20051110	普通奖
653	黄希	化工与环境学院 2002 级本科生	2 000	20051110	普通奖
654	应龙	生命科学与技术学院 2003 级本科生	2 000	20051110	普通奖
655	熊华春	理学院 2002 级本科生	2 000	20051110	普通奖
656	黄训江	管理与经济学院 2003 级博士生	2 000	20051110	普通奖
657	李萱	管理与经济学院 2002 年本科生	2 000	20051110	普通奖
658	谢菲	管理与经济学院 2002 级本科生	2 000	20051110	普通奖
659	任静静	人文社会科学学院 2002 级本科生	2 000	20051110	普通奖
660	廖冰萍	人文社会科学学院 2002 级本科生	2 000	20051110	普通奖

续表

序号	姓名	学校/学院、专业和在读性质	金额/元	评奖时间	奖学金类型
661	王健	设计艺术学院2002级本科生	2 000	20051110	普通奖
662	马雷	软件学院2002级本科生	2 000	20051110	普通奖
663	张小洵	计算机科学技术学院2002级博士生	2 000	20051110	普通奖
664	邓效诚	计算机科学技术学院2004级本科生	2 000	20051110	普通奖
665	贺晓龙	延安大学生命科学学院2001级本科生	2 000	20051110	普通奖
666	郝海莲	延安教育学院2001级本科生	2 000	20051110	普通奖
667	王力凯	广东省广州市育才中学	500	20051110	中学生奖
668	张勇	陕西省宝鸡市宝鸡中学	500	20051110	中学生奖
669	王鹏	湖南省长沙县五美中学	500	20051110	中学生奖
670	陈锂	湖南省长沙师范学校	500	20051110	中学生奖
671	王帅	云南师范大学附属中学	500	20051110	中学生奖
672	刘毅英	北京理工大学附属中学	500	20051110	中学生奖
673	陈恩庆	信息科学技术学院电子工程系2003级博士生	2 000	20061115	普通奖
674	杨健	信息科学技术学院光电工程系2003级博士生	2 000	20061115	普通奖
675	邵立伟	信息科学技术学院自动控制系2003级博士生	2 000	20061115	普通奖
676	傅璟裔	信息科学技术学院自动控制系2004级本科生	2 000	20061115	普通奖
677	郝金坪	信息科学技术学院光电工程系2004级本科生	2 000	20061115	普通奖
678	吕焱	信息科学技术学院电子工程系2004级本科生	2 000	20061115	普通奖
679	陈曦	宇航科学技术学院2002级直博生	2 000	20061115	普通奖
680	马天宝	宇航科学技术学院2003级博士生	2 000	20061115	普通奖
681	姚光明	宇航科学技术学院2004级本科生	2 000	20061115	普通奖
682	权恩	宇航科学技术学院2004级本科生	2 000	20061115	普通奖
683	于立国	机械与车辆工程学院2004级硕博连读	2 000	20061115	普通奖
684	何永玲	机械与车辆工程学院2005级硕士生	2 000	20061115	普通奖
685	侯文龙	机械与车辆工程学院2003级本科生	2 000	20061115	普通奖
686	孙媛	机械与车辆工程学院2003级本科生	2 000	20061115	普通奖
687	李杰	材料科学与工程学院2003级硕博连读	2 000	20061115	普通奖

续表

序号	姓名	学校/学院、专业和在读性质	金额/元	评奖时间	奖学金类型
688	杨洋	材料科学与工程学院 2003 级本科生	2 000	20061115	普通奖
689	马淑玲	化工与环境学院 2003 级博士生	2 000	20061115	普通奖
690	向晋	化工与环境学院 2003 级本科生	2 000	20061115	普通奖
691	郭晓云	生命科学与技术学院 2003 级本科生	2 000	20061115	普通奖
692	周萧明	理学院 2004 级博士生	2 000	20061115	普通奖
693	薛庆蕾	理学院 2003 级本科生	2 000	20061115	普通奖
694	晋琳琳	管理与经济学院 2003 级博士生	2 000	20061115	普通奖
695	钟昌震	管理与经济学院 2003 级本科生	2 000	20061115	普通奖
696	黄晓霞	管理与经济学院 2003 级本科生	2 000	20061115	普通奖
697	杨宽	人文社会科学学院 2005 级本科生	2 000	20061115	普通奖
698	周珺	设计艺术学院 2004 级本科生	2 000	20061115	普通奖
699	段勇	软件学院 2003 级本科生	2 000	20061115	普通奖
700	李子	计算机科学技术学院 2004 级本科生	2 000	20061115	普通奖
701	梁野	计算机科学技术学院 2003 级博士生	2 000	20061115	普通奖
702	陈小凡	外国语学院 2005 级本科生	2 000	20061115	普通奖
703	袁鑫	延安教育学院 2005 级本科生	2 000	20061115	普通奖
704	李成荟	延安大学 2004 级本科生	2 000	20061115	普通奖
705	胡兴龙	湖南省长沙县五美中学	500	20061115	中学生奖
706	苟晓龙	陕西省宝鸡市宝鸡中学	500	20061115	中学生奖
707	云龙	吉林省长春市第十一中学	500	20061115	中学生奖
708	饶艳	湖南省长沙师范学校	500	20061115	中学生奖
709	康果果	信息科学技术学院光电工程专业 2004 级博士生	2 000	20071101	普通奖
710	陈振	信息科学技术学院控制理论与控制工程专业 2005 级博士生	2 000	20071101	普通奖
711	武楠	信息科学技术学院通信与信息系统专业 2005 级博士生	2 000	20071101	普通奖
712	辛乐	信息科学技术学院自动控制系自动化专业 2005 级本科生	2 000	20071101	普通奖
713	张文	信息科学技术学院信息对抗技术专业 2005 级本科生	2 000	20071101	普通奖
714	张星宇	信息科学技术学院电子科学与技术专业 2005 级本科生	2 000	20071101	普通奖

续表

序号	姓名	学校/学院、专业和在读性质	金额/元	评奖时间	奖学金类型
715	赵良玉	宇航科学技术学院飞行器设计专业2003级博士生	2 000	20071101	普通奖
716	陈罗婧	宇航科学技术学院飞行器设计专业2003级博士生	2 000	20071101	普通奖
717	杨成伟	宇航科学技术学院探测制导与控制技术专业2005级本科生	2 000	20071101	普通奖
718	张杨	宇航科学技术学院武器系统与发射工程专业2005级本科生	2 000	20071101	普通奖
719	朱文娟	机械与车辆工程学院机械电子工程专业2004级博士生	2 000	20071101	普通奖
720	李媛	机械与车辆工程学院机械制造及自动化专业2006级硕士生	2 000	20071101	普通奖
721	刘皓	机械与车辆工程学院交通工程专业2004级本科生	2 000	20071101	普通奖
722	陈芳	机械与车辆工程学院交通运输专业2004级本科生	2 000	20071101	普通奖
723	田振	材料科学与工程学院宇航推进理论与工程专业2004级博士生	2 000	20071101	普通奖
724	姚猛	材料科学与工程学院高分子材料与工程专业2004级本科生	2 000	20071101	普通奖
725	李是珅	化工与环境学院环境工程专业2006级硕士生	2 000	20071101	普通奖
726	王青	化工与环境学院环境工程专业2005级本科生	2 000	20071101	普通奖
727	常鹏	生命科学与技术学院生物工程专业2005级本科生	2 000	20071101	普通奖
728	纪德红	理学院应用数学专业2005级博士生	2 000	20071101	普通奖
729	刘胤	理学院数学与应用数学专业2004级本科生	2 000	20071101	普通奖
730	赵先	管理与经济学院2005级博士生	2 000	20071101	普通奖
731	刘静	管理与经济学院国际经济与贸易专业2004级本科生	2 000	20071101	普通奖
732	白雅娟	管理与经济学院国际经济与贸易专业2005级本科生	2 000	20071101	普通奖
733	刘亚男	人文社会科学学院经济学专业2004级本科生	2 000	20071101	普通奖

续表

序号	姓名	学校/学院、专业和在读性质	金额/元	评奖时间	奖学金类型
734	李青	设计艺术学院工业设计专业 2005 级本科生	2 000	20071101	普通奖
735	曾虞若	软件学院软件工程专业 2005 级本科生	2 000	20071101	普通奖
736	蒲星	计算机科学技术学院 2007 级博士生	2 000	20071101	普通奖
737	刘翠微	计算机科学技术学院计算机科学与技术专业 2005 级本科生	2 000	20071101	普通奖
738	于冬冰	外国语学院德语专业 2006 级本科生	2 000	20071101	普通奖
739	艾芳	延安市延安职业技术学院师范教育分院	2 000	20071101	普通奖
740	贺泉源	延安市延安大学	2 000	20071101	普通奖
741	冷香	湖南省长沙县五美中学	500	20071101	中学生奖
742	马博	陕西省宝鸡市宝鸡中学	500	20071101	中学生奖
743	刘宇	吉林省长春市第十一中学	500	20071101	中学生奖
744	连晓岩	信息科学技术学院自动控制系自动化专业 2006 级本科生	2 000	20081014	普通奖
745	吴舟婷	信息科学技术学院电子工程系信息安全专业 2006 级本科生	2 000	20081014	普通奖
746	朱胜宇	信息科学技术学院电子工程系信息工程专业 2006 级本科生	2 000	20081014	普通奖
747	高志文	信息科学技术学院信息安全与对抗专业 2004 级博士生	2 000	20081014	普通奖
748	王博	信息科学技术学院导航制导与控制专业 2004 级直博生	2 000	20081014	普通奖
749	张渊	信息科学技术学院光电工程系光学工程专业 2005 级硕博生	2 000	20081014	普通奖
750	陶欢	宇航科学技术学院飞行器动力工程专业 2005 级本科生	2 000	20081014	普通奖
751	杨帆	宇航科学技术学院安全工程专业 2006 级本科生	2 000	20081014	普通奖
752	郭渭荣	宇航科学技术学院信息感知与对抗专业 2006 级博士生	2 000	20081014	普通奖
753	穆慧娜	宇航科学技术学院军事化学与烟火技术专业 2005 级硕博生	2 000	20081014	普通奖
754	侯仕杰	机械与车辆工程学院车辆工程专业 2005 级本科生	2 000	20081014	普通奖
755	燕鑫	机械与车辆工程学院热能与动力工程专业 2005 级本科生	2 000	20081014	普通奖

续表

序号	姓名	学校/学院、专业和在读性质	金额/元	评奖时间	奖学金类型
756	孙文涛	机械与车辆工程学院车辆工程专业2005级硕博生	2 000	20081014	普通奖
757	王洪荣	机械与车辆工程学院动力机械及工程专业2005级硕博生	2 000	20081014	普通奖
758	朱宇峰	材料科学与工程学院材料化学专业2005级本科生	2 000	20081014	普通奖
759	张晓雯	材料科学与工程学院宇航推进理论与工程专业2005级直博生	2 000	20081014	普通奖
760	陈瑾	化工与环境学院化学工程与工艺专业2005级本科生	2 000	20081014	普通奖
761	徐琴	化工与环境学院应用化学专业2007级硕士生	2 000	20081014	普通奖
762	涂涛	生命科学与技术学院生物医学工程专业2006级本科生	2 000	20081014	普通奖
763	何旭	理学院统计学专业2005级本科生	2 000	20081014	普通奖
764	祝爱玉	理学院应用数学专业2005级硕博生	2 000	20081014	普通奖
765	齐康	管理与经济学院会计学专业2005级本科生	2 000	20081014	普通奖
766	李静	管理与经济学院国际经济与贸易专业2005级本科生	2 000	20081014	普通奖
767	贾旭杰	管理与经济学院管理科学与工程专业2006级博士生	2 000	20081014	普通奖
768	王琳	人文社会科学学院经济学专业2005级本科生	2 000	20081014	普通奖
769	邸倩杰	设计艺术学院艺术设计专业2005级本科生	2 000	20081014	普通奖
770	黄雅芳	软件学院软件工程专业2006级本科生	2 000	20081014	普通奖
771	周芸	计算机科学技术学院计算机科学与技术专业2006级本科生	2 000	20081014	普通奖
772	韩磊	计算机科学技术学院计算机应用技术专业2005级硕博生	2 000	20081014	普通奖
773	王昱洁	外国语学院英语专业2005级本科生	2 000	20081014	普通奖
774	李玲	延安大学本科生	2 000	20081014	普通奖
775	赵佳	延安职业技术学院师范教育分院本科生	2 000	20081014	普通奖
776	熊毅坚	湖南省长沙县五美中学	500	20081014	中学生奖
777	赵健壹	吉林省长春市第十一中学	500	20081014	中学生奖
778	张建霞	陕西省宝鸡市宝鸡中学	500	20081014	中学生奖

续表

序号	姓名	学校/学院、专业和在读性质	金额/元	评奖时间	奖学金类型
779	张国柱	自动化学院模式识别与智能系统专业2006级硕博生	5000	20091021	特等奖
780	朱勇	宇航学院飞行器设计与工程专业2006级硕博生	2 000	20091021	普通奖
781	刘天博	机电学院机械电子工程专业2006级本科生	2 000	20091021	普通奖
782	赵小川	机电学院机械电子工程专业2006级硕博生	2 000	20091021	普通奖
783	李径亮	机械与车辆学院车辆工程专业2007级硕博生	2 000	20091021	普通奖
784	袁巍	机械与车辆学院航空宇航制造专业2006级直博生	2 000	20091021	普通奖
785	汤钧涵	机械与车辆学院车辆工程专业2006级本科生	2 000	20091021	普通奖
786	朱慧时	光电学院测控技术与仪器专业2006级本科生	2 000	20091021	普通奖
787	闫莹	光电学院物理电子学专业2006级硕博生	2 000	20091021	普通奖
788	王洪凯	信息与电子学院电子科学与技术专业2007级本科生	2 000	20091021	普通奖
789	周鹏	信息与电子学院生命信息工程专业2008级硕士生	2 000	20091021	普通奖
790	龚文飞	信息与电子学院信号与信息处理专业2006级博士生	2 000	20091021	普通奖
791	杨毅	自动化学院自动化专业2006级本科生	2 000	20091021	普通奖
792	刘畅	计算机学院计算机科学与技术专业2007级本科生	2 000	20091021	普通奖
793	吴心筱	计算机学院计算机应用技术专业2006级硕博生	2 000	20091021	普通奖
794	曹宇	软件学院软件工程专业2007级本科生	2 000	20091021	普通奖
795	许亮鑫	材料学院材料化学专业2007级本科生	2 000	20091021	普通奖
796	康玉清	材料学院材料加工工程专业2007级博士生	2 000	20091021	普通奖
797	叶龙浩	化工与环境学院环境工程专业2006级本科生	2 000	20091021	普通奖
798	邢薇薇	生命学院生物医学工程专业2007级本科生	2 000	20091021	普通奖
799	卞达	理学院数学与应用数学专业2006级本科生	2 000	20091021	普通奖
800	赵俊芳	理学院应用数学专业2006级硕博生	2 000	20091021	普通奖

续表

序号	姓名	学校/学院、专业和在读性质	金额/元	评奖时间	奖学金类型
801	刘茜	管理与经济学院公共事业管理专业2006级本科生	2 000	20091021	普通奖
802	于晓辉	管理与经济学院管理科学与工程专业2007级博士生	2 000	20091021	普通奖
803	于满	人文与社会科学学院经济学专业2006级本科生	2 000	20091021	普通奖
804	舒歆	法学院法学专业2006级本科生	2 000	20091021	普通奖
805	严谦	设计与艺术学院工业设计专业2006级本科生	2 000	20091021	普通奖
806	张娜	延安大学2006级本科生	2 000	20091021	普通奖
807	王小凤	延安职业技术学院师范教育分院2007级本科生	2 000	20091021	普通奖
808	李欢	湖南省长沙县五美中学	500	20091021	中学生奖
809	杜昕	吉林省长春市第十一中学	500	20091021	中学生奖
810	张争光	陕西省宝鸡市宝鸡中学	500	20091021	中学生奖
811	刘昱玲	宇航学院飞行器设计与工程专业2007级本科生	2 000	20101102	普通奖
812	唐瑾	机械学院交通运输专业2007级本科生	2 000	20101102	普通奖
813	江一帆	光电学院光信息科学与技术专业2007级本科生	2 000	20101102	普通奖
814	胡丁晟	信息与电子学院信息工程专业2007级本科生	2 000	20101102	普通奖
815	冉龙	自动化学院电气工程与自动化专业2007级本科生	2 000	20101102	普通奖
816	王飞	计算机学院计算机科学与技术专业2007级本科生	2 000	20101102	普通奖
817	闫承哲	软件学院软件工程专业2008级本科生	2 000	20101102	普通奖
818	邹仕强	化工学院环境工程专业2007级本科生	2 000	20101102	普通奖
819	王成彦	生命学院生物医学工程专业2008级本科生	2 000	20101102	普通奖
820	林国明	理学院化学专业2007级本科生	2 000	20101102	普通奖
821	刘佳韵	管理与经济学院国际经济与贸易专业2008级本科生	2 000	20101102	普通奖
822	戴融	人文学院社会工作专业2007级本科生	2 000	20101102	普通奖
823	聂思聪	法学院法学专业2007级本科生	2 000	20101102	普通奖

续表

序号	姓名	学校/学院、专业和在读性质	金额/元	评奖时间	奖学金类型
824	赵相宜	外国语学院英语专业 2007 级本科生	2 000	20101102	普通奖
825	王恺	设计与艺术学院工业设计专业 2007 级本科生	2 000	20101102	普通奖
826	王伟臣	宇航学院航空宇航推进理论与工程专业 2006 级博士生	2 000	20101102	普通奖
827	徐豫新	机电学院自动武器与弹药工程专业 2010 级博士生	2 000	20101102	普通奖
828	涂青松	机械学院机械电子工程专业 2009 级硕士生	2 000	20101102	普通奖
829	于飞	光电学院测控技术与仪器专业 2006 级博士生	2 000	20101102	普通奖
830	黄克武	信息与电子学院信息安全与对抗专业 2004 级博士生	2 000	20101102	普通奖
831	李静	自动化学院控制科学与工程专业 2007 级博士生	2 000	20101102	普通奖
832	江鹏	计算机学院计算机科学与技术专业 2006 级博士生	2 000	20101102	普通奖
833	王锦	材料学院材料学专业 2008 级博士生	2 000	20101102	普通奖
834	祁峰	生命学院生物化工专业 2008 级博士生	2 000	20101102	普通奖
835	刘本琼	理学院凝聚态物理专业 2007 级博士生	2 000	20101102	普通奖
836	孟凡永	管理与经济学院管理科学与工程专业 2008 级博士生	2 000	20101102	普通奖
837	李海文	人文学院中国近现代史专业 2008 级硕士生	2 000	20101102	普通奖
838	杨宽	法学院国际法专业 2009 级硕士生	2 000	20101102	普通奖
839	王昱洁	外国语学院外国语言学及应用语言学专业 2009 级硕士生	2 000	20101102	普通奖
840	伍韬	设计与艺术学院设计艺术学专业 2009 级硕士生	2 000	20101102	普通奖
841	刘融姣	延安大学本科生	2 000	20101102	普通奖
842	田欣	延安职业技术学院本科生	2 000	20101102	普通奖
843	赵欣	湖南省长沙县五美中学	500	20101102	中学生奖
844	刘旭辉	宇航学院航空宇航推进理论与工程专业 2008 级博士生	15 000	20111125	普通奖
845	王兴涛	机电学院机械电子工程专业 2008 级博士生	15 000	20111125	普通奖
846	倪俊	机械与车辆学院车辆工程专业 2009 级本科生	15 000	20111125	普通奖

续表

序号	姓名	学校/学院、专业和在读性质	金额/元	评奖时间	奖学金类型
847	司黎明	信息与电子学院电磁场与微波技术专业2007级博士生	15 000	20111125	普通奖
848	温云同	自动化学院控制科学与工程专业2008级博士生	15 000	20111125	普通奖
849	邹凡	光电学院电子科学与技术（光电子）专业2009级本科生	15 000	20111125	普通奖
850	王斌斌	信息与电子学院电子科学与技术（双语班）专业2008级本科生	15 000	20111125	普通奖
851	孙飞	计算机学院计算机科学与技术专业2009级硕士生	15 000	20111125	普通奖
852	张文超	材料学院材料学专业2009级博士生	15 000	20111125	普通奖
853	荆日星	自动化学院自动化专业2008级本科生	15 000	20111125	普通奖
854	刘佳伟	计算机学院计算机科学与技术专业2008级本科生	15 000	20111125	普通奖
855	杨文	化工学院应用化学专业2009级博士生	20 000	20111125	普通奖
856	舒悦	软件学院软件工程专业2008级本科生	20 000	20111125	普通奖
857	张涛	生命学院生物化工专业2009级硕士生	15 000	20111125	普通奖
858	王聪芝	化学学院物理化学专业2007级博士生	15 000	20111125	普通奖
859	张斌	管理与经济学院企业管理专业2009级博士生	15 000	20111125	普通奖
860	李禹肖	数学学院基础科学实验班专业2009级本科生	15 000	20111125	普通奖
861	谢云鹏	人文与社会科学学院社会工作专业2008级本科生	15 000	20111125	普通奖
862	涂欣筠	法学院法学专业2008级本科生	15 000	20111125	普通奖
863	刘冰妍	设计与艺术学院工业设计专业2008级本科生	15 000	20111125	普通奖
864	童晓晓	基础教育学院会计专业2010级本科生	15 000	20111125	普通奖
865	桂良	延安大学本科生	2 000	20111125	普通奖
866	郭宝文	延安职业技术学院本科生	2 000	20111125	普通奖
867	赵欣	湖南省长沙县五美中学	500	20111125	中学生奖
868	常正	宇航学院固体力学专业2004级博士生	30 000	20121107	普通奖
869	智耕	机电学院机械电子工程专业2009级本科生	30 000	20121107	普通奖
870	李志敏	机电学院兵器科学与技术专业2009级博士生	30 000	20121107	普通奖

续表

序号	姓名	学校/学院、专业和在读性质	金额/元	评奖时间	奖学金类型
871	吴谦	机车学院机械工程及自动化专业2009级本科生	20 000	20121107	普通奖
872	熊瑞	机车学院机械工程专业2010级博士生	20 000	20121107	普通奖
873	辛景焘	光电学院电子科学与技术专业2008级博士生	20 000	20121107	普通奖
874	孙竹梅	光电学院测控技术与仪器专业2009级本科生	20 000	20121107	普通奖
875	牟进超	信息与电子学院电磁场与微波技术专业2008级博士生	20 000	20121107	普通奖
876	程思源	自动化学院自动化专业2009级本科生	30 000	20121107	普通奖
877	武玉伟	计算机学院计算机应用技术专业2009级博士生	20 000	20121107	普通奖
878	陈昭	计算机学院计算机科学与技术专业2010级本科生	20 000	20121107	普通奖
879	马辰	软件学院软件工程专业2009级本科生	20 000	20121107	普通奖
880	张文超	材料学院材料学专业2009级博士生	30 000	20121107	普通奖
881	官勇	材料学院电子封装技术专业2009级本科生	30 000	20121107	普通奖
882	谭国强	化工与环境学院环境工程专业2008级博士生	30 000	20121107	普通奖
883	廉欢	数学学院应用数学专业2009级博士生	20 000	20121107	普通奖
884	吴功涛	物理学院应用物理学专业2009级本科生	30 000	20121107	普通奖
885	桑萃萃	物理学院理论物理专业2010级博士生	20 000	20121107	普通奖
886	赵扬	化学学院物理化学专业2009级博士生	50 000	20121107	普通奖
887	崔倚菁	管理与经济学院会计专业2009级本科生	30 000	20121107	普通奖
888	张斌	管理与经济学院企业管理专业2009级博士生	20 000	20121107	普通奖
889	贾小刚	人文学院经济学专业2009级本科生	20 000	20121107	普通奖
890	吕乃静	基础教育学院机械工程及自动化专业2011级本科生	20 000	20121107	普通奖
891	鲁盼	基础教育学院自动化专业2011级本科生	20 000	20121107	普通奖
892	王攀	延安大学	2 500	20121107	普通奖
893	盛靖园	延安大学	2 500	20121107	普通奖
894	孙军军	延安大学	2 500	20121107	普通奖
895	侯波	延安大学	2 500	20121107	普通奖

续表

序号	姓名	学校/学院、专业和在读性质	金额/元	评奖时间	奖学金类型
896	卢欢乐	延安大学	2 500	20121107	普通奖
897	郭敏	延安大学	2 500	20121107	普通奖
898	李伟博	延安大学	2 500	20121107	普通奖
899	丁媛媛	延安大学	2 500	20121107	普通奖
900	王晶	延安大学	2 500	20121107	普通奖
901	史悦	延安大学	2 500	20121107	普通奖
902	易梦瑶	五美中学	2 500	20121107	中学生奖
903	罗阳	五美中学	2 500	20121107	中学生奖
904	王璐	五美中学	2 500	20121107	中学生奖
905	杨震宇	延安职业技术学院	2 500	20121107	普通奖
906	姚帅	稻田中学	2 500	20121107	中学生奖
907	吉阳	稻田中学	2 500	20121107	中学生奖
908	张哲俊	稻田中学	2 500	20121107	中学生奖
909	李沛	湖南第一师范学院	2 500	20121107	普通奖
910	李佳淇	湖南第一师范学院	2 500	20121107	普通奖
911	朱家嫡	湖南第一师范学院	2 500	20121107	普通奖
912	李璐	湖南第一师范学院	2 500	20121107	普通奖
913	唐军	湖南第一师范学院	2 500	20121107	普通奖
914	林涛	周南中学	2 500	20121107	中学生奖
915	佘媛	周南中学	2 500	20121107	中学生奖
916	罗宁	周南中学	2 500	20121107	中学生奖
917	左立英	长沙师范学校	2 500	20121107	普通奖
918	刘旭	长沙师范学校	2 500	20121107	普通奖
919	白杨	长沙师范学校	2 500	20121107	普通奖
920	卜珊	长沙师范学校	2 500	20121107	普通奖
921	范敏	长沙师范学校	2 500	20121107	普通奖
922	阳辉辉	机电学院弹药工程与爆炸技术专业 2010 级本科生	30 000	20131203	一等奖
923	武碧栋	机电学院兵器科学与技术专业 2010 级博士生	30 000	20131203	一等奖
924	张旋	机械与车辆学院能源与动力工程专业 2010 级本科生	30 000	20131203	一等奖

续表

序号	姓名	学校/学院、专业和在读性质	金额/元	评奖时间	奖学金类型
925	张玉言	机械与车辆学院机械工程专业 2011 级博士生	20 000	20131203	二等奖
926	董建杰	光电学院光学工程专业 2010 级博士生	20 000	20131203	二等奖
927	杨明林	信息与电子学院电磁场与微博技术专业 2008 级博士生	20 000	20131203	二等奖
928	刘伟	信息与电子学院信息工程专业 2010 级本科生	20 000	20131203	二等奖
929	路坤锋	自动化学院控制科学与工程专业 2010 级博士生	30 000	20131203	一等奖
930	李响	自动化学院自动化专业 2010 级本科生	20 000	20131203	二等奖
931	杨震	计算机学院计算机科学与技术专业 2012 级硕士生	20 000	20131203	二等奖
932	韩婷	材料学院材料化学专业 2010 级本科生	50 000	20131203	特等奖
933	杨高岭	材料学院材料科学与工程专业 2010 级博士生	30 000	20131203	一等奖
934	李宁	化工与环境学院应用化学专业 2009 级博士生	20 000	20131203	二等奖
935	黄利利	生命学院化学工程与技术专业 2012 级博士生	20 000	20131203	二等奖
936	徐凯	数学学院数学与应用数学专业 2010 级本科生	20 000	20131203	二等奖
937	苏贵福	数学学院应用数学专业 2010 级博士生	20 000	20131203	二等奖
938	刘汝浩	物理学院应用物理学专业 2010 级本科生	20 000	20131203	二等奖
939	胡传刚	化学学院无机化学专业 2011 级博士生	50 000	20131203	特等奖
940	柴一栋	管理与经济学院信息管理与信息系统专业 2010 级本科生	30 000	20131203	一等奖
941	樊静丽	管理与经济学院管理科学与工程专业 2010 级博士生	30 000	20131203	一等奖
942	宋爱娴	人文与社会科学学院经济学专业 2010 级本科生	30 000	20131203	一等奖
943	王罂堃	设计与艺术学院工业设计专业 2010 级本科生	30 000	20131203	一等奖
944	尉乐川	基础教育学院车辆工程专业 2012 级本科生	20 000	20131203	二等奖
945	武烨存	基础教育学院电子科学与技术（全英文教学）专业 2012 级本科生	20 000	20131203	二等奖

续表

序号	姓名	学校/学院、专业和在读性质	金额/元	评奖时间	奖学金类型
946	薛贵怀	延安职业技术学院	2 500	20131203	普通奖
947	景鹏	延安职业技术学院	2 500	20131203	普通奖
948	刘慧	延安职业技术学院	2 500	20131203	普通奖
949	冉雪玲	长沙师范学院	2 500	20131203	普通奖
950	李彩珍	长沙师范学院	2 500	20131203	普通奖
951	钟俊菲	长沙师范学院	2 500	20131203	普通奖
952	唐雄鹰	长沙师范学院	2 500	20131203	普通奖
953	梁苗	长沙师范学院	2 500	20131203	普通奖
954	廖丹阳	湖南第一师范学院	2 500	20131203	普通奖
955	程冠华	湖南第一师范学院	2 500	20131203	普通奖
956	柴俊	湖南第一师范学院	2 500	20131203	普通奖
957	李喻强	湖南第一师范学院	2 500	20131203	普通奖
958	周燕	湖南第一师范学院	2 500	20131203	普通奖
959	李行	长沙县五美中学	2 500	20131203	中学生奖
960	邹美璇	长沙县五美中学	2 500	20131203	中学生奖
961	余晴	长沙县五美中学	2 500	20131203	中学生奖
962	刘嘉晨	长沙市稻田中学	2 500	20131203	中学生奖
963	梁巧莹	长沙市稻田中学	2 500	20131203	中学生奖
964	龚岩	长沙市稻田中学	2 500	20131203	中学生奖
965	高嵩	延安大学	12 500	20131203	普通奖
966	张和	延安大学	2 500	20131203	普通奖
967	石文	延安大学	2 500	20131203	普通奖
968	任潘龙	延安大学	2 500	20131203	普通奖
969	张艳艳	延安大学	2 500	20131203	普通奖
970	陈引弟	延安大学	2 500	20131203	普通奖
971	高星星	延安大学	2 500	20131203	普通奖
972	白东东	延安大学	2 500	20131203	普通奖
973	任治豪	延安大学	2 500	20131203	普通奖
974	丁亚亚	延安大学	2 500	20131203	普通奖
975	冯天成	设计学院设计学专业 2012 级硕士生	30 000	20141204	一等奖
976	赵一民	机械学院机械工程专业 2010 级博士生	30 000	20141204	一等奖

续表

序号	姓名	学校/学院、专业和在读性质	金额/元	评奖时间	奖学金类型
977	庞斌	数学与统计学院应用数学专业2011级博士生	30 000	20141204	一等奖
978	马秋菊	机电学院安全技术及工程专业2010级博士生	30 000	20141204	一等奖
979	于灏	管理与经济学院管理科学与工程专业2011级博士生	30 000	20141204	一等奖
980	程虎虎	化学学院无机化学专业2010级博士生	30 000	20141204	一等奖
981	董志超	光电学院光学工程专业2011级博士生	30 000	20141204	一等奖
982	肖中阳	机械学院车辆工程专业2011级本科生	30 000	20141204	一等奖
983	李俊飞	宇航学院工程力学专业2011级本科生	30 000	20141204	一等奖
984	赵晔	自动化学院自动化专业2011级本科生	30 000	20141204	一等奖
985	文思思	管理与经济学院工商管理专业2011级本科生	30 000	20141204	一等奖
986	彭开南	信息与电子学院信息工程（实验班）专业2011级本科生	30 000	20141204	一等奖
987	马鑫	生命学院生物医学工程专业2011级本科生	30 000	20141204	一等奖
988	孙墨琳	人文与社会科学学院经济学专业2011级本科生	30 000	20141204	一等奖
989	陈伟	自动化学院控制科学与工程专业2010级博士生	20 000	20141204	二等奖
990	刘畅	计算机学院计算机应用技术专业2011级博士生	20 000	20141204	二等奖
991	卢明明	材料学院材料科学与工程专业2012级博士生	20 000	20141204	二等奖
992	崔东顺	信息与电子学院信息与通信工程专业2012级硕士生	20 000	20141204	二等奖
993	申秀蕊	化工与环境学院化学工程与技术专业2012级硕士生	20 000	20141204	二等奖
994	徐杰	软件学院软件工程（信息安全方向）专业2011级本科生	20 000	20141204	二等奖
995	杨蕊	数学与统计学院统计学专业2011级本科生	20 000	20141204	二等奖
996	朱常青	物理学院应用物理学专业2011级本科生	20 000	20141204	二等奖
997	高剑锋	机电学院机械电子工程专业2011级本科生	20 000	20141204	二等奖
998	马鑫宇	基础教育学院软件工程专业2013级本科生	20 000	20141204	二等奖
999	黄月	长沙市稻田中学	2 500	20141204	中学生奖

续表

序号	姓名	学校/学院、专业和在读性质	金额/元	评奖时间	奖学金类型
1000	孟帅	长沙市稻田中学	2 500	20141204	中学生奖
1001	李坦	长沙市稻田中学	2 500	20141204	中学生奖
1002	马秀秀	延安职业技术学院师范教育系	2 500	20141204	普通奖
1003	刘慧	延安职业技术学院师范教育系	2 500	20141204	普通奖
1004	马艺芮	延安职业技术学院师范教育系	2 500	20141204	普通奖
1005	王延宁	延安大学	2 500	20141204	普通奖
1006	刘少宾	延安大学	2 500	20141204	普通奖
1007	苟家兴	延安大学	2 500	20141204	普通奖
1008	钱丹丹	延安大学	2 500	20141204	普通奖
1009	张婷	延安大学	2 500	20141204	普通奖
1010	薛媚	延安大学	2 500	20141204	普通奖
1011	张瑜	延安大学	2 500	20141204	普通奖
1012	晁丹丹	延安大学	2 500	20141204	普通奖
1013	张漪漫	延安大学	2 500	20141204	普通奖
1014	郝宏利	延安大学	2 500	20141204	普通奖
1015	卓艳	长沙师范学院	2 500	20141204	普通奖
1016	胡英杰	长沙师范学院	2 500	20141204	普通奖
1017	胡宇	长沙师范学院	2 500	20141204	普通奖
1018	郭五洲	长沙师范学院	2 500	20141204	普通奖
1019	李琴	长沙师范学院	2 500	20141204	普通奖
1020	刘雪梅	湖南第一师范学院	2 500	20141204	普通奖
1021	石振利	湖南第一师范学院	2 500	20141204	普通奖
1022	石方梦圆	湖南第一师范学院	2 500	20141204	普通奖
1023	梁翼园	湖南第一师范学院	2 500	20141204	普通奖
1024	黄浩	湖南第一师范学院	2 500	20141204	普通奖
1025	熊俊逸	长沙县五美中学	2 500	20141204	中学生奖
1026	易润坤	长沙县五美中学	2 500	20141204	中学生奖
1027	骆姿仪	长沙县五美中学	2 500	20141204	中学生奖
1028	薛建恒	宇航学院飞行器设计与工程专业 2013 级本科生	20 000	20151020	二等奖
1029	孙亚伦	机电学院特种能源技术与工程专业 2012 级本科生	20 000	20151020	二等奖

续表

序号	姓名	学校/学院、专业和在读性质	金额/元	评奖时间	奖学金类型
1030	王泽晖	光电学院光信息科学与技术专业2012级本科生	30 000	20151020	一等奖
1031	武烨存	信息与电子学院电子科学与技术（全英文教学专业）专业2012级本科生	50 000	20151020	特等奖
1032	李楠	自动化学院自动化（全英文）专业2012级本科生	30 000	20151020	一等奖
1033	金颜必佳	计算机学院物联网工程专业2012级本科生	30 000	20151020	一等奖
1034	朱翼	软件学院软件工程（信息安全方向）专业2012级本科生	30 000	20151020	一等奖
1035	陈怡华	材料学院材料化学专业2012级本科生	30 000	20151020	一等奖
1036	沈馨	化工与环境学院能源化学工程专业2013级本科生	20 000	20151020	二等奖
1037	王恒亮	数学与统计学院数学与应用数学专业2012级本科生	20 000	20151020	二等奖
1038	王朔	管理与经济学院国际经济与贸易专业2012级本科生	20 000	20151020	二等奖
1039	刘梦醒	人文与社会科学学院经济学专业2012级本科生	20 000	20151020	二等奖
1040	于正湜	宇航学院航空宇航系统与工程专业2010级博士生	20 000	20151020	二等奖
1041	郭德洲	机电学院兵器科学与技术专业2011级博士生	30 000	20151020	一等奖
1042	刘腾	机械与车辆学院车辆工程专业2012级博士生	20 000	20151020	二等奖
1043	屈泉西	信息与电子学院电子科学与技术专业2011级博士生	30 000	20151020	一等奖
1044	戴荔	自动化学院控制科学与工程专业2010级博士生	30 000	20151020	一等奖
1045	王文冠	计算机学院计算机科学与技术专业2014级博士生	30 000	20151020	一等奖
1046	朱有启	材料学院材料科学与工程专业2012级博士生	20 000	20151020	二等奖
1047	张凤娟	生命学院生物医学工程专业2013级硕士生	20 000	20151020	二等奖
1048	王岗伟	数学与统计学院应用数学专业2013级博士生	20 000	20151020	二等奖

续表

序号	姓名	学校/学院、专业和在读性质	金额/元	评奖时间	奖学金类型
1049	文平平	物理学院凝聚态物理专业 2012 级博士生	30 000	20151020	一等奖
1050	韩庆	化学学院化学专业专业 2013 级博士生	50 000	20151020	特等奖
1051	王兵	管理与经济学院管理科学与工程专业 2011 级博士生	20 000	20151020	二等奖
1052	何宜昊	长沙市稻田中学	2 500	20151020	中学生奖
1053	邓睿康	长沙市稻田中学	2 500	20151020	中学生奖
1054	王芷琦	长沙市稻田中学	2 500	20151020	中学生奖
1055	李萍	延安大学	2 500	20151020	普通奖
1056	薛雷军	延安大学	2 500	20151020	普通奖
1057	张林键	延安大学	2 500	20151020	普通奖
1058	郭天赐	延安大学	2 500	20151020	普通奖
1059	赵航航	延安大学	2 500	20151020	普通奖
1060	李聪	延安大学	2 500	20151020	普通奖
1061	张敏	延安大学	2 500	20151020	普通奖
1062	梁秀雅	延安大学	2 500	20151020	普通奖
1063	杜传甲	延安大学	2 500	20151020	普通奖
1064	乔苗苗	延安大学	2 500	20151020	普通奖
1065	伍凤洁	长沙师范学院	2 500	20151020	普通奖
1066	陈馨	长沙师范学院	2 500	20151020	普通奖
1067	周欢瑜	长沙师范学院	2 500	20151020	普通奖
1068	刘莞晨	长沙师范学院	2 500	20151020	普通奖
1069	唐逸舟	长沙师范学院	2 500	20151020	普通奖
1070	周乔	长沙市周南中学	2 500	20151020	中学生奖
1071	彭裕	长沙市周南中学	2 500	20151020	中学生奖
1072	唐昕悦	长沙市周南中学	2 500	20151020	中学生奖
1073	周晴	五美中学	2 500	20151020	中学生奖
1074	王杏	五美中学	2 500	20151020	中学生奖
1075	罗子莹	五美中学	2 500	20151020	中学生奖
1076	刘倩	延安职业技术学院	2 500	20151020	普通奖
1077	王蓥	延安职业技术学院	2 500	20151020	普通奖
1078	马莹	延安职业技术学院	2 500	20151020	普通奖
1079	李欣维	湖南第一师范学院	2 500	20151020	普通奖

续表

序号	姓名	学校/学院、专业和在读性质	金额/元	评奖时间	奖学金类型
1080	王会霖	湖南第一师范学院	2 500	20151020	普通奖
1081	侯光定	湖南第一师范学院	2 500	20151020	普通奖
1082	邓淑清	湖南第一师范学院	2 500	20151020	普通奖
1083	蔡怡	湖南第一师范学院	2 500	20151020	普通奖
1084	王亚东	宇航学院飞行器设计与工程专业2013级本科生	20 000	20161115	二等奖
1085	王子巍	宇航学院力学系专业2014级硕士生	20 000	20161115	二等奖
1086	王乾有	机电学院兵器科学与技术专业2014级博士生	20 000	20161115	二等奖
1087	陈丽扬	机电学院特种能源技术与工程专业2013级本科生	20 000	20161115	二等奖
1088	李小松	机械与车辆学院机械工程专业2014级本科生	20 000	20161115	二等奖
1089	贾博儒	机械与车辆学院机械工程专业2011级博士生	30 000	20161115	一等奖
1090	陈馨怡	光电学院光电信息科学与工程专业2013级本科生	30 000	20161115	一等奖
1091	付时尧	光电学院电子科学与技术专业2014级博士生	30 000	20161115	一等奖
1092	孙雨欣	信息与电子学院通信工程专业2013级本科生	20 000	20161115	二等奖
1093	袁伟杰	信息与电子学院信息与通信工程专业2013级博士生	20 000	20161115	二等奖
1094	王通	自动化学院自动化专业2013级本科生	20 000	20161115	二等奖
1095	李浩	自动化学院控制科学与工程专业2015级硕士生	20 000	20161115	二等奖
1096	翟弟华	自动化学院控制科学与工程专业2013级博士生	20 000	20161115	二等奖
1097	王文冠	计算机学院计算机科学与技术专业2014级博士生	30 000	20161115	一等奖
1098	马鑫宇	软件学院软件工程专业2013级本科生	30 000	20161115	一等奖
1099	郭文启	材料学院材料科学与工程专业2011级博士生	30 000	20161115	一等奖
1100	李思清	化学与化工学院化学菁英班专业2013级本科生	30 000	20161115	一等奖

续表

序号	姓名	学校/学院、专业和在读性质	金额/元	评奖时间	奖学金类型
1101	陈宜法	化学与化工学院化学专业2012级博士生	30 000	20161115	一等奖
1102	方正	数学与统计学院信息与计算科学专业2013级本科生	30 000	20161115	一等奖
1103	韦春秋	数学与统计学院数学专业2014级博士生	20 000	20161115	二等奖
1104	袁林	物理学院物理菁英班专业2013级本科生	30 000	20161115	一等奖
1105	陈鹤尹	管理与经济学院工商管理专业2013级本科生	50 000	20161115	特等奖
1106	王倩	管理与经济学院管理科学与工程专业2013级博士生	30 000	20161115	一等奖
1107	李丹钰	人文与社会科学学院经济学专业2013级本科生	20 000	20161115	二等奖
1108	柳成荫	湖南第一师范学院	2 500	20161115	普通奖
1109	李未来	湖南第一师范学院	2 500	20161115	普通奖
1110	张鹏	湖南第一师范学院	2 500	20161115	普通奖
1111	吴新奇	湖南第一师范学院	2 500	20161115	普通奖
1112	李磊	湖南第一师范学院	2 500	20161115	普通奖
1113	黄静春	长沙县五美中学	2 500	20161115	中学生奖
1114	熊雨婷	长沙县五美中学	2 500	20161115	中学生奖
1115	陈紫仪	长沙县五美中学	2 500	20161115	中学生奖
1116	雍秘	延安职业技术学院	2 500	20161115	普通奖
1117	李海茹	延安职业技术学院	2 500	20161115	普通奖
1118	薛钫沄	延安职业技术学院	2 500	20161115	普通奖
1119	莫弛	长沙市稻田中学	2 500	20161115	中学生奖
1120	宾丽雅	长沙市稻田中学	2 500	20161115	中学生奖
1121	刘世博	长沙市稻田中学	2 500	20161115	中学生奖
1122	周晓旭	长沙市周南中学	2 500	20161115	中学生奖
1123	杨彦隽	长沙市周南中学	2 500	20161115	中学生奖
1124	郑博匀	长沙市周南中学	2 500	20161115	中学生奖
1125	何姿	长师师范学院	2 500	20161115	普通奖
1126	曾欢	长师师范学院	2 500	20161115	普通奖
1127	周明哲	长师师范学院	2 500	20161115	普通奖
1128	戴诗意	长师师范学院	2 500	20161115	普通奖
1129	罗慧成	长师师范学院	2 500	20161115	普通奖

续表

序号	姓名	学校/学院、专业和在读性质	金额/元	评奖时间	奖学金类型
1130	巩吉婵	延安大学	2 500	20161115	普通奖
1131	吴洪豪	延安大学	2 500	20161115	普通奖
1132	史宏伟	延安大学	2 500	20161115	普通奖
1133	姚赛	延安大学	2 500	20161115	普通奖
1134	王田田	延安大学	2 500	20161115	普通奖
1135	白愿	延安大学	2 500	20161115	普通奖
1136	胡佳贝	延安大学	2 500	20161115	普通奖
1137	李博	延安大学	2 500	20161115	普通奖
1138	章小玲	延安大学	2 500	20161115	普通奖
1139	余嘉诚	延安大学	2 500	20161115	普通奖
1140	卢奕昂	机电学院机械电子工程专业 2014 级本科生	50 000	20171221	普通奖
1141	朱漫福	机械与车辆学院机械工程专业 2015 级本科生	50 000	20171221	普通奖
1142	梅杰	信息与电子学院信息工程专业 2015 级本科生	50 000	20171221	普通奖
1143	赵家樑	自动化学院自动化（全英文教学专业）专业 2014 级本科生	50 000	20171221	普通奖
1144	姜天洋	软件学院软件工程（信息安全方向）专业 2014 级本科生	50 000	20171221	普通奖
1145	杨成浪	数学与统计学院数学与应用数学专业 2014 级本科生	50 000	20171221	普通奖
1146	徐一婕	管理与经济学院国际经济与贸易专业 2014 级本科生	50 000	20171221	普通奖
1147	陈晨	人文与社会科学学院经济学专业 2014 级本科生	50 000	20171221	普通奖
1148	李展宇	徐特立学院徐特立英才班专业 2015 级本科生	50 000	20171221	普通奖
1149	何飘	机电学院兵器科学与技术专业 2014 级博士生	50 000	20171221	普通奖
1150	王安东	机械与车辆学院机械工程专业 2012 级博士生	50 000	20171221	普通奖
1151	李斌	信息与电子学院信息与通信工程专业 2015 级博士生	50 000	20171221	普通奖
1152	叶玉胜	材料学院环境工程专业 2013 级博士生	50 000	20171221	普通奖

续表

序号	姓名	学校/学院、专业和在读性质	金额/元	评奖时间	奖学金类型
1153	王珊	化学与化工学院无机化学专业 2014 级博士生	50 000	20171221	普通奖
1154	熊一枫	信息与电子学院信息与通信工程专业 2015 级硕士生	50 000	20171221	普通奖
1155	丁才华	材料学院材料科学与工程专业 2015 级硕士生	50 000	20171221	普通奖
1156	张雅倩	化学与化工学院化学工程与技术专业 2015 级硕士生	50 000	20171221	普通奖
1157	王彤璐	物理学院物理学专业 2015 级硕士生	50 000	20171221	普通奖
1158	王梓轩	长沙市稻田中学	2 500	20171221	中学生奖
1159	何凡	长沙市稻田中学	2 500	20171221	中学生奖
1160	李珂	长沙市稻田中学	2 500	20171221	中学生奖
1161	程扬涵	长沙市周南中学	2 500	20171221	中学生奖
1162	朱静怡	长沙市周南中学	2 500	20171221	中学生奖
1163	杨寒琦	长沙市周南中学	2 500	20171221	中学生奖
1164	闫明珠	湖南第一师范学院	2 500	20171221	普通奖
1165	赵歆玥	湖南第一师范学院	2 500	20171221	普通奖
1166	杨妍	湖南第一师范学院	2 500	20171221	普通奖
1167	杨思逸	湖南第一师范学院	2 500	20171221	普通奖
1168	钟滢汐	湖南第一师范学院	2 500	20171221	普通奖
1169	王冯玉	延安职业技术学院	2 500	20171221	普通奖
1170	胡雪华	延安职业技术学院	2 500	20171221	普通奖
1171	唐倩	延安职业技术学院	2 500	20171221	普通奖
1172	吴赟霞	延安大学	2 500	20171221	普通奖
1173	柯艺伟	延安大学	2 500	20171221	普通奖
1174	王魏	延安大学	2 500	20171221	普通奖
1175	张林胜	延安大学	2 500	20171221	普通奖
1176	张通	延安大学	2 500	20171221	普通奖
1177	帖娇娇	延安大学	2 500	20171221	普通奖
1178	边启章	延安大学	2 500	20171221	普通奖
1179	胡炳旭	延安大学	2 500	20171221	普通奖
1180	宋从林	延安大学	2 500	20171221	普通奖
1181	马珍珍	延安大学	2 500	20171221	普通奖

续表

序号	姓名	学校/学院、专业和在读性质	金额/元	评奖时间	奖学金类型
1182	苑志鑫	延安大学	2 500	20171221	普通奖
1183	任建芳	延安大学	2 500	20171221	普通奖
1184	余石龙	长沙师范学院	2 500	20171221	普通奖
1185	申鑫玉	长沙师范学院	2 500	20171221	普通奖
1186	付浩婷	长沙师范学院	2 500	20171221	普通奖
1187	吴娜娜	长沙师范学院	2 500	20171221	普通奖
1188	曾思惟	长沙师范学院	2 500	20171221	普通奖
1189	陈璐	五美中学	2 500	20171221	中学生奖
1190	唐心儿	五美中学	2 500	20171221	中学生奖
1191	周明	五美中学	2 500	20171221	中学生奖
1192	左宏志	光电学院光信息科学与技术专业 2015 级本科生	50 000	20180530	普通奖
1193	刘艺林	信息与电子学院电子信息类（实验班）专业 2014 级本科生	50 000	20180530	普通奖
1194	游润泽	计算机学院软件工程专业 2014 级本科生	50 000	20180530	普通奖
1195	陈凡	化学与化工学院化学菁英班专业 2014 级本科生	50 000	20180530	普通奖
1196	陶慧	生命学院生物工程专业 2014 级本科生	50 000	20180530	普通奖
1197	张世强	数学与统计学院数学与应用数学专业专业 2014 级本科生	50 000	20180530	普通奖
1198	祝凌云	管理与经济学院国际经济与贸易专业 2014 级本科生	50 000	20180530	普通奖
1199	朱君	法学院法学专业 2015 级本科生	50 000	20180530	普通奖
1200	黎书	设计与艺术学院产品设计专业 2015 级本科生	50 000	20180530	普通奖
1201	龚衡恒	徐特立学院徐特立英才班（自动化）专业 2015 级本科生	50 000	20180530	普通奖
1202	罗凯	宇航学院力学专业 2013 级博士生	50 000	20180530	普通奖
1203	赵雄伟	机电学院兵器科学与技术专业 2014 级博士生	50 000	20180530	普通奖
1204	张永志	机械与车辆学院机械工程专业 2013 级博士生	50 000	20180530	普通奖
1205	魏骁驰	计算机学院计算机科学与技术专业 2013 级博士生	50 000	20180530	普通奖

续表

序号	姓名	学校/学院、专业和在读性质	金额/元	评奖时间	奖学金类型
1206	吴宇	材料学院材料科学与工程专业 2014 级博士生	50 000	20180530	普通奖
1207	孙国瑞	宇航学院航空宇航科学与技术专业 2016 级硕士生	50 000	20180530	普通奖
1208	张永隆	自动化学院控制科学与工程专业 2016 级硕士生	50 000	20180530	普通奖
1209	唐翼琨	计算机学院计算机科学与技术专业 2016 级硕士生	50 000	20180530	普通奖
1210	霍思璐	化学与化工学院化学工程与技术专业 2016 级硕士生	50 000	20180530	普通奖
1211	郭萌睿	设计与艺术学院工业设计工程专业 2016 级硕士生	50 000	20180530	普通奖
1212	黄芷珊	长沙市稻田中学	2 500	20181210	中学生奖
1213	周泽浩	长沙市稻田中学	2 500	20181210	中学生奖
1214	朱谦	长沙市稻田中学	2 500	20181210	中学生奖
1215	彭桢	长沙市周南中学	2 500	20181210	中学生奖
1216	吴律颖	长沙市周南中学	2 500	20181210	中学生奖
1217	周航	长沙市周南中学	2 500	20181210	中学生奖
1218	姜奇	湖南第一师范学院	2 500	20181210	普通奖
1219	王希雅	湖南第一师范学院	2 500	20181210	普通奖
1220	姚瑾	湖南第一师范学院	2 500	20181210	普通奖
1221	杜叶安	湖南第一师范学院	2 500	20181210	普通奖
1222	曾念	湖南第一师范学院	2 500	20181210	普通奖
1223	刘亚亚	延安职业技术学院	2 500	20181210	普通奖
1224	郑改宁	延安职业技术学院	2 500	20181210	普通奖
1225	韩丝露	延安职业技术学院	2 500	20181210	普通奖
1226	李琦	延安大学	2 500	20181210	普通奖
1227	刘雨昕	延安大学	2 500	20181210	普通奖
1228	张凯敏	延安大学	2 500	20181210	普通奖
1229	王鸽	延安大学	2 500	20181210	普通奖
1230	李占波	延安大学	2 500	20181210	普通奖
1231	高腾飞	延安大学	2 500	20181210	普通奖
1232	罗锦锦	延安大学	2 500	20181210	普通奖

续表

序号	姓名	学校/学院、专业和在读性质	金额/元	评奖时间	奖学金类型
1233	袁绍华	延安大学	2 500	20181210	普通奖
1234	祁俊霞	延安大学	2 500	20181210	普通奖
1235	王业高	延安大学	2 500	20181210	普通奖
1236	樊国罂	延安大学	2 500	20181210	普通奖
1237	陈立娟	延安大学	2 500	20181210	普通奖
1238	刘佳慧	长沙师范学院	2 500	20181210	普通奖
1239	刘亦奇	长沙师范学院	2 500	20181210	普通奖
1240	刘银	长沙师范学院	2 500	20181210	普通奖
1241	刘星雨	长沙师范学院	2 500	20181210	普通奖
1242	刘媛	长沙师范学院	2 500	20181210	普通奖
1243	盛诗妍	五美中学	2 500	20181210	中学生奖
1244	黄越	五美中学	2 500	20181210	中学生奖
1245	易渡辉	五美中学	2 500	20181210	中学生奖

捐赠倡议

徐特立奖学金捐赠倡议

为了缅怀徐特立老院长对我国教育事业的贡献，激励青年一代攀登科学高峰，为国家培养优秀的科技人才，1984 年 12 月 9 日，延安自然科学院老校友武衡等 21 位同志发起在北京工业学院（今北京理工大学）设立徐特立奖学金的倡议，得到了广大校友的热烈响应。1985 年，徐特立奖学金设立并征集资金。截至 1995 年 9 月，徐特立奖学金基金本金总额达 546 625 元（其中，1985 年 10 月兵器工业总公司拨款 20 万元，其他省市部委、企事业单位捐款共计 335 300 元，校友个人捐款11 325元）。

设立之初，徐特立奖学金为留本基金，学校始终坚持严格按照要求进行评选，并每年使用本金所得利息发放获奖者奖学金。然而，随着物价水平提高，徐特立奖学金本金所得利息逐渐不足以支持奖学金发放需求，加之项目缺少大额捐赠进项，资金补充困难，近年来，不得不动用徐特立奖学金本金以维持评选与发放工作。2010 年以后，学校亦曾尝试拓展其他资金渠道，使用本科生奖学金、教育基金会资金代为支付徐特立奖学金款项支出。

2012 年 9 月，校友周方洁了解徐特立奖学金基金资金短缺的情况后慷慨解囊；与此同时，为了保持徐特立奖学金作为北京理工大学的最高荣誉地位，学校大幅度提高徐特立奖学金的奖励力度，本校学生的奖金总额提高到每年 70 万元，包括徐特立奖学金二等奖 10 人，每人 20 000 元；一等奖 10 人，每人 30 000 元；特等奖 4 人，每人50 000 元，总奖励人数为 24 人。

2017 年，《北京理工大学奖学金管理规定》颁布实施，再次明确徐特立奖学金作为学校最高奖学金荣誉地位，也再次提高本校奖学金的奖励金额到每年 100 万元，奖励优秀学子 20 人，每人 50 000 元。

自 1987 年至 2018 年 12 月，徐特立奖学金已评选 31 届，累计获奖 1 245 人次，累计奖励金额达 7 080 800 元。目前，徐特立奖学金每年仍有 110 万元左右的资金缺口。作为北京理工大学最高奖学金荣誉，徐特立奖学金始终在北理工学子心中占有极其重要的地位。荣获徐特立奖学金的优秀学子们，是学习成绩最优异者，是学科最前沿的探索者，是学生工作和社会实践的积极参与者。徐特立奖学金具有强烈的示范引领效应，获奖学子也是全校学生学习的榜样，是学校引以为傲的杰出学子代表。

为了延续缅怀徐特立老院长卓越贡献的光荣传统，传承和 弘扬“延安根、军工魂”精神，展现北理学子的耀眼风采和徐特立奖学金获得者的事迹成就，学校现面向广大师生、校友、社会友好人士发出倡议，诚邀您共襄善举，同续薪火，您的善举和大爱，将让徐特立奖学金的火炬代代传递，红色延安精神永续相传！